PAUL MARIÉTON

La
Terre provençale

JOURNAL DE ROUTE

TROISIÈME ÉDITION

PARIS

ALPHONSE LEMERRE, ÉDITEUR

23-31, PASSAGE CHOISEUL

NEW-YORK, 13 WEST, 24th STREET

La Terre provençale

DU MÊME AUTEUR

SOUVENANCE. *Poésies.* (2ᵉ édition). . . . . 1 vol.
JOSÉPHIN SOULARY ET LA PLÉIADE LYONNAISE. . 1 vol.
LA VIOLE D'AMOUR. *Poésies.* (2ᵉ édition). . . . 1 vol.
HELLAS (*Corfou, Athènes, Rome*). *Poésies.*
(3ᵉ édition) . . . . 1 vol.

Tous droits réservés.

PAUL MARIÉTON

La
Terre provençale

JOURNAL DE ROUTE

PARIS
ALPHONSE LEMERRE, ÉDITEUR
23-31, PASSAGE CHOISEUL, 23-31

M DCCC XCIV

A MA MÈRE

est dédié ce livre

qui m'a souvent éloigné d'elle.

M.

AVANT-PROPOS

Sous ce titre, sans doute ambitieux, La Terre provençale, je rassemble aujourd'hui mes impressions de trois récents voyages dans la vallée du Rhône et sur le Littoral. Au cours du premier, j'ai noté çà et là, et pour moi seulement, quelques sensations printanières d'un pèlerinage que j'accomplis depuis tantôt dix ans à travers le pays des félibres. Le second est le résumé descriptif d'une tournée littéraire des Cigaliers dans le midi gréco-romain. Avec le troisième, qui constitue presque à lui seul tout le livre, j'ai tenté, durant un mois, d'exprimer au jour le jour les émotions que m'inspiraient le paysage, les mœurs, l'histoire et le patriotisme régénéré des Provençaux.

La terre provençale, à vrai dire, n'est pas tout entière dans notre Midi maritime et rhodanien. La vallée de la Durance, le massif du Lébéron, le vieux comté patriote de Forcalquérois, la *terre montagneuse, à la fois grecque et allobrogique de Digne et de Sisteron, la* Haute-Provence, *en un mot, méritait toute seule un pèlerinage. Je ne désespère pas de l'écrire un jour. Mais la Provence classique suffirait à de plus légitimes ambitions. Notre côte d'azur connut sans doute les premiers Européens de l'histoire ; Marseille fut le dernier rempart de l'hellénisme indépendant ; la Camargue vit débarquer les premiers apôtres du Christ dans les Gaules ; l'empire romain eut quelque temps son siège à Arles, sous Constantin ; Avignon garda 70 ans la Papauté ; Carpentras fut un des berceaux de l'Humanisme. J'ai dit avec amour toutes ces glorieuses filles du Rhône. Comme un Dieu éternellement jeune, au regard souriant et clair, Il court se mêler à l'océan d'harmonie, baignant dans une onde où se mirent les peupliers blancs, les oliviers, les saules, ses rives historiques qui ont vu passer avec leurs armées, Annibal, César, Constantin, Charlemagne, et, avec ses rêves, Napoléon. Il n'a pas, pour fixer son lit, les hautes parois du Rhin vert, à l'histoire farouche, du Rhin féodal et tragique, il n'a pas les bords tristes, la steppe illimitée du Danube gris, monotone, nomade comme les peuples qui s'éparpillent à son entour. Il est bleu et semblable au Nil dont il a le cours, le delta, la puissance, la haute histoire, et l'heureuse fécondité.*

Ma vraie patrie à moi, c'est la vallée du Rhône. A partir de Lyon, le fleuve n'appartient plus aux brumes, il s'est fait latin et semble se hâter vers la mer. Si je ne suis pas né en pays d'Avignon ou d'Arles, du moins je suis Rhodanien. Le Rhône a élargi pour moi la patrie natale : il me rattache, Lyonnais, à la terre élue de Provence. Lyon ne fut-il pas toujours la sentinelle avancée du Midi, le confluent modérateur des descentes du Nord...

Deux races conquérantes et assimilées, Allobroges et Latins se sont partagé l'esprit provençal, le vieil esprit ligure des Salyens et des Cavares. La persistance du premier élément n'est sensible qu'en Haute-Provence, jusqu'à la Méditerranée. Cependant plusieurs de nos maîtres, et des plus grands, ont cet atavisme de mélancolie, cette nature sans cesse altérée, qui est comme l'inconsciente nostalgie des Alpes.

C'est avec la conquête latine que la Provence terrienne connut l'administration. Sans doute elle s'était civilisée déjà au voisinage des Phocéens. Mais j'estime, à l'encontre d'un système nouveau, que leur réelle influence s'est bornée, dans la Gaule, en dehors de leurs colonies maritimes, à des transactions de commerce. Une architecture analogue de la terre hellénique et de la nôtre, une similitude de mœurs et de climats ont favorisé ces méprises.

Ces problèmes ethnographiques appellent de longues études qu'on ne trouvera pas ici. La conformité du cadre naturel avec la littérature nationale, le contraste des vieilles mœurs avec la vie cosmopolite importée par l'étranger sur notre littoral tiennent, comme l'imprévu des rencontres, la plus grande place dans ce journal de route. Néanmoins, aux simples aperçus d'histoire des deux premières parties, à propos d'Arles et de Lérins, du Palais d'Avignon et des restes antiques de la Provincia, j'ai fait succéder, devant quelques ruines illustres, de plus larges tableaux du passé : la Provence des Ligures, sa colonisation par les Grecs et les Romains, les invasions sarrasines, le Royaume d'Arles, la part des Provençaux dans la guerre albigeoise, la civilisation du Midi et la transformation de son génie aux temps modernes. On voudra pardonner à l'inégalité de ces pages en faveur de leur sincérité. On reconnaîtra que l'auteur n'y a rien changé, alors même que repassant par la plupart des lieux, il y rappelait comme en un leitmotiv, des sensations déjà rendues ; alors même que plusieurs des personnes citées avaient disparu de la scène ou changé de fortune.

Ces trois parties donnaient un aperçu de la vie lettrée en Provence; je les ai complétées par un exposé sommaire des manifestations et de l'influence sociale du Félibrige. Car ce ne sont point, comme on l'a cru, des idées arriérées que nous défendons, mais bien celles de l'avenir. Conservateurs nous sommes, pour être novateurs. Mais novateurs selon la tradition, c'est-à-dire classiques, nous réclamant de libertés imprescriptibles. Nous croyons aux droits du passé. Il a la force de l'exemple. Et la piété filiale est un devoir : elle engendre les saines vertus de l'art et de la vie, qui les font durer l'un et l'autre. Tout se transforme, mais tout s'enchaîne. Répudier sa province sous le faux prétexte de ne croire qu'à ce vague nationalisme moderne qui satisfait une indifférence égoïste, c'est répudier la raison. On ne s'attache pas fortement à ce qui est sans racines.

En un temps où le patriotisme se meurt, nous l'avons régénéré dans sa source.

P. M.

LA
TERRE PROVENÇALE

JOURNAL DE ROUTE

PREMIÈRE PARTIE

I. AVIGNON. — Matinée en Avignon. — Chez Roumanille. — La Roque de Dom. — Le panorama du Comtat. — Notre-Dame de Dom. — Le palais des Papes. — Avignon sous les Papes. — Le nombre *sept*. — Roumanille et la Renaissance provençale. — Le symbolisme félibréen. — Visite au tombeau d'Aubanel. — L'œuvre d'Aubanel. — Dans les rues d'Avignon. — Félix Gras. — A la Barthelasse. — Coucher de soleil aux bords du Rhône.

II. D'Avignon à MAILLANE. — Une rencontre à Graveson. — Histoire de Maillane. — La devise des Porcellets. — De Tarascon en Arles. — Tartarin. — LE PAYS D'ARLES. — Montmajour. — La félibresse Brémonde. — Les Baux. — Le moulin de Daudet. — Fontvieille. — Couchant sur la Crau. — Arrivée à Salon.

III. SALON. — Les Fontaines. — L'Hôtel de Ville. — Un poète solitaire : Crousillat. — Un original. — Le caractère salonais. — Nostradamus. — Catherine de Médicis, Henri IV et Nostradamus.

IV. Cassis. — Une ville de pêcheurs. — Les deux littoraux de Cassis. — Portmiou. — L'abbé Barthélemy. — Histoire de Cassis. — Lecture de *Calendau* aux pêcheurs. — Une épopée symbolique. — Le Garlaban. — L'incendie du Gibal. — La Ciotat. — Le golfe des Lèques. — Saint-Cyr. — Tauroentum. — Une ville grecque sous les eaux. — Saint-Nazaire et les Félibres. — La baie de Bandol.

V. Cannes. — Sensation de printemps. — Les îles de Lérins. — Raimond Féraud. — La légende de saint Honorat. — La Sainte-Estelle de Cannes. — Félibrée à Lérins. — La poésie populaire.

I

28 avril 1888.

Je m'éveille à l'hôtel de l'Europe, *en Avignon*. Première sensation matinale, souvent éprouvée : la douceur désaltérante, exquise, du printemps de Provence dans la ville silencieuse. Ici, le grand platane de la vieille cour fraîche où bruit l'eau d'un bassin. Joli temps tiède, secoué de mistral.

Je vais surprendre Roumanille dans sa librairie provençale de la rue Saint-Agricol. Toute l'Europe littéraire y a passé : elle est légendaire comme la bonhomie du Maître. Légendaire aussi, l'avenance des dames du logis : la femme du poète, félibresse elle-même, et sa jeune fille, *Dono Tereso*, « Reine du

Félibrige*» de par le Consistoire septennaire des Jeux Floraux, beauté provençale aux yeux sarrasins, aux cheveux noirs et au visage rose qui scintille tout ensemble de fraîcheur et d'éclat.

Nous montons au rocher de Dom, qui domine la ville : on jouit là d'une des plus belles étendues de la terre, de la plus suggestive à mon gré. C'est une masse de calcaire où se trouvaient les temples de l'Avignon celto-ligure, grec et romain. Un fort, puis un cimetière, qui servait dans les temps d'inondations, la couronnèrent plus tard; elle a été enfin transformée, voilà cinquante ans, en un jardin anglais, avec des gazons peignés, des rocailles et des cygnes. Au sommet du plateau est une terrasse qui domine les sinuosités du Rhône, sur une falaise à pic d'où la vue est incomparable. Du Ventoux géant à la croupe neigeuse, jusqu'aux Alpilles basses, escarpées, qui barrent l'horizon du sud à mi-chemin de la mer, s'ouvre un panorama plein de verdure et d'histoire. C'est Villeneuve-lès-Avignon, fortifiée, intacte, dans son enceinte dorée, la Tour de Philippe-le-Bel, le pont Saint-Bénézet, la Tour de Barbentane, les ruines de Châteaurenard; ici, enfin, Avignon aux mille

---

* Félibrige, association des félibres, fondée en 1854 à Font-ségugne (Vaucluse), pour la restauration de la langue provençale.

tours, aux cent clochers, « étouffé dans ses murailles, disait Sterne, ainsi qu'un pâté dans sa croûte. » D'une autre éminence du rocher, on aperçoit les replis capricieux de la Durance, le Léberon, les Alpes. Et partout s'étale à vos pieds ce jardin magnifique, qu'on appelle communément le Comtat, et qui est fait des deux anciens comtés de Carpentras et d'Avignon.

Le spectacle n'a peut-être son semblable nulle part. C'est une vision parfaite de l'histoire, un moyen-âge lumineux, réel, comme aucun Nuremberg, aucune Tolède au monde n'en saurait plus offrir. Je comprends le proverbe : « Qui s'éloigne d'Avignon, s'éloigne de la raison. » *Quau se levo d'Avignoun, se levo de la resoun.*

En descendant du rocher, nous nous arrêtons à l'église métropolitaine de Notre-Dame-de-Dom. Le portique semble une orfèvrerie romane : les archéologues ont disputé, cependant, au sujet de son style. Il est de cette architecture carlovingienne du Midi, toute hantée encore de l'art gallo-romain. Au moment de la Révolution, un fidèle du passé, redoutant pour le beau porche la rage du démolisseur, y inscrivit en caractères épigraphiques de son temps, sur l'architrave romane, ces mots qui donnent à rêver : *Monument antique et curieux...*

Cette cathédrale d'Avignon fut une des plus

riches églises de la chrétienté. On ne saurait dire jusqu'à quel point elle a été spoliée et détériorée depuis trois siècles. Le tombeau de Jean XXII, le grand pape d'Avignon, qui ornait la nef, a été relégué pierre à pierre dans une sacristie, parce que c'était le plus beau monument funéraire du moyen-âge. Le tombeau de Benoît XII a été déplacé aussi, et réduit à l'état de simple mausolée, de par son découronnement.

Je ne saurais prétendre à donner une image fidèle de ce que fut Avignon sous les papes, ni même dans les deux siècles qui ont suivi. Mistral, dans un chant de *Nerto,* Daudet, dans son conte de la *Mule du Pape,* et, sans parler de nombreux historiens, comme Marchangy, qui, dans *Tristan le voyageur,* en a donné un tableau pittoresque, le premier sans doute de ce genre, vingt écrivains se sont heureusement essayés à la peinture de cette Rome transportée dans les Gaules, durant près d'un siècle, et d'où les papes ont, plus que jamais peut-être, commandé à la chrétienté. Nous avons encore un témoin de cette histoire glorieuse : c'est leur Palais, construit par Jean XXII, et fortifié par Benoît XII, ce monument dont Froissart disait que « c'était la plus belle et la plus forte maison du monde. » De fait, aucun édifice du moyen-âge n'est plus propre à renverser les idées générales sur l'étroitesse d'action et de conception de cette époque.

L'histoire du séjour des Papes à Avignon est encore à peine éclaircie : on sait par les œuvres latines de Pétrarque, par les chroniques du temps, à quelles fêtes assistèrent les Provençaux, à quelles entrées de princes et de rois. Un poète et un érudit, M. Maurice Faucon, a le premier dépouillé leurs archives. D'un autre côté, le savant M. Eug. Müntz a recherché les papiers historiques de la fondation du palais. Nous savons maintenant que l'architecte était un français. Mais ces travaux considérables n'éclairent encore qu'à demi cette époque. Les registres caméraux de la cour pontificale, c'est-à-dire les livres de comptes, de mandats et d'ordonnancements, qui sont à la Bibliothèque vaticane, restent la mine la plus précieuse à explorer sur la vie privée du palais d'Avignon, ses dépenses, ses réceptions, et les rapports de ses ambassadeurs.

La Bibliothèque des Papes demeura jusque sous Benoît XIII à Avignon. Quand le maréchal Boucicaut eut délogé cet anti-pape, celui-ci emporta la Bibliothèque avec lui au château de Paniscola, en Catalogne, avec toutes les archives, transportées d'Assise à Avignon sous Benoît XII. Archives et bibliothèque furent cataloguées de 1418 à 1430. Cependant Benoît

XIII mourut (1424), et ses trois cardinaux élurent un dernier anti-pape, Gil Muños, sous le nom de Clément VII.

Dans le même temps on élisait en Italie Martin V qui obtint, avec la renonciation de Gil, la restitution des Archives entre les mains du cardinal Pierre de Foix, son mandataire. Celui-ci entra en possession des archives, qui retournèrent à Rome immédiatement, et de la Bibliothèque, qui lui fut concédée pour sa peine. Il la légua au collège de Foix, qu'il venait de fonder à Toulouse, où elle demeura jusqu'au milieu du xviie siècle. C'est ainsi que la Bibliothèque Nationale possède la plupart des manuscrits des papes d'Avignon, — acquis par Colbert à Toulouse.

Mais tout cela, c'est l'Avignon de l'Histoire, un Avignon si riche, que plusieurs volumes ne me suffiraient pas pour exprimer les sensations que je lui dois. Je ne veux voir aujourd'hui que l'Avignon des poètes*.

Au commencement du xviiie siècle, un voyageur hollandais, décrivant Avignon avec enthousiasme, était frappé par la fréquence du nombre sept dans cette ville. « Le nombre septennaire est remarquable à Avignon : Il y a

---

* Dans les deux parties suivantes, j'ai étudié l'Avignon de Pétrarque, ainsi que les curiosités de ses rues et son musée.

sept églises capitales, sept portes, sept collèges, sept hôpitaux, sept échevins; sept papes y ont tenu leur siège environ septante ans. Ces sept papes sont Clément V, Jean XXII, Benoît XII, Clément VI, Innocent VI, Urbain V et Grégoire XI. Clément V y arriva en 1308, Grégoire XI retourna à Rome en 1376. »

Or le chiffre 7 est le nombre fatidique des mystères du félibrige. La Renaissance provençale ne pouvait éclore qu'en Avignon. Elle était suscitée par sept poètes provençaux (leur nom, *félibre,* a sept lettres), renouvelant la restauration de la langue d'Oc, tentée à Toulouse au xive siècle par les sept troubadours de Clémence Isaure.

Comme tous les symboles devenus populaires, le Félibrige devait naître chez les paysans. C'est le peuple qui doit sauver le peuple, allait s'écrier Lamartine en saluant *Mireille*. Avant Mistral, Joseph Roumanille, son précurseur, se servant de la langue vulgaire pour être compris de son milieu de naissance (1845), trouvait, nouveau Malherbe, des accents littéraires dans un idiome qui ne servait plus qu'à traduire des grossièretés ou des thèmes burlesques. Le premier, il avait osé s'attendrir en provençal, tout en riant parfois. Le Félibrige était en germe dans ses vers qui pleuraient.

Son premier livre, *Lei Margarideto,* publié en 1847, avait été composé pour sa mère, une paysanne de Saint-Rémy, qui ne savait pas le français. Roumanille faisait alors partie, à Avignon, d'une Société de charité qui devait être le modèle de la Société de Saint-Vincent de Paul, et il donnait un feuilleton moralisateur, en provençal, dans un petit journal, *La Commune,* qui devait être le premier des journaux à un sou. Après des vers d'amour filial, des causeries débordantes de santé populaire, et il était le premier des écrivains modernes, que je sache, à rencontrer un écho direct dans le peuple, dans un peuple qui gardait franchement sa langue et ses traditions.

A son collège, vers le même temps, arrivaient faire leurs études Frédéric Mistral et Anselme Mathieu, comme lui de souche paysanne, et comme lui férus d'amour pour leur parler natal.

C'est ce trio d'amis qui créa la Félibrige, définitivement fondé par les sept poètes de Font-Ségugne (1854). Théodore Aubanel, un Avignonais, était du nombre; Félix Gras, de Mallemort, se joignit à eux, peu après; et cette école rhodanienne, de race populaire, franchissant les bornes du pays provençal, faisait des prosélytes jusqu'en Aquitaine, et fraternisait avec les adeptes d'une renaissance parallèle des Catalans.

Roumanille avait eu l'inconscience heureuse des initiateurs. Depuis Gutenberg jusqu'aux plus récents protagonistes de l'esprit moderne, tous ont été les instruments prédestinés de pensées dont ils ne soupçonnaient ni l'étendue ni l'écho futur. C'est en Mistral que s'incarna le symbolisme félibréen, car en lui était descendue la vision du mystère. Peu à peu, la renommée de ses grands poèmes patriotiques et la haute portée de son *Dictionnaire de la langue d'Oc,* faisaient de lui le chef incontesté de ce mouvement littéraire. C'est, en effet, la base populaire de son génie et de sa gloire, en qui se retrouvent l'orgueil, l'aristocratie de la race, qui fait sa supériorité incontestable sur tous les écrivains passés et présents du Midi. Son action est celle du suprême représentant d'un peuple, comme son œuvre est et restera le plus parfait miroir des coutumes et de la beauté de nos provinces du soleil.

Quand Roumanille m'a quitté, je songe que je n'ai pas fait visite encore au tombeau d'Aubanel. Voilà dix-huit mois qu'il n'est plus, mon assidu compagnon des vieilles rues de la cité des Papes, et des îles vertes du Rhône ; et voilà que je sens son absence, comme un grand vide dans Avignon.

Je l'avais vu, quelques semaines avant le jour fatal, presque joyeux et tout remis d'une attaque de paralysie qui l'avait terrassé. Mais l'effroi de succomber au retour de son mal hantait ce cerveau de poète déjà obsédé par des précédents de famille, et depuis lors le pauvre ami me suppliait « de revenir aux bords du Rhône fêter son rajeunissement. »

Hélas! il n'y est point revenu, sous les mûriers de la Barthelasse, dans ces claies de roseaux murmurants où nous chantions devant le fleuve, à l'heure où les mille clochers du gothique Avignon « font des dentelles dans les étoiles. »

Il était dit que nous ne nous verrions plus. Comme je passais par Avignon, vers la fin d'octobre, espérant le surprendre, son intime compagnon, Félix Gras, m'apprit avec tristesse qu'il fuyait maintenant la ville adorée, demandant l'oubli de sa pensée ardente aux distractions forcées, aux courses imprévues. Mais il était marqué au front, et pour le frapper la mort devait choisir la sombre veille du jour des Trépassés, tandis que sa chère île de la Barthelasse était soudain ravagée par le Rhône.

Nous ne l'avons plus parmi nous, le lumineux poète de la *Grenade entr'ouverte*, des *Filles d'Avignon,* et le dramaturge puissant du *Pâtre,* du *Pain du Péché!* Et voilà que partout on invoque son nom comme un symbole de passion, de nouveauté et de génie. C'est que le grand Félibre ne cherchait pas la gloire : il ne vécut que pour la Beauté. Enfermé dans son Avignon, devant l'horizon de sa Provence, il écrivait ses vers à l'ombre, reprochant aux meilleurs compagnons de son art et de sa jeunesse les témoignages mêmes de leur enthousiasme. Et il n'était pas seulement cet artisan de l'art plastique, qu'on nous représente. Le beau est partout comme Dieu : il y a dans Aubanel, réaliste à sa manière et quand sa pensée l'exige, un merveilleux poète de la nature. Le culte du grand Pan qu'on disait mort aux premiers jours de l'Évangile, s'est maintenu dans les pays latins, épuré par la foi nouvelle. Aussi avons-nous vu en Provence de parfaits chrétiens célébrer l'union mythique de l'homme et de la terre, dans toute la candeur de leur croyance en Dieu. Mais la renommée ne tentait pas Aubanel — qui l'a bien peu goûtée. Toute son âme est dans ces deux vers d'une mélancolie plaintive :

Es meiour d'èstre ama
Que d'èstre renouma...

Ce grand poète jouissait de l'art en silence, comme un amoureux. Il unissait dans son adoration l'Amour à la Beauté, l'un conduisant à l'autre, car pour lui la Beauté c'était tout ! Et si elle lui a demandé, dans ses rêves, ce qu'il désirait d'elle, sans doute il lui a répondu comme la Bienheureuse au Seigneur : O Beauté! je ne veux que toi-même!

Aussi les amis d'Aubanel ont-ils seuls bien connu la hauteur de son âme. Il vivait avec eux, n'écrivait que pour eux, et ce commerce fraternel était toute sa joie. Ah! nous tous, si nous avons perdu dans cette ardente amitié un jugement éclairé et profond, nous avons perdu surtout une affection vibrante, où la plus chaude loyauté attendait les découragements qui venaient se consoler en elle!...

— Oui, Maître, tu as pu mourir tranquille, tes amis ne t'oublieront pas! Elle non plus ne t'oubliera pas, ta Provence! Tu as été son chaleureux servant d'amour, tu as consumé pour elle un des plus vrais génies modernes; et aussi bien, comme dit cette chanson que te chantait naguères Paul Arène, — « elle fut pour toi l'avant-paradis. »

Ton œuvre forte et passionnée, rouge de sang et de vie, sur laquelle semblent planer ces idéales formes blanches, la Vénus d'Arles, le marbre rayonnant, et le Christ d'Avignon, l'ivoire sublime, ton œuvre durera toujours, autant que ta patrie. Car c'est une immortelle expression des ardeurs de ta race, de la double beauté de ton peuple et de ton pays. Si tu as bien aimé ta Provence, ta Provence te l'a bien rendu! Tu as toujours eu la pleine ivresse de ce qu'elle a fait vibrer dans tes vers. Et hier encore, pour accompagner ton dernier passage parmi ses cyprès et ses oliviers, n'as-tu pas eu Mistral, le représentant le plus haut de ta race, celui que tu as aidé, toute ta vie, à donner des ailes à la langue insultée de ton peuple, et qui s'est effacé généreusement avec sa renommée, devant le deuil irréparable où ta mort a plongé son pays !...

Après midi, je pars à la recherche du poète Félix Gras, par de petites rues italiennes fraîches et mystérieuses, coupées de jolies places, aux platanes remplis de soleil. Je découvre la *rue Théodore Aubanel,* et tandis que je contemple sa plaque bleue toute neuve, un passant me fait voir « l'endroit où les félibres vont lui élever une fontaine, avec son buste. » Et le pauvre homme ajoute qu'il ignorait Aubanel, de son vivant...

Me voici dans la rue Dorée, vieille ruelle en colimaçon. Cette maison qu'on restaure, c'est l'hôtel de Sade ; et presque en face, la demeure de Félix Gras. J'ai enfin trouvé mon félibre. C'est toujours le « roi maure, » selon Paul Arène, et c'est de plus un juge de paix d'Avignon. Avec lui et Roumanille, je passe le Rhône, pour descendre à la Barthelasse, dans l'enivrante odeur des premières pousses vertes.

Mille parfums de l'avril retardé, indécis

encore, soufflent par bouffées au cerveau. Et le trouble vague de ce demi-printemps vous chante à l'âme sa venue... C'est ici le lieu consacré des agapes félibréennes. D'ordinaire, il suffit à nos poètes de s'y attabler dans les roseaux pour se remettre au cœur l'*estrambord* de la Cause, et faire s'envoler des chansons. Aujourd'hui, nous ne songeons qu'au printemps. Il est si doux, que nous voilà le humant en silence, suivant au loin le bord du fleuve, abrités du vent d'ouest par une haie toute vive d'églantiers fleuris. Le beau Rhône se précipite bouillant et bleu, entre ses rives claires, baignant le pied des remparts d'Avignon. Et la ville se dresse en face, toute d'or au soleil. Spectacle héroïquement beau ! Nul aspect au monde ne me vaut celui-ci, toute ma jeunesse le peuplant de ses joies, de ses enthousiasmes divins... Nous n'avons pas donné vainement nos plus belles années pour une œuvre futile, destinée à mourir. Mais pleins de foi, pleins d'idéal, nous aurons réellement vécu, comme les Grecs de Gœthe, le plus beau rêve de la vie.

En songeant à ces choses, je suis revenu avec mes deux amis m'asseoir devant le Rhône, dans les claies de cannes sèches qui s'espacent sous les mûriers. — « Le bel épanouissement de notre Cause, depuis dix ans ! rêvait tout haut Rouma, le patriarche ; et qui pouvait prévoir un tel avenir quand on se réunissait quelques bons compagnons, pour chanter, chez notre ami Giéra à Fontségugne?» Voilà trente-cinq ans. Et tous ces fidèles d'amour de la première heure, Aubanel excepté, sont encore debout. Et nous disions nos souvenirs du pauvre mort, qui aimait plus que personne, réfugié dans la Barthelasse, à contempler son Avignon. Quand il amenait des félibres, c'était pour répandre son cœur dans l'amitié, son seul plaisir au monde. Quand il y venait seul, vers le soir, c'était pour apaiser l'obsédante vision d'amour qui le faisait poète, et exhaler le trouble de sa chasteté fière en vers passionnés. Car cette pureté de sa vie fut la maîtresse de son génie. Guidée par sa foi religieuse et son idéal du devoir, elle ne comprima pas cependant les élans de son cœur soumis. Voilà pourquoi nous lui devons tant de strophes brûlantes et tant d'immortels cris d'amour.

Le jour tombait. Avignon, serré autour de son château des Papes comme la frange d'un manteau royal, s'irradiait des dernières lueurs du couchant. Toujours sommeillant, ainsi qu'en plein jour au soleil, il ne semblait sortir de son rêve qu'à l'ébranlement de ses cloches, — voix lointaines, rouillées, d'un passé glorieux, — pour l'Angélus mélancolique. Et la lune montait dans le ciel, légère, quand nous rentrions rue Saint-Agricol nous asseoir autour d'un repas joyeux, arrosé des dernières bouteilles du dernier châteauneuf, tout ce qui reste de la vigne fameuse du félibre Anselme Mathieu, le dernier troubadour.

II

Dimanche, 29 avril.

A huit heures, je pars pour Maillane en voiture. Les journaux de Paris qu'on m'apporte, tout pleins du récent triomphe du *Pain du péché,* me tiennent compagnie jusqu'après la Durance. En quittant Rognonas, des paysans sourient au passage de ma calèche, et je rencontre une belle fille portant le velours d'Arles, qu'ils hèlent : « Demando-ié ! » Je la regarde sans comprendre. Le cocher me dit que c'est sans doute la *chato* qui veut monter. Je l'appelle : « Elle n'osait pas le demander. » Nous faisons route ainsi jusqu'à Graveson. Les gens endimanchés qui sortent de la messe à travers champs, ont un air de malice. Ma voisine est fière et confuse. Elle n'en demeure pas moins, et ne descend qu'après le village, quand tout le monde l'a bien vue...

La plaine s'étend large, riante, jusqu'aux

Alpilles dentelées qui barrent l'horizon du sud. Au dernier cabaret de Graveson (je me souviens qu'ici même, un dimanche de fête, le tendre Aubanel crayonna son merveilleux sonnet, *Bèumouno*), on aperçoit Maillane cachée dans ses platanes au milieu des cyprès. C'est le cyprès d'Orient, haut, sombre, magnifique. Le Nord ne le connaît que chétif et noirâtre ; il en a fait l'arbre des cimetières. Ici, ses larges haies, lustrées au roulis du mistral, protègent les champs cultivés contre les rafales du vent trop purificateur. Elles diaprent l'uniformité de la plaine, et, mariées aux platanes géants amis des grandes eaux, font leur feuillage plus subtil, et leur prestance plus légère.

D'où vient ce nom de *Maillane,* qu'on dirait un nom d'Italie ? (Il y eut bien, au xve siècle, un *Dante de Maiano,* poète, et qui semble déjà un surnom de Mistral...) Du proconsul Mallius de la conquête romaine, qui passa la Durance, près d'ici ? Ou de la situation du bourg au milieu de sa fertile et vaste plaine ? (Milan n'a pas d'autre origine.) *Malliana* ou *Mediolana* ? Je ne saurais rien affirmer. Toujours est-il que Maillane fut un lieu d'importance, au moyen-âge, sous le marquisat des Porcellets. Cette illustre famille, éteinte depuis plusieurs siècles, dont le roi René disait encore : *Grandour di Pourcelet,* dans ses propos sur la Noblesse, avait pris cette devise clarissime, aux grands jours d'Arles : *Genus deorum, deinde gens Porcella Maillana.* « D'abord la race des Dieux, puis la famille des Porcelets de Maillane. » Mais toute glorieuse qu'elle fut, — on trouve encore sa trace jusqu'à Naples et en Sicile, — elle n'a laissé, ici, d'autres vestiges d'elle, que çà et là quelques remparts. Le village est plus sûr de vivre pour avoir fait naître un poète.

On entre dans Maillane par une porte fortifiée qui donne sur la grand'place. Là, des cafés comme partout, la poste, la mairie, l'église, et un ruisseau très frais bordé d'arbres, qu'on traverse sur un pont pour arriver à la demeure de Mistral.

Nous y reviendrons. C'est la villa d'Horace, la maison du poète, avec son petit jardin dominant la vaste étendue, et d'où apparaît sur les Alpilles *le Lion d'Arles,* fier rocher, conseiller sublime du grand Provençal. Je me fais reconduire, pour la vingtième fois peut-être, à travers ces champs du pays de Maillane, dont je connaîtrai bientôt toutes les pierres, le *Mas du Juge,* où est née Mireille, resté tel qu'il était au temps de la jeunesse du poète, entre ses rideaux de cyprès, le *Mas des Espagnols,* d'où sortent les Mistral, et la route de Saint-Rémy, qui semble se perdre au loin dans l'escarpement qui mène à la ville des Baux.

Lundi, 30 avril.

Avec Mistral, en route pour Graveson, dans la petite boîte cahotante qui est l'omnibus de Maillane. Singulière, la gare de Graveson! éloignée de tout village, au pied de la montagnette de Frigolet, et dominant, de sa terrasse aux oliviers pâles, la plaine de Maillane, barrée au midi par la chaîne bleue des Alpilles.

Dans le train, nous rencontrons un personnage singulier, rougeaud, court, jovial; je ne me fais pas d'autre idée de Tartarin. Celui-ci est du Nord, pourtant. — « Vous êtes heureux en Espagne, vous n'avez pas de nord! » disait un félibre de Paris à Castelar. Il croyait tous ses compatriotes enthousiastes, ce Provençal dépaysé, et il avait tort. Dans la polémique qui a suivi le *Pain du péché,* la chasteté des femmes du Midi a été aussi mise en question, et défendue par la plupart. C'est ne pas connaître le Midi que de décider ainsi de sa psychologie. Certes oui, la Provençale chaste est très fréquente, mais l'autre n'existe pas moins... Notre Tartarin, beau parleur et gonflé de sa verve, tranche de tout, dispose de tout, même des municipalités. Il parle surtout du soleil avec un attendrissement comique. Je jure bien qu'ici la transplantation est plus forte que la nature.

Tohu-bohu à Tarascon; descente *en Arles*. Nous nous embarquons dans le petit chemin de fer lent et familial de Fontvieille et Salon, tout plein de coiffes arlésiennes et d'accent. C'est délicieux, ce provençal, avec sa musique d'Orient et son rythme charmeur! Le jour est un peu gris pour traverser le pays de Mireille. Qu'importe, si je l'ai parcouru en plein soleil d'été? Voici Montmajour, le monastère guerroyeur, avec sa tour de défense altière, et son pan de palais écroulé, à la belle ordonnance. Pour qui sait le passé d'Arles, le passé lointain, la noble ruine dominant la plaine du Trébon, évoque un temps où cette terre était le domaine du Rhône. Périodiquement, comme la vallée du Nil, elle était envahie par les eaux. Et cette inondation du fleuve fertilisait le pays, au dire des chroniqueurs, d'une fertilité incomparable, que l'endiguement du Rhône a successivement amoindrie*. On abordait au monastère, en barque, pendant plusieurs mois de l'année. Le lieu était si fréquenté, au moyen-âge, que l'on y vit jusqu'à cent cinquante mille pèlerins... Le

---

* Les Grecs surnommaient Arles, *Theline* (de θηλή, mamelon), pour la richesse de son territoire. Il fournissait à la subsistance de toutes les cités voisines :

Theline vocata sub priore sœculo,
Graio incolente...

(Festus Avienus.)

poète Bonaparte-Wyse, dans un poème mélancolique aux petits vers de légende, a mis en scène l'arrivée à Montmajour, par les lagunes, d'un troubadour lassé des orages du monde... « Montmajour, Montmajour de bien loin me parlait, épanoui comme une fleur, au cœur du lac étincelant, et sur mon âme son salut d'amour glissait comme une haleine... »

La première fois que je vis Montmajour, c'était en compagnie du frère Savinien, le grammairien provençal. Nous étions partis d'Arles, un matin d'été, pour aller faire visite à la félibresse Brémonde, au Mas de Darboussilles. Son avènement en Sainte-Estelle nous avait tous comblés de joie. Mistral s'était pris d'admiration pour l'art à la fois simple et subtil de cette jeune fille en qui vivait une âme de trouveresse. Rare et vraie poésie de jeune fille, en effet, ses petites odes nées d'une imagination gracieuse, et pleines de ce charme inventif qui est tout l'art de la femme. Et on s'en allait en pèlerinage chez les parents d'Alexandrine Brémond, sur le conseil du Capoulié. On se disait que Mistral voyait au Mas de Darboussilles l'idéal du Mas des Micocoules, décrit d'ailleurs dans ce même paysage, à l'horizon brûlé ; que la jeune fille devait ressembler à Mireille ; que la mère, avec son profil de camée, sous la noble coiffe arlésienne, était un type exquis de beauté provençale fait pour le respect et le commandement, que le père enfin, au milieu de ses fermes, avait la stature et le geste du beau maître Ramon. Mais, par bonheur, tout ne davait pas aller comme dans Mireille. Si Vincent est venu au Mas et s'est fait aimer de la jeune fille, c'est qu'elle lui était destinée. Et nous avons vu dernièrement ce ménage de poètes nous donner ensemble deux petits livres délicats, lui, notre excellent ami Joseph Gautier, avocat à Marseille, des poésies françaises, *Au bord du Nid;* elle, qui n'a pas cessé d'être la félibresse Brémonde, les *Velo blanco,* ses ravissantes odelettes.

Le chemin de fer poursuit sa route lentement, à travers ce pays plein de souvenirs d'histoire provençale, comme pour nous laisser le temps d'en rêver. Là-bas, c'était le bâton de Saint Trophime, là, c'est la chapelle de Sainte-Croix, célébrés dans *Nerto.* Voici, à gauche, l'entrée des Baux, cette Pompéi du moyen-âge et que n'oublie jamais quiconque l'a vue par un coucher de soleil d'été, mélancolique sur son gouffre de ruines, qui a donné à Dante sa vision des cercles de l'Enfer; et à droite Fontvieille, avec le moulin de Daudet, toujours le même sur son monticule boisé, dans le paysage aride. Tout autour sont les carrières de Fontvieille, exploitées à ciel ouvert, larges taches de craie, parmi les roches basses que jaunit la lèpre du lichen, et la fraîche verdure d'un printemps retardé. Plus loin, c'est le Paradou, le pays de Charloun, le populaire Charles Rieu, chansonnier paysan. Au-dessus, les derniers contreforts des Alpilles, ces Colonnes d'Hercule de la Provence grecque, et à leurs pieds, la Crau...

Le couchant indécis l'éclaire violemment par places et la prolonge, et tout au loin de l'étendue mélancolique, une lame d'argent, l'étang de Berre, brille au soleil. En face de Salon, sa capitale, que voici, la Crau mystérieuse des poètes, la Crau qui vit le combat d'Hercule et des Géants, la Crau qui vit le désespoir et la fuite de Mireille amoureuse, la Crau d'Eschyle et de Mistral apparaît démesurée et propice au mirage. Le ciel, ce soir, lui prête un aspect de steppe infinie...

La Crau ero tranquilo e mudo ;
Aperalin, soun estendudo
Se perdié dins la mar et la mar dins l'èr blu...

(Mirèio.)

« La Crau était tranquille et muette ; au lointain, son étendue se perdait dans la mer, et la mer dans l'air bleu... »

III

Salon est une ancienne et jolie ville provençale, transformée depuis dix ans. Un vieux château fort des archevêques d'Arles la domine de ses larges pans gris, de ses tourelles carrées inégales, et de vieilles rues tortueuses s'étagent à ses pieds. Dès l'avenue de la gare, on pressent une ville nouvellement enrichie : tout un alignement de villas à peine construites prolonge ce quartier neuf. Prospérité récente que l'antique commerce des huiles doit au chemin de fer. Car Salon joue un rôle à part dans la vie provençale comme dans son histoire. Le caractère mystérieux de ses habitants, sa légende de Nostradamus, tiennent beaucoup de sa situation isolée : elle n'est pas sur le grand chemin... Il est encore telles de ces vieilles villes de Provence, Carpentras, Cavaillon, Apt, Salon, où l'on pourrait se croire à l'abri des curiosités, où l'on serait tenté d'aller cacher une passionnette...

O la gente et fraîche ville ombragée de platanes, ô les belles eaux découlant des vasques moussues ! Nous descendons en face l'Hôtel de Ville, noble maison de vieille roche. Des violiers sauvages poussent dans les fissures de la façade, jusque dans les balustres du balcon municipal. Sur cette place, la statue d'Adam de Crapone, le prince des ingénieurs français, et le bienfaiteur de Salon : il y amena la Durance en 1559, transformant en une oasis pleine d'ombre et d'eaux vives son pays natal, alors sec et pierreux comme une autre Arabie... Mistral n'a pas revu Salon depuis plus de vingt ans, quand il écrivait la préface de *la Bresco,* de son vieil ami Crousillat, ruche de poésie pure et douce comme un miel attique. C'est pour surprendre ce doyen des félibres que nous sommes venus à Salon. Et nous interrogeons notre jolie hôtesse sur les habitudes du solitaire. — C'est un personnage dans la ville, nous dit-elle, un original. Tout le monde le connaît... C'est maintenant l'heure de son souper.

Nous voici frappant à la porte de sa petite maison, sur la place de la fontaine aux longs pleurs pendants. Le poète vient à nous, il achève son repas du soir : J'ai soupé de miel, nous dit-il, ça me suffit ; j'en ai la bouche parfumée. Avec sa tête fine, au regard curieux dans sa naïveté, le voilà, le philosophe antique. C'est un ascète grec dont la pure et simple pensée est toute reflétée dans son œuvre. Comme ses compatriotes, il fut toujours enclin à la rêverie et à la contemplation, a écrit Mistral. D'un voyage en Italie, fait dans sa jeunesse, il a rapporté, avec l'amour du beau, de la grâce hellénique et de la sévérité latine, le culte profond de la forme classique, la recherche patiente de la correction, et le platonisme de Pétrarque. A ces trésors, ajoute Mistral, il joignit plus tard la lecture des poètes anglais, à laquelle il se sentait porté par cette tendance spiritualiste propre au caractère salonais. C'est de là qu'il est parti pour *trouver* en provençal.

Le soir du même jour, tout Salon, sachant déjà que « le poète de Maillane » était dans ses murs, l'orphéon provençal de la Crau s'assembla, et, vers minuit, il offrait dans son Cercle une longue et touchante aubade au Capoulié...

1er mai.

La journée du lendemain, 1er mai, s'est partagée entre les habitants de Salon, anciens et modernes. Parmi ces derniers, Crousillat nous a fait connaître un type curieux, un vrai compatriote de Nostradamus, pour son goût des singularités. Il habite en dehors de la ville, dans un petit enclos, une maison étroite et haute, construite à son idée, c'est-à-dire toute en belvédères et en terrasses, d'où surgit uniformément l'histoire de Salon, représentée par le grand château fort des archevêques d'Arles, qui, de là, semblent opprimer encore la cité. Car certains neveux d'archevêque, à en croire les *Chroniques* de M. Gimond, s'y sont passé des fantaisies dignes d'un moyen-âge selon Leconte de Lisle. La maison de notre original est encore surchargée d'inscriptions mystérieuses. — « On n'en saura le secret qu'après ma mort. Je laisse un écrit... » Notre homme écrit beaucoup : il nous montre un registre semblable à celui de Bertrand Boisset, un bourgeois d'Arles, qui vivait au xive siècle. Tous les événements de Salon, grands et petits, y sont fidèlement consignés. C'est un appendice aux faits divers des gazettes de la Crau... La postérité ne manquera pas de documents pour rédiger l'histoire de notre temps ! On trouve encore dans les provinces bon nombre de ces originaux, antérieurs à l'invention de l'imprimerie..

— Vous savez l'histoire de ce Marseillais qui, ayant répandu par *galejade* le bruit qu'un serpent de mer bouchait l'entrée du port, finit, tout le monde s'y précipitant, par y aller voir lui-même. Pur effet de mirage! comme dirait Daudet... M'est avis que le cas de Nostradamus est assez semblable. Né catholique d'ancêtres juifs, adonné à l'empirisme, — la médecine de son temps, — et enclin au mystère, le grand docteur de Salon s'étonna d'abord de ses imaginations prophétiques, pour en venir à y ajouter foi. Après la publication des premières *Centuries,* sa vie fut le grave roman d'un parvenu de la sottise humaine.

Un jour, Charles IX faisait une entrée solennelle à Salon. Il était jeune; c'était ce Valois florentin qui s'adressait, en vers, à Ronsard, et non le prince fanatique qui s'accoudait au balcon du Louvre, le soir de Saint-Barthélemy. Suivi de Catherine de Médicis et de Henri de Navarre, qui n'avait que sept ans, il parcourait triomphalement la Provence. On ferait une curieuse histoire avec les anecdotes que ces entrées royales ont semées après elles, durant trois siècles, dans les petites capitales du Midi. Salon s'était particulièrement mise en frais pour recevoir le prince; on savait, par ouï dire et par les propres récits de Nostradamus, combien cette cour italienne aimait l'apparat. Aussi, quand on eut demandé au Docteur en quelle place il désirait figurer dans le cortège, fut-on bien étonné d'apprendre « qu'il entendait mener son petit train à part. » Nostradamus savait trop bien l'impression que son astrologie avait faite sur la reine-mère, l'ascendant qu'il avait eu sur elle pendant son séjour à Paris. A peine les portes de la ville franchies, Catherine chercha des yeux le prophète, et quand elle le découvrit à l'écart, elle lui fit prendre place solennellement entre elle et son fils, pour entrer dans Salon. L'astrologue se félicitait d'avoir mené son petit train à part. Il logea au château pendant le séjour du roi, et fut même invité à donner une consultation solennelle. Catherine était inquiète du sort de sa lignée : elle voulut se faire prédire la fortune d'Henri de Béarn. Nostradamus exigea qu'on déshabillât l'enfant, pour affermir sa prophétie. Le petit roi crut qu'il s'agissait de recevoir le fouet, et il remplit le château de ses cris. Mais la gravité d'une si belle barbe ne l'effraya pas longtemps, et Nostradamus déclara qu'en vérité cet enfant serait aussi un roi de France. Hasard ou divination, ou plus simplement conjecture, en présence de Charles IX, chétif et vieilli sur le trône de François II, mort à dix-sept ans, toujours est-il que cette parole effraya les contemporains. Catherine ne put croire à sa réalisation, en songeant aux trois fils qui lui restaient ; Nostradamus y gagna, cependant, à être appelé une fois encore à Paris.

IV

Cassis. 6 mai, dimanche matin.

Je consacre ma journée au pays de Calendal*. La gare de Cassis est à cinq kilomètres dans les terres, au-dessus de la ville. On y descend en diligence, par des chemins creusés dans le rocher, vaguement ombrés de pinèdes, avec des coquelicots sur leur maigre gazon. D'ici, la petite baie de Cassis apparaît toute farouche, et le rivage abandonné. C'est le seul refuge important d'une côte abrupte et stérile, hérissée de rochers calcaires, qui va du cap Croisette au Bec de l'Aigle. Cette partie du littoral est d'un abord difficile ; on la croirait d'une autre région. Aussi les Romains n'établirent-ils qu'une station de la flotte impériale entre La Ciotat et la Madrague, qui est en avant de Marseille ; ils choi-

---

* Calendal *(Calendau)*, héros d'une épopée provençale de Mistral, en douze chants.

sirent l'anse de Cassis, dont les pirates celto-liguriens avaient fait leur refuge, de toute antiquité.

On a bientôt fait de traverser la ville, pour trouver la mer. Le petit port me surprend, tout étroit avec ses maisons hautes, à deux fenêtres, pauvrement pressées sur un quai en hémicycle. Un vieux château démantelé, roux sur sa roche rousse, falaise dégradée qui blanchit du côté de la mer, domine tristement cette bourgade galiléenne. Il fut aux princes des Baux dont les armes — l'étoile aux seize rayons, de leur ancêtre le mage *Balthazar* — étaient gravées sur la porte d'entrée. C'était la première des grandes familles de Provence, « race d'aiglons, jamais vassale, qui de la pointe de ses ailes effleura le sommet de toutes les hauteurs. » *(Calendau,* ch. 1.) Naguères encore, avec ses fameux crûs blancs et rouges Cassis connaissait la richesse. Aujourd'hui la ville est sans ressources ; la pêche la nourrit à peine. Mais la nature n'a pas changé : les abords du cap Canaille et la jolie montagne de Sainte-Croix, au pied de laquelle Cassis semble endormie, sont toujours revêtus de leurs pins séculaires.

J'entre dans le port sur une jetée très exposée aux lames. Quelques bateaux de pêche sont là qui attendent le soir. Alors, au soleil déclinant on les voit se détacher lentement du rivage et la fuite des voiles met un sourire à ce triste horizon. On ne saisit bien que de cette pointe l'évasement de la rade, mais on devine seulement le reste de la baie. Cassis *(Carsicis portus)* n'avait pas de port spécial chez les Romains ; ce n'était qu'un quai, au fond d'une anse naturelle.

La côte apparaît à droite, nue, hérissée, avec l'aspect blanc et inculte de la Montagnette de Tarascon. Deux ou trois villas élégantes, aux volets de couleur, sont posées là, sur le sol sans verdure. Et la sécheresse du littoral se prolonge toute semblable jusqu'à Marseille. A gauche, après l'éminence du château, le rivage s'incline en une petite baie abandonnée, jusqu'à un rocher rouge, grandiose, qui se profile sur la mer. C'est le cap Canaille, le bien nommé, falaise ardue, haute de trois cents mètres et qu'escaladent jusqu'à mi-hauteur de pauvres pins, par groupes clairsemés. Vous avez ici la sensation d'une mer farouche et d'un autre climat, tandis que la côte opposée évoque l'ossature de marbre des rivages athéniens.

Je me fais conduire, par la côte aride, au havre de Portmiou. Le temps couvert me prive des jouissances attendues. Néanmoins, cette calanque resserrée comme un lac suisse, entre ses rochers blancs, ombrés çà et là de la jaune verdure des pins, ne laisse pas que d'impressionner par son silence. Elle est pleine de légendes, la petite rade de Portmiou. Le dernier pape d'Avignon, Grégoire XI, ramenant à Rome la papauté, dont Pétrarque, au nom de l'Italie, avait pleuré « la captivité de Babylone, » dut se réfugier ici, avec sa flotte, pendant une tempête. C'est vers le havre de Portmiou que Calendal construisit sa madrague et s'enrichit par une capture fantastique de thons. Il fait un récit lumineux et vivant de cette pêche des temps héroïques, qui n'avait pour but que de couronner d'or sa bien-aimée. Mistral lui prête cette jolie description de l'anse de Portmiou :

Vers l'embouchure de notre rade est une crique retirée que l'on nomme Portmieu : l'entrée en est horrible, au milieu des escarpements rongés par la gratelle
De la mer, qui s'engouffre avec des ébrouements, dans leurs anfractuosités. — Les falaises se resserrent tout à coup, et vous croyez que l'âpre gorge finit là... — Non ! tout à coup elle se coude, et claire et bleue, découvre une tranchée qui à perte de vue s'enferme et se prolonge.
C'est à Portmieu, car le poisson aime à passer par là, que la madrague dans la mer fut construite. *(Calendau,* chant V.)

En rentrant à la ville, j'aperçois sur une banale maison du port la plaque commémorative de l'abbé Barthélemy. Quelle est la bibliothèque un peu ancienne où l'on ne trouve, en sept ou huit volumes, *le Voyage du jeune Anacharsis?* Cet énorme et intelligent fouillis d'histoire grecque éveilla bien des vocations d'antiquaires, de voyageurs, de poètes. La science archéologique n'existait pas encore, mais la fièvre de l'antiquité préparait à la passion du document, aimé désormais pour lui-même. Ses initiateurs imparfaits ont droit au souvenir

C'est de ce petit port de Cassis, aujourd'hui semblable en misère à beaucoup de ports illustres de l'Orient, que l'abbé Barthélemy rêva des lointaines terres classiques, en voyant, le soir, les barques s'élancer et disparaître au loin. Elle est sans relief aujourd'hui, la petite ville de mer qui gagna la renommée et connut la fortune. Sa pêche abondante du corail, l'exploitation de ses carrières calcaires, répandirent son nom dans le moyen-âge provençal. On a trouvé très loin, même en Afrique, des inscriptions, des bas-reliefs en pierre de Cassis. Mais à Cassis même, qui se souvient de tout cela?... On m'a signalé, dans la cure, un morceau de sculpture antique. Le curé me l'a fait voir ; c'est, à première vue, peu important : une pierre d'autel, sans doute, de l'ère constantinienne, portant le monogramme du Christ dans un nimbe, avec l'α et l'ω. Mais, à y réfléchir, ce carré de granit encastré dans le mur, et qui date du IVe siècle, est un des plus vieux monuments du christianisme en Gaule. J'interroge le pasteur sur le pays ; il n'a pas vu son charme d'aridité. J'invoque

Calendal et l'auréole mise au front de Cassis par un chantre de génie. — C'est de la poésie..., me dit-on. — Mais l'histoire de Calendal se passe au xviii² siècle. — Oui, Cassis était plus habitée, plus riche...

Plusieurs fabriciens arrivent à la cure, pour la causette dominicale. — Moi, j'en sors ; je rencontre le jardin public et il m'impressionne. Quelques câpriers, une petite végétation rocheuse, des orangers sans fruits, un jet d'eau silencieux entouré d'aloès, le tout très sec, comme poudré à blanc par le mistral, et dominant la mer monotone. Deux pêcheurs en bonnets catalans se promènent mélancoliques. C'est pourtant de ce coin de terre qu'on rêve au loin, c'est de ce carré de verdure pétrifiée qu'on a la nostalgie...

Je reprends ma course dans le bourg assoupi au lourd midi qui chôme. Voici pourtant une rue qui est d'une ville : des hôtels sculptés, des grilles de fer forgé, du style dans l'alignement, l'Hôtel de Ville enfin, qui témoigne d'un siècle prospère. Le blason de Cassis, sur la porte, m'arrête : d'azur à la crosse d'or accostée de deux poissons d'argent, et pour couronne un rameau de corail. Non! la lyre n'a pas menti. Cette ville avait sa physionomie, quand il était permis aux cités provençales de conserver l'autonomie de leurs coutumes et de leurs traditions. Calendal avait bon droit d'être fier de son consulat de Cassis. Et ces belles filles qui passent sous leurs coiffes légères, sont d'une race qui s'est gardée pure, des Provençales de la mer phocéenne.

Je vais m'asseoir devant le port. La lumière m'est revenue; le soleil aussi a repris son pontificat du ciel : sans lui cette nature perd sa valeur, sa raison d'être. Et songe à ce *Calendal* où le plus fier enseignement de la race et de la patrie est enfermé dans un symbole mystérieux.

Je m'enquiers auprès de quelques pêcheurs qui viennent au *cagnard* — prendre le bon soleil, — sur un banc, près de moi, de ce qu'ils savent de l'œuvre de Mistral. Tous ont bien entendu parler d'un livre en vers, qui parle d'eux, d'un livre provençal; mais ces humbles ne l'ont pas lu. Un petit groupe s'est formé à notre causerie; on veut savoir ce qu'il a bien pu faire à Cassis, ce Calendal. Or j'ai apporté les trois premiers chants du poème, et me voici lisant tout haut l'histoire du jeune pêcheur de Cassis, qui, pour conquérir l'amour d'Estérelle, une créature céleste, rencontrée, victime errante, sur les montagnes de son pays, entreprend vingt travaux héroïques, après lesquels le récompensera la main de son amie, par lui vengée, conquise et délivrée.

Toute la description de Cassis, d'une vérité saisissante et transfigurée par le génie, leur communique un enthousiasme sincère mais discret. Et j'ai soudain l'impression d'un naturalisme suprême, d'un art populaire et profond qui seul est immortel.

Il est deux heures, je quitte Cassis, et tandis que la diligence remonte lentement la côte, j'ai repris la lecture de *Calendal.* Le cocher, qui était du nombre des auditeurs, devant le port, commente avec de grands gestes les danses et la pêche cassidiennes, et à peine ai-je fini qu'il me demande le volume, « si par hasard je n'en ai plus besoin. » Mais je ne ferai pas de jaloux : comme il a près de lui deux camarades, je leur partage également les trois chants du poème.

Le chemin de fer longe la base du rempart montagneux. Là-bas, à l'ouest, ce ravin plein de lumière fauve conduit au Garlaban d'Aubagne, le plus haut sommet du massif. On l'aperçoit du plus loin de la mer.

> *Iéu vese Garlaban,*
> *Emé la Santo-Baumo :*
> *Fau metre pèd sus banc;*
> *La Madaleno embaumo.*

chante le gabier de la *Reine Jeanne,* le drame de Mistral, dans l'acte du retour en Provence. Et en face de moi, cet autre mont qui s'élève en cône tronqué, aux versants gris bigarrés de tout jeunes pins, c'est le Gibal. Estérelle y avait sa retraite ; Calendal vit là, pour la première fois, son apparition blanche.

Sur la côte un escarpement domine, c'est le Gibal. De la mer, il ressemble au cimier d'acier d'un casque, et les Latins de là, nommèrent le terroir *Cassis*. Le sumac odorant, le doux lentisque, avec son frère méridional le térébinthe, et, charmant en berceau,

Le laurier-tin qui a des baies et des fleurettes roses, le genêt d'or, et le myrte odorant, dans la brise du large, qui les convie aux pieds du roc, boivent leur vie... L'âme est dans l'éblouissement, lorsqu'on monte au soleil, devant la mer qui dort.

Juché dans le faîte d'un pin, à l'affût sur un châssis pareil à une hune, je venais donc attendre les vols de grives et de palombes qui, fuyant les neiges du Nord, dans nos vallées se rassemblent avant de partir pour l'Afrique.

J'étais sous le rocher. Tout à coup, levant la tête par hasard vers la corniche de l'escarpement, debout dans la splendeur, avec le roc pour marchepied, j'aperçois une femme jeune et belle en plein azur... A mes paupières, je passe la main, vite je regarde, elle avait disparu.

Mais cette clarté non pareille, l'extrême beau et l'adorable, qui rend pensifs bien des fois nos vingt ans, ce rêve qui prend forme dans les éclairs de l'âme obscure, cette vision qui enhardit dans la voie de l'honneur l'apprenti le plus simple,

Venait de naître en chair à mes regards... Pour m'assouvir, avec la fièvre au cœur, à perdre haleine j'escalade le Gibal escarpé ; je fonds à travers bois, criant, quêtant dans les bruyères, et je m'excède et ne découvre rien autre que rocher, désert et précipices. *(Calendau,* CHANT. IV.)

Plus tard il y retrouve encore Estérelle, tandis que son mari, l'infâme Sevéran, la poursuit avec ses estafiers. On connaît la lutte héroïque du vaillant Provençal, tout seul avec sa bien-aimée, sur le sommet que menace d'atteindre l'incendie allumé sous leurs pieds...

J'interroge mes Cassidiens sur cet incendie du Gibal, qui clôt le poème. « Il n'y a pas si longtemps ! me disent-ils, voilà cinq ou six ans qu'il a encore pris feu. Très exposé au soleil, une allumette peut l'embraser. La dernière fois, il a suffi d'une étincelle de locomotive... » La saine poésie, pensais-je, qui, dans ses plus hardies conceptions, ne sort jamais de la réalité !... Et avant de quitter le pays de Cassis, je donnai un dernier regard à la cime blanche qui prend d'ici la forme d'un autel.

Après une série de tunnels, entre lesquels passent des vallons abrupts au sol rouge, où s'accrochent et rampent les pinèdes vénérables, on débouche sur le golfe des Lèques. Il a gardé le nom d'un petit village ancien, sans histoire, isolé plus loin sur la côte. Mais on l'appelle communément sur ce point la baie de La Ciotat. Et voici qu'apparaissent, sur une calanque, les maisons blanches de la petite ville abritée par le mur montagneux, et qu'un fier rocher, le Bec de l'Aigle, termine hardiment dans la mer. Devant ce cap menaçant sourit l'Ile Verte, débris géologique qu'il semble vouloir ressaisir de son rostre géant. Et La Ciotat recule au fond de l'anse pacifique. Les mâts de ses chantiers se hérissent le long du rivage; puis la baie reprend sa splendeur tranquille. D'ici, elle est incomparable. Ce n'est plus la Provence farouche de Cassis, aux pieds du mont Canaille. Son âpre dentelure finit au Bec de l'Aigle; nous avons changé de littoral.

La Ciotat *(Citharista)* était primitivement le port d'une colonie grecque, Ceyreste. Le port a tué la ville, qui n'est plus qu'un hameau à une lieue sur la hauteur. C'est vers l'époque romaine, avec l'organisation maritime du littoral, que La Ciotat acquit sa première importance. En même temps que les Embiez, Tauroentum, Cassis et la Madrague, on en fit un des cinq ports de la côte, de Toulon à Marseille. Encore le dernier n'était-il qu'une *positio,* parmi ces stations de la flotte impériale.

On s'arrête à Saint-Cyr, au milieu du golfe des Lèques. Saint-Cyr ! C'est près d'ici que dort dans les sables la ville grecque de Tauroentum. Ici encore fut un pèlerinage fameux dans toute la Provence : le petit village, maintenant délaissé, lui doit de figurer dans une apostrophe célèbre de Calendal, quand le héros explique à Estérelle la forte éducation qu'il reçut de son père, aux veillées de Cassis. — Écoutez-la : Mistral ne parle-t-il pas pour lui-même ?

Lengo d'amour, se i'a d'arlèri
Et de bastard, o, pèr saint Cèri!
Auras dóu terradou li mascle à toun coustat:
Et tant que lou Mistrau ferouge
Bramara dins li roco, aurouge,
T'apararen à boulet rouge,
Car es tu la patrio, e tu la liberta!

« Langue d'amour, s'il est des fats et des bâtards, ah! par saint Cyr! tu auras les mâles du terroir à ton côté; et tant que le mistral farouche bramera dans les rochers, terrible, nous te défendrons à boulets rouges, car c'est toi la patrie et toi la liberté! »

Hélas! tout ne doit-il pas mourir, de ce qu'on défendait le plus, pour lui avoir donné plus d'amour. Mais l'art et l'enthousiasme embaument encore la pensée, quand son objet a cessé d'être. Le souvenir de Tauroentum, sur ce littoral, est comme une hantise de la Grèce en Provence. La vision qu'on a, de ce bourg solitaire, n'a sa pareille qu'aux alentours de Salamine, vus du rivage de Mégare. C'est au siècle dernier que, sur les indications de l'abbé Barthélemy, un intendant-général, Marin (plus connu pour ses disputes avec Beaumarchais et pour la coiffure à la *qu'es acò*, baptisée par Marie-Antoinette, d'après une interjection familière à ce Provençal bon vivant), s'avisa le premier de rechercher l'emplacement et l'histoire de la ville gréco-romaine. J'ai lu jadis avec passion les mémoires de ce Marin, et les polémiques qui les suivirent. J'ai lu aussi les conclusions savantes de M. Lenthéric, dans sa *Provence Maritime,* et la spirituelle lettre de Méry à Dumas père *(Marseille et les Marseillais)* sur les ruines de Pomponiana et de Taurentum. Cette page, unique dans son œuvre, garde le parfum d'antiquité classique qui est l'apanage des Provençaux de race. Je veux en reproduire ici deux fragments, parce qu'elle est évocatrice d'un passé mort et que le plus consciencieux travail n'en donnerait pas l'équivalent :

« Nous aimons, vous et moi, mon cher Dumas, deux sortes de villes : celles qui n'existent plus et celles qui existeront. Vous avez visité comme moi les deux modèles de ces cités adorables : Bouc et Taurentum.

« Bouc a été fondé par Napoléon en 1809 et ne compte encore qu'un seul habitant et une salle de billard. Le port, le quai, la citadelle sont superbes et dignes de la population qui viendra...

« M. Marin, l'ennemi de Beaumarchais, a publié un livre sur les ruines de Taurentum ; il a vu ces ruines, elles existaient donc évidemment sous le règne du *Mariage de Figaro*. Aujourd'hui elles ont disparu, et en disparaissant, elles ont rendu un vrai service au voyageur, qui, débarquant sur le rivage, était assailli par la tempête d'une formidable controverse entre M. Marin et la statistique du département. Un préposé de M. Marin était domicilié dans une cuve d'un bain de Diane; il attendait les voyageurs pour leur exposer les doctrines de son maître. Dès que M. Brémond, le représentant des théories de la statistique, remarquait une certaine agitation sur le rivage de Taurentum, il partait en canot de La Ciotat et venait soutenir ses principes avec une voix de mistral. Les voyageurs étaient fort à plaindre, en ces temps-là. Enfin la douane vint, et des jours plus doux commencèrent pour Taurentum. Les douaniers firent d'abord condamner le fils de M. Marin et M. Brémond comme contrebandiers en sel, puis ces mélancoliques préposés, cherchant un remède à leurs ennemis administratifs, égratignèrent pierre à pierre les ruines du temple de Vénus, de Diane, de Neptune, pour faire des ricochets dans le golfe, *cum placidis ventis staret mare*. M. Brémond publia une satire pleine de sel attique contre les douaniers. Ce fut le dernier effort de la science en faveur des Taurentum. Une génération de douaniers épuisa les ruines en ricochets ; toute l'antiquité y passa. On n'y trouva plus pour la controverse la moindre pierre d'achoppement. Le rivage reprit sa nudité rocailleuse des jours de la création.

« Notre Taurentum est aujourd'hui dans la catégorie de ce genre d'antiquités. On y montre l'absence complète de trois temples, de deux thermes, de deux promenoirs comme les aimait Martial, d'un cirque orné d'obélisques avec son épine, et d'un camp prétorien. Le visiteur ouvre de grands yeux et voit deux douaniers assis sur douze arpents de néant pétrifié[*]. »

C'est à peine si en longeant dans une barque cette plage solitaire, on aperçoit sous l'eau tranquille et bleue quelques dalles antiques, d'une blancheur d'argent. Et pourtant Tauroentum est entré dans l'histoire. Lucain a célébré dans *la Pharsale* le combat livré dans le golfe par les Césariens que commandait Brutus, contre les alliés massaliotes de Pompée. Cette ville eut aussi sa splendeur : les monnaies, les fragments de marbres, les belles substructions en témoignent. Mais aucun objet précieux n'y a été découvert. Elle ne fut donc pas violemment dé-

[*] Méry, *Marseille et les Marseillais*, lettre-préface à Alexandre Dumas.

truite. Il faut demander raison de sa ruine à la nature, qui lui fut inhospitalière. La triple action de la mer et des ruisseaux qui affluaient à son port l'envahirent lentement, tandis que les dévastations sarrazines rendaient le littoral inhabitable. C'est vraisemblablement vers le xe siècle que Tauroentum entra dans l'oubli.

J'embrasse d'un dernier regard la courbe lente, la molle arène de ce golfe des Lèques dont l'hôte unique est l'abandon. Une plaine d'oliviers grise, *argentalo,* se déploie en jardin sur de petits caps et d'intimes calanques, parmi lesquelles apparaît Bandol, avec son château et son île. Ici, la côte se creuse en un hémicycle léger, harmonieux. Oh! la baie charmeresse! elle me ravit entre tous les asiles qui s'étalent, dorés, de La Ciotat à la Napoule, sur ce rivage de lumière.

La voie ferrée s'est écartée du littoral; c'est à la station prochaine, isolée en pleine campagne fertile, que sera le terme de mon excursion. On est à mi-chemin des gorges d'Ollioules, défilé sauvage et grandiose dont Gaspard de Besse, un brigand fameux, avait fait sa retraite, et du joli port de Saint-Nazaire, à l'entrée d'une baie pacifique qui se prolonge à l'est, et va finir au cap Sicié. Je ne vais qu'à Saint-Nazaire; c'est encore la Muse provençale qui m'y a conduit. Ici vécut ses derniers jours un passionné du Félibrige, François Delille, qui, après toute une vie passée à Paris, dans l'enseignement des sciences, s'était réfugié dans les souvenirs de sa jeunesse et l'amour de son parler natal.

Ici encore, a sa retraite un des premiers amis de *La Cause,* comme nous disons, Paul Coffinières, qui me décrivait les enthousiasmes de ses néophytes, au lointain congrès d'Arles (1853), tandis que nous arrivions par une série de coteaux ondulés, à une hauteur qui commande à la mer jusqu'au cap Sicié, et à l'hémicycle du littoral, vaporeux, violet, dans l'attente du crépuscule.

De cette éminence, les deux baies souriantes de Bandol et de Saint-Nazaire m'apparaissaient distinctes, celle-là toute lumineuse, celle-ci plus austère. Assis près d'une maison de chasse, aux volets verts, légèrement posée sur une terrasse qui domine ce double rivage, je regardais fuir les voiles latines à travers les pins parasols. L'horizon était infiniment doux, du côté de Bandol ; j'aurais voulu ne jamais voir finir ce coucher de soleil. La beauté du rivage, la molle inclinaison des montagnes et l'aménité du climat font ce petit golfe privilégié entre tous, et digne d'être comparé aux villes d'hiver les plus célèbres.

V

Cannes, 10 mai.

Je suis ici depuis deux jours : à Cannes, le matin ; le soir, au golfe Juan, où un chalet hospitalier m'a fait signe dans son bosquet vert. C'est l'épanouissement de ce coin de terre fortuné. Le printemps m'a réservé son éclosion tardive : tout ce littoral embaume à mourir... Une orgie de couleurs, de parfums, dans la douceur tiède d'un ciel clément. Au coucher du soleil, sur la mer, quelque chose s'arrache de l'âme devant la nappe charmeresse qui se confond avec le ciel, à l'horizon lointain.

Mais une tristesse alourdit cette mélancolie légère. Je me l'explique, ce matin, en quittant l'hôtel tout envahi de buissons de roses. Cannes a un air de dimanche : c'est l'Ascension ; mais d'un dimanche de ville morte. Elle est endormie, la riante ville, du lourd sommeil de l'inhabité. Inconséquence de la mode, ces villes prédestinées, où l'on vient de si loin chercher la lumière et boire le soleil, se dépeuplent dès que s'annonce le printemps, dès que la côte provençale se fait incomparable entre les séjours de la terre.

Quelques félibres de Cannes m'ont convié pour la journée à l'île Saint-Honorat.

C'est la plus petite des îles de Lérins et aussi la plus illustre. Sa voisine, Sainte-Marguerite *(Lero),* avait un temple au demi-dieu de ce nom, protecteur du groupe d'écueils qui fait face à la baie de Cannes. Cette île, qui aurait porté une ville du temps des Romains, *Vergoanum,* au dire de Pline, fut d'abord une station de la flotte impériale, un arsenal, et au moyen-âge un château fort. Sous Richelieu, Sainte-Marguerite devint une prison d'État. Depuis le Masque de Fer (il est démontré que ce captif n'était autre qu'un comte Hercule Mattioli, ministre du duc de Mantoue, qui, dans l'affaire de la cession de Casale, avait floué son prince et Louis XIV) jusqu'au maréchal Bazaine, les deux plus fameux de ses hôtes, la prison abrita bon nombre de condamnés politiques, protestants rebelles ou hommes de lettres.

Au contraire, la petite île de Saint-Honorat *(Lerina* ou *Planasia)* n'évoque que des souvenirs de poésie et de prière. Déjà fréquentée sous les Romains, à cause du puits d'eau douce dont elle avait le privilège, elle avait été désertée, au vᵉ siècle, quand le monastère le plus célèbre de l'Occident y prit naissance. Saint Honorat revenait d'Orient, et il cherchait la solitude dans les parages du cap Roux. Cette île abandonnée lui sourit, pour le refuge pacifique que souhaitait son âme. Mais un renom de haute vertu l'accompagnait, et bientôt des disciples se pressèrent à son enseignement. Un des premiers fut saint Loup, l'évêque de Troyes, le même qui devait arrêter la marche d'Attila, puis saint Patrick, l'apôtre d'Irlande, et saint Eucher de Lyon et saint Césaire d'Arles. C'était la véritable île des saints. Ses origines évangéliques, glorieuses, ont fait rêver tous les amis de cette religion des moines d'où est sortie la civilisation de l'Occident. « Lérins, dit Lamennais, Lérins, asile de paix, où, pendant que le glaive des barbares démembrait pièce à pièce l'Empire Romain, vinrent s'abriter, comme l'alcyon sous une fleur marine, la science, l'amour et la foi ! »

Ce couvent, après moins de deux siècles, était si renommé qu'on y affluait de toutes parts, et en si grand nombre que nous concevons à peine comment les trois mille cinq cents moines du viiiᵉ siècle y trouvaient place. Il est à supposer que l'île Sainte-Marguerite a servi de retraite, sur sa côte isolée, aux altérés d'amour divin qui venaient chercher à Lérins un lieu de contemplation. Nombreux sont les personnages célèbres que l'histoire du moyen-âge et en particulier la chronique provençale y envoient, des princes, des ministres, des chevaliers, des troubadours. Parmi ces derniers était Raimond Féraud, qui chanta en provençal la légende de saint Honorat. On sait peu de choses sur la vie de ce poète. Jehan de Nostredame, le frère de l'astrologue, dans son *Histoire des Troubadours,* prétend qu'après avoir séduit la dame de Curban, une des reines de la cour d'amour de Romanin, « laquelle s'était rendue religieuse en un monastère, et qu'il avait menée par les cours des princes un long espace de temps, estant tous les deux las de suivre cette vie, elle fut rendue au monastère de Sisteron, et lui au monastère de Saint-Honoré, en l'île de Lérins. »

C'est vers 1295 que Raimond Féraud entreprit son poème, sur l'ordre de l'abbé Gaucelm. C'était plutôt le légendaire, que la vie elle-même du saint. Aussi déploya-t-il une étonnante imagination dans la mise en œuvre des miracles et des pèlerinages de Lérins. En voici un épisode, entre plusieurs également exquis :

Dame Azalaïs qui était de Toulon avait accompli durant sept années le pèlerinage du couvent. Elle avait obtenu, enfin, la palme qu'on décernait aux plus fidèles. La guerre et la famine s'abattirent un jour si durement sur la terre de Toulon, que tous les malheureux durent l'abandonner. Azalaïs s'en fut à Marseille avec sa dernière robe et la palme pieuse. Quand elle se vit sans aucune ressource, la bonne âme en prit une feuille, et croyant que chacun, dans sa dévotion, l'estimerait, comme elle, précieuse, elle la porta au changeur en lui disant : « Seigneur, je veux te vendre une chose qui m'est bien chère, et je te prie, par le Dieu tout puissant, de m'en donner or ou argent. »

Le changeur regarda la feuille, et, pour plaisanter l'innocente, il fit venir d'autres changeurs, et lui demanda devant eux ce qu'elle en voulait. « Quatre feuilles d'or semblables, quoique la feuille vale plus, » répondit-elle. — « Par ma foi, répliqua le changeur, je n'ai pas d'or si grand'foison que je le donne pour une feuille de palme. Mais je consens à t'en donner le poids en deniers de Marseille, puisque la feuille est précieuse. » — « Or fais, Seigneur, ce qu'il te plaît, » reprit la femme bien marrie. Le riche marchand prend ses balances, déplie avec grand soin la feuille enveloppée de soie, d'un air de se moquer, et il la met sur un plateau, avec douze deniers dans l'autre. La feuille pesa bien davantage ! Alors le marchand plaça cinquante sols en contrepoids : la feuille les emporta encore ; puis dix livres d'or, qu'elle enleva comme un petit bouton. Émerveillé de ce qu'il voit, le marchand demande humblement à la pauvre femme comment cette feuille a vertu si grande. Et Azalaïs lui explique que c'est la palme de son pèlerinage à Saint-Honorat de Lérins. Alors le changeur tombe à genoux et requérant, avec humilité, et son pardon et des prières, donne si grande quantité de son avoir à cette sainte femme, qu'elle ne connaîtra plus jamais la pauvreté.

C'est là que l'*École de Lérins* a pris naissance, à la Sainte-Estelle du 28 mai 1887. Ce fut un jour de bel enthousiasme. Le pays était mûr pour recevoir le drapeau d'azur de Provence des mains du *Capoulié* Mistral*. Jamais les Cannois n'oublieront sa grande parole aux Jeux Floraux, devant le peuple, pas plus que l'heure exquise où il leur récita sa *Communion des saints,* ici même, devant la mer :

> *Elle descendait, en baissant les yeux,*
> *Les escaliers de Saint-Trophime...*
> *C'était à l'entrée de la nuit.*

---

* *Capoulié,* chef des moissonneurs, désigne le Grand-Maître du Félibrige. Le Félibrige est divisé en Maintenances, correspondant chacune à un des grands dialectes de la langue d'Oc.

> *On éteignait les feux des vêpres.*
> *Les saints de pierre du portail*
> *Comme elle passait la bénirent,*
> *Et de l'église à sa maison*
> *Avec les yeux l'accompagnèrent...*

Ce tableau si bien fait d'immatérialité qu'on le croirait tissé de fils de la Vierge, évoquait à l'esprit, dans l'île des grands moines mystiques, toute la poésie chrétienne. Cette effusion élyséenne, d'une inspiration si candide, d'un idéal si pur, découlait rythmique et suave des lèvres de Mistral :

> *Les saints de pierre en la voyant*
> *Sortir tous les jours la dernière*
> *Sous le porche resplendissant,*
> *Et s'acheminer dans la rue,*
> *Les saints de pierre bienveillants*
> *Avaient pris la fillette en grâce,*
> *Et quand, la nuit, le temps est doux,*
> *Ils parlaient d'elle dans l'espace...*

Mais l'émotion gagna le poète : il ne put finir, et s'en fut cacher sous les pins son visage baigné de larmes.

Sous ces mêmes pins au vert parasol et aux ramures couleur de sang, le président, le *Cabiscol* des félibres de Cannes, M. François Mouton, nous recevait à déjeuner. La pensée nous vint qu'à la même heure la Maintenance de Provence s'assemblait à Digne, et un yacht en partance nous prit cette dépêche :

> *L'Escolo Lerinenco*
> *Acampado à Lerin,*
> *Voüs mando une pervenco*
> *Vengudo entre li pin...*

Très florissante déjà, l'École de Lérins. En moins d'un an, son fondateur, entretenant le feu sacré, a réuni près de cent adeptes. L'idée provençale, timide encore, plutôt latente dans la région, n'attendait que cette invitation des maîtres pour paraître hardiment au jour. Roumanille et Mistral connurent cette fois la profondeur patriotique de leur œuvre.

Les assises de poésie, tenues par eux devant le peuple, évoquaient naturellement les Grands Jeux de la Grèce. Car il fallait une passion désintéressée et profonde pour faire accepter leur apostolat à la colonie étrangère. L'aubade provençale donnée récemment à l'empereur du Brésil a gagné toutes les sympathies de cette Société cosmopolite à notre Renaissance nationale, autochtone. Et déjà nous avons pu voir, par des échos du monde entier, combien la Sainte-Estelle de l'an dernier avait heureusement surpris les hivernants de Cannes.

Mais ce qui m'a surtout charmé, ce qui m'a plus que jamais convaincu de la santé d'une œuvre à laquelle tant de bons esprits auront donné leurs forces vives, c'est la simple aventure que voici. Toute une après-midi de lumière vécue dans l'île, au bord des calanques ensoleillées et des petites criques bleues, à travers les arceaux des cloîtres, mélancoliques de leur grandeur passée, toute une journée de joie olympienne qui allait finir, nous nous promenions sous les pins, en face du large. Seul, au couchant, le vieux donjon des moines, précis et clair sur le fond vague et dentelé des monts de l'Estérel, interrompait l'immensité uniforme. L'un de nous, le tout jeune poète Henri Giraud, le Marcellus de l'École de Cannes, entonna *Magali*. Nous chantions aussi, dans la paix de cette heure sereine. Mais au second refrain, un chœur nourri sorti des hautes herbes y répondait, là, près de nous! La surprise fut grande : nous avions reconnu vingt ouvriers qui prenaient leur repos de fête « au bord de mer. » Sans nous expliquer davantage, nous les applaudissions, pour achever ensemble l'exquise mélodie de Mireille.

Alors, n'y tenant plus, je m'adresse à l'un d'eux. — *Nous savons tout,* me dit-il, depuis la Sainte-Estelle! — Et se concertant du regard, ils attaquent à pleine voix la *Cansoun dóu soulèu*.

Nous étions très émus. Mistral et la Provence

deux fois honorés par ces hommes, c'était simple et superbe. J'avais vu la gloire tangible et populaire... Et je songeais à ce qu'étaient, il y a trente ans, la langue et l'idée provençales, et à ce que la Poésie en a fait.

DEUXIÈME PARTIE

I. LE DAUPHINÉ PROVENÇAL. — VALENCE la nuit. — Promenade matinale. — Le Cagnard. — La cathédrale. — Le Pendentif et les Mistral. — Histoire de Valence. — Mandrin. — Napoléon à Valence.
II. De Livron à DIE. — La capitale des Voconces. — La campagne de Die. — Arrivée des Cigaliers. — Fête Félibréenne.
III. Réception à ORANGE. — Le théâtre, la nuit. — L'Arc de Triomphe romain. — Les étrangers. — Dîner à la Baronnette. — Orgue de Barbarie. — *Œdipe Roi* au Théâtre Romain.
IV. EN AVIGNON. — L'Avignon de Mérimée. — La maison de Roumanille. — Les vieux hôtels. — Pétrarque en Avignon. — Le tombeau de Laure. — François Ier et Marot. — La Sainte-Estelle en Avignon. — Discours de Mistral. — La Cérémonie de la Coupe. — Fête de nuit.
V. D'AVIGNON A VAUCLUSE. — L'Isle-sur-Sorgue. — Le Ventoux. — Pétrarque et le sentiment de la nature. — Vaucluse. — Félibrée sur la Sorgue. — La solitude de Pétrarque. — Le Paysage. — Mounet-Sully et l'Art dramatique. — Coucher de soleil sur Avignon.
VI. Entrée nocturne à NÎMES. — Les Cigaliers au balcon. — Soleillet. — La Maison carrée. — Décentralisation. — Le Nymphée au Jardin de Diane. — Les Arènes. — Félibrée au pont du Gard. — Le Gardon. — Remoulins. — Débandade des Cigaliers. — Cour d'amour sous l'Aqueduc.

VII. La Provence grecque. — Déjeuner à Saint-Rémy. — Les Antiques. — L'Asile des fous. — Bal d'Arlésiennes. — Le costume d'Arles. — Les Alpilles. — Descente à la ville des Baux. — Coucher de soleil sur les ruines. — Maussane. — Soirée en Arles. — Trinquetaille. — La tour de Constantin. — Les Arènes. — Le théâtre antique. — La Vénus d'Arles. — Saint-Trophime. — Les Aliscamps. — Les Porcelets. — Saint-Honorat.

I

8 août 1888.

Cette fois, je pars de Lyon, « cette porte d'or et de soie du Midi, » comme dit Roumanille, pour mon pèlerinage en Provence. N'est-elle pas la sentinelle avancée de nos provinces du soleil, l'antique cité lugdunienne? N'est-elle pas dans son histoire et jusque dans l'idiome de son passé, de caractère, de tempérament méridional? Oui et non. Non, si vous la regardez sous son aspect de ruche industrielle, laborieuse, sombre, austère ; si vous la considérez dans ses tendances mystiques, dans son côté Saône, terne et brumeux. Oui, si vous vous rappellez ses rugissements populaires, ses soulèvements tout rhodaniens, et la belle floraison de ses penseurs, de ses artistes, de ses poètes de la science, germés chez elle, épanouis ailleurs.

Après Lyon, c'est Vienne, plus septentrionale à mon sens, dans sa froide situation entre une colline triste et un Rhône assombri ; Vienne qui disputa au *Lugdunum* de César la suprématie de la Gaule : ville méridionale cependant, où la tradition populaire place, au *Plan de l'aiguille,* — *spina* d'un cirque romain, dit la science, — le tombeau de Ponce-Pilate. Car, tandis que la Provence était le refuge de Lazare-le-ressuscité et des douces amies de Jésus, les Trois Maries, « les Saintes, » à Marseille, à la Sainte-Baume, à Tarascon et dans un bourg perdu des sables de la Camargue, Pilate, ce témoin honteux de la Passion du Sauveur, abordait aussi sur la terre des Gaules. Mais il s'en allait mourir seul, loin des disciples glorieux. Pourquoi l'édicule de Vienne n'aurait-il pas gardé les os du gouverneur de la Judée ?...

Je m'arrête à Valence ; il est nuit. La lune pleine inonde de clartés blanches la vaste place déserte, aux maisons hautes, où donne ma fenêtre d'hôtel. On l'appelle *le Cagnard.* Plus de doute sur la latitude. Un Cagnard est un endroit abrité du vent où l'on va prendre le soleil ; c'est l'équivalent provençal de « lézardière. » Quel bain de lumière on y doit prendre en plein midi !... Mais la lune me tente. J'erre à l'aventure, devant des cafés qui se ferment, sur une esplanade vide, indéfinie. Au bout, des lanternes rouges, falotes, espacées dans un quartier noir qui rampe autour de la citadelle. Des soldats vont et viennent, chantant. C'est l'armée qui a remplacé, à Valence, la vieille Université de Louis XI. Comme du temps où Cujas y professait, où Rabelais, Scaliger et de Thou y étudiaient les Pandectes, ces vers de leur camarade, le chancelier de l'Hôpital, sont restés véridiques :

> ... *Juvenum faciles animi capiuntur in urbe*
> *Sæpe tua, et teneras ardent sine more puellas.*

Ce coin de ville a l'air encore moins sûr que dans les Chroniques. La douce lune donne sur le Cagnard. A l'autre bout, sur la terrasse qui surplombe une vallée blafarde, voici la statue de Championnet, un plébéien de Valence qui maîtrisa le royaume de Naples, et là-bas, c'est le Rhône ; mais un amas confus de maisons, d'arbres, empêche de voir s'y mirer les étoiles.

9 août.

Le Cagnard est bruyant de bonne heure. Je visite Valence en même temps que le soleil.

Aucuns débris romains. La bourgade primitive s'appelait *Rhomé*, à en croire un historien, d'après une inscription, de même que *Valentia*, qui veut dire « lieu fort, » était un nom mystérieux de Rome. En ce cas, c'était la plus avancée des colonies grecques de Marseille. César en fit sa *Julia Valentia,* petite ville de passage où s'affirma cependant l'influence du siècle impérial. Les colonisateurs merveilleux que ces soldats! Quelques inscriptions trouvées à Valence se rapportent à un dendrophore de Cybèle, à un propréteur de la colonie, à des étrangers, à un décurion, à un joueur de flûte : tout l'empire romain. Mais un de ces débris m'intrigue : il y est question d'un *gustator*... Lettré, gourmet ou dégustateur public? En tout cas, homme d'importance. L'appellation a toute l'ampleur qui convient à un Lucullus.

Dans l'histoire assez misérable de Valence, pendant le moyen-âge et jusqu'aux temps modernes, où elle eut pourtant l'honneur d'être la première, après les cités provençales, à proclamer sa liberté, — mais pour être ensuite administrée tour à tour par César Borgia, Diane de Poitiers et un prince de Monaco ; — dans son histoire, rien ne me paraît plus saillant, plus caractéristique de cette ville de passage, sorte de place publique au courant d'air du Rhône, que l'exécution de Mandrin, qu'elle célébra en grande pompe, le 26 mai 1755. C'était moins un criminel qu'un contrebandier supérieur, qui s'était toujours mis du côté des populations, contre la justice et les intendants des impôts.

Il avait ainsi parcouru la France, en l'étonnant par son audace, jusqu'à l'admiration. Quand on se fut saisi de lui, il se fit une grande rumeur, et pour le voir rouer, sur la place des Clercs, tout le pays voisin accourut. Autant de plaisir que de compassion dans la curiosité publique. L'évêque de Valence avait fait venir un peintre de Lyon pour avoir le portrait de Mandrin. Le héros avait les cheveux noirs, la jambe belle et la poitrine large, dit un témoin. On croirait assister à une exécution récente... On avait affiché sur la place, aux fourches patibulaires, une épitaphe qui se vendait à vingt lieues à la ronde. J'y trouve ces deux vers :

> ... Des gardes redouté, des villes la terreur,
> Par des faits inouïs signala sa valeur...

Ce qui prouve que l'expression : un beau crime, ne date pas de notre temps.

Une heure suffirait à visiter Valence. J'accède à la cathédrale par des chemins montants, emprisonnés dans de hauts murs de petits jardins, débordants de verdure fraîche. Cette église, Saint-Apollinaire, n'est pas banale. Un chœur roman, d'aspect mauresque : on se croirait plutôt à Valence d'Espagne. Une sainte morte vêtue d'habits criards, et figurée en cire dans sa châsse vitrée, complète l'illusion. Dans le chœur, un buste italianissime : c'est le pape Pie VI. On sait qu'il y mourut, captif des armées de la République, en 1799. Je vous l'ai dit : ville de passage, sans couleur individuelle.

Le véritable intérêt de la ville est dans ses monuments du XVIᵉ siècle. D'abord le *Pendentif*, près de la cathédrale. C'est un élégant édicule carré de la Renaissance, composé de quatre arcades aux piliers massifs, reliés par une fine corniche et recouverts d'une voûte légère, en pendentif. Il a été construit par un chanoine de Valence, Nicolas Mistral, en 1581. Il en fit son tombeau et celui de ses héritiers.

Cette famille dauphinoise, issue de l'écuyer Jean Mistral, vers 1330, fut implantée en Provence, en 1540, par le mariage de François Mistral, seigneur de Dons, avec Louise d'Albert de Montdragon. Les Mistral de Montdragon habitaient à Saint-Rémy un magnifique hôtel qu'on appelle aujourd'hui « le palais de la reine Jeanne. » On y voit leur devise, *Tout ou rien,* et leurs armes, sculptées déjà sur la clef de voûte du Pendentif : *de sinople au chevron d'or chargé de trois trèfles d'azur*. La famille de l'illustre poète provençal, originaire de Saint-Rémy, et très nombreuse encore dans la petite ville, se rattache évidemment aux Mistral de Montdragon, disparus comme famille nobiliaire.

L'édicule de Valence est un portique admirable à cette maison doublement florissante.

Bâti d'une pierre friable et comme vermiculée par le temps, il évoque obstinément à mes souvenirs les colonnes de Sunium, toutes rongées de sel marin... Je franchis la petite porte de fer qui le garantit des injures du passant, et parmi les buissons de roses qui poussent un peu au hasard, je découvre un laurier dont j'emporte un rameau.

Contemporaine du Pendentif est la *Maison des Têtes,* que je ne décrirai pas, pour laisser aux archéologues passés et futurs la volupté de décider si c'est bien Hippocrate, Hésiode et Homère qui figurent entre Aristote et le roi Louis XI. Ces têtes me semblent imitées de celles de Caradosso, que j'ai vues à Milan, à l'église de Saint-Satire... Pour mon goût, l'exécution est médiocre, les sculptures de la façade inférieures aux ciselures de la voûte et toute la *Maison des Têtes,* malgré sa réputation, d'un achèvement moindre que le Pendentif et que la cour vraiment délicieuse de la maison Dupré-Latour. Une merveille peu connue, celle-ci, et qui, bien qu'émanant des mêmes artistes, est un morceau d'art capital. Son style permet de l'apparenter aux incomparables trésors de marbre de l'église de Brou. C'est sans doute le dernier en date des trois monuments du xvie siècle à Valence.

Par le grand soleil de dix heures, je vais sur l'esplanade, large, poudreuse, déserte, qui domine la vallée du Rhône. On n'aperçoit le fleuve que par places brillantes, entre les peupliers. Tout en face, très haut, à pic sur une falaise d'or et que couronne une immense carrière, des ruines, le château de Crussol. Fief des ducs d'Uzès, il est encore à cette maison, dont le cadet en a le titre. Jacques d'Uzès, baron d'Assier, qui l'habita, fut un des chefs protestants du xvie siècle. Il avait fait peindre sur son guidon une hydre composée de plusieurs têtes de moines et de cardinaux que terrassait Hercule, et des lettres de son nom, il avait extrait cette devise : *qui casso crudeles*.

Tout enfant, j'entendais parler des Cornes de Crussol. Les deux pans alors existants du château se profilaient comme les deux pointes d'une mitre sur la crête du hardi rocher. Mais une explosion de mines en l'honneur de Napoléon III a ébranlé la montagne et à demi ruiné le château. Ce qui en reste est néanmoins tout l'intérêt de cet horizon triste.

Je quitte l'esplanade en songeant aux loisirs d'étude et aux rêves de gloire de Napoléon à

Valence. Mais rêvait-il ? puisqu'il trouvait le temps de faire la cour à Mlle du Colombier et qu'il songeait à l'épouser... Je ne sais rien de plus, de cette histoire. Mais quelles imaginations cet épisode de la jeunesse de Napoléon n'ouvre-t-il pas aux romanciers ? On évince le pauvre lieutenant ; la jeune fille l'aime ; on la marie à quelque hobereau du Dauphiné. Ascension du capitaine, Consulat, Empire. La jeune femme veut revoir son lieutenant de Valence ; amour secret, puis mort obscure, avec son souvenir...

Qu'elle eût été à lui, l'histoire assurément changeait. Comme la bien-aimée du poète à qui le poète devra son génie pour n'avoir pas connu le bonheur avec elle, elle a pensé sans doute, la jeune fille vite oubliée, que sans Paris, sans Joséphine de Beauharnais, sans le monde de Joséphine, Napoléon n'eût pas commandé à l'armée d'Italie, Napoléon n'eût pas été Napoléon...

II

Die est la première étape de nos fêtes méridionales, et la comtesse de Die le prétexte de cette incursion dauphinoise. La comtesse de Die ? Une invention des Félibres, je l'ai entendu affirmer. En effet, le Guide Joanne du Dauphiné, dans ses quatre pages à deux colonnes sur le pays de la clairette, ne mentionne pas notre héroïne ! Soyons justes. Elle est encore si mythique, si peu dégagée de la gangue fruste des légendes, cette indécise figure de poétesse amoureuse, qu'avant notre enquête sur les ancêtres de la race et les précurseurs de la langue d'Oc, on n'en parlait guère que chez les romanistes. On croit qu'elle aima le troubadour Raimbaud d'Orange, son mari étant à la croisade. On n'affirme rien d'elle, sinon qu'elle fut de la Cour d'Amour. Mais c'est notre Clémence

Isaure, à nous Rhodaniens. Elle symbolise déjà la Muse Provençale et, sentinelle nébuleuse du Midi poétique, elle fait pressentir les étoiles.

Je ne vois guère à signaler sur cette route, d'ailleurs belle et pittoresque, que la Tour de Crest, du xiv° siècle, vaste monument restauré du moyen-âge français, peut-être unique après le palais d'Avignon. Je suis tout aux inquiétudes de mon compagnon de route, le lieutenant de gendarmerie, qui demande à tous les échos si M. Deluns-Montaud annoncé[*] persiste, dans la rumeur des grévistes parisiens, à venir inaugurer *la comtesse de Die* de Mme Clovis Hugues. Mon lieutenant a trouvé à Valence la préfecture aussi perplexe que lui-même. Il paraît qu'un ministre a droit aux honneurs de vingt-cinq gendarmes à cheval en grande tenue — bottes d'ordonnance et pantalon blanc. Mais décidément, il devient improbable qu'il faille imposer soixante kilomètres de nuit, à cheval, aux gendarmes de l'arrondissement.

Nous sommes à Die ; aucun ministre dans l'air, mais une population toute aux apprêts de la réception de demain. Par une avenue fraîchement décorée de sapins de la montagne, hélas ! bien malades, j'entre à Die sous une

---

[*] Ministre des travaux publics, cigalier et félibre.

vieille porte fortifiée où un taurobole est encastré comme un blason. Petite ville fraîche, aux rues étroites, çà et là bastionnée, qui sent sa vieille indépendance. Je descends à l'hôtel *Saint-Domingue*. Ce nom, dans ce fond de montagne ? En Dauphiné ? Je m'en étonne moins, quand je trouve, en face, dans une pâtisserie très parisienne, et placé au bon endroit, un diplôme de l'exposition de Saint-Louis (Guyane Française). Mon Dieu ! Nous sommes en Provence ; le goût de l'exotisme est dans la race. Mais chacun garde en partant l'espoir secret de revenir, et après s'être nourri, là-bas, dans l'*estrange païs*, des souvenirs du lieu natal, il y revient jouir de son aisance. Nos félibres d'Amérique — *l'Escolo de l'Abiho* — ne font pas autre chose. Je sais comment la *Revue félibréenne* est accueillie parmi ces exilés.

Bon ! voilà un indigène qui a deviné en moi un félibre. Petit, le chapeau en arrière, la tête au vent, le rire aux yeux, il m'aborde, et nous sommes amis. On ne l'appelle que « Marius, » d'où je conclus qu'il est populaire. Populaire aussi, notre ami Maurice Faure, député, cigalier, félibre et orateur. En un rien de temps, je l'ai constaté, et déjà je me trouve à l'Hôtel de Ville, entre le maire, homme aimable et empressé, taillandier de son état, et le Conseil municipal, délibérant sur les préparatifs de la fête. Je m'aperçois, aux interrogations qui se pressent, que le Félibrige est une nouveauté pour la plupart, où ils seraient très heureux de s'instruire. J'y réponds par une ample distribution de brochures : c'est un peu mon métier. Quelqu'un de ces messieurs m'ayant demandé si Sophocle était un cigalier, — certes oui ! un cigalier d'Athènes ! — il me paraît urgent de faire cesser l'équivoque.

— A propos, me dit le maire, nous avons ici un de vos collègues, M. Meyer. Il fouille les archives.

— Comment ! il est ici, Paul Meyer, de l'Institut? le directeur de l'École des Chartes ? Un félibre de vieille roche ! C'est lui qui a accompagné Mistral, Wyse et Roumieux en Espagne, avant la guerre.

Et me voici à sa recherche dans la salle des archives, — ancienne chapelle de l'Évêché détruit, où m'arrête une belle mosaïque intacte du ve siècle, aux signes du zodiaque, — puis sous les beaux ombrages de la mairie, saules et sycomores dominant la vallée d'une haute terrasse, enfin dans les auberges de la ville. Bientôt je suis sur sa piste. Un cuisinier me dit : « Nous avons ici un monsieur qui ne parle pas... » C'est bien lui.

La soirée s'achève au Cercle, où m'a conduit l'aimable lieutenant. Les mandarins de Die viennent m'y faire compagnie, et entendre parler félibrige. Parmi eux, un tout jeune homme, Adrien Chevalier, qui mène avec intelligence l'unique organe de la région, un petit journal très littéraire et très moderne. Mais je constate combien la politique divise la province. On ne s'en doute guère à Paris. L'aimable scepticisme et la vicieuse indulgence de la grande ville président aux relations... A neuf heures, sous les fenêtres illuminées du Cercle, passe une retraite aux flambeaux qu'accompagne toute la jeunesse. On nous salue, nous battons des mains et la rumeur de la fanfare s'éloigne dans la buée des torches.

10 août.

La ville est très éveillée. Je commence par jouer à cache-cache avec Paul Meyer. Aux dernières informations, on l'a vu s'acheminer du côté du Glandaz, — l'énorme montagne qui surplombe Die, — avec sa lunette et son parasol. Depuis mon arrivée, j'ai beaucoup entendu parler *mezza voce,* d'une collection locale. Elle a été formée, voici cinquante ans, par un docteur Long, l'historien de la contrée. Son petit-neveu, M. le Vte de Fontgalland, en est l'heureux héritier. Je demande à y être conduit. Chemin faisant, la plupart de mes compagnons se dispersent. Et je constate une fois de plus que la politique...

J'ai passé une heure charmante dans l'antique jardin, tout peuplé de chapiteaux brisés, dans la demeure du jeune seigneur de ce trésor. Car il y a là des merveilles, à mon sentiment, et comme sans doute le chef-lieu de la Drôme n'en possède pas. Tout provient de la ville ou de la région, à part le médaillier, riche en sous d'or des féodaux et en *aurei* de tous les empereurs. Et encore, que n'a pas recueilli le collectionneur obscur et passionné, parmi les vestiges romains du territoire ! Die fut riche, sous les Césars, et populeuse : douze mille habitants. Située sur la route du Mont Genèvre, à égale distance des grandes Alpes et de Vienne, c'était une halte forcée. *Dea Vocontiorum latronibus et meretricibus plena*, dit César. Aussi, comme en pays de prostitution sacrée, a-t-on mis au jour de ces singuliers bijoux d'or et de bronze que portaient au cou les jeunes Romaines...

Pour passer aux temps modernes, voici la boîte à fil de Diane de Poitiers, étui grossier, orné bizarrement de cœurs transpercés et de croissants symboliques, offert sans doute par quelque berger timide et attendri à la célèbre favorite, quand une disgrâce l'eut exilée dans ces montagnes... Qui eût cru si chargé de fluide amoureux ce val perdu des Alpes Dauphinoises*!

Des clairons passent, la foule suit. Quel est ce tumulte? C'est la ville de Die qui se rend à la gare pour attendre les cigaliers : suivons la ville. Chemin faisant, j'apprends que Paul Arène est arrivé au petit jour de Sisteron. Quinze heures de diligence par le col de Cabres... La belle vaillantise! En voilà un qui est fidèle à sa Provence! A mesure que s'affirme davantage, dans ce Paris sceptique, sa réputation d'écrivain parfait, de juge exquis des choses d'art et de nature, il sent remuer plus vives en lui les fibres natales. C'est le cas de Fouquier, de Daudet lui-même. — C'est le cas de Renan pour sa Bretagne, et de tous ceux que Paris a arrachés à leur province originelle et dont il a pris et gardé la jeunesse.

L'heure approche : les autorités passent, précédées des pompiers, des orphéons, et de grands

---

Un très savant linguiste, M. Podhorsky, a trouvé récemment l'étymologie du mot *dauphin,* qui a donné son nom au Dauphiné. Je la crois à peu près inédite. On sait qu'il y avait des dauphins *d'*Auvergne comme des dauphins de Viennois. Le blason de ceux-ci n'est donc pour rien dans le sens de leur nom. Il résulterait du texte d'un ancien manuscrit irlandais, où le mot *dalphen* est fréquemment usité, que les dauphins, aux temps celtiques, étaient les chefs de l'assemblée du peuple (DAL, *agora;* PHEN ou PENN, chef).

sapeurs aux tabliers jaunes, la hache sur l'épaule, et graves sous leur bonnet à poil, enfin revu ! On me fait signe, et me voici sur le quai de la gare, tous très émus, m'interrogeant sur le cérémonial des réceptions cigalières. Mais, bonnes gens, songez que vos invités s'éveillent d'une nuit de chemin de fer, et, tenez, le voici, le train. D'ordinaire, à Sceaux, ces arrivées provençales sont tumultueuses ; vous voyez qu'ils sont fatigués.

De brèves salutations s'échangent, et précédé par nos sapeurs, grands lis jaunes pistillés de noir, et suivi de voitures vite envahies par les moins vaillants, le cortège s'ébranle vers la ville. Comment les énumérer tous ? Ils sont venus nombreux, les exilés du ciel natal, les passionnés de Provence. Après les plus tôt reconnus, Fouquier, Clovis Hugues, et Maurice Faure, c'est Félicien Champsaur, le romancier moderniste qui devient moins sceptique aussi pour sa Provence, à mesure que le parisianisme l'a conquis tout entier ; c'est Robert Kemp, un sosie plus jeune du roi des Belges ; c'est Albert Tournier, le metteur en scène de nos fêtes de Paris ; c'est Élie Fourès, bon poète français et félibre aquitain dévoué, brun comme un pruneau d'Agen ; c'est Charles Maurras, un nouveau venu, un ardent champion de La Cause, par la plume et l'enthousiasme ; c'est Eschenauer (de Cette), Plantier, Burgues, président des *Picpouliers* (Toulousains de Paris), Uzès, président des *Sartaniers* (Vauclusiens de Paris : de *Sartan,* poêle à frire), Barracand le romancier, interprète fidèle des mœurs de son Dauphiné, les deux Gaillard (Isère et Vaucluse), l'un, jovial compagnon et tout surpris de se voir amené à la Cigale par la politique ; l'autre, excellent poète, et que la poésie a conduit jadis à la *Chambre...,* on ne fait pas sa destinée ; enfin le groupe des Félibres *félibrejant,* ceux qui ignorent Paris, ses pompes et ses œuvres, par qui et pour qui se donnent les fêtes, mais dont les comptes rendus parleront le moins possible.

Le tour de ville, long et varié, salué par les applaudissements d'une foule surprise mais contente de tout ce mouvement, aboutit à l'Hôtel de Ville, où la clairette coule à flots. Cependant, on fait de moi l'ordonnateur du banquet : rien n'est plus simple. Près de cinq cents couverts sont disposés dans une salle de l'école des filles. La République n'a pas voulu étouffer les générations qui s'instruisent pour la défendre. En toutes choses, l'étouffement était d'ancien régime : on nous le dira tout à l'heure. Nous avons toujours, dans nos fêtes, quelques Parisiens convaincus pour nous le rappeler...

Le joli banquet cordial ! Tout le monde a de l'esprit : nous ne sommes qu'au premier jour !

Fouquier est élégant et fin, Arène parle en bon patriote méridional : il nous conte, avec bien de l'émotion sous les mots, la rencontre de Crillon et de Lesdiguières, un Dauphinois et un Provençal, décidés à se combattre et qui finissent par se tendre la main ; Clovis Hugues... Ah ! celui-là est merveilleux ! Quand il prend la parole, je déploie toutes mes facultés d'observation, d'étonnement et de joie. Son improvisation de premier chef est incomparable : lente au départ, comme ces coléoptères qui mettent peu à peu en mouvement leurs ailes, elle s'élance, file bientôt par bonds, capricieuse et imprévue. Un rien la distrait de son but, mais le vol n'en est pas moins large et soutenu, et charmant dans sa bonne humeur. La réplique est plus ordinaire. Elle n'a plus la ressource de s'accrocher aux branches, et pour se relever, elle use de sa réserve d'ironie, ou d'un badinage final.

Du banquet, on passe à la Comtesse. Foule immense sous les vieux sycomores. La terrasse surplonge la vallée de la Drôme, d'où s'élève, comme des bords d'un cirque profond, le mont Glandaz, fière hauteur des Alpes Dauphinoises, qui aura les honneurs des métaphores oratoires. Sur sa colonne de granit, dans son jardinet où bruissent des jets d'eau, abritée d'un saule pleureur, la comtesse rêve, les yeux pudiquement baissés. Le voile ôté, Fouquier a lu son discours, goûté seulement du plus proche auditoire. Il passe par-dessus les oreilles et la tête du peuple qui est là. Clovis Hugues déclame des vers improvisés cette nuit, gerbes d'étoiles, fusées rebondissantes. Suivent d'autres vers, dauphinois, du félibre Ernest Chalamel, l'ingénieux potier de terre, et français — vieux style — de M. Chevandier. Enfin Maurice Faure envahit l'estrade, et allant, venant, gesticulant, de sa voix chaude, il harangue le peuple. C'est la partie originale et supérieure de la journée. Il parle un abondant français nourri de provençalisme; à cela près, c'est du vrai félibrige. Maurice Faure est avant tout tribun. Sa ressemblance avec Gambetta, légendaire dans ce pays qui est le sien, m'est apparue, et dans son attitude et dans les applaudissement qu'incessamment il soulevait. Les Diois sauront maintenant la signification de ce buste de femme. Maurice Faure l'a rapproché d'eux.

Mais le soleil décline, l'heure du départ approche; et en moins d'un instant, l'estrade se désemplit, la jolie terrasse se vide. On se bouscule vers la gare, et le train s'ébranle vers Livron aux derniers hourras des Diois.

III

Orange, 10 août.

A Orange, entrée piteuse. Il fait grand'nuit, personne à la gare. Deux curieux seulement, qui nous considèrent, et un gamin avec sa carriole, venu à tout hasard. Nous nous regardons, atterrés; Fouquier sourit et allume une cigarette. C'est le chef de la caravane : il nous apaise, sagement. Allons! Tous les bagages entassés sur le « charreton, » nous le suivons, lamentables, par une allée de platanes très sombre et qui n'en finit plus. Tout à coup, grande clarté. La façade de l'Hôtel de Ville, où l'horloge marque dix heures, est tout illuminée. Comme on comptait sur l'arrivée de ces ministres!... Nous nous réunissons en hâte dans la salle municipale; deux ou trois membres du Comité font circuler des boissons fraîches. Leur président et le maire se sont couchés de bonne heure, nous dit-on, afin d'être dispos pour demain. Des lits seraient pourtant bien vus... Mais on a beau délibérer : ceux qui n'ont rien retenu par dépêche, ou qui se refusent à courir l'habitant, dormiront à la belle étoile. O l'antique hospitalité!

Une fois mon logis assuré, et cependant que Fouquier reprenait philosophiquement le train pour Avignon, n'ayant pas trouvé, lui, président de *la Cigale,* un lit de camp pour coucher à Orange, je voulus revoir, par la nuit étoilée, ce grand mur du théâtre romain qui, aperçu jadis, un matin de marché, en pleine animation espagnole et ensoleillée de la petite ville, avait tant impressionné mon enfance. Quand, au détour d'une vaste esplanade ombragée, je débouchai devant la façade, ah! l'apparition tint de l'écrasement. Cyclopéenne, la droite muraille montait dans l'air profond, atteignait la nuit scintillante. La forteresse à l'appareil géant se dressait vers le ciel, supportant comme une frise d'étoiles filantes. J'étais ébloui. Vainement je me répétais la hauteur réelle de l'édifice : ce mur de trente-six mètres se perdait dans la nuit, l'illusion était sublime.

Je rentrai m'endormir sur cette impression. Mais je ne comptais plus avec l'agacement produit chez nos amis — ceux de la région surtout — par l'inqualifiable réception d'Orange. Un arc de triomphe : *Aux étrangers,* découvert par eux dans leur course au logement, mettait à bon droit en fureur les cigaliers promoteurs de la fête. Un conseiller municipal s'étant avisé de nous déclarer difficiles, une discussion s'engagea. Pour moi, je ne m'allai coucher qu'ayant pris ma part du tumulte...

Orange, 11 août.

Après un gai déjeuner, insoucieux des querelles d'hier, sous la tonnelle de la *Mule-Blanche*, où triomphaient les deux Gaillard qui ont le privilège de l'éternelle gaîté, nous sommes allés nombreux voir l'arc de Marc-Aurèle — ou de Marius. La science n'est pas bien fixée sur la destination des monuments triomphaux de Provence. Quant à moi, je m'en rapporte volontiers à l'interprétation populaire. La tradition veut que la figure la mieux conservée de l'édifice, lequel est assez vaste pour avoir servi de bastion aux princes d'Orange, soit la sibylle de Marius. Le nom *Mario,* très lisible dans une inscription incomplète d'un bouclier, permet à la poésie d'attribuer au vainqueur légendaire des Cimbres, libérateur du territoire menacé, la consécration tardive de l'arc de triomphe. Le chemin qui y mène sous de hauts peupliers, était plein de nous tous. On entourait M. H. de Bornier, allègre dans sa petite taille, qui, commentant l'absence forcée du trio ministériel, était censé représenter la direction des Beaux-Arts, pour la distribution des encouragements. Quand on eut visité, bien mal, puisque en tumulte, le beau monument délabré, — éperonné par le soleil, chacun s'en revint chercher l'ombre. Un petit télégraphiste courait après nous, avec une dépêche du Gouvernement, à l'adresse d'Henri Fouquier. On se passait l'enveloppe jaune, chacun se refusant à l'ouvrir. Beaucoup de politiciens dans le nombre. D'un commun accord, on décida que je devais enfreindre la dépêche. Pourquoi?... Le capitaine de la gendarmerie d'Orange, ne sachant pas s'il devait envoyer ses hommes à l'arrivée très incertaine encore du ministre des Travaux publics, était accouru à la rumeur. On me pressait de décacheter. Que les hommes politiques ont donc peur de se compromettre!... C'était un télégramme de M. Floquet s'excusant. J'avais la conscience en paix.

Néanmoins, pour me remettre, et tandis que six gendarmes allaient prendre M. Deluns-Montaud à la gare, je revins à l'arc de triomphe. Il était là, solitaire, tout au bout de la ville, au milieu de sa haute allée de peupliers pâles. J'étais seul à le contempler, et j'en voyais la poésie suprême. Sur la route, loin derrière, un orgue de Barbarie traînait sur un air dolent la lourde et banale mélancolie de sa voix enrouée. La romance populaire m'arrivait dans le bon soleil. Et je ne sais pourquoi l'orgueilleux monument ruiné symbolisait pour moi les vains efforts de l'homme et l'inanité de la gloire.

Avez-vous éprouvé la nostalgie de cette musique ? Je ressens à l'entendre une amertume byzantine, un raffinement de dilettante où passe comme le frisson épuisé de la décadence d'un monde. Je me souviens qu'un soir d'hiver, chez Mistral, un jour de *Santo-Agueto* (la fête votive de Maillane), je lui faisais part de cette impression douloureuse. Par-dessus la rumeur de la place, l'orgue de Barbarie nous apportait, dans le jardin doré par le couchant, une ballade mélancolique : « J'ai la sensation, me dit le poète, des soporifiques babyloniens..., des grands décors de Sémiramis... »

La journée est très belle. Le soleil déclinant toujours, j'arrive sur la place commune, fourmillante, à cette heure, de cigaliers, de félibres, et *d'estrangié de touto-meno*. On me chuchote qu'une répétition des scènes de musique d'*Œdipe Roi* va commencer. Nous sommes admis en petit nombre. Le théâtre immense est désert. Après l'entassement des musiciens et le premier balancement d'archet du chef d'orchestre, je me sens pris par un charme indicible. Dans le grand silence de l'hémicycle harmonieux, dont la cime inégale couronnée de ruines est dorée par le soleil mourant, la lente musique de Membrée, aux mélopées chaudes et désolées, remplit l'air de sa nostalgie. Elle semble faire planer au-dessus de la scène les visions tragiques et sereines du théâtre ancien. Tout à coup, deux jeunes filles, en simple costume de ville, montent les degrés d'un autel d'Apollon, s'y accoudent comme deux cariatides, et l'une après l'autre, d'une voix forte, à l'accent triste et pénétrant, rythment, telle une arabesque sublime sur un fond doucement coloré, la prière des vierges thébaines aux dieux de la cité. La scène et le cirque sont vides ; je contemple les jeux de la lumière sur le mur titanique et sur les gradins du théâtre ; je me sens gagné par l'ensorcellement de la mélodie, et je retrouve, presque aussi grecque, plus grandiose peut-être, mon impression d'un crépuscule violet dans le théâtre de Bacchus, au pied de l'Acropole, écoutant, assis dans le siège de marbre d'un prêtre d'Apollon Dafnéphore, la chanson de trois jeunes pâtres sur la scène de Dionysos.

Dîner à la Baronnette, près de l'arc de triomphe, dans la demeure hospitalière d'Antony Réal (M. Fernand Michel fils). C'est la maison des poètes. Le père de notre hôte est l'initiateur des fêtes modernes du théâtre antique. Il y faisait représenter, en 1869, *Joseph* et *les Triomphateurs*. Ce fut une révélation. Mlle Wertheimber fut applaudie par un public transporté, et à l'issue de ce spectacle, Mistral adressa ce madrigal à la célèbre cantatrice :

> *Dins la cencho souloumbrouso*
> *Dóu grand Cieri descubert...*

Pour les profanes : « Dans la ténébreuse enceinte — Du grand Cirque découvert, — En entendant ta voix brillante, — Vive, ardente, puissante, — La Provence charmée — Crut le ciel entr'ouvert, — Sans se douter qu'elle était éprise — D'un démon, ô Wertheimber ! »

Une rumeur de fête lointaine nous parvient aux portes de la petite ville. On se précipite, on s'engouffre dans le théâtre romain. Le couchant rose empourpre le haut de la façade et fait d'or les plantes qui poussent dans les fentes de la corniche. Je choisis ma place au quatrième rang des gradins. C'est de là que le spectacle est incomparable. On n'entend qu'un immense et indistinct murmure de la foule. Elle paraît recueillie, mais ces neuf ou dix mille têtes étagées dans l'ombre évoquent le puissant déferlement d'un golfe, le théâtre étant creusé dans la montagne, suivant le constant usage des Romains.

Deux foyers de **lumière électrique**, disposés derrière les portants de la scène découverte, l'illuminent, laissant le reste du théâtre sous l'obscure clarté du ciel étoilé. Mais les vacillements de l'éclairage unique impatientent la foule. Enfin les intrumentistes s'accordent, et le chef d'orchestre (M. Luigini, un éminent compositeur de Lyon), monte au pupitre, accompagné d'un immense soupir d'aise des spectateurs. Bien choisie, l'ouverture grandiose de *Sigurd*, pour le spectacle moins attique que cyclopéen de cette nuit féerique! Le décor est plus shakspearien que grec, à la douteuse lumière de la nuit scintillante, qui allonge toutes les ombres, et approfondit jusqu'à l'inconnu l'immense muraille aux cavités inégales et harmonieuses... *OEdipe Roi* est annoncé par un prélude douloureux de l'orchestre : il a préparé l'entrée des suppliants, les mains chargées de palmes.

Alors l'apparition d'OEdipe (Mounet-Sully) au seuil de son palais, énonçant d'une voix grave sa surprise de trouver là cette foule éplorée, vous fait passer, aux premiers pas du drame, le frisson de terreur et de pitié qui vous suivra jusqu'à la fin de cette lamentation sublime :

Enfants du vieux Cadmus, jeune postérité...

Et la farouche tragédie où l'homme se débat sous l'implacable volonté du Destin, décision supérieure et cruelle qu'il admet jusque dans la mort, déroule ses scènes terribles, d'une beauté et d'une égalité superbes...

IV

Avignon, 12 et 13 août.

S'éveiller en Avignon est une sensation rare, pour moi d'un charme inépuisable. Orange toutefois vous donne le pressentiment de cet exotisme en Provence. Mais Orange est plus espagnole, Avignon plus italienne. Mérimée, quand il visita la Provence, en 1835, éprouva cette impression d'un pays nouveau. J'ai sous les yeux son *Voyage dans le Midi de la France,* écrit pour la Société des Monuments historiques. Rien n'est moins commun que ce volume. Je souhaitais ardemment de le lire : il n'est cependant guère digne d'être réimprimé, ce n'est qu'un rapport d'inspection. On comprend, à en parcourir les descriptions d'archéologie, combien la science est récente. De loin en loin, un aperçu privé, une échappée de l'auteur note une sensation, et c'est tout.

« En arrivant à Avignon, il me sembla que je

venais de quitter la France. Sortant des bateaux à vapeur, je n'avais pas été préparé par une transition graduée à la nouveauté du spectacle qui s'offrait à moi : langage, costumes, aspect du pays, tout paraît étrange à celui qui vient du centre de la France. Je me croyais au milieu d'une ville espagnole. Les murailles crénelées, les tours garnies de machicoulis, la campagne couverte d'oliviers, de roseaux, une végétation toute méridionale, me rappelaient Valence et sa magnifique Huerta, entourée, comme la plaine d'Avignon, d'un mur de montagnes aux profils déchiquetés, qui se dessinent nettement sur un ciel d'azur foncé. Puis, en parcourant la ville, je retrouvais avec surprise une foule d'habitudes, d'usages espagnols. Ici, comme en Espagne, les boutiques sont fermées par un rideau, et les enseignes des marchands, peintes sur des toiles, flottent, suspendues le long d'une corde, comme des pavillons de navire. Les hommes du peuple, basanés, la veste jetée sur l'épaule en guise de manteau, travaillent à l'ombre, ou dorment couchés au milieu de la rue, insouciants des passants ; car chacun sur la voie publique se croit chez lui. La rue, pour les Espagnols, c'est le forum antique ; c'est là que chacun s'occupe de ses affaires, conclut ses marchés, ou cause avec ses amis. Les Provençaux, comme eux, semblent ne regarder leur maison que comme un lieu d'abri temporaire, où il est ridicule de demeurer lorsqu'il fait beau. Enfin, la physionomie prononcée et un peu dure des Avignonais, leur langage fortement accentué, où les voyelles dominent, et dont la prononciation ne ressemble en rien à la nôtre, complétaient mon illusion et me transportaient si loin de la France, que je me retournais avec surprise en entendant près de moi des soldats du Nord qui parlaient ma langue. »

Par ce radieux matin de dimanche, Avignon est bien l'*isle sonnante* de Rabelais. Dans le carillon de ses clochers nombreux, je parcours la ville.

Ma première visite est à Roumanille; c'est l'aubade réglementaire de tout bon Félibre au doyen, au père de la Renaissance provençale. La petite maison qu'il occupe, où est sa librairie, a vu entrer bien des curieux, attirés par la renommée du conteur populaire. Ceux-ci s'en allaient ravis et presque confus de son accueil cordial. Mais la plupart des visiteurs célèbres en sont sortis gagnés à la Cause. Je citerai au hasard Brizeux, qui a traduit en breton les premières poésies de Roumanille; Le Play, qui a défendu l'œuvre du moralisateur, au nom de l'économie sociale; Veuillot, Laprade, Pontmartin surtout, devenu son ami, qui l'ont exaltée. Des indifférents même sont entrés dans cette maison, qui en sont sortis férus d'amour pour la langue provençale. Témoin cet Irlandais passant par Avignon au cours d'un voyage, qui, trouvant là des livres écrits dans un idiome à lui inconnu, les imite et devient un champion fervent de l'idée. Je parle de William Bonaparte Wyse. Ce poète, provençal et polyglotte, et entre tous original, a dû se demander souvent d'où venait l'étrange sortilège. Sait-il que la maison de Roumanille occupe la place même du palais de Pierre de Luna, le cardinal qui devint l'antipape Benoît XIII, et ouvrit le schisme d'Avignon. C'est lui que Mistral a introduit dans *Nerto*. Voilà l'envoûtement, maître William, et vous n'y avez pas pensé...

On va, aujourd'hui, en Avignon, pour trois choses : pour le souvenir de Pétrarque, pour le Château des papes, pour les Félibres. Je ne parle pas de ceux qui ne s'y arrêtent que le temps de voir le pont légendaire, et qui partent avec le regret de n'y pouvoir danser en rond. Que de carnets de voyage ont mentionné ce brocard du chansonnier de tout le monde. Moi-même, je n'y échappe pas...

Les fervents de Pétrarque, — ils sont rares, — passent dans la rue Dorée, devant l'hôtel de Sade, fine et vaste demeure seigneuriale du xive siècle, dont l'élégance fait présager la Renaissance prochaine. On l'a restauré dernièrement, pour quelque école municipale, mais on s'est bien gardé de dégager ce palais historique de l'encombrement des baraques voisines. Avignon, qui est restée, avec Aix et Dijon, un centre d'aristocratie, en a gardé le caractère — une solennité d'autrefois. On pressent, derrière ces hôtels sombres, aux larges moulures, aux balcons tourmentés, des ancêtres de robe, peints par Mignard. Mais à parcourir l'enchevêtrement des venelles, on découvre çà et là des vestiges du temps des Papes : dans la rue du Collège du Roure, par exemple, l'hôtel de Baroncelli-Javons. C'est une immense demeure du xive siècle, conservée comme au temps de la reine Jeanne. On y voit la chambre de Jules II (de la Rovere) qui est de la famille*, celle où ont habité saint François de Paule et Henry IV, puis des panneaux merveilleux de Salvator Rosa et du Parrocel *des Batailles,* à côté du casque et de l'épée du brave Crillon, un grand-oncle, un Provençal, qui a sa statue de bronze sur la place de l'Horloge...

* Le pape Jules II (1441-1513), neveu de Sixte IV, fut le premier archevêque d'Avignon. Il acquit une aile adjacente au palais occupé depuis 1431, par son neveu de Baroncelli (dont le descendant direct, le marquis de Baroncelli-Javons, l'occupe encore), et il y fonda le collège du Roure. On voit ses armes parlantes sur la porte du vénérable hôtel, des branches de chêne entrelacées. Le légat de 1496, tout occupé d'humanisme, ne faisait pas présager le pontife batailleur qu'il devait être.

Quant au tombeau de Laure, on n'en garde plus seulement la place : tant il est vrai que jamais ruine aussi grande des vieux monuments ne s'est vue, que depuis le prétendu soin qu'on apporte à les conserver. Une grande obscurité régna toujours sur la vie de Pétrarque à Avignon et sur ses amours. Cette raison même me ferait ajouter d'autant plus de foi à leur existence. C'est en 1533 qu'un humaniste lyonnais, Maurice Scève, ami de Louise Labé, et, comme elle, un des premiers serviteurs français de la Renaissance, s'en vint à Avignon pour obtenir du cardinal-légat, bâtard de Médicis, le droit de rechercher, dans les caveaux de ses églises, la sépulture de l'amie de Pétrarque. Un hasard lui fit découvrir, dans une chapelle des Cordeliers, un écusson perdu, aux armes de Sade, et sous une dalle effacée, parmi des ossements et des cheveux, une boîte de plomb qui renfermait une médaille avec un parchemin roulé. On y reconnut un sonnet, et l'italien des *Rime :*

> *O delicati membri, o viva face...*

c'était le tombeau de Laure.

Quelques jours après la découverte, François Ier passe par Avignon avec toute sa cour. Il revient de fiancer, à Marseille, son fils Henri, dauphin, avec une Médicis, cette fière Catherine qui sera mère de trois rois. Le Père des Lettres, comme on commençait à le nommer, veut voir aussi la poétique sépulture. Marot, très en faveur auprès de lui, l'accompagne avec le cortège. « On ne reprochera pas à la Muse d'un roi de France, dit François Ier, d'être restée muette en ce jour ! » et s'étant fait lire par son poète le sonnet de Pétrarque, il récite à son tour ces huit vers, — composés par lui-même, au témoignage de Marot exilé :

> *En petit lieu, comprins, vous pouvez voir*
> *Ce qui comprend beaucoup par renommée :*
> *Plume, labeur, la langue et le sçavoir*
> *Furent vaincus par l'Amant de l'Aymée.*
>
> *O gentille âme ! Estant tant estimée,*
> *Qui te pourra louer qu'en se taisant ?*
> *Car la parole est toujours réprimée*
> *Quand le subjet surmonte le disant.*

Puis les transcrivant sur un vélin caché dans sa ceinture, il ordonne de les sceller dans le tombeau.

Cet épisode chevaleresque, certifié par les contemporains, étendit au loin la légende de Laure et de Pétrarque. On alla désormais en pèlerinage à l'église des Cordeliers. Le coffret, avec ses reliques, fut retiré du tombeau et exposé à la dévotion des poètes. Quelque sacristain sans scrupule le vendit, en 1730, à un Anglais, dont on ne sait plus rien. A la Révolution, de rares ossements et des cheveux étaient encore visibles dans le sarcophage de Laure. Puis l'église fut délaissée. En 1823, un autre Anglais, plus généreux, nommé Charles Kelsall, entoura de quelques cyprès, sur les ruines de la chapelle, un cippe de vénération à la gloire du poète et de son amie. Il ne reste plus aujourd'hui qu'une pauvre nef abandonnée de l'église des Cordeliers, et le cippe est au musée Calvet. Mais, avant ce dernier désastre de la chapelle de Laure, un poète français, qui avait été un maître, Auguste Barbier, passant par Avignon, vers 1835, visita le cippe du pieux Anglais, dernier asile des dépouilles illustres.

« Je cherchais l'église des Cordeliers, nous dit-il... Je la trouvai, mais en ruines..., » et il composa le sonnet que je vais transcrire. On ne le connaît pas, égaré qu'il est dans un recueil de sa dernière veine, médiocre, hélas ! Néanmoins il est digne d'être sauvé de l'oubli, sous sa forme pétrarquiste et sa noble mélancolie :

LAURE DE NOVES

Dans la sainte Avignon, à l'ombre d'une tour,
Parmi les murs croulés d'un cloître solitaire,
Deux longs et noirs cyprès groupés avec mystère,
Et quelques fûts de marbre allongés à l'entour :

> *Voilà ce que le Temps, ce vieillard sans amour,*
> *De la tombe de Laure a laissé sur la terre,*
> *Ce qu'il a conservé de cette dame austère*
> *Qu'un poète chanta jusqu'à son dernier jour.*
>
> *Mais qu'importe Saturne et ses puissants coups d'aile?*
> *Pétrarque, avec les sons de sa lyre immortelle,*
> *A mis la chaste Laure à l'abri du trépas,*
>
> *Et ses pieux sonnets sont un tombeau splendide*
> *Où le Temps usera toujours sa faux rapide,*
> *Mais que son large pied ne renversera pas.*

— Aujourd'hui, 13 août, c'est la vraie fête des Félibres : banquet de Sainte-Estelle (sainte Étoile, patronne symbolique des rénovateurs provençaux) et fête provençale à Avignon. L'organisation d'un tel banquet est toujours malaisée. Roumanille me l'a confiée. J'ai annoncé hier soixante-dix convives à l'hôte de la Barthelasse. A dix heures, ce matin, on s'inscrivait encore, rue Saint-Agricol. Je passe donc le Rhône et bientôt **nous sommes quelques félibres à délibérer sur le nombre des *taulejaires* et la préséance à établir, Mistral arrivé de Maillane et Roumanille, Félix Gras et Marius Girard, Roumieux et Jean Monné**, *li cépoun emai li priéu.*

On se presse, on arrive. En voici quatre-vingts : on allonge les tables. En voici cent : tout tiendra-t-il? Au cent dixième arrivant, le flot cesse et le banquet commence. Un gentil soleil filtre à travers les arbres, sur la table en fer à cheval où bruissent les gais propos. Aux premières places, les deux présidents, Mistral et Fouquier, le Félibrige et la Cigale ; puis le Maire et le Préfet ; le Collège de France et l'Institut, représentés par M. Guillaume Guizot et le directeur de l'École des Chartes, félibre mainteneur ; enfin Roumanille et Sarcey. Près d'eux, les dignitaires du Félibrige, les Cigaliers célèbres et Paul Arène, qui a suivi le pèlerinage en fantaisiste, et Mounet-Sully, entre sa très charmante femme et son frère, et Champsaur, et Armand Renaud, et Roumieux, et Arnavielle, et le vaillant Dom Xavier de Fourvières, un père blanc au front byronien, qui cache sous une soutane son beau costume de prémontré.

Le banquet s'avance. Un peuple nombreux nous contemple à travers l'enclos de feuillage qui protège le fer à cheval. On apporte le *champagne félibréen.* Mistral se lève, et dans un silence attentif, le Capoulié, d'une voix forte, entonne son discours. On écoute, les yeux tendus, cet exposé tour à tour enjoué et superbe des revendications de la race, et quand des applaudissements sans fin ont accueilli la péroraison du poète, — la coupe symbolique à la main, il module le chant consacré :

Prouvençau, veici la coupo
Que nous vèn di Catalan,

*A-de-rèng beguen en troupo,
Lou vin pur de noste plan!*

« Provençaux, voici la coupe — qui nous vient des Catalans ; — tour à tour buvons ensemble — le vin pur de notre cru. »

Et le refrain, nourri, religieux, monte de cinq cents poitrines, car le peuple qui nous entoure, pour n'être pas assis au banquet, n'en participe pas moins à la fête :

*Coupo santo
E versanto,
Vuejo a plen bord,
Vuejo abord
Lis estrambord
E l'enavans di fort!*

« Coupe sainte — et débordante, — verse à pleins bords,
« Verse à flots — les enthousiasmes — et l'énergie des forts ! »

Après Mistral, c'est Fouquier, Sextius Michel, Clovis Hugues (toujours le même, toujours miraculeux, tel qu'avant-hier à Die); c'est Paul Arène qui, en place du *brinde* demandé, invite avec esprit le chanteur populaire du pays d'Arles, Charles Rieu, *Charloun*, un paysan, à nous dire l'*Amourouso d'un Bouscatié*, reprise par tous au refrain ; c'est Guillaume Guizot, c'est Francisque Sarcey lui-même !

Pour ne pas interrompre ces *Sensations*, je lui passe la plume, ici, sur la fête qu'Avignon nous offrit au sortir du banquet; on ne saurait en donner une impression plus pittoresque et plus sincère :

« Ah ! mes amis, la belle, la charmante soirée que nous avons passée hier ! C'est une merveille que ce pays d'Avignon.

Et je marche vivant dans un rêve étoilé.

« On nous avait invités tous quatre* (car nous commençons à être connus dans le pays, et l'on nous appelle les quatre fils Aymon ; les lettrés préfèrent dire les trois mousquetaires ; c'est pour flatter Dumas) ; on nous avait donc invités à une pégoulade. Vous ne savez pas, vous autres, Parisiens, ce que c'est qu'une pégoulade. Vous ne savez rien ! Une pégoulade, c'est une retraite aux flambeaux. Mais vous sentez ce que ce mot de pégoulade ajoute à la chose. C'est l'accent du terroir. Pégoulade vient du mot *pix,* qui veut dire poix, parce qu'en effet la promenade se faisait autrefois avec des torches de résine allumée. Aux torches, qui répandaient plus de fumée que de lumière, on a substitué des lanternes vénitiennes au bout de long bâtons. Hélas ! le Midi s'en va ! M. Maurice Faure, le grand organisateur de cette fête,

---

* Avec Sarcey, MM. Edmond Stoullig, le critique musical du *National*, Adolphe Brisson, des *Annales politiques et littéraires,* et Francis Thomé, le compositeur

avait commandé un demi-cent de torches, et il s'écriait avec désespoir : Une pégoulade sans torches, ça ne s'est jamais vu! Il a bien fallu en prendre son parti.

« Le cortège s'est ébranlé, Mistral et Fouquier en tête ; nous tous suivant pêle-mêle, encadrés dans une double file de porteurs de lanternes. Le rendez-vous avait été donné à la gare du chemin de fer, et l'on devait de là se diriger vers l'Hôtel de Ville, en suivant la rue de la République, qui est longue d'un kilomètre et demi.

« Lorsque, au détour d'une rue, nous nous sommes trouvés brusquement en face de cette longue trouée, un cri d'admiration nous a échappé. C'était une enfilade prodigieuse, à perte de vue, d'arcs de triomphe formés de verres lumineux de toutes les couleurs ; toutes les maisons étaient illuminées. Une foule énorme s'était massée des deux côtés de la rue, poussant des acclamations d'où s'échappaient des fusées de rire. Pas un agent de police pour contenir cette multitude qui battait des mains sur notre passage, qui acclamait tour à tour Mistral et Fouquier. Et ce qu'il y a de surprenant, d'incompréhensible, c'est que ce long cortège, composé un peu au hasard, n'a pas été coupé une seule fois. Tout ce peuple, si animé, si turbulent, si gai, sentait d'instinct qu'il n'y a pas de bonne fête sans ordre. Tous regardaient passer et ne s'ébranlaient que pour se mettre à la suite.

« Quand nous sommes arrivés au palais des Papes, l'ancienne construction s'est embrasée de feux du Bengale ; quelques parties restaient dans l'ombre, d'autres se détachaient superbes dans une lueur d'un rouge intense. C'était un spectacle splendide. Les cloches sonnaient à toute volée, comme pour l'entrée d'un roi.

« C'est que Mistral semble être le roi de ce pays. Peut-être notre goût de Parisien s'accommoderait-il mieux d'une allure moins triomphante et moins solennelle ; mais il faut prendre le pays comme il est. Mistral marchait, tranquille et souriant comme un dieu, soulevant de temps à autre son chapeau de feutre...

« Tous ces gens-là sont bons, exubérants et joyeux. De toute cette foule accumulée et pressée sur son passage, il se dégageait comme un bouillonnement de cordialité. On sentait qu'ils y allaient de tout leur cœur, qu'ils étaient ravis du spectacle amusant qu'ils se donnaient à eux-mêmes, qu'ils criaient pour crier, parce que dans le cri s'exhale le trop-plein d'une âme débordante.

« Et ce qui achève la physionomie de cette soirée inoubliable, dont j'ai encore l'éblouissement dans les yeux, c'est que la politique était étrangère à l'événement. Toute cette fête qui avait en quelque sorte spontanément jailli de la population avignonaise, avait ce je ne sais quoi de fin, de léger et d'aimable que les lettres impriment à toutes les manifestations qu'elles suscitent. Il y avait de la poésie éparse dans l'air.

« Nous sommes enfin arrivés à l'Hôtel de Ville. Tous les porteurs de lanternes se sont rangés de chaque côté d'un escalier monumental, et nous sommes entrés dans les vastes salles dont le maire d'Avignon nous a fait les honneurs avec la plus aimable courtoisie.

« C'était la fête du *vin d'honneur*. Je vous ai dit que le vin d'honneur était ce que nous appelons un punch. Le punch a été remplacé avec avantage par le vin de Champagne, dont il a coulé un fleuve... » *(Temps du 16 août.)*

V

Vaucluse, 14 août.

Après la soirée d'hier, vraie féerie d'histoire et de poésie, — tout l'Avignon des Papes ressuscitant pour les félibres, dans une apothéose, — on ne peut que se lever tard. Quand je descends dans la cour du vieil hôtel, j'entends sonner neuf heures à tous les clochers d'Avignon. Les voitures de la municipalité sont à mi-chemin de Vaucluse. Mais tout le monde est-il parti? Il reste du moins encore les quatre fils Aymon, puisque voici leur landau qui attend, et Sarcey lui-même, qui complimente Paul Mounet sur la belle façon dont il a dit *Waterloo*, à l'Hôtel de Ville :

Et leur âme chantait dans les clairons d'airain!

Et le critique nous gratifie de quelques intonations correctives... Voici les quatre fils Aymon partis. Un panier à deux chevaux est vite trouvé, où les Mounet m'accordent une place. Et fouette cocher, *à la Fontaine !*

Le temps est beau, si j'en crois Sarcey, qui là-bas s'éponge, s'éponge. Mais un tendelet prudent nous tamise le hâle, et c'est merveille de gravir ainsi, au pas ralenti des chevaux, la côte de Gadagne, par le grand soleil épandu sur la plaine. La belle étendue ! et qui fait battre un cœur provençal : tout le pays d'Avignon, jusqu'aux Alpilles ! Au fond, à l'Occident, c'est la Montagnette de Tarascon, qui défend de la brise du Rhône un pays déjà balayé par le mistral. Et dans cette plaine d'Avignon, que d'accidents de nature et d'histoire, qui accrochent le regard, çà et là ! Ces deux tours, comme des cornes, à mi-chemin d'Avignon et de Saint-Rémy, c'est Châteaurenard. De ce repaire féodal où Mistral fait vivre le baron Pons, dans *Nerto,* partait un souterrain légendaire qui aboutissait, après dix kilomètres, à la forteresse des papes. Et nous revoyions, mes compagnons et moi, la fuite éperdue de la petite Nerte vendue au diable par son père, dans ce noir souterrain ; son apparition lumineuse dans la cour du palais, au beau milieu du corps-de-garde ; l'éblouissement de Rodrigue de Lune, le beau neveu du pape...

« Figurez-vous, mesdames, l'intrigue, quand

messire Rodrigue dans ses bras vit tomber ce joli tendron effaré comme un rouge-gorge! « Pour vous servir, mademoiselle, dit-il, je « prendrai des ailes, s'il faut : parlez, que dési-« rez-vous ? Je suis prêt à vous obéir... »

Charmé déjà, Rodrigue conduit Nerte par les labyrinthes du palais gigantesque et, chemin faisant, apprend d'elle ce qui l'amène vers le pape.

« — Moi, pour vous sauver de l'ennemi, je vois un merveilleux remède : l'amour.

« — Et qu'est-ce que l'amour ? dit-elle. Il n'est bruit que de lui dans les chansons et les nouvelles... Mais qui peut dire où il se trouve?

« — Je pourrai, peut-être, vous y conduire, repartit Rodrigue enflammé. Le sentier des amourettes, plein d'ombres claires et de fleurs, est le chemin du paradis.

« — Pourtant, monsieur, répondit Nerte, la sainte Église nous enseigne que le sentier du paradis est plein de pierres et d'épines.

« — L'amour est un bouquet au sein, fit Rodrigue; c'est une coupe d'hypocras pur et de délices ! »

Et, de plus en plus amoureux :

« L'amour est un jet de soleil dans lequel, enivrées, deux âmes s'élancent jusqu'à la pleine lumière et se confondent inséparablement; enfin, c'est une bouche en feu qui, haletante, ne

trouve nulle part de quoi boire, en disant
« J'expire ! » sinon sur une bouche sœur ! »

« Mais, à l'instant où se penchait le galantin, pour embrasser, dans son délire, l'ingénue, haut sur le mur leur apparaît, les bras ouverts, un crucifix échevelé par la douleur, avec deux clefs attachées en sautoir au-dessous d'une tiare sculptée.

« Nerte fit un signe de croix et, se tournant vers l'amoureux : « Beau chevalier, votre devis
« ne s'accorde guère, dit-elle, avec le *Breviàri*
« *d'amor;* car, dans ces pages d'or, il me
« semble avoir lu que l'amour doit être pur
« comme un paradis terrestre... » (Mistral, *Nerto,* chant II.)

Nous voici en plaine ; le soleil donne, radieux, sur les champs roux, peuplés d'amandiers grêles, d'un vert subtil, et d'oliviers lunaires. Comme la route est longue encore, et chaude, et monotone, nous nous réfugions dans l'antre frais de Poésie, ainsi qu'eût dit Pétrarque. Une heure a passé, et nous sommes à l'Isle-sur-Sorgue. La Venise provençale, dit-on : une ville de Hollande plutôt, un jour d'été. Amsterdam et Venise, n'est-ce pas les deux patries des grands coloristes !... C'est pourquoi l'intérêt du paysage me semble croître à l'Isle. La Sorgue la traverse de canaux larges, d'une limpidité de source, et dont la vue seule rafraîchit le visage. Elle est ombragée d'immenses platanes, et accidentée çà et là de moulins lentement émus par son cours. On y pêche de sa fenêtre, suivant une légende qui veut que, dans ces eaux, la truite et l'écrevisse abondent...

Nous n'avons que le temps de rejoindre à Vaucluse les Cigaliers. A peine au sortir de l'Isle, nous revoilà dans la grande lumière. Le Ventoux semble tout proche, d'un rose neigeux au soleil. Il arrondit au nord son dos énorme, mais on comprend d'ici comment il se rattache à la chaîne de Luberon, qui s'assombrit vers l'Orient. Le Ventoux est un peu le Mont sacré de cette région. Depuis quatre ou cinq siècles il exerce un puissant prestige sur l'imagination provençale. Le moyen-âge, à vrai dire, semble ne pas l'avoir aperçu. On doit à Pétrarque sa découverte, le premier hymne à sa louange. Car cet homme me paraît avoir été en toutes choses l'initiateur de l'esprit moderne. A la fois le plus grand poète, et le Littré du savoir de son temps, philosophe, archéologue, géographe, philologue aussi, le père de la Renaissance eut en partage cette universalité des dons que son successeur le plus direct, Érasme, ne devait posséder qu'imparfaite, et qu'allait retrouver Voltaire. Voltaire et lui, pour la postérité, ont incarné leur siècle ; tous deux aussi, hommes de lettres s'il en fut jamais, sont les plus hauts exemples de cette vérité, que la Nature est la sauvegarde de l'Art, et réciproquement. Que lisons-nous de leurs innombrables volumes d'œuvres ? Celles précisément sur lesquelles ils comptaient le moins : les sonnets italiens de Pétrarque, — qui rédigeait en latin tous ses livres ; les petits vers de Voltaire et sa correspondance.

Pétrarque fit donc le premier l'ascension du Ventoux, pour la seule beauté du paysage. Il raconte qu'un vieux berger l'en détournait. Mais il n'eut pas même à remonter le courage de son jeune frère qui l'avait suivi. Ils ne se déclarèrent satisfaits qu'arrivés tout en haut, quand ils se virent, par-dessus les nuages, dominant un vaste horizon, un des plus beaux qui soient au monde. Là, Pétrarque déclare avoir éprouvé le sentiment le plus profond, le plus mélancolique. Toute sa vie passée lui venait à l'esprit. Son regard se tourna longtemps du côté des Alpes, vers l'Italie abandonnée. Puis, songeant à sa vie, il soupira et lut à son frère un passage des *Confessions* de saint Augustin : *Sur le malheureux oubli de soi-même dans la contemplation de la Nature*. Et il garda le silence jusqu'à la fin du jour.

Nous étions en face de la montagne de Vaucluse, longue muraille blanche, reflétée d'argent au soleil. Nous fixions au loin la brèche assombrie, au pied de laquelle sourd la Fontaine. Arrivés là, on s'engage dans la vallée qui contourne la Sorgue pour aboutir au rocher fameux. Le paysage grandiose était aride et aveuglant. Et je songeai que Pétrarque, tout précurseur qu'il fût, n'avait eu que l'intuition du sentiment de la nature. A son retour du Mont Ventoux, quelque grande impression qu'il dise avoir ressentie, aucune description ne nous en fait part, mais tout au plus la nomenclature des principaux lieux disséminés dans la plaine. A Vaucluse, est-ce la nature, sa beauté, son charme âpre et ensorceleur qui l'avaient attiré? J'en doute. A peine était-on assez avancé de son temps, dans le sens de la nature, pour la goûter riante, fraîche et cultivée. Ce que Pétrarque aimait dans Vaucluse, c'était la solitude. Quelquefois, son ami, le cardinal Philippe de Cabassole, l'ancien précepteur de la reine Jeanne, alors évêque de Cavaillon, venait s'établir dans le château qui domine la Sorgue, et cette intimité précieuse tempérait son isolement.

Mais si Pétrarque aima de poésie le site de Vaucluse, et la nature en lui, ce ne fut qu'après y avoir vécu, pensé, et peut-être souffert d'amour.

Valle locus clausa toto mihi nullus in orbe
 Gratior, et studiis aptior ora meis.
Valle puer clausa fueram juvenemque reversum
 Fovi in aprico vallis amæna situ...

In aprico situ: l'épithète est moderne. C'est ce charme d'âpreté brûlée, sculptural et mélancolique qui fait l'attrait du paysage. De la vallée qui contourne les ruines épiscopales si stériles, si hardies, si pittoresques, au-dessus de la Sorgue verte, le spectacle est d'ailleurs étrangement beau dans sa sécheresse de pierre. Plus on approche de la Fontaine dont le haut rempart se dresse menaçant, plus la rivière semble fraîchir. Son lit de mousse uniforme lui donne une apparence d'émeraude liquide. « Je n'ai vu cette couleur de source, me dit quelqu'un, qu'aux Eaux douces d'Europe, devant Constantinople. »

Cigaliers et Félibres sont attablés sur la plus verte rive de la Sorgue. Dans une presqu'île entourée d'arbres frais, et parmi les eaux jaillissantes, Mistral préside, son grand feutre marron sur la tête, dans un rayon de soleil. En face de lui, la gente reine des Félibres, Mlle Roumanille, et à leurs côtés la baronne de Pages, Mme de Rute, Mlle Rattazzi, Mlle Leroux, Mme Mounet-Sully, etc. C'est la fête des Félibresses.

Après le banquet, Roumanille récite avec cette diction tremblante qui fait pleurer, le plus ancien de ses petits poèmes provençaux (1845) :

Dans un mas qui se cache au milieu des pommiers, un beau matin, au temps de la moisson, je suis né d'un jardinier et d'une jardinière, dans les jardins de Saint-Remy...

Ces simples vers ont décidé de la naissance du Félibrige. Saurait-on rêver plus délicieuse et plus saine origine à une œuvre de peuple, qui a rendu à l'homme de la nature le culte de ses traditions et l'usage de sa langue, instrument naturel.

Puis, comme on se rend à la Fontaine, devant le gouffre béant, aujourd'hui silencieux, d'où coule doucement la Sorgue, Mounet-Sully déclame, dans le recueillement de tous, les *Rêves ambitieux* de Soulary :

> *Si j'avais un arpent de sol, mont, val ou plaine...*
> *Aussi loin que ton ombre ira sur le gazon,*
> *Aussi loin je m'en vais tracer mon horizon :*
> *Tout bonheur que la main n'atteint pas, n'est qu'un rêve.*

Ce chef-d'œuvre où le Pétrarque français a mis son rêve de bonheur, évoque bien la solitude du poète de Laure dans ce vallon sauvage. Car, quelle que fût Laure, il est certain que Pétrarque l'aima. A défaut du témoignage des contemporains et des détails très précis de ses *Rime,* ses lettres suffiraient à le prouver. Il a moins voyagé pour s'instruire que pour fuir le constant souci et le diviniser par l'absence. Peu à peu, sa peine lui fut douce, et grâce à l'enchantement du rythme, elle devint un glorieux souvenir.

Car ce qu'aimait Pétrarque, avant tout, c'est la gloire. Sur la côte Génoise, la vue d'un laurier l'émeut « comme une apparition de Laure. » En quoi il est le père des poètes modernes et des plus opposés, de Ronsard et de Malherbe à Lamartine qui assure Elvire de l'immortalité, et à Henri Heine qui se rit en pleurant de ses peines d'amour. Cette préoccupation de la gloire à laquelle il a consacré des méditations, des dialogues, des poèmes, et qui la lui faisait désirer, jusqu'à solliciter son triomphe du Capitole, est le premier symptôme de la Renaissance. C'est pour se glorifier par eux et comme eux, qu'on retourne alors aux Anciens. L'humilité chrétienne, l'austérité supérieure des cloîtres, la barbarie des féodaux, ont assez pesé sur le monde. L'homme a besoin de splendeur, le corps se dit l'égal de l'âme, l'individu veut sa revanche.

Vers cinq heures, en partant, j'escalade un petit bois d'amandiers, pour me remplir les yeux du paysage. Le rocher de la Fontaine, la muraille géante, est d'or et gris de fer; le château de Philippe de Cabassole, pittoresque et hardi comme un burg du Rhin, mais aussi plein d'ardent soleil que de mystérieuses ombres. Et tout autour, l'oasis prolongée que fait la rive de la Sorgue, *Vau-cluso*... La rivière coule si vite que rien, dit-on, n'a le temps de s'y rouiller, sur sa mousse verte, incomparable...

Ma place reprise dans notre landau qui se

hâte vers Avignon, j'interroge Mounet-Sully sur son art. Ce grand artiste croit beaucoup plus aux dons de nature, développés selon l'idéal de chacun, qu'aux enseignements des conservatoires. Néanmoins, que l'inspiration soit soutenue de travail lent, d'approfondissement personnel. Le ciselage est permanent chez le plus emporté d'apparence.

— Même dans OEdipe Roi, lui dis-je, où vous avez des élans, des cris, tempérés il est vrai d'attitudes plastiques non imprévues ?...

— Dans OEdipe Roi, je marche sur un pavé de mosaïque !

Rien d'improvisé dans cet art, si ce n'est la vie elle-même qu'on jette, mais résolument, dans le moule : plus ou moins d'abandon dans les élévations, dans le lyrisme, mais tout est médité de longue étude. Et pour joindre l'exemple au précepte, Mounet-Sully me dit, *mezza voce*, « Océano nox, » ce chef-d'œuvre des chefs-d'œuvre d'Hugo, à son gré. Il y est admirable, mais surtout personnel dans les réticences passionnées de sa diction, alors qu'il la modère fiévreusement, qu'il la dompte magistralement, comme en des tenues d'orgues puissantes. Ces vers pleins d'horizon prennent dans sa voix une ampleur sibylline qui vous découvre chez Hugo la grandeur naïve, fatale, originelle, d'un Hésiode ou d'un Eschyle.

Ce disant, nous longeons la Durance, rencontrée en un site vaste, magnifique, plein de lointains. Tout en bancs de sable, en îlots, son lit s'élargit entre deux rives desséchées parfois, parfois verdoyantes, ombragées de hauts arbres qu'on s'étonne à trouver ici. Elle se jette dans le Rhône au-dessous d'Avignon. « Au-dessous d'Avignon, a écrit Mistral, le Rhône se presse pour embrasser plus tôt sa maîtresse débraillée, la Durance. » C'est rendre d'un trait pittoresque le cours morcelé de la tortueuse rivière.

Un beau soleil déclinant qui revêtait d'or le Château des Papes, accompagna notre arrivée en Avignon. Chacun courait en débandade à son hôtel et à la gare. Le maire, l'aimable M. de Boisserin, nous y avait préparé un dîner de gala. Au revoir, Avignon ! S'il est un lieu au monde où l'on consentirait à vieillir, c'est ici. Autrefois, du temps de ses Papes, comme au xvie siècle, du temps de La Belaudière et de son Université, comme aujourd'hui, comme toujours, Avignon fut et sera la ville des poètes. Le Félibrige l'a choisie pour y naître. Nous avons vu hier qu'il avait bien placé son cœur. Le Provençal exilé la revoit dans ses rêves, la belle cité crénelée, rutilante d'or au mistral... Je me redis souvent ces deux vers de La Belaudière :

Non si passo lou jour que n'ague souvenènço
De tant de bons ami que soun dins Avignoun.

VI

Nîmes, 14, 15 août.

Surprenante, l'arrivée à Nîmes, dans la gare pleine d'amis, Alexandre Ducros, Montégut, Pascal, Jules Bonnet en tête, et où ne furent échangées que de brèves paroles : elle prit de suite un étrange aspect. Au dehors, une foule immense attendait les Félibres. Précédés de plusieurs musiques, entre deux haies de pompiers porteurs de torches, qui nous séparaient de la multitude, on se mit en marche à travers la cité. Oh! l'étrange procession nocturne, dans les rumeurs joyeuses de tout un peuple, dans une buée rouge et fumeuse où les casques mettaient de l'or. Le double serpent de feu s'élargit au milieu de l'esplanade, au pied de la fontaine de Pradier, si blanche dans son harmonie élégante, et il s'arrêta. Sur une vaste estrade où l'on prit place, un chœur de cent voix d'hommes chanta l'*Hymne à la Race latine* de Mistral, que la foule suivait au refrain. Il est aussi populaire que son *Chant du Soleil*. C'est l'évidence de la vitalité d'une langue. Mais il s'en trouvera toujours pour dire que le provençal est bien mort...

Quelle folie ! quelle rumeur immense ! Nous reprenons la marche dans la foule pressée ; la musique éclate dans les cris, et la lumière rouge poursuit son sillon triomphal. Je me sens tout halluciné. Comme l'initié du cortège de Dionysos, j'ai mangé du tambour et bu de la cymbale... Nos cigales de bronze doré nous désignent à la foule. On les remarque ici plus qu'ailleurs. C'est que Nîmes est leur patrie d'élection et son climat leur climat préféré. La cigale ! une grosse mouche, disait Monselet : *un bestiàri divin*, dit Mistral traduisant Platon.

15 août.

Aubade à huit heures, devant l'hôtel du Luxembourg. Musiques, orphéons. Toutes les cigales sont au balcon. Fouquier prend la parole : « Une fois dans ma vie, j'aurai balconné, » nous dit-il.

On acclame les cigaliers. Vin d'honneur à l'Hôtel de Ville ; des discours à entendre : je préfère contempler les quatre crocodiles, armoiries parlantes de Nîmes, suspendues là dans l'escalier d'honneur, de toute éternité. L'inauguration d'un buste à l'explorateur Soleillet est annoncée pour dix heures, dans un angle de l'Esplanade. On pourrait en intituler le récit : *Quarante degrés à l'ombre*. Je préfère ne pas l'écrire, et pour cause. D'une tente de circonstance, les autorités s'apprêtent à entendre six discours, des fanfares, des orphéons. Je vais voir Soleillet tel que nous l'a figuré Amy, le sculpteur juré de Félibres. Il a les yeux fixes, contemplatifs, d'un visionnaire des pays du soleil; c'est une œuvre.

— Soleillet, nous dit un passant au regard incrédule, un animal qui me doit trente-cinq francs !...

C'est la gloire chez elle! — Je m'en vais avec Robert Kemp et Paul Mounet visiter la Maison Carrée. Nous entrons dans le petit musée : ni catalogué, ni gravé ! Seule, une petite terre cuite figurant des gladiateurs nous vaut une explication passable du gardien.

Je me contente d'admirer la svelte colonnade du péristyle... Je songe que la Vénus de Nîmes est au Louvre, celle d'Arles aussi : tout à Paris. L'un des derniers directeurs des Beaux-Arts ne parlait-il pas d'emporter, pour le Luxembourg, le Millet du musée de Marseille. A Marseille, on est moins accommodant qu'ailleurs ; je crois bien qu'avec de petites notes glissées dans les journaux du lieu, on ne fût pas parvenu à faire sortir de la ville ce tableau qu'on y connaît bien, et qui est un chef-d'œuvre. Nous savons aussi le système employé par les bibliothécaires parisiens à l'égard des riches dépôts de province. Ils demandent communication des manuscrits précieux, et généralement les remplacent par des envois d'ouvrages modernes...

Sortons d'ici : ces pensées nous étouffent. Admirons, sous le ciel limpide, l'harmonieux élancement des colonnes corinthiennes, et la frise légère qui court, capricieuse, entre l'entablement des chapiteaux taillés en feuilles d'olivier, et la corniche, opulent couronnement du temple. Il est digne des deux fils adoptifs d'Auguste, Lucius et Caius, à qui *Nemausa* l'avait consacré. Les yeux ne quittent pas la frise ; elle est simple et riche, ruisselante de style, comme les plus fines broderies de pierre des palais de la Renaissance. Quel discernement subtil et passionné, quel goût — perdu, hélas ! — avaient les architectes du xve siècle italien, du xvie siècle français, pour recueillir ainsi, dans les épaves du grand naufrage de l'Art ancien, les éléments d'un art original, encore qu'il fût de rénovation !

Après la Maison Carrée, les Bains de Diane

et son temple. Dans le temple, sorte de sacellum ruiné, un amas de débris archéologiques sans grand intérêt d'art. Quant aux Thermes, au célèbre Nymphée, ses seules colonnes du nord sont antiques. Elles baignent dans l'eau d'un bassin dont le milieu est à ciel ouvert. Elles soutenaient le promenoir des bains des femmes, espacé tout autour, à l'ombre. Des *velum*, d'un fût à l'autre, gardaient les baigneuses du trop chaud soleil. Car Nîmes, sans cours d'eau, est torride en été. La cause évidemment singulière qui détermina sa fondation dans cette plaine, échappe encore aux sagaces archéologues.

Grand déjeuner commun à l'hôtel, sans discours, sans cérémonie. Vers la fin, j'ai l'honneur de présenter à *la Cigale* le poète Langlade qui arrive de Montpellier. C'est l'Orphée languedocien, le descripteur le plus fidèle, après Mistral, de la nature méridionale. Il nous récite son *Nivoulas* (le gros nuage), une exposition de maître. Puis ce sont des chants de Provence jusqu'à la course de Taureaux, qui nous retiendra aux Arènes, deux heures de joyeux vacarme.

Nous avons salué Reboul, ce sage de marbre blanc, assis en méditation dans le jardin de la chaste Diane « au cœur silencieux. » Je reviens de la Fontaine avec mes compagnons. Couchant radieux et doux, après l'accablante chaleur. Le peuple inonde les rues, les places, acclamant d'un sourire les Cigaliers et les Félibres qu'il reconnaît à la cigale dorée piquée aux boutonnières ou aux chapeaux. Alcibiade se promenait ainsi par les rues d'Athènes, des cigales d'or dans la chevelure.

Me revoici avec mon groupe, — Mounet-Sully très reconnu, très montré par la foule, — devant la Maison Carrée. Oh! l'élégant joyau d'or, oh! la Grèce en Provence! Ce bijou de pureté est cuit comme le Parthénon, sous des rayons d'ardent soleil. « On voudrait l'emporter dans un écrin bleu, » me dit Mounet-Sully.

Le Pont du Gard, 16 août.

Après une fugue matinale à travers Nîmes ancienne et moderne, en route pour le Pont du Gard, avec mes compagnons d'hier, dans le même équipage. Trajet banal, étouffant. Le soleil chauffe à blanc ces petites collines rases que de longs rubans de chemin découpent à n'en plus finir. Arrivés au vieil aqueduc des Romains, éblouissement! Toute la caravane est sur le pont massif dont est flanquée la première rangée des arches. Ces petits points noirs font juger de l'envergure du monument. Sa majesté svelte et puissante évoque à nos esprits la tendre chanson qu'un jour Aubanel et Paul Arène composèrent ici : « De ciel bleu, il a plein ses arches, — droit sur les gourgs du Gardon, — l'aqueduc solitaire, — le vieux pont à l'abandon... »

Cet édifice qu'on dirait n'avoir été créé que pour l'enchantement de la vue, encadré par une vallée à l'évasement harmonieux, dresse ses premières arches sur un lointain vert, les autres sur le ciel profond. Ces arches élancées qui approfondissent l'azur, me remettent en mémoire une lettre de Baudelaire, que j'ai publiée, où le poète, à propos des sonnets de Soulary, observe, singulièrement pénétrant, combien « un morceau de ciel apparu par un soupirail, ou entre deux cheminées, deux rochers, ou par une arcade, donne une idée plus profonde de l'infini, que le grand panorama vu du haut d'une montagne... »

Le banquet est à Remoulins, sous une vaste tente aménagée dans les feuillages d'un jardin. On vante beaucoup le jambon local; on cause beaucoup, mais moins fort, car les banquets n'ont pas fait trêve, depuis six jours, et aussi que l'heure approche de se séparer. Mais voici le tour des orateurs. Fouquier prononce son « discours-ministre, » comme il dit plaisamment, un charmant résumé cigalier de l'esprit des fêtes. D'autres cigaliers, des députés, le maire, parlent après lui. Mais les Méridionaux pur sang estiment qu'il y a bien un peu trop de Cigale et pas assez de Félibrige. Les paroles dorées de soleil des Méridionaux de Paris n'ont pas suffi à tout le monde. C'est le soleil lui-même que demandent ces intransigeants. Alors Maurice Faure résume l'esprit du Félibrige selon Sainte-Estelle. Et moi-même, le chancelier, je dois, selon les traditions, entonner l'hymne national, *la Coupe*. Quand tout le monde a repris, debout, le dernier refrain du chant sacré, c'est la débandade du gros de la caravane, — jusqu'aux prochaines fêtes.

Trois ou quatre groupes, moins pressés, ont juré de voir se coucher le soleil au Pont du Gard. Nous en sommes, et voilà que s'organise une vraie cour d'amour, sous les arches de l'aqueduc. Cependant, j'ai suivi la berge du Gardon, passant sous le pont géant qui apparaît bien plus grandiose du côté solitaire. Large et limpide est la rivière, à peine ridée par son cours. Elle descend d'une vallée verte qui l'amène des prochaines montagnes.

C'est, d'ici, un vrai fleuve d'Écosse, aux larges méandres, parmi la frondaison haute et dense qui se baigne à ses bords. Dans leurs lointains, se couche le soleil : un couchant tamisé et tendre, d'une intimité septentrionale.

Qui donc disait qu'il n'y a ni fraîcheur ni ombre en Provence! Et Vaucluse, et l'exquise vallée de Géménos, et la Sainte-Baume sublime, ces oasis d'amour et de poésie?... Un tintement de clochette palpite dans l'air silencieux. O la douceur d'aimer ici! Il semble y avoir là-bas, dans le tortueux lointain de la rivière, un infini de rêverie, un paradis mélancolique. Une flûte cachée dans un massif de jeunes saules me fait retourner. Nous étions voisins, sans le savoir... Je contemple la noble structure du Pont géant, ces arcades silencieuses qui semblent dévorer de l'azur. Puis je repasse sous l'aqueduc, du côté de Remoulins. La cour d'amour est au complet. Un jeune Cannois de la troupe est venu avec une guitare; il l'offre galamment à Mme Mounet-Sully qui égrène dans le crépuscule avec un art exquis, de sa belle voix navarraise, des *peteneras* enfiévrées, pleines de songe oriental.

Retour à Nîmes par une éblouissante lune qui fait d'argent la large route, aveuglante ce matin. Elle évoque pour moi constamment la ~~Vesprée d'Avril~~ *luno pleno* d'Aubanel, si doucement et ineffablement spectrale. La couleur choisie des rime et la claire sonorité des strophes en font un morceau rare. Je ne puis me défendre d'en associer la pensée aux plus beaux clairs de lune que j'aie vus en Provence :

Dins li cèu blanc coume de la
Sus li prat blanc coume quand nèvo,
La blanco luno, apereila,
Espandis sa clarta de trèvo...

« Dans les cieux blancs comme du lait, sur les prés blancs comme quand il neige, la blanche lune, dans l'étendue, répand sa clarté de fantôme... »

VII

16 août.

Nous sommes attablés à Saint-Rémy de Provence, Mistral, Mounet-Sully et sa charmante femme, le poète Marius Girard et moi, sous une large treille, dans un jardin d'hôtellerie, tout en roses trémières, en figuiers et en jeunes cyprès.

Un bien-être rare nous envahit, au sortir des fêtes de la Cigale, après tant de discours, de réceptions officielles, de départs aux sons de la cloche et de marches, musique en tête. Heure exquise et déjeuner de Sybaris. Nous vantions le pâté d'anguilles de Vaucluse, la brandade nîmoise ; que dire de ce melon blanc...

> *Ce melon dont la tranche ouverte*
> *Apparaît rose, blanche et verte,*
> *Comme l'étang de Berre au coucher du soleil ?...*

Ce soir, nous devons souper à la ville des

Baux : un déjeuner tout provençal est commandé. O l'aïoli miraculeux !

— Les Grecs, nous dit Mistral, en faisaient manger aux soldats pour leur donner du courage... C'est de l'histoire.

— C'est même ainsi, reprend Mounet-Sully plus grave, qu'ils faisaient fuir les Perses.

Et le parfum subtil, chanté par Virgile et Méry, occupe harmonieusement nos lèvres, jusqu'au moment de nous mettre en marche pour *les Antiques* de Saint-Rémy.

Par un chemin qui semble escalader les Alpilles, nous allons droit au *Lion d'Arles*, un fier rocher de la montagne, que Mistral a chanté, sous un ciel lavé, luisant de frais soleil, et qui, apaisant l'atmosphère, rapproche les lointains.

Nous voici au pied des montagnettes. Là sont un arc de triomphe et un mausolée : *Les Antiques*, deux parfaits monuments romains.

Les sveltes colonnes du mausolée, à demi caché encore, se dressent au-dessus des pins. Merveilles des merveilles ! L'arc est tout grec d'allure, petit, mélodieux avec sa seule arcade à l'ouverture attique.

Le mausolée, c'est l'élégance même. Ces deux monuments couverts de sculptures, d'inscriptions, sont demeurés debout dans leur vieillesse harmonieuse, seuls témoins d'une ville qui eut sa grandeur. C'était *Glanum*, colonie grecque de Marseille.

J'ai vu, à Maillane, une monnaie d'argent trouvée là, portant cette inscription : Μασσα (λια). La ville fut détruite par les Visigoths, et Saint-Rémy bâtie au-dessous, dans la plaine, avec les débris de sa ruine.

Quels sont ces monuments? — Le peuple a pensé à Marius, car l'homme est resté populaire chez les Provençaux. N'a-t-il pas rossé les Teutons et les Cimbres, ces Prussiens de l'époque...

Une inscription, contournant l'architrave du tombeau, paraît en attribuer la consécration à trois jeunes hommes : Sextius, Lucius et Marcus, de la famille des *Julii,* en mémoire de leurs parents défunts. Mais l'inscription pourrait être postérieure au monument. On cite de fréquents exemples de telles désaffectations. Un archéologue provençal, M. Gilles, affirme, contre tous les savants d'Allemagne, que le mausolée de Saint-Rémy est un monument triomphal élevé sous J. César, à Marius et à Catalus son collègue, et où les Julii déposèrent plus tard les cendres de leurs parents.

Mais l'arc?... Le même archéologue en attribue la construction à César lui-même, dont il retracerait les campagnes en Gaule et en Bretagne. Au double point de vue de l'art et de l'histoire, ce serait l'un des plus précieux vestiges de la grandeur romaine... On disputera longtemps sur le sens précis des *Antiques*. Le vague même de l'interprétation vous laisse dans le rêve, et le rêve seul convient à cette heure exquises entre toutes, dans un site élyséen.

Vraiment, ce site est grec, dans sa végétation, dans son air, dans ses plantes : asphodèles, petites fleurs d'Attique, herbes aromatiques et douces, dont l'air est balsamiquement parfumé.

Et, tout auprès, dans les arbres disséminés sur ce terre-plein d'où la vue est unique, des pins clairs et légers balançant leurs dômes verts à l'entour des monuments, des figuiers, quelques oliviers, deux micocouliers, deux saules... Et par delà ce rempart transparent de verdure, en contre-bas, l'étendue, bornée à l'horizon occidental par la montagnette de Tarascon, et indéfinie, au Nord : la plaine de Maillane et de Château-Renard — dont les deux tours montrent le chemin de la cité des Papes, puis celle d'Avignon avec son immense palais ; tandis que derrière nous, c'est l'Alpille d'argent, tachetée de vert, nous cachant le Midi de son rempart de roche.

Cette terrasse des Antiques, adossée au flanc des Alpilles, c'est le centre du Félibrige, à égale distance des Baux et de Maillane, à mi-chemin d'Arles et d'Avignon. C'est le lieu central et sacré de notre terre sainte, ὀμφαλὸς γῆς.

Au moment de quitter ce tertre incomparable, un son de cloche me fait souvenir du voisinage de l'asile Saint-Paul, un refuge d'aliénés, qui est là tout près, comme endormi dans son vieux parc de prieuré et qui, voisin de tant de poésie lumineuse, cache tant de misères et d'obscurité. Nous entrons. Au bout d'une longue allée de sycomores, à gauche, voici d'abord un préau sombre dans les arbres, et la maison des fous. En face, pareil préau et pareille maison pour les folles. On nous conte qu'un inspecteur des aliénés fut frappé, en visitant ces refuges, d'une corniche du toit, assez large pour s'y promener. L'année suivante, il était enfermé dans l'asile, et se précipitait du même toit. Quelques hébétés nous regardent, l'œil terne. Nous entrons dans la chapelle. Des sons d'orgue paresseux, une musique d'enfermés, triste, s'y traîne, qui vous serre le cœur. Bientôt nous ressortons, non sans avoir fait une courte visite au vieux prêtre qui a voué sa vie et sacrifié un rêve de poète à ces déshérités.

Comme on respire au dehors de ce cloître étouffant! Il me rappelle une chartreuse italienne où était partout exprimée la mélancolie de la mort. On n'y éprouvait pas les grâces mystiques des couvents franciscains. Ce n'était que l'effroi d'une existence vouée au cercueil.

La petite cloche tinte encore, que nous sommes sortis. Il y a trois ans, un jour que j'avais eu la bonne fortune de me trouver à Saint-Rémy avec Mistral et Daudet, en compagnie de M. de Goncourt, il me souvient qu'après une promenade aux Antiques, l'appel précipité de cette cloche nous épouvanta, dans le clair silence et nous fit hâter le pas pour revenir à Saint-Rémy. La petite ville était en fête. Une course de taureaux avait amené un tas de jolies coiffes arlésiennes, et l'on dansait dans de vieux jardins, au coucher du soleil. C'est même ce jour-là que Daudet, s'attardant avec nous à regarder le bal, cette réflexion devenue fameuse, de *Numa Roumestan,* traversa son cerveau : « le Midi est Polygame ! » — Justement un quartier de Saint-Rémy est en fête : jetons un regard sur le bal. Le beau type arlésien, quoiqu'on en dise, n'est pas mort.

Arles, la belle Grecque aux yeux de sarrazine,

donne encore de fiers rejetons. Si toutes ne sont pas belles de visage, le race est noble sur ce terroir antique. C'est la démarche grecque dans toute son ampleur ; mais combien ce costume donne de grâce fière aux femmes ! C'est lui qui a révélé la beauté de l'Arlésienne. La nuque découverte par le fichu de gaze bâillant des deux côtés et bombant la poitrine, — *la chapelle,* — jusqu'à la taille, d'où retombe la jupe à plis droits ; la coiffe au velours large n'enserrant que le haut de la tête, pour laisser les deux bandeaux noirs des cheveux ondulés sur un front découvert, voilà ce qui fait l'attrait suprême des femmes du pays d'Arles. Et cette invention, malgré son apparence grecque, ne date pas de soixante ans. C'est vers 1830, que le costume rencontra sa formule parfaite. Au dernier siècle, le président de Brosses ne trouvait à signaler en Provence que la beauté plantureuse, la richesse de sang des femmes d'Avignon.

Cette jeune fille, au blanc profil de médaille romaine, qui revient de danser gravement et regagne sa place, a comme un air de reine de l'Odyssée, dans sa taille fière, son maintien svelte et son discret sourire.

A mi-chemin des Baux, Mistral nous quitte. — On gravit les Alpilles par de petites combes pierreuses, sèches, tout embaumées de lavande et de romarin. Un seul arbuste y est fréquent, c'est l'amandier, au tronc squameux, au jeune feuillage. Et çà et là, dans les replis, dans les abris plus chauds de la montagne, des mûriers que le soleil fait d'or. Arrivés sur la crête des Alpilles, on s'engage dans une brèche profonde, creusée dans le rocher, et la vallée tragique se découvre, d'où s'élève l'énorme ruine des Baux.

Des gouffres concentriques de pierre, un cataclysme de blocs géants, pâles, difformes, suspendus pêle-mêle dans l'horreur du précipice qui dévale vers la plaine... A droite, une hauteur vague et blanche sur l'horizon brûlé, c'est Arles, telle qu'une ville du désert. A gauche, un champ pierreux immense, la Crau, avec, au loin, une lame d'argent au soleil, l'étang de Berre. Et, disséminés, au creux des rochers, menacés dans l'éboulement, des amandiers au feuillage subtil, végétation de l'abîme, et de rares mûriers pointés de lumière éclatante.

Le ciel est à demi couvert; sur l'horizon, le soleil rouge met sa déchirure de sang. Nous descendons à pied, dans le trouble et l'admiration. C'est bien ici que Dante, exilé de Florence et citoyen d'Arles, est venu rêver son *Enfer*. Assis sur un roc éboulé, dans cette dévastation, je contemple la ville des Baux sur son gigantesque rocher — tout en ruine, comme l'immensité du tableau, — mais effrayante d'horreur sauvage. C'est le moyen-âge tragique, c'est l'histoire de Provence, dans les intermittences de ses libertés. Et pourtant, à cinq cents pas de cette vision de guerre, là, derrière nous, le ravin âpre, attristé, qui fuit dans ces collines, c'est la Grèce, l'Hellade des pâtres, où les abeilles distillaient leur miel immortel. Mounet-Sully a la même pensée, et de sa voix grave, *OEdipe Roi* crie dans ce silence :

> *Pourquoi m'as-tu reçu dans ton ombre profonde,*
> *O Cythéron ? Pourquoi, lorsque je vins au monde,*
> *Ne m'as-tu pas tué sur tes âpres sommets,*
> *Afin d'ensevelir ma naissance à jamais !*

Descente des Baux, avec la lune pleine. Elle baigne toute la vallée, de sa cendre bleue ineffable... Le rocher historique, l'Acropole de la Provence féodale, a des hardiesses spectrales, par ce clair de lune enchanté.

Dans la plaine, en entrant à Maussane, nous passons devant une madone logée dans un calvaire, et rayonnant, sous sa niche vitrée, des feux d'or de deux cierges. Plus loin, ce sont des flons-flons de bal champêtre. Ici nous quitte notre ami Girard, et nous prenons le train pour Arles, le train rempli d'Arlésiennes, — de coiffes et d'accent.

J'ai la curiosité de longer le Rhône pour entrer dans la ville de Constantin. Les étoiles se mirent dans l'eau calme. En face, à travers la brume, les lumières falotes du bourg de Trinquetaille. Trinquetaille ! que de souvenirs... C'est là qu'un soir, le fleuve en colère, tout comme le Rhin des ballades, noya le bouvier Ouïrias, l'amant éconduit de Mireille : « Cette nuit-là, les Trèves dansèrent sur le pont... » — C'est là qu'aux premiers temps du Félibrige, les chefs de la Jeune Provence, Mistral, Daudet, Roumanille, Aubanel, Anselme Mathieu, quelques fois aussi Paul Arène, se donnaient rendez-vous pour voir le peuple chez lui, dans des cabarets de bateliers. Trinquetaille, déjà sous Constantin, avait ses temples et ses thermes, *Duplex Arelas,* disait-on. Mais comme aujourd'hui, aux temps romains où Arles était un port de mer, Trinquetaille était la ville des mariniers... Nos premiers félibres, les Pères de la petite Église instituée à Font-Ségugne, rentraient parfois très joyeux du faubourg de l'île du Rhône. Daudet, alors le *Petit Chose,* était le Benjamin de la troupe. Une fois, il avait juré d'embrasser la mariée qui s'en revenait d'Arles avec son cortège fatigué, et ainsi fit-il. Tant et si bien que Mistral, « beau comme un roi David, » dut invoquer la myopie de l'enfant, pour empêcher qu'on ne le précipitât dans le fleuve... Un autre soir, — il le racontait cet hiver, à l'un de ses *jeudis,* chers aux amis des lettres, — lui-même avait résolu de se jeter dans le Rhône. Et il s'y rendait en effet, malgré les supplications — un peu vagues — de ses compagnons, quand Anselme Mathieu s'avança sur le bord, et, d'un ton lamentable, commença l'oraison funèbre : « Il a assez de la vie, le pauvre enfant, laissez-le s'en aller... Adieu, Daudet ! adieu ! » — « Ces façons-là me guérirent du coup, » nous dit le narrateur subitement attendri.

En suivant le bord du fleuve, on arrive à une tour basse, aux murs alternants par assises de briques et de moellons, de cet appareil compliqué qui est propre au IVe siècle. C'était le palais de la Trouille (*Trullus, ædificium rotundum*), somptueux édifice octogone, flanqué de tours semblables à chacun de ses angles, et tout revêtu de marbres précieux et de stucs ouvragés. Quand Constantin fit élever ce monument, il avait mis dans Arles toutes ses complaisances, et il songeait à la consacrer métropole de son empire. Byzance l'emporta. Mais il fit en Arles de fréquents séjours, et le premier fils qu'il eut de Fausta, Constantin II, naquit au palais de la Trouille. Il voulut ainsi que cette ville, — qui s'appela *Constantinopolis* avant Byzance, — fût le siège du préfet du prétoire des Gaules avec l'Espagne et la Grande-Bretagne sous sa juridiction.

C'est pourquoi le nom de Constantin est inséparable de l'histoire ancienne de la cité (*Gallula Roma Arelas*), bien que César en ait fait une colonie romaine, bien qu'Auguste y ait bâti les Arènes, le Théâtre, les Temples, et cet *Arcus mirabilis* dont rien ne reste, qui était plus achevé que celui d'Orange, à en croire les vieux chroniqueurs.

Dans la résidence de Constantin, non loin de laquelle on discerne encore, sur les dalles creusées du quai, les vestiges des anneaux de fer où venaient s'amarrer les trirèmes, dans ce somptueux château fort où Sidoine Apollinaire nous évoque une profusion décadente de luxe et de trésors, habitèrent tour à tour les rois visigoths, puis l'Ostrogoth Théodoric, les rois francs, les rois d'Arles, les empereurs d'Allemagne, — quand ils venaient se faire consacrer rois d'Arles à Saint-Trophime, — enfin les premiers comtes de Provence.

Mais j'ai assez rêvé sous les étoiles. Mes compagnons m'ont précédé, *Place des hommes*. Là, nous attendent bon gîte et bon souper, dans un hôtel où sont encastrés les colonnes et le fronton corinthien d'un temple.

18 août.

A mon lever, j'erre dans Arles. Que de fois j'y suis venu ! Il est de ces villes endormies, de ces vieilles cités mortes qui font partie de votre âme. Cette fois, ce sont mes souvenirs que je viens chercher parmi ces monuments. Comme tout le monde, je vais droit aux Arènes. Très belle est l'apparition, mais belle de la grandeur romaine, — militaire et sans grâce, c'est-à-dire sans rêve, sans tristesse. La ruine y a fait entrer, pourtant, la poésie. Cette magnifique couronne murale de la ville d'Auguste et de Constantin a résisté au temps, comme toute œuvre de ces maîtres du monde, logiciens superbes, juristes impeccables, qui construisaient pour l'usage éternel. Mais pourquoi la *Maison Carrée* m'a-t-elle charmé plus, à Nîmes, que l'Amphithéâtre? Pourquoi ce qui est grâce fragile et idéal exquis doit-il nous gagner davantage que ces proportions titaniques? Tout ce qui a vie spirituelle nous attache d'autant plus fort que nous en pressentons la fin. La mort est la mesure de nos meilleures aspirations.

Le petit Théâtre grec si poétique, que je retrouve ici tout en ruines, après l'immense Amphithéâtre imposant et brutal, m'émeut profondément, me charme et m'attendrit.

La *Vénus d'Arles,* cette création divine, à la gracilité harmonieuse, a été trouvée là. Elle n'aura son rang, parmi les divinités de l'art, qu'après qu'on l'aura dépouillée des restaurations pompeuses de Girardon. Alors apparaîtra sa beauté rayonnante. Si elle a moins de majesté que la Vénus de Milo, sa spiritualité est d'essence supérieure, comme sa jeunesse. C'est ici, sous les deux colonnes corinthiennes du *proscenium*, qu'Aubanel a récité à la foule, en 1879, aux premières fêtes de la Cigale, son hymne à la déesse, à la beauté arlésienne, par une merveilleuse nuit de Provence, dans le grand silence du ciel étoilé.

Il avait raison, le poète, ce peuple arlésien a conservé les traces d'une civilisation de beauté. Dans ses figures, dans sa démarche et, pardessus le moyen-âge indifférent aux formes, le moule antique s'est perpétué, harmonieuse tradition. « O Arles ! s'écriait Mistral dans un discours qu'il prononçait naguères, non loin de cette place, si tu es veuve de tes consuls souverains, de tes rois qui luttèrent contre les Sarrazins, et de ces empereurs qui bâtirent tes arènes, console-toi, ô Arles ! car tu domines encore par ce rayon de Dieu qui éclaire le monde et qui se nomme la beauté ! »

C'est de la tradition grecque, et non de l'héritage des siècles qui ont suivi, qu'est né, voici bientôt un demi-siècle, pour l'orgueil de la Provence, et la plus grande gloire du pays d'Arles, notre magnifique renouveau d'art et de poésie autonome.

O Arles ! capitale de notre royaume idéal, je te dis à mon tour : Quelle place tu tiens dans ma vie ! Comme Mistral quand il écrivait *Mireille* se demandait : « Qu'en dira-t-on à Arles? » je n'ai jamais pris la plume pour la cause de notre Sainte-Étoile sans songer à la nature, au paysage, au parler, au goût arlésiens. Et si nous avons montré quelque santé morale, quelque vaillance de pensée, dans la décrépitude environnante née du dilettantisme et de la centralisation de Paris, c'est à toi, Cause d'amour, miroir de notre terre d'Arles, que nous le devons uniquement peut-être...

— Je crains d'avoir médit du moyen-âge arlésien. Mes compagnons, moins matineux, me rejoignent à Saint-Trophime. Que dire de ce porche, rare joyau de l'art gothique? Une colonne de granit partage l'entrée, accostée de saints rigides, debout entre des colonnettes, et sur qui court en double frise une procession de bienheureux et de damnés. La porte est surmontée d'un tympan voûté de têtes d'anges, où apparaît le Christ assis, un doigt levé, et entouré des symboles des quatre évangélistes. Sa robe semble d'or repoussé, d'une orfèvrerie byzantine. Elle arrête d'abord le regard, qui va ensuite aux saints de pierre, espacés à l'entour, roides dans leurs parures, avec ce regard bénissant qu'a si poétiquement rendu Mistral dans sa *Communion des Saints*.

Que de détails miraculeux, à cette entrée d'église. Le portail en est tout scintillant, dans son gris revêtement de pierre. Une seconde frise à peine visible entre l'auréole des saints et la procession du Jugement dernier, découvre à l'observation des motifs inouïs de finesse, de naïveté, et tout ensemble de foi et de raillerie religieuse.

Voici une *Fuite en Égypte,* bien étrange : à dire vrai, l'anatomie des animaux n'avait pas fait son entrée dans les arts. L'âne a la tête aussi grosse que la mère et l'enfant réunis ; ses deux oreilles sont plus larges que des palettes de cactus...

Aux Aliscamps, sous un ciel douteux, alterné de fins lacs de turquoises et de gros nuages gris de fer, pêle-mêle roulés par le vent...

C'est le lieu de mélancolie. On y accède, au détour d'un chemin banal, dans le tumulte des chantiers, par une longue et droite allée de peupliers mornes. Au lointain, un espace découvert, et une église à demi ruinée. C'est le champ du repos, les Aliscamps *(Elysœi campi),* où les morts d'Arles, depuis son origine, ont désiré goûter le sommeil éternel. A toute époque, les Aliscamps ont eu la renommée d'un lieu plus pacifique et plus sacré pour les ensevelis.

— L'allée de peupliers qui mène au cœur du cimetière, — à ce qu'a respecté de lui la civilisation, — en est comme le prologue païen. Le long de chaque rangée d'arbres, veillent d'anciens sarcophages de pierre, austères et frustes, avec leurs lugubres couvercles aux cornes de Pluton. Les chrétiens ont transformé les consécrations aux dieux Mânes en cette dédicace : *Deo Optimo Maximo*. Mais la persistance de la première inscription est frappante. Cette allée est un lieu païen où la Mort apparaît terrible. Le vent passe en rafales sur la cime des peupliers ; à l'entour, des saules frissonnent...

Plusieurs chemins semblables aboutissaient au cœur de la nécropole. De magnifiques tombeaux romains, — autant de cénotaphes héroïques de la belle époque d'Auguste, que de sarcophages et de cippes ornés, de l'ère constantinienne, — alignaient, dans le double profil des allées, leurs élégantes ou massives sculptures, qui témoignaient toujours du faste de l'enseveli. Peu à peu, avec la décadence d'Arles, — Rome, Paris, Marseille et Lyon enrichirent leurs musées de la dépouille des Aliscamps, et voilà ce qu'a fait le Progrès d'un cimetière de quinze cents ans, qu'avait respecté la barbarie et vénéré le moyen-âge.

Au bout de l'allée funéraire, on s'arrête à la petite chapelle des Porcelets. Elle est fermée par une curieuse grille qui consiste en six ogives de fer superposées. La voûte du tombeau vide est de style gothique, mais d'aspect roman. Cette impression est fréquente. L'ogive n'estelle pas le croisement de deux pleins cintres? Et je ne sais pourquoi les simples voûtes de cette chapelle et sa grille me retiennent longtemps... Cette famille des Porcelets fut la plus illustre de Provence. Je ne connais guères ses prouesses. Mais je me souviens que Bertrand de Marseille, un troubadour, chanta ainsi Jeanne des Porcelets : « Cet étrange amour ne se peut éloigner de moi ; — je l'ai mis dans ma tête si profondément — que, soit dans ma maison, soit quand j'entends la messe, — même partout ailleurs, je m'y laisse absorber comme un fou. »

Ici s'est agrandie la nécropole. L'allée de peupliers, l'allée nostalgique, fuit derrière, s'élargissant à mes côtés en un champ d'herbes folles, plein de débris funèbres, d'édicules à demi détruits, parmi des arbustes, des fleurs sauvages, poussés au hasard sur l'enceinte de ce vallon des morts. Et devant, une vaste ruine de plusieurs églises, dont la dernière, inachevée, Saint-Honorat, offre encore un abri. C'est son clocher roman qui domine la dévastation, tour octogone, ajourée, au double rang d'arcades, et coiffée comme un minaret. Mais son porche au beau cintre précédant une large cour, où des divisions de chapelles témoignent d'une basilique détruite ; mais sa poésie rêveuse entre un mur austère de cloître et une oasis de verdure, où des pins, des bouleaux, entourent un figuier, un platane géant, dans ce lieu désolé ; mais tout, ici, vous laisse l'impression sublime d'un passé glorieux, où la Théologie régnait sur l'Occident.

Saint Trophime, premier évêque d'Arles, voulant consacrer au vrai Dieu la nécropole païenne, convoqua les évêques voisins. Aucun d'eux ne se trouvait assez pur pour la bénir. Alors Jésus-Christ apparut en personne, et consacra le cimetière. Une fois chaque année, la nuit de la Toussaint, il revient aux Aliscamps, dit la légende, et célèbre la messe lui-même, entouré des évêques. C'est le sujet du suave petit poème de Mistral, *la Communion des Saints,* où la jeune fille qui descendait, les yeux baissés, les escaliers de Saint-Trophime, est amenée, dans la nuit sereine, par les bienheureux du portail, à l'office de Jésus-Christ :

> *Les saints de pierre, la voyant*
> *Sortir tous les jours la dernière*
> *Sous le porche resplendissant,*
> *Puis s'acheminer dans la rue,*
> *Les saints de pierre bienveillants*
> *Avaient pris la fillette en grâce,*
> *Et quand, la nuit, le temps est doux,*
> *Ils parlaient d'elle dans l'espace...*

Ces fraîches légendes du premier Christianisme avaient embaumé de poésie les Aliscamps.

Le cimetière passait pour être préservé de toute atteinte diabolique : dans le même lieu avait existé, disait-on, une chapelle dédiée par saint Trophime « à la Sainte Vierge encore vivante, » *Deiparæ adhuc viventi;* dans le même lieu, le Labarum avait apparu à Constantin... Aussi, durant le moyen-âge, les morts pieux affluaient-ils au cimetière d'Arles. C'était pour eux une douce espérance de reposer dans la terre sacrée où l'on montrait l'empreinte des deux genoux de Jésus-Christ. Les riverains du Rhône, d'après le maréchal Gervais de Tilbury, qui écrivait au XIIIe siècle, faisaient suivre à leurs morts le fil du fleuve, ayant déposé, dans un coffret scellé au cercueil, le droit de *mortelage,* ou prix des funérailles. C'était un dépôt béni.

Nul ne touchait aux morts des Aliscamps et les mariniers se signaient quand passait un cercueil. A la hauteur d'Arles, ces corps flottants s'arrêtaient comme par miracle, puis les moines de Saint-Honorat les ensevelissaient suivant leur condition.

Lorsque Dante vint en Provence, la renommée des Aliscamps était universelle. C'était une nécropole immense ; il en parle dans son *Enfer,* pour la comparer au cimetière désolant de la cité des hérésiarques : « Comme près d'Arles, dit-il, où le Rhône est stagnant, comme à Pola près du Quarnaro, qui ferme l'Italie et en baigne les limites, — la plaine est toute bosselée de tombes... »

Come ad Arli ov' il Rhodano stagna.

La petite église de Saint-Honorat est une étrange construction, mi-gothique, mi-bizantine, très massive, et qu'affectionnerait Jean-Paul Laurens. Elle possède une crypte et des chapelles seigneuriales, sans aucun ornement. L'humidité y est saisissante, comme l'abandon...

Mais sortons d'ici. Un courant d'air humide vous saisit à travers les vitraux. Cette chapelle a été dévastée maintes fois comme les Aliscamps. On s'y est égorgé sur les sépulcres. Les compagnons de Roland qui dorment sous ces peupliers, dans le caveau de cette église, attiraient sur eux la bataille. Il fait froid, ici : c'est le rendez-vous de la mort.

Le vent qui vient de la tombe
Moissonne aussi les vivants...

Quand je sortis de cette ruine, un grand silence remplissait le champ mélancolique. Le soleil d'or déclinait au ciel, et dans sa poussière vermeille, j'aperçus mes amis qui dessinaient, assis sur des tombeaux. J'embrassai d'un regard l'horizon des morts. Une tristesse sensuelle et mystique m'enveloppa tout entier et je quittai Arles, dans ces pensées.

O Arles ! « cité noble, » comme t'appelait Ausone, cité noble entre les plus nobles, si pour être veuve de tes puissants maîtres, et surtout de ta liberté, et pour n'avoir plus que ta gloire, tu es la ville mélancolique entre les plus mélancoliques, la reine des cités découronnées de la terre, c'est à ton soleil, comme le souhaitait Châteaubriand, qu'on voudrait voir finir son dernier jour...

TROISIÈME PARTIE*

I. D'Avignon à Maillane. — La Montagnette de Tarascon. — La maison de Mistral. — L'éducation d'un poète. — Les *Iles d'Or*. — Le rôle de Mistral.
II. Tartarin. — Nimes. — Reboul et les félibres. — L'auberge du *Petit Saint-Jean*. — Psychologie nîmoise.
III. Aigues-Mortes. — La cité du moyen-âge. — Saint Louis à Aigues-Mortes. — L'embarquement des Croisés. — Couchant sous les remparts. — Les ruines.
IV. La tour Carbonnière. — Les étangs. — Psalmodi. — Histoire d'une abbaye. — La Camargue. — Sylvaréal. — Les Saintes-Maries. — La légende des deux Maries. — L'histoire du culte et la critique. — L'église. — Les châsses. — Pêche galiléenne. — La côte déserte. — Les Rameaux. — Les Saintines. — En Camargue. — Singulière rencontre. — Arles. — La promenade des Lices. — Le costume ancien d'Arles.
V. Caractère d'Aix et des Aixois. — Les lettrés. — Les églises. — Les archevêques. — La noblesse. — Les collections. — Napoléon au séminaire. — Le Musée. — La prédication provençale. — Joseph Sec et son monument.
VI. Marseille. — Cosmopolitisme. — Au Musée de Longchamps. — Puget. — Les lettres françaises en Provence. — Littérature marseillaise. — Le jardin zoologique.
VII. Cannes et l'étranger. — Le fédéralisme. — Le golfe Juan. — Pêche provençale. — Le golfe d'Antibes. — La littérature à Cannes.

* Le sommaire suivant est abrégé; on le trouvera complet à la Table analytique.

VIII. Sensations de NICE. — MONACO. — Féerie de Monte-Carlo. — L'esthétisme. — La maison des jeux. — Sensations d'Afrique. — Le provençal langue universelle.
IX. HISTOIRE DU LITTORAL. — La Turbie : les Ligures. — Nice. — La nature et les hommes. — Fréjus : les Romains. — Saint-Tropez : les Sarrasins. — Toulon : les Marins provençaux. — Napoléon en Provence. — Le théâtre provençal. — Marseille.
X. M. Chenavard et les Provençaux. — Au château Borelly. — Histoire de MARSEILLE : les Segobriges, les Grecs, les Romains, le Connétable. — Marseille moderne. — L'esprit marseillais. — Intérieurs marseillais.
XI. Sensations aixoises. — LA CRAU. — ARLES : Les félibres ; l'amphithéâtre ; le moyen-âge. — Monuments romains de Provence. — Gervais de Tilbury. — TARASCON. — Théorie de la Tarasque. — BEAUCAIRE. — Lutte du Nord et du Midi : Histoire de la guerre albigeoise. — L'esprit beaucairois. — FRIGOLET. Poésie monastique : le P. Xavier.
XII. CARPENTRAS. — Mgr d'Inguimbert. — L'Hôtel-Dieu. — La Juiverie. — Saint-Sifren. — Les Merveilles de Provence. — Les Humanistes. — Restes romains.
XIII. AVIGNON. — Le Musée Calvet. — Les peintres provençaux. — Adoption d'étrangers en Provence. — Du caractère provençal : la sociabilité, les femmes, l'imagination, les mœurs, l'éducation naturelle et le paysage classique.

I

10 avril 1889.

Je pars d'Avignon pour Maillane, en voiture, dans la fraîcheur du jour. Un petit vent printanier agite la verdure naissante, et par-dessus les branches dénudées, à peine bourgeonnantes, qui s'entremêlent à l'infini de pêchers roses, aux fleurs légères, le Ventoux neigeux sur le ciel, étend sa nappe inviolée. Je n'ai jamais parcouru si tôt la jolie route : par cette aurore de printemps on y respire une douceur exquise. Un mot provençal exprime bien cette renaissance de sève, c'est le *nouvelun* de la terre.

A la hauteur de la Durance que la route va traverser, les cyprès apparaissent, bosquets religieux, protecteurs d'une plaine aux horizons lumineux d'Asie grecque. C'est une région nouvelle, que la tortueuse rivière sépare du Comtat.

Voilà cent cinquante ans que le président de Brosses, allant en Italie, passait par le même chemin. Il quittait Avignon et se rendait à Aix. « Le 8 juin, dit-il, à cinq heures du matin, nous nous séparâmes en deux bandes. Sainte-Palaye, en sa qualité de protecteur de tous les vieux sonnets, voulut aller sur les bords de la fontaine de Vaucluse pleurer avec Pétrarque le trépas de la belle Laure ; pour moi, qui ne me pique pas d'être le chevalier des donzelles de Carpentras, je tirai droit à Aix, en petite carriole traînée par deux mules. Il règne une inimitié irréconciliable entre cette sorte de voiture et l'os sacrum...

« Mais la vue du pays, la plus admirable

qu'on puisse imaginer, m'empêchait de faire attention aux regrets que mon *croupion* témoignait d'être la victime de ma curiosité ! La Durance traverse ce bel endroit. Nous la passâmes sur un bac ; elle est très large et vingt fois plus rapide que le Rhône. Son eau blanchâtre n'embellit pas une contrée qui d'ailleurs n'offre qu'un spectacle charmant. Je me figurais qu'elle ne finirait qu'avec la Provence ; mais au bout de quatre lieues je fus bien détrompé... »

— M'est avis que l'amusant Bourguignon avait déjà sur le sentiment de la nature des *intentions* qu'ignoraient ses contemporains. Ce passage de la Durance offre un des plus beaux spectacles que je sache. Aussi ai-je arrêté mes chevaux sur le pont, pour m'en rassasier. Il faisait gris sans doute, quand le président passa la rivière, le 8 juin 1739. Aujourd'hui, c'est une coulée d'azur, qui s'éparpille parmi les bancs de sables et les îles vertes. On dirait d'une Loire infiniment bleue.

L'étendue est grandiose, autour du vaste lit de la Durance. Ici, la vallée du Rhône, la tour de Barbentane, la Montagnette de Tarascon ; là, les cornes de Châteaurenard, les Alpilles, le Léberon, et, derrière moi, le Ventoux vénérable Je n'ai vu ce paysage décrit nulle part ; moi-même, je commence à peine à en voir toute la beauté. C'est que l'éducation des yeux est lente.

Je comprends ce mot de Théophile Gautier, qui passait pour un paradoxe : « Je ne suis rien qu'un homme pour qui le monde visible existe. » Et encore façonnait-il beaucoup ses paysages...

Nous nous remettons en chemin. Passe une jeune femme, une *masière,* la bêche sur l'épaule, en robe rouge, au capuchon jaune. Nous voilà sur la route de Maillane et de Saint-Rémy ; c'est le vrai Midi provençal. Rognonas est la première station de la plaine rêveuse qui finit aux Alpilles bleues.

Je longe une haie de cyprès qui se dentelle, profonde, sur un ciel de turquoise. Elle fait un jour vert sur la route, une atmosphère vibrante de sous-bois, l'été. Je ne sais comment rendre cette impression d'une lumière végétale... Un grand évocateur, le peintre Alma Tadéma, a seul bien traduit, à mon gré, dans ses études antiques de plein air, suggestives comme des sonnets d'Hérédia, la poésie profonde du cyprès. Rien n'est plus éloigné, en effet, de la libre vie familière des Grecs, dans leurs calanques bleues, si semblables aux nôtres, où la mer pacifique reflétait la luxuriance des arbres et des fleurs, que les visions gourmées de nos classiques de convention...

J'approche de Graveson : la route serpente au pied de la *Montagnette* qui cache maintenant la vue de Barbentane. Très singulière, cette petite chaîne isolée le long du Rhône, entre Avignon et Tarascon. Toute en vallons sauvages, incultes, déserts, elle ne fait pas soupçonner dans ses replis le monastère de Frigolet (de *ferigoulo*, thym) qui s'y abrite avec ses dépendances et son enceinte de forteresse. Elle a ici des tons de feuille morte et c'est un singulier contraste avec la mousse blanche et rose, tremblante, des pêchers et des amandiers en fleurs, qui ondulent sur la plaine jusqu'à sa base. Comment exprimer l'attrait mystérieux de cette montagnette pelée, tigrée de saxifrages, avec çà et là de petites combes bien garanties du vent, pleines de pins au vert feuillage, et tendres, dans l'éclat du roc argenté? Et tout à coup ces abruptes falaises où se suspendent, plus orientaux, des pins parasols? Toute la vision est serrée, courte, si poétique! Combien cet horizon de roche m'apparaît plus suggestif que toutes les Normandies et toutes les Touraines. Le ventre du pays ne vaut pas ces extrémités paradoxales. La charpente végétale ou terrestre fait saillir les traits permanents, met à nu l'éternelle ossature de Cybèle.

Nous reprenons la plaine, la blanche Montagnette poursuivant son moutonnement bas et aride, le long du Rhône, pour garantir ce pays fortuné des violences du mistral purificateur. Voici l'olivier ; le paysage change. L'horizon est borné de même, en haut par le Ventoux, qui prend des airs de vieux fantôme dans la brume dorée, en bas par les Alpilles. Après Graveson au clocher ciselé en choux de pierre, — comme sont la plupart des clochers au pays d'Arles, — et autour de Maillane, les cyprès, en haies serrées, abondent maintenant. Ils s'alignent, par rangées hautes, donnant l'illusion de cathédrales, entre l'immuable horizon lointain, dentelé, des montagnes, et la floraison vaporeuse des jeunes pêchers : c'est une symphonie à trois couleurs que m'a jouée le paysage...

J'ai déjà expliqué en deux mots ce qu'était la maison de Mistral. C'est la villa du poète, dans sa simplicité. Il a cherché sans doute, comme son aïeul de Tibur, l'*aurea mediocritas*. Mais la demeure de Mistral est plus et mieux que cela. Dites-vous que cet inspiré, ce chanteur, est à sa manière un représentant du peuple, le symbole vivant de sa Provence, de sa race et de son génie. Aussi Maillane voit-elle affluer chez le Maître les pèlerins du Midi, de *l'empire du soleil,* chaque année plus nombreux.

En entrant, on est frappé par un décor spécial, une affluence de souvenirs, les uns personnels, les autres historiques, où la Provence, toujours, est exaltée. D'abord le buste de Lamartine, au fond de l'atrium. C'est le génie protecteur de la maison : n'a-t-il pas le premier salué l'aurore de *Mireille* ! On s'en souvient : le pauvre grand homme, pour éloigner la misère de ses vieux jours, publiait, tous les mois, des Entretiens familiers de littérature. Même dans cette lourde tâche, sa noble pensée n'abdiquait pas. Or, un beau soir, en 1859, le poème provençal d'un inconnu lui fut apporté par Adolphe Dumas, un poète aussi qu'on a trop oublié. Lamartine le lut dans la nuit, c'était *Mireille*. Le lendemain sa voix devenue tout à coup prophétique annonçait au monde un chef-d'œuvre.

Je vais vous raconter aujourd'hui une bonne nouvelle ! Un grand poète épique est né. La nature occidentale n'en fait plus, mais la nature méridionale en fait toujours : il y a une vertu dans le soleil.

Un vrai poète homérique dans ce temps-ci; un poète né, comme les hommes de Deucalion, d'un caillou de la Crau; un poète primitif dans notre âge de décadence; un poète grec à Avignon; un poète qui crée une langue d'un idiome, comme Pétrarque a créé l'italien; un poète qui d'un patois vulgaire fait un langage classique d'images et d'harmonie, ravissant l'imagination et l'oreille; un poète qui joue sur la guimbarde de son village des symphonies de Mozart et de Beethoven; un poète de vingt-cinq ans, qui, du premier jet, laisse couler de sa veine, à flots purs et mélodieux, une épopée agreste, où les scènes descriptives de *l'Odyssée* d'Homère et les scènes innocemment passionnées de *Daphnis et Chloé* de Longus, mêlées aux saintetés et aux tristesses du christianisme, sont chantées avec la grâce de Longus et avec la majestueuse simplicité de l'aveugle de Chio, est-ce là un miracle? Eh bien! ce miracle est dans ma main ; que dis-je, il est déjà dans ma mémoire, il sera bientôt sur les lèvres de toute la Provence.

. . . .

Oui, ton poème épique est un chef-d'œuvre ; que dirais-je plus, il n'est pas de l'Occident, il est de l'Orient ; on dirait que pendant la nuit une île de l'archipel, une flottante Délos s'est détachée d'un groupe d'îles grecques ou ioniennes, et qu'elle est venue sans bruit s'annexer au continent de la Provence embaumée, apportant avec elle un de ses chantres divins de la famille des Mélésigènes. Sois le bienvenu parmi les chantres de nos climats ! Tu es d'un autre ciel et d'une autre langue, mais tu as apporté avec toi ton climat, ta langue et ton ciel ! Nous ne te demandons pas d'où tu viens ni qui tu es : *Tu Marcellus eris.*

Mistral était célèbre ; tout Paris lui tressait des couronnes, persuadé par Lamartine, et quand le jeune Provençal rentra modestement dans sa petite maison de Maillane, — ce retour courageux devait décider de sa vie de poète, — il dédia *Mireille* au grand homme :

Te counsacre Mirèio : es moun cor, es moun amo,
Es la flour de mis an,
Es un rasin de Crau qu'emé touto sa ramo
Te porge un païsan.

« Je te consacre Mireille : c'est mon cœur et mon âme, c'est la fleur de mes années ; c'est un raisin de Crau qu'avec toutes ses feuilles t'offre un paysan. »

Près de Lamartine, sur deux colonnes antiques, le buste de Gounod, qui emporta *Mireille* dans la mélodie lumineuse, buste vivant comme l'inspiration du Maître ; et un bronze d'Herculanum, un pâtre nu, rythmant des vers. Puis, tout autour, dans le salon et le cabinet du poète, mille et une scènes de ses grandes idylles, interprétées par tous les arts ; son portrait par Hébert et Clément, son buste par Amy, à deux époques, un marbre et un bronze ; les portraits des félibres célèbres, ses compagnons d'armes, et des paysages, et des scènes d'histoire. C'est tout un microcosme provençal, que l'ornementation de la salle à manger complète. Ici, les meubles d'Arles, de style Louis XVI et très sculptés : le buffet, l'horloge, le pétrin, la pannière, semblable à une cage ouvragée, précieuse, mignarde, — « tout mon pays, disait Daudet, des barreaux larges à passer le bras et une serrure de coffre-fort ! » — enfin la boîte à sel. Puis un tambourin de deux cents ans, et alentour les *cadières* de paille au dossier en forme de lyre, les jolis sièges provençaux...

C'est le bonheur de Mistral, cette maison qui est son œuvre. On y viendra un jour, comme au sanctuaire de la Provence poétique d'un temps passé, « quand les gamins de Maillane, dit-il, jetteront des cailloux à mon buste, sur la grand'-place, » quand les pèlerins couperont des rameaux aux lauriers devenus centenaires du petit jardin.

Mais il est des pèlerins plus pressés. Vers

trois heures, une voiture s'arrête à la grille : c'est notre ami Folco de Baroncelli, le jeune poète avignonais, qui accompagne un écrivain d'Amérique, M. Bishop, en mission félibréenne pour le compte d'une Revue de New-York. Je l'ai aperçu hier chez Roumanille, prenant ses notes. Il poursuit sa tâche, scrupuleusement, recueillant les brochures, les autographes, les portraits, avec l'enthousiasme grave de sa race. Je l'entends qui détaille sur son carnet : bureau à main gauche, deux fenêtres, etc...

Mistral a occupé trois maisons à Maillane : celle que nous achevons de décrire, la maison consacrée, où est morte, en 1883, sa vénérable mère, où il vit, depuis douze ans, avec sa jeune compagne, incarnation de ses premiers rêves de poète; celle où il a composé *Calendal*, de plain-pied sur la rue qui longe la grille de son jardin, vieille demeure de petite bourgeoisie, âgée de plus d'un siècle (elle a été croquée par Daudet dans les *Lettres de mon moulin);* celle enfin qui l'a vu naître, au Mas du Juge, la maison patrimoniale, où il a vécu sa jeunesse et la poésie de *Mireille.*

Elle appartient à son neveu, M. Théophile Mistral, maire de Maillane, chez lequel on retrouve un grand air de famille. Le frère aîné du poète, d'un autre lit, était plus âgé de vingt ans.

Cette maison d'enfance, une grande métairie,

est à mi-chemin de Saint-Rémy, entourée de cyprès, de platanes et d'ormes. Voici l'occasion d'en crayonner le portrait, — le premier sans doute; — sa physionomie est significative.

Devant une porte encadrée de vignes grimpantes, c'est la table de pierre, la longue table où les serviteurs se rassemblaient les soirs d'été, pour le souper que présidait le maître.

« ... Déjà dehors, à la fraîcheur, Mireille, la gente fermière, sur la table de pierre avait mis la salade de légumes; et, du large plat chavirant sous la charge, chaque valet tirait déjà, à pleine cuillère de buis, les fèves... »

Puis commençaient, pour la veillée, les chansons et les contes.

On accède par cette porte unique à la salle basse qui a encore son bel aspect d'autrefois. C'est le neveu du poète qui nous en fait les honneurs. Il a tout respecté ici : un lait de chaux de temps en temps ; mais l'horloge, les escabeaux, les tables, la cheminée au grand manteau, rien n'a changé depuis *Mireille*. Nous montons ; voici la chambrette de Mistral, très simple, à une fenêtre du côté de l'ouest ; puis, sur la façade du midi, la grande chambre de ses parents, où il est né. Comme nous saluons, il se sent presque ému de tous les souvenirs qui s'éveillent...

Je revois plus loin le bassin de la *Pouso-raco* (la noria) où il a mis la scène de ses *Tèsto d'ase:*

obstiné à vouloir cueillir les iris et les fleurs d'eau qui croissaient là, hors de portée, tout petit enfant qu'il était, aucune remontrance ne parvenait à l'en distraire. Un jour il tomba dans le courant; on le gronda bien fort, on le coucha, et à son réveil... « Que vois-je? nous dit le poète, Lui-même mon seigneur père était allé cueillir les fleurs qui me faisaient envie; et la Maîtresse, ma mère belle, les avait mises sur mon lit. » — Nous voyons encore les étables, où l'antique image de saint Éloi protège les bêtes; la basse-cour, et ce joli vieux plan des saules, entre la *pouso-raco* et le jardin, qui entendit les premiers chants de *Mireille*.

Mistral nous conte ses débuts de poète, sa première poésie, à huit ans, sur une chatte appelée *Merlaco*. Il ne chantait déjà que les choses de son milieu, mettait en vers les beaux récits de sa grand-mère, des contes de la vie rurale.

Le premier livre qu'on lui avait donné, qu'il avait acheté, plutôt, de son argent mignon, à un de ces colporteurs qui allaient de village en village et de mas en mas, chargés de chansons provençales, était le *Dialogue de l'ombre de l'abbé de Nant et de son valet*. C'était très frappant; l'enfant était charmé de pouvoir lire du provençal. Il avait alors sept ou huit ans. A neuf ans seulement il sut écrire, tant il avait été originalement et heureusement élevé.

Mistral a bien eu l'éducation la plus populaire du monde. Sa famille était exceptionnelle, naturellement portée au rêve, à la légende. On avait appris à l'enfant de petites sentences, des prières en vers, pour chaque acte de la journée. Son père, qui l'avait eu à cinquante-cinq ans, était pour lui le patriarche austère, le maître qu'on n'approche qu'avec vénération. Mais sa mère l'avait élevé avec toute son âme de jeune fille préoccupée de poésie et de chansons. « Aussi, dit-il, au milieu des thèmes et des leçons fastidieuses qu'il me fallut subir (au lycée d'Avignon), ah ! combien je regrettais les beaux chants provençaux que ma mère en filant me chantait sans cesse ! le *Pater des Calendes, Marie-Madeleine la pauvre pécheresse*, la *Porcheronne*, le *Mousse de Marseille*, la *Belle Margoton*, la *Mariée honteuse*, et l'*Oiseau en cage* :

> *J'aime mieux être oiseau de champ*
> *Qu'oiseau de volière.*

« Et tant d'autres chansons, complaintes ou sornettes qui bercèrent mon jeune âge d'un balancement de rêves et de poésie émue. Ma bonne mère les savait toutes, et le nom même de Mireille, c'est elle qui me l'apprit[*]. »

---

[*] Préface de la première édition des *Iles d'or* (1875).

Et comme nos visiteurs reprenaient le chemin d'Avignon, dans la pourpre d'un couchant de Provence, et tandis que Mistral s'en allait parler aux fermiers, je m'assis en ce lieu, et tirant de ma poche un petit volume des *Iles d'or*, je songeai, devant cet horizon pour moi si plein de souvenirs et de pensées, à ce qui m'avait ici même initié au sens de la nature, à toute poésie.

J'achevais ma philosophie quand je lus les *Iles d'Or* ; c'était à la campagne, dans une maison religieuse qu'entourait un jardin, parmi les griseries jumelles de l'encens mystique et des premières floraisons. Ce fut en moi comme un frémissement de l'être, comme une ivresse de soleil. Quelques titres me sont restés dans la mémoire, empreints de cette lumière splendide : *Lou Bastimen*, la barcarolle ensoleillée du cabotage aux voiles latines ; *la Princesse Clémence*, la *Tour de Barbentane*, escaladée par un amant, les *Sonnets à Balaguer*, un illustre proscrit d'Espagne accueilli par les félibres, en Avignon ; *la Belle d'août :*

> *Margai de Vau-Meirano,*
> *Trefoulido d'amour...*

« Margaï de Valmairane, ivre d'amour, détale dans la plaine, deux heures avant le jour.

En descendant la colline, elle est folle : « j'ai « beau le chercher, dit-elle, je l'ai manqué... « Hélas ! tout mon cœur tremble. » — Rossignolets, cigales, taisez-vous ! oyez le chant de la Belle d'août. »

L'Hymne au Soleil, le *Renégat,* le sonnet pastoral « à Madame Guillaumon, d'Antibes, qui m'avait envoyé des figues, » et cette idylle chaude et triste, des fiers amours d'une *Arlésienne :* « Je vous le dis, et vous m'en croirez, — la jeunesse dont je parle, — était une reine, car vous saurez — qu'elle avait vingt ans, et qu'elle était d'Arles. — Je la rencontrai un beau lundi — dans le marais. — Vraiment, c'était dommage — qu'ainsi par la chaleur — elle allât ramasser des joncs en fleur — pour les fromages... »

Je ferme les yeux pour retrouver, précises dans leur trouble, ces sensations d'adolescence. Après mes jeunes enthousiasmes de poésie romantique, je découvrais la vérité, la Poésie même. Qui me rendra la fleur d'émotion de ma première lecture de *Mireille ?*

Cette brûlante impression des *Iles d'Or,* cette première fièvre apaisées, les poèmes plus mélancoliques, qui avaient déposé en moi leur semence d'idéal, fleurirent à leur tour, pour régner sur mon âme : la promenade du poète, à la cour d'amour en ruines, sur un rocher des Alpilles, à *Romanin,*

Où la rose, d'ennui, est devenue sauvage,

la *Communion des Saints,* la *Reine Jeanne* encore populaire au pays d'Avignon, le sonnet *à la fille de Réattu* le peintre arlésien : « ... Comme autrefois notre reine Hermengarde, — tu personnifias ton grand Arles muet, — ton Arles, cette veuve Arthémise, qui garde — la gloire de ses pères enfermée dans la tombe, — qui porte les Arènes en couronne, et regarde — sur le Rhône, au loin, s'en aller les tartanes..., » — tous les regrets, enfin, de la Provence des temps poétiques, auréolés par le poète de rayons immortels.

C'est plus tard seulement, quand je sus lire ces beaux vers sans regarder à la version française, dans leur langue, « cette clé qui des chaînes nous délivre, » et quand je possédai le secret de l'idée provençale, que me parvint le sens de *la Comtesse,* « que sa sœur d'un autre lit, — pour avoir son héritage, — a enfermée dans le cloître, — dans le cloître d'un couvent, » de l'*Ode aux poètes catalans,* de la *Coupe,* enfin[*], strophes de bronze qui sonnent le réveil glorieux de la race.

A côté des grands poèmes depuis quinze ans célèbres, tels que la *Fin du Moissonneur,* une

---

[*] Voir pages 97 et 98.

page biblique, la mort du paysan dans le travail de la moisson, qui sur ses ordres ne doit pas s'interrompre, et le *Tambour d'Arcole,* qui se trouve être, avec un fragment bien connu des *Châtiments,* et au-dessus de lui dans l'ordre de la vérité, la seule page de génie que les soldats de la Révolution aient encore inspirée au patriotisme d'un poète, — dix grandes pièces nouvellement écrites sont venues s'ajouter à cette anthologie de la vie provençale. C'est tout le pays de Maillane fidèlement et à jamais traduit.

Voici d'abord le *Lion d'Arles,* où Mistral prend texte de la contemplation d'un rocher des Alpilles, qui hante son horizon natal, pour parcourir d'une envergure tout le grand passé d'Arles, à présent si mélancolique. Après cette ode épique, si connue qu'il est superflu d'insister, une ode pindarique, l'*Hymne à la Race latine,* dite par le poète lui-même, aux fêtes internationales de Montpellier, en 1878. Ce sirvente de délire sacré est déjà populaire malgré son très haut style*. Il semble malaisé d'y choisir une strophe. C'est une apothéose de la race prédestinée :

> *Des formes pures de tes femmes*
> *Les panthéons se sont peuplés ;*
> *A tes triomphes comme à tes larmes,*
> *Tous les cœurs ont palpité ;*

* Voir page 115.

> *La terre est en fleur, quand tu fleuris ;*
> *De tes folies chacun s'affole,*
> *Et dans l'éclipse de ta gloire*
> *Toujours le monde a pris le deuil.*

Mais le poète n'est pas, à la façon des lyriques anciens, seulement l'éducateur de son peuple : il en est aussi le représentant. Dans le *sirvente à Madame Clémence Isaure*, lu au Capitole toulousain, devant l'académie francisée des Jeux Floraux, il réclame, pour la langue d'Oc, libre droit de cité dans tout son territoire, des Pyrénées aux Alpes ; dans les *bons Provençaux*, il vante la bonhomie native de sa race, ses mœurs simples, son goût pour la joie saine et la bienfaisante lumière :

> *Nautri li bon Prouvençau,*
> *Au sufrage universau*
> *Voutaren pèr l'òli*
> *E faren l'aiòli...*

Dans le *Jugement dernier*, ce cantique naïf et terrible, il se fait l'écho de ses croyances séculaires ; dans la *Chante-pleure du logis*, il dit les souvenirs et l'humble charme du foyer domestique, les attaches profondes du paysan au seuil et aux coutumes des aïeux ; dans le *Troubadour Catelan*, la *Chaîne de Moustiers*, ballades rayonnantes, il évoque un moyen-âge provençal, point romantique, mais humain, vrai, heureux au bon soleil, dans les intermittences des batailles, le moyen-âge de *Nerto ;* dans une dernière pièce, enfin, qui date de six mois à peine, *Espouscado* (éclaboussure), il résume un peu tristement tous ses efforts, tout l'œuvre du renouveau provençal, en faveur de la petite patrie.

Ce sirvente hautain, où il venge les affronts récoltés sur la route, — route glorieuse, pourtant, — en revendication des droits imprescriptibles de sa race et de son pays, m'apparaît comme le cri suprême de ce poète patriote, toujours discuté dans son rôle, mais confiant dans l'avenir. Essayons de le résumer ; il s'en exhale un provençalisme tenace, beau d'indignation. — Le poème s'ouvre par un soupir découragé :

« En voyant croître les vessies, — se flétrir les bonnes mamelles — et se brouir les belles figues — et se rengorger les crétins, — en voyant, langue provençale, — rogner de plus en plus tes ailes, — à de certains jours, l'étincelle — jaillit toute seule du silex. »

Puis vient un dénombrement passionné des griefs du vrai patriotisme contre l'oppression administrative qui s'obstine bêtement à éteindre toutes les sèves provinciales. Ces ïambes vigoureux flétrissent le parti-pris, la haine dont on a cru entraver l'œuvre des Provençaux. Ils sont rares chez Mistral ; on les sentait déjà poindre dans la *Comtesse,* dans l'*Ode pour la statue de*

Jasmin... Mais son heureux génie a bientôt auréolé ses récriminations : « Eh bien ! nenni ! depuis Aubagne — jusqu'au Velay, jusqu'au Médoc, — nous la garderons, qui qu'en grogne, — notre rebelle langue d'Oc ! — Nous la parlerons dans les étables, — aux moissons, aux magnaneries, — entre amoureux, entre voisins... » — « ... Et pour l'armée, s'il faut ensuite — laisser là luzernes et foins, — nous l'emporterons à la caserne, — pour nous garder de nostalgie. »

Et c'est le fier cantique de la vie jeune et joyeuse, allègre en pleine lumière, où passe encore tout son pays, en un tableau de simplicité biblique, d'évangélique fraternité. Je ne sais pas plus beau sirvente à la décentralisation.

Enfin, quand il a plaint, de l'accent de la vérité consciente, ceux qui n'ont plus les bienfaits du naturel ni le trésor des traditions, magnifiquement, il termine :

« Mais, les aînés de la nature, — vous autres, les gars hâlés, — qui dans l'antique langage avec les filles vous parlez, — n'ayez peur : vous resterez les maîtres ! — Tels que les noyers de la lande, — rugueux, robustes, calmes, immobiles, — pour tant qu'on vous exploite et tant qu'on vous maltraite, — ô paysans (comme on vous nomme), — vous resterez les maîtres du pays.

« Environnés de l'ampleur — et du silence des guérets, — tout en vaquant à vos travaux, — toujours attachés à la terre, — vous voyez au lointain, comme des accidents du temps, — passer la pompe des empires, — et l'éclair des révolutions : — pendus au sein de la patrie, — vous verrez les barbaries passer et passer la civilisation. »

Mai, lis einat de la naturo
Vous àutri, li brun cadelas
Que dins l'antico parladuro
Emé li drolo vous parlas,
Aguès pas pòu : restarés mèstre !
Tau que li nóuguié dóu campèstre,
Rufe, gaiard, siau, estadis,
Emai vous dèimon e vous groumon,
O païsan (coume vous noumon),
Restarés mèstre dóu païs.

Environna de l'amplitudo
E dóu silènci di gara,
Tout en fasènt vosto batudo,
Au terradou sèmpre amarra,
Vesès, alin, coume un tempèri,
Passa lou trounfle dis empèri
E l'uiau di revouluciount :
Atetouni sus la patrio,
Veirés passa li barbario
Emai li civilisacioun.

Telles sont ces *Iles d'Or*, cyclades fortunées, où nous avons goûté le vrai soleil, où s'est offerte à nous la saine et sainte poésie. « Ce titre peut sembler ambitieux, disait Mistral dans son autobiographie de la première édition ; mais on me pardonnera, lorsqu'on saura que c'est le nom d'un petit groupe d'îlots arides et rocheux que le soleil dore sur la plage d'Hyères. Et puis, à dire vrai, les moments célestes dans lesquels l'amour, l'enthousiasme ou la douleur nous font poètes, ne sont-ils pas les oasis, les îles d'or de l'existence ? »

Dans son cycle harmonieux, sous sa forme achevée, le livre est aujourd'hui parfait. C'est la plus haute expression d'un idéal et d'une race : c'est aussi la formule sublime du tempérament de l'artiste heureux, du génie triomphant qui procrée dans la joie et l'amour. Aucune œuvre de cet ordre ne s'était rencontrée depuis les anciens. Une sérénité d'âme olympienne, dont Gœthe avait été le dernier exemple, une douceur virgilienne de sentiment s'y marient, pour donner l'impression d'une tranquillité de conscience que nous ne connaissions plus, devant la Nature immuablement belle.

On pourrait objecter quelques mélancolies à cette vision d'âge d'or, au paysage antique. Mais n'oublions pas que le terre de Provence, une seconde Grèce, a été imprégnée à jamais de spiritualité chrétienne. Et pourquoi refuser aux anciens toute rêverie douloureuse ? Les stèles funéraires du Musée d'Athènes semblent inspirées d'un christianisme précoce, entre les statuettes de Tanagra et les bas-reliefs d'Éleusis.

Ce livre est jeune, viril, ardent, intense de ton et de sève. Je cherche vainement de nos jours son semblable. Il a été vécu en dehors d'une époque, il vivra dans le Temps. Au regard de deux grands écrivains de son pays, qui le connaissent bien, Alphonse Daudet et Paul Arène, c'est le plus bel ouvrage de Mistral. Mieux que *Mireille,* en effet, qui n'est que d'ordre humain, et plus accessible à la foule, mieux que *Calendal,* dont le haut symbolisme et le secret mystique appellent des initiés, il résume la pensée du poète et l'étendue de son génie.

Témoin de sa patrie devant l'avenir, le grand Provençal, en nous donnant ce premier testament de son âme, à peine au penchant de la vie, semble absorbé chaque jour davantage dans la contemplation des idées éternelles. Car ce sont les plus simples, celles qui donnent le calme à l'esprit, celles que la civilisation nous a fait oublier le plus...

Ces *Iles d'Or* sont donc excellemment le miroir de la nature et des mœurs provençales, dans l'œuvre de Mistral. On ne saurait blâmer aucune de ses tendances au bénéfice d'aucune autre, son esthétique grecque, ou son sentiment catholique. C'est le patrimoine de sa race : il l'a reçu d'elle en héritage, il le lui rend en immortalité. Sous l'humus chrétien, il a su retrouver le rocher de Cybèle. En lui a passé l'âme complexe de son pays : il a pu bénéficier de son double idéal. Tant qu'il y aura une Provence, au bon soleil, les Provençaux viendront boire la lumière sereine, dans ces *Iles d'Or* où il est vraiment tout entier.

II

Nîmes, 11 avril.

Je quitte Maillane dès l'aube avec Mistral, pour Nîmes et la Camargue. Il me conte les épisodes très simples de la vie maillanaise. Car il s'y mêle, chaque soir, après son souper ; une habitude ancienne d'aller faire la partie de ses compagnons d'enfance, dans un café de la place, le *café de l'Union*, — chaque clan ayant le sien, dans cette Provence où l'on ne sait pas de milieu... C'est là qu'il observe la psychologie paysanne, qu'il s'instruit des nouvelles du pays. Il y vient parfois de bons types méridionaux, des *galejaire*, des Tartarins incorrigibles, malgré le temps passé loin du pays. Hier, par exemple, le poète est abordé, dans ce café de l'*agora*, par un capitaine au long cours : « Ah ! monsieur Mistral, je peux vous donner des nouvelles de votre ami, l'empereur du Brésil. — Vous l'avez vu ? — Certainement ; j'arrive de

Rio... Il venait de s'y passer un grand événement : un cercle de républicains avait été ouvert ; l'empereur les somma de fermer, et, comme on ne l'écoutait pas, il arriva avec six pièces de canon, et rasa le cercle... — Et comment lui avez-vous parlé de moi ? — C'est bien simple : je débarquais ; je vis un monsieur avec une casquette à galons, à barbe blanche, qui se promenait sur le port, devant la maison bombardée. On me dit que c'était l'empereur. Alors je m'avançai et je lui dis : « Sire, je vous apporte des nou-
« velles toutes fraîches de votre ami de Maillane.
« — Ah ! vous êtes de Maillane, et comment va
« M. Mistral ? — Il se porte à merveille, sire, et
« je puis vous assurer qu'il garde de vous le
« meilleur souvenir. » — « Et voilà ! » conclut gaiement Mistral.

Nous sommes descendus à Tarascon pour une heure. Ah ! les jolies fusées de rire que ce nom seul a le don d'éveiller ! — La célébrité de *Tartarin* est universelle. C'est le *Don Quichotte* moderne et la plus populaire de toutes les *figures qui marchent* du roman contemporain. Tout félibre que je suis, j'avoue mon admiration. Même, j'estime que c'est une création très provençale. Nous ne pouvons pas plus accuser Daudet d'antipatriotisme, que les Espagnols Cervantès. Mais tous les Provençaux, à commencer par les Tarasconnais, ne partageront pas cet avis. Dans ses récents souvenirs de *Trente ans de Paris,* Daudet laisse conclure à une secrète rancune des compatriotes de Tartarin.

La première impression de Nîmes est d'une ville poudreuse et chaude*. Je devrai au printemps, cette fois, des sensations plus rafraîchies. J'ai vu, en août dernier, Nîmes romaine et Nîmes en fête. Je voudrais faire connaître aussi Nîmes moderne, montrer sa physionomie ethnique et sa psychologie...

Ce que tout d'abord on rencontre, c'est l'*Esplanade :*

> *Ero à Nimes, sus l'Esplanado,*
> *Qu'aqueli courso eron dounado,*
> *A Nimes, o Mirèio !...*

Il tient bien des choses dans cette exclamation ! Mistral me conte qu'il y a trente ou quarante ans, quand, par exemple, il vint passer son baccalauréat, — émotions et souvenirs qu'il a embaumés dans sa nouvelle, *le bachelier de Nîmes,* une merveille de naturel, de grâce, d'observation, — la renommée de la promenade avait atteint son apogée. L'Esplanade ! On venait d'y placer la fontaine de Pradier, ce chef-d'œuvre de charme fuyant, d'atticisme presque sensuel. Sur l'Esplanade avaient lieu les courses, les luttes, les jeux populaires ; c'est là que

---

* Voir p. 117.

le poète de *Mireille* prit la hantise de la course homérique que raconte Vincent, au Mas des Micocoules; où Vincent lui-même, le pauvre, avait failli périr et mordit la poussière; où Lagalante, de Marseille, le roi des coureurs provençaux, fut éclipsé par Le Cri, de Mouriès.

... Levant son visage blême, et de sa chair qui palpitait arrachant son caleçon aux sonnettes d'or : « Puisque l'âge brise mes forces, tiens ! lui répondit-il, il est à toi ! Toi, Cri, la jeunesse te pare comme un cygne ; tu peux avec honneur porter les *braies* du plus fort ! » Telles furent ses paroles. Et dans la foule qui se presse, triste comme un long frêne que l'on a écimé, disparut le grand coureur. Ni à la Saint-Jean, ni à la Saint-Pierre, nulle part, jamais plus il ne s'est montré pour courir ou sauter sur l'outre enflée. — *(Mireille,* ch. 1.)

Nîmes est plein de souvenirs, pour Mistral. Sur ce vieux boulevard qui va de l'Esplanade aux Carmes, nous entrons au café de Reboul. Il est vénérable, avec ses glaces fanées, ses vieux lambris. Le clan des lettrés nîmois y avait pris ses habitudes. Chaque soir, le sage Reboul s'y installait gravement, avec son ami Durand, le célèbre cuisinier de Nîmes. Tout était réglé dans sa vie, comme ses vers, — qui auraient gagné à plus de fantaisie. Si j'excepte *l'ange et l'enfant,* une adaptation très heureuse, l'équivalent d'une création, je leur préfère infiniment ses poésies provençales, plus spontanées, plus directes. Elles sont rassemblées dans un livre très documentaire, *Un Liame de rasin,* où l'on apprend à l'évidence, par les fragments de langue d'Oc de Castil-Blaze, d'Adolphe Dumas, de Reboul, et d'autres poètes méridionaux qui firent profession du français, à quel point le parler natif reste incomparablement le seul dont on possède jamais les souplesses.

Reboul, dans son éducation médiocre, avait l'intelligence saine, antique, et les plus nobles divinations. Très attaché à l'œuvre de restauration provençale dont Roumanille était le précurseur, il fut un des premiers à deviner *Mireille*, avec son compatriote Jules Canonge, poète et nouvelliste de l'école de Chateaubriand. Aussi Mistral, quand il se mit en route pour Paris, vint-il se munir auprès de Reboul du premier viatique de la gloire. *L'Armana prouvençau* de 1859, — une vraie encyclopédie de toutes les manifestations du méridionalisme depuis trente-cinq ans, — nous donne les détails touchants de cette bénédiction du vieux poète. Il sentait bien que c'était la voie sûre, celle où l'adolescent de Maillane, né du peuple comme lui, entrait sans peur et sans reproche. — Je crois entendre, dans ces paroles émues de Reboul, comme un regret d'avoir endimanché sa Muse, de n'avoir exprimé qu'à demi l'œuvre que rêvait sa belle âme...

Il n'eût pas rencontré, peut-être, l'immédiate célébrité qu'il dut au grand appui de Lamartine.

Mais sa noblesse plébéienne se fût bien mieux accommodée d'une œuvre naturelle, sûre d'aller à son adresse, d'autant plus aisément qu'il ne s'y serait pas efforcé. N'est-ce pas lui qui a écrit ces beaux vers :

> *Avant de dérouler sa voix enchanteresse,*
> *Le rossignol, caché sous la feuillée épaisse,*
> *S'inquiète-t-il s'il est dans le lointain des bois*
> *Une oreille attentive à recueillir sa voix ?*
> *Non, il jette à la nuit, au désert, au silence,*
> *Tout ce qu'il a reçu de suave cadence.*
> *Si la nuit, le désert, le silence sont sourds,*
> *Celui qui l'a créé l'écoutera toujours.*

Il y a mis toute la délicatesse de sa vie et la simplicité romaine de son caractère, car Nîmes est la cité romaine entre toutes les villes historiques du Midi ; c'est la ville indépendante, autonome, fière de ses franchises séculaires. Sa politique même est personnelle : les récents procès en témoignent. Elle a réélu ses administrateurs, partout blâmés ; son mécontentement des affaires publiques ne s'est pas traduit, comme ailleurs, par une irruption dans le nouveau parti. Pas plus à Nîmes que dans tout le Midi provençal, pays d'antiques libertés, l'esprit césarien ne rencontre l'enthousiasme.

De bonne heure, quand l'Europe subissait le régime féodal, les grandes cités provençales se sont constituées en républiques indépendantes.

L'historien des populations rurales de la France, M. Baudrillart, constatait dernièrement, à l'Institut, que le servage fut moins général en Provence, et bien plus tôt supprimé que dans la plupart des provinces françaises.

Souvent cette autonomie des pays méridionaux les a fait accuser de séparatisme. Mais je ne crois pas qu'elle ait mérité telle injure, la contrée qui a produit Viala et Barra, ces deux jeunes héros dont je trouve les bustes, ici, dans l'Hôtel de Ville, et ce chevalier d'Assas dont l'héroïsme est à lui seul le symbole du courage français.

Dans le même Hôtel de Ville, que nous fait visiter le maire, M. Lucien Pascal, statuaire, lettré et félibre, je suis encore et surtout intrigué par les crocodiles de l'escalier. *Lou Limbert de Nîmes!* ce gros lézard est légendaire depuis trois siècles, époque où, paraît-il, François Ier donna pour armes à la Ville le palmier au crocodile enchaîné qui figure sur les monnaies de sa colonie romaine : COL. NEM. avec la tête laurée d'Auguste et celle d'Agrippa. D'où vient cette légende? De la sécheresse de Nîmes, propice aux gros serpents?... Le fait est qu'elle est persistante : voici la rue de l'Aspic, la rue de la Salamandre, etc...

La ville contemporaine est trop blanche,

trop monumentale. Elle prétend revenir, sans doute, à la cité latine qu'elle fut autrefois. Mais ses Arènes vénérables qui lui donnent ce rêve impossible, gardent leur poésie calme et indifférente, d'une autre race, à côté des temples protestants, des églises modernes.

Nous allons à l'aventure pour trouver un coin provençal dans ces rues trop récentes. J'ai cité ce conte de Mistral, le *Bachelier de Nîmes* : voyons si l'auberge du Petit Saint-Jean existe encore. C'est là que le candidat de Maillane, tout frais émoulu du collège d'Avignon, avec ses naïfs et beaux dix-sept ans, descendit pour « subir les épreuves » du grand examen. Il avait bien peur, il était bien neuf aux choses de la vie... Mais pour qui n'a pas lu son récit, rien ne donnerait une idée complète de la joie allègre et vivante de ce monde méridional, il y a quarante ans. J'en traduis quelques fragments :

« ... Ma mère me plia soigneusement deux belles chemises avec mon habit des dimanches, dans un grand mouchoir à carreaux, piqué à quatre épingles, bien proprement ; mon père me donna, dans un petit sac de toile, cinquante écus de gros écus, en me disant : « Au moins « avise-toi de ne pas les perdre ! » Et je partis du mas, pour la ville de Nîmes, mon petit paquet sous le bras, le chapeau sur l'oreille et un bâton de vigne à la main...

« Moi, pauvre enfant des champs, je n'étais pas plus gros qu'un pois, car je ne savais rien du monde : et tout mon recours, hélas ! était de dire en moi-même quelques *pater* à saint Baudile qui est le patron de Nîmes, afin qu'il mît au cœur des examinateurs un peu de bonté pour moi...

« Messieurs les candidats se répandirent dans la ville, et me voilà tout seul avec mon petit paquet et ma badine sur le pavé de Nîmes. Maintenant, dis-je, il faut se loger. Et je m'en fus à la recherche d'une auberge convenable ; et comme j'avais du temps, je fis bien deux fois le tour de Nîmes, en lorgnant les enseignes. Mais tous ces beaux hôtels, avec leurs grands diables de valets en habits noirs, qui à cinquante pas avaient l'air de me narguer, tout cela ne m'allait guères. Nous autres, les gens des mas, il nous faut des gens comme nous ; et les salamalecs, les grandes façons et tous les alleluias nous ennuient.

« Comme je passais dans le faubourg, j'aperçus un écriteau qui portait : *Au Petit Saint-Jean.* Ce petit saint Jean me mit en joie. Aussitôt je crus me trouver en pays de connaissance. Saint Jean, c'est là un saint qui semble de notre endroit : Saint-Jean amène la moisson ; nous avons les feux de Saint-Jean, l'herbe de Saint-Jean, les pommes de Saint-Jean... Et j'entrai au Petit Saint-Jean.

« Je ne m'étais pas trompé : dans la cour de l'auberge, il y avait des charrettes tentées, des charretons dételés, avec des groupes de jeunes provençales, qui riaient et qui babillaient. J'entrai au cabaret et je me mis à table. La salle était déjà pleine, et rien que de jardiniers : des jardiniers de Saint-Rémy, de Châteaurenard, de Barbentane, qui se connaissaient tous, pour venir au marché une fois la semaine. Et de quoi parlaient-ils ? Rien que du jardinage... »

Ici, suit un dialogue qu'il serait trop long de reproduire, où le conteur nous met en scène tous les graves petits intérêts de ces paysans. On interpelle le jeune homme : il n'a pas l'air *de la partie*. Lui, très timide, leur dit qu'il est venu à Nîmes pour *passer bachelier*. — « Batelier ! demande un de ces paysans. Ça vient sans doute du bac à traille ? pourtant, je ne vois pas de Rhône ici... » Le candidat leur explique tout ce qu'il faut apprendre pour être bachelier. Les uns s'émerveillent, les autres se méfient ; mais tous sont fiers qu'un des leurs se mesure avec des Messieurs. Ils décident, en fin de conte, qu'ils vont passer un soir encore à Nîmes pour s'assurer des résultats de la lutte engagée.

— « Pecaïré ! disaient les filles, regardez-le, comme il est pâle ; comme on voit que la lecture ne fait pas de bien : à quoi sert de tant en savoir !... »

« Je jouais de bonheur, je fus reçu ! reprend Mistral, et je continuai ma course dans la ville ; je me croyais porté par les anges. C'était au mois d'août, et quelle chaleur ! Je me rappelle que j'eus soif et en passant devant les cafés, ma badine en l'air, je pantelais d'envie à voir blanchir dans les verres la bonne bière mousseuse ; mais j'étais si neuf à la vie du monde, et si timide, hélas ! que je n'avais jamais mis les pieds dans un café, et je n'osai pas entrer.

« Et alors, que fis-je ? Je rôdai dans Nîmes, radieux, triomphant, et tous me regardaient et il y en a même qui disaient : celui-là est bachelier ! Et puis, chaque fois que je rencontrais une fontaine, je m'abreuvais à l'onde fraîche, et le roi de Paris n'était pas mon cousin.

« Mais le plus beau, ce fut encore au Petit Saint-Jean. Mes braves jardiniers m'attendaient, tressaillants ; et en me voyant venir, faisant autour de moi fondre les brumes, ils crièrent : « Il a passé ! » Les hommes, les femmes, les filles, l'hôte et l'hôtesse, le valet d'étable, tout le monde sortit, et en voilà des embrassades et des poignées de mains !

« Alors *Le Remontrant* (celui qui parlait de la gorge) demanda la parole. Ses yeux larmoyaient et il dit : « Maillanais, va, nous « sommes bien contents ; tu leur as fait voir, à

« ces *moussurots,* qu'il ne sort pas rien que « des fourmis, de la terre; il en sort aussi des « hommes!... des hommes!... Allons, petit, « zou! un bout de farandole. »

« Et nous nous prîmes par la main, et nous farandolâmes toute la soirée, dans la cour du Petit Saint-Jean; puis on s'en alla dîner, on mangea une brandade, on but, on chanta et puis chacun se sépara[*]. »

Nous allions ainsi, Mistral me commentant sa nouvelle de remembrances inédites, sur un cours large, aux grands platanes, aux maisons neuves, le boulevard de l'amiral Courbet. Mais tout à coup m'apparut un coin plus négligé, moins banal. Dans une grande cour précédant un hangar ouvert, avec un petit hôtel neuf à côté, des diligences de campagne, des charrettes aux brancards levés, et à terre des provisions de marché, un énorme tas de choux; des paysans causaient autour : coiffes arlésiennes et blouses de maquignons. Voilà qui sent la Provence, pensais-je; le Petit Saint-Jean n'est pas loin. Nous hésitions encore; enfin un écriteau sur un grand mur m'apprit qu'ici, en effet, avait été la vieille auberge. Une fois entré, Mistral reconnut le hangar et les écuries, pleins de mulets comme jadis. Alors, un petit

---

[*] Almanach provençal de 1883.

monsieur grisonnant, bien mis, en pantoufles brodées, nous aborde : — « Vous cherchez l'ancienne auberge ? C'était ici, mais tout est bien changé. — Nous la retrouvons, cependant, et la cour est toujours aussi pittoresque. » Mais notre homme se fâche. — « J'espère bien que non, par exemple ! c'est maintenant un hôtel confortable : on n'y reçoit plus de paysans !... Entrez, messieurs, et vous jugerez. — Nous étions venus ici pour trouver le Petit Saint-Jean. dont l'*Almanach provençal* a parlé, lui dis-je. Il est légendaire, et je suis content de l'avoir retrouvé. — C'est Mistral, monsieur, qui en a parlé. — Mistral, vous croyez ? — Je le tiens de lui-même ; il est venu il y a deux ans, avec Mgr Fuzet, au moment où on l'a consacré — ?? — Il a déjeuné à l'hôtel et il a constaté avec plaisir la différence ! »

C'est ainsi qu'on écrit l'histoire. Nous n'avons pas détrompé cet ami du progrès ; nous ne sommes pas entrés dans cet hôtel où l'on ne reçoit plus les paysans, mais vous pouvez l'aller voir : sa vieille cour témoigne encore de la joyeuse vie qu'on y menait, du temps des jolies jardinières, des grands charretiers de Provence.

De là, comme le couchant s'annonçait radieux, j'ai été revoir la fontaine de Diane. Je craignais de l'avoir mal jugée, l'autre été, dans la canicule nîmoise, devant ses bassins presque vides, aux fiévreuses émanations. C'est vraiment un jardin royal, digne des cours d'amour selon l'Arioste. Derrière le nymphée dont les colonnettes légères baignent dans les eaux limpides jusqu'à mi-hauteur, on entend bruire la source : un immense bassin, aux mousses vertes et aux nénuphars éclatants, où sourit la déesse aux yeux bleus. En hémicycle, au-dessus d'elle, s'étage la plus fraîche végétation et la plus orientale, des pins, des aloès, des cèdres, et toujours les mousses pendantes. C'est le reste du bois sacré qui fut le berceau de Nemausa.

Le soir du même jour, nous avons rencontré dans deux maisons amies la société la plus lettrée et la plus provençale. Nîmes a sa tradition de haute culture, qui a donné aux Muses, en ce siècle seulement, Guizot, Reboul et Alphonse Daudet. N'est-il pas remarquable que, dans ces trois latins, la tradition de la cité romaine se soit aussi perpétuée ?... Parmi les femmes d'élite qui embellissent d'un sourire la gravité studieuse de sa société protestante, j'en nommerai deux, parce qu'elles ont eu l'honneur de figurer parmi les six dédicaces féminines du poème de *Nerto* : *Dono Andriano* (Mme Adrien Dumas), *Dono Paulino* (la comtesse de Gasparin). Nous devons un salut encore à l'illustre architecte Henri Revoil, restaurateur des monuments anciens du Midi, et à M. Charles Lenthéric, l'ingénieur archéologue, qui tous deux, dans leur sphère, ont si bien servi la Provence.

III

12 avril.

La route est monotone, de Nîmes à Aigues-Mortes : une lande stérile, ou qui le paraît, sans la franche sauvagerie de la Camargue. Après Vauvert, petite ville historique, l'horizon occidental se hausse dans l'ourlet des nuages. On aperçoit un rameau des Cévennes au dos neigeux, puis une montagne isolée, le pic Saint-Loup : là-bas, c'est Montpellier. Bientôt la brise fraîchit, et l'air salin annonce les lagunes.

Au lointain de la steppe, une ville crénelée s'entrevoit, dont le rempart est entier, Aigues-Mortes. On avance, dans la lande sablonneuse, sur un horizon de vignes, bas, incolore, toute la richesse du pays. Le phylloxera ne vit pas dans les sables. Cette région s'est transformée depuis dix ans : ce n'est plus le pays désert et fiévreux, dont parlent tous les voyageurs, depuis Chateaubriand... A gauche, surgit un donjon crénelé, la tour Carbonière, toute seule, comme une sentinelle avancée de la vieille cité féodale.

J'ai déjà vu Aigues-Mortes, un jour d'été, voilà bientôt dix ans. J'ai gardé de cette visite brève le souvenir d'un grand soleil qui m'a mis pour longtemps dans les yeux l'éblouissante surprise de la cité fortifiée, des murailles du sud, toutes dorées entre le vert des étangs et le bleu limpide du ciel. Le souvenir encore m'est resté d'une visite à la tour de Constance, où furent enfermées, quarante ans, des femmes punies, dès le berceau, de leur foi protestante. Là, je conçus un drame, jamais écrit, mais dont la hantise me tient toujours. C'est l'histoire de la famille tragique du sire d'Ornezan, commandant de la citadelle. Il est puni de mort pour être trompé par sa femme qu'aime Montmorency, le gouverneur du Languedoc, et pour n'avoir pas trahi son roi. Une idylle ingénue était née entre la fille d'Ornezan et le fils de Montmorency... Mon troisième acte se passait chez Nostradamus à Salon. Et je rêvais du décor pittoresque des remparts d'Aigues-Mortes, et d'un cabinet d'alchimiste où mon triste héros allait consulter gravement le prophète...

Autour de la gare, beaucoup d'habitations récentes. Le chemin de fer atteint depuis peu à cette ville extrême de la côte paludéenne. Néanmoins, les trois autres côtés de l'enceinte demeurent isolés, comme il y a dix ans : à l'est et au sud, par la lande, avec l'horizon des étangs ; à l'ouest, par le canal qui mène au Grau du Roi.

On franchit la forteresse, par une poterne basse, sous une grosse tour de rempart. On débouche sur une place carrée où une grande statue de Pradier, fine, pieuse et un peu fade, représente saint Louis, l'inventeur d'Aigues-Mortes.

A l'hôtel, nous sommes accueillis par un bègue, très réjouissant. Il est de Châteaurenard et Mistral prend plaisir à l'entendre... Une heure sonne, quand nous sortons. La petite ville est à l'aise, dans son vieux corset de murailles. Ses rues transversales aboutissent, d'un portail à un autre, à chacune des quinze tours du rempart. Une place carrée en occupe le centre. Au moyen-âge, on nommait les villes semblables des *bastides,* parce qu'on les édifiait tout d'une pièce. Ces *bastides,* nombreuses en Languedoc, furent en quelque sorte la colonisation du Midi. On exemptait des impôts à perpétuité les agglomérations qui s'établissaient pour les construire. Celle-ci, bâtie trop vite, n'a pas eu le temps d'être *accordée.* Quand saint Louis eut acheté le petit port d'Aigues-Mortes aux religieux de Psalmodi, il éleva d'abord la tour de Constance qui fut la plus forte du littoral, en même temps que son premier phare; puis il entreprit de construire l'enceinte. C'était en 1246. Deux ans plus tard, il s'embarquait pour la croisade, les remparts n'étant qu'ébauchés. C'est Philippe-le-Hardi qui a la gloire de les avoir laissés tels qu'ils sont encore. Un Génois, proscrit illustre, Simon Boccanegra, en reçut de lui l'entreprise, pour moins de quatre-vingt mille francs.

On a bientôt fait de traverser Aigues-Mortes. Une fois sorti du côté des étangs, le spectacle est d'une singulière beauté. Les souvenirs orientaux des croisades évoquent ici la pensée de la forteresse égyptienne de Damiette. Mais ce n'est pas sur ce modèle que furent poursuivis les travaux d'Aigues-Mortes. L'ardente couleur des murailles, l'étendue verte des lagunes, la note sombre que les pins parasols mettent sur cet horizon brûlé, enfin ce haut rempart de citadelle, sans rien qui vous reporte à l'existence de l'habitant moderne, tout cela vous évoque une ville de Rhodes idéale, une féodalité des pays d'Orient.

Et quel silence! C'est le désert qui entoure la ville endormie. Car elle n'est pas morte, quoique abandonnée par les siècles, la cité qui défend l'histoire avec la tranquille éloquence de sa stature inébranlable. Seule d'une civilisation et d'un temps disparus, elle est restée debout sans blessure. Et la voici qui prend, dans sa fierté, comme un air d'être au-dessus des temps... Quelques fiévreux réchauffent leurs membres transis au pied de ses grands murs. Ils n'ont plus d'âge ; ils causent à voix basse, et comme les vieillards de Troie, se soleillent sous les remparts. Mais tout à l'heure ils se lèveront, rajeunis, quand va passer Hélène.

Ces fortifications sont vraiment merveilleuses ; unique au monde, leur conservation. Les meurtrières, les merlons, les créneaux, dentelant l'appareil en bossage, et entre quelques mâchicoulis, les moucharabis féodaux sur les courtines dorées, cuites au soleil de six siècles, et les grillages noirs aux fenêtres des tours, tout a gardé sa place primitive, rien encore n'est ébranlé.

Tout ce côté des remparts avec le relief des créneaux, des portes et des tours, offre l'aspect d'une mer de murailles, quand on le tourne du côté de l'est. La nouvelle face est plus simple : elle ne présente qu'une ouverture. Mais l'horizon, toujours le même, de pins, de tamaris, sur la dune plantée de vignes, avec le clair des étangs, au lointain, m'a découvert ici des accidents nouveaux. Ce sont des cammelles de sel, des *salorges,* qui étincellent toutes blanches sur la ligne où commence la mer, cette limite indécise de marais et de landes, qui favorise les mirages dans la grande lumière d'été. Et encore plus près, dans les cultures, de petits édicules ronds, aveuglants de clarté, coiffés comme des marabouts. Tels on a rêvé les tombeaux des califes; ce sont des glacières, tout simplement. Mais l'illusion orientale est achevée. Quelques moutons paissent l'herbe maigre; ce côté du rempart est sans soleil une partie du jour; une tristesse infinie remplit la solitude...

En poursuivant ainsi le tour des murailles, nous arrivons au pied d'une énorme tour ronde couronnée d'un petit sémaphore, au treillis de fer svelte sur sa masse imposante. C'est la tour de Constance, élevée par saint Louis, embryon de la cité future et la plus vénérable forteresse du moyen-âge, qui ait subsisté. On ne sait trop d'où vient son nom : d'une sœur de Louis le Jeune, ou d'une reine de Navarre, fille d'un Raymond de Toulouse et filleule de saint Louis? Mais on ne peut invoquer la lenteur de sa construction, car deux ans après l'achat d'Aigues-Mortes par le roi, elle présidait au premier départ des Croisés. Ils s'embarquèrent ici même, sur l'emplacement du chenal moderne qui relie la ville à la mer, dans une large passe aujourd'hui disparue, et dont on voit les traces dans les cultures, parmi les terrains émergés. Car, bien que le rivage n'ait jamais baigné l'enceinte d'Aigues-Mortes (le cordon des sables en témoigne), toute cette région s'est maintes fois modifiée depuis les temps historiques. L'itinéraire de Charles-Quint, quand il s'y rencontra avec François Ier, l'avait fait débarquer sous les remparts du sud.

Donc, en 1248, Louis IX, partant pour sa première croisade, réunissait à Aigues-Mortes la fleur de la chevalerie. Il y était arrivé dans les premiers jours de juillet, accompagné de la jeune reine, sa femme, la belle Marguerite de Provence, et de ses deux frères, Charles d'Anjou qui ne songeait pas encore à sa dynastie de Sicile et Robert d'Artois qui devait mourir en Égypte. Il faut lire dans Joinville le naïf récit du rassemblement des Croisés. Les seigneurs souverains d'Auvergne et de Béarn, de Bretagne et de Bourgogne, de Montferrat et de Brabant, arrivaient en noble équipage. Long et enthousiaste est, chez le chroniqueur, le dénombrement des chevaliers accourus de tout l'Occident à l'appel du roi de France. Parmi les noms qui ont survécu, nous trouvons encore ceux de Chateaubriand, de Montmorency et de Talleyrand...

Le lion de Venise et le léopard d'Angleterre flottaient côte à côte sur les pennons. Durant six semaines, fraternisèrent à Aigues-Mortes les campements de chaque nation. Jamais la foi n'avait inspiré tel amour et telle espérance.

Enfin, le 28 août, un vendredi, du consentement des pilotes, toutes les nefs appareillées s'ébranlèrent au chant du *Veni Creator*.

On sait l'histoire de la croisade et le retour de saint Louis. Mais sa victoire de Mansourah voulait être vengée ; les vaincus de l'Islam reprenaient les hostilités. Une seconde fois, en 1270, comme il croyait avoir assez fortifié le prestige de sa monarchie par son administration vertueuse et sa haute sagesse, Louis IX résolut de faire la croisade. Il s'embarqua de nouveau à Aigues-Mortes, emmenant trois de ses fils : Philippe le Hardi, Pierre d'Alençon et Jean de Nevers, qui né sur la terre d'Afrique y devait mourir comme Robert d'Artois. Mais ce nouvel embarquement ne revit pas les splendeurs du premier, ni son ardeur vaillante. Les Croisés, beaucoup moins nombreux, se sentaient aller tristement à la déconvenue. Le roi n'était plus jeune ; on ne retrouvait plus ni sa svelte démarche ni son charmant visage. Le chroniqueur fidèle qui avait écrit en 1248 : « chacun s'esmerveillait à la vue de si mignon prince dont la longue chevelure blonde tombait en boucles sous une toque de velours ponceau, » était resté tranquillement dans son château, lassé, découragé, vieilli comme son maître. Louis IX était morne et semblait pressentir sa fin. Un mois plus tard, il mourait à Tunis, et Philippe III, ramenant le corps glorieux à travers l'Italie et la Provence, songeait à élever les remparts d'Aigues-Mortes à la mémoire de son père, comme un reliquaire durable de sa pieuse et douce vie.

Un cheval échappé, un *grignon* de Camargue, tout blanc, la longue queue flottante, la tête fine et l'encolure souple, s'élance par une porte d'enceinte et gambade autour des remparts. Il s'arrête, pour humer l'air salin : il cherche dans le vent l'odeur de son pâturage. Mais, nous voyant, il a repris sa course folle. Puis il s'arrête encore, et se met à hennir au pied de la tour droite et ronde, toute d'or sur le bleu du ciel.

L'industrie moderne envahit ce côté des remparts : sur le quai du chenal, des wagons noirs qui charrient le sel des étangs de Peccais, tranchent violemment sur le revêtement doré des courtines. Songer que la tour de Constance a vu le spectacle le plus caractéristique peut-être du moyen-âge! Car cette première croisade de saint Louis fut, à n'en pas douter, la plus ardemment religieuse de toutes, la plus ingénûment croyante. Les chevaliers qui étaient partis pour les croisades de Palestine y avaient autant couru les aventures, qu'ils avaient cherché à défendre le Saint-Sépulcre. On ne connaît que peu de choses de leur séjour dans l'Orient d'Asie, mais à en juger par l'établissement de plusieurs et leur presque naturalisation dans ces pays nouveaux pour eux, on peut imaginer quel profond trouble psychologique résulta chez ces occidentaux, façonnés à la discipline de la féodalité et des cloîtres, de la soudaine rencontre des mœurs et du climat levantins. Au contraire, les croisades de saint Louis gardaient un caractère de vertu. On savait l'Afrique sauvage, et le paradis de l'Islam n'y semblait pas fleurir.

Au coucher du soleil, après deux heures de sieste, nous sommes revenus du côté solitaire voir tournoyer les hirondelles à l'entour du rempart. En considérant ce profil de l'enceinte, du côté des étangs, majestueux dans sa hauteur, avec ses cinq portes de face et ses deux tours d'angle, et semblable à lui-même depuis six siècles où l'homme a tant détruit, je songeais à tout ce que le temps ajoute d'âme aux choses. Sans doute, la seule architecture de ces murailles a sa puissance de suggestion. Mais combien doivent-elles à la double auréole de leur légende et de leur âge! Leur vieillesse elle-même les fait plus belles en les rapprochant de la terre. Cette couleur de feuille morte, qui leur vient du soleil, se mêle au paysage, en fait si bien partie, qu'on ne peut plus l'en séparer. Toute ruine retourne à la nature : quelques jours, quelques années encore, on ne l'en distinguera plus. La terre elle-même n'est qu'une ruine et le nom des *ravines* est simple comme la vérité. Ce vieillard au visage flétri, qui s'en va courbé, le soleil quittant l'horizon, est tout près aussi du sol maternel, avant de s'y confondre à son tour.

IV

13 avril.

Un Maillanais s'est offert à nous conduire aux Saintes. Au moment du départ, nos amis de Nîmes, *Dono Andriano* et son fils nous rejoignent. Promenade matinale ensemble, à travers les rues encore endormies, et le marché très éveillé d'Aigues-Mortes. La présence de Mistral est signalée ; un marchand d'oranges qui est improvisateur lui offre de ses fruits avec un compliment de sa façon. Nous partons, dans la sympathie de ce joli peuple. L'aube teinte de reflets roses les remparts d'Aigues-Mortes ; l'horizon est frais, printanier, et pourtant désert et immense. Les jeux de la lumière caressent les étangs lointains de clartés ineffables. Je ne saurais dire combien de fois je me suis retourné pour voir la cité du XIIIe siècle élever ses hautes murailles, d'où rien ne surgit que la tour de Constance et le clocher carré de Notre-Dame-des-Sablons, sur cette plaine indéfinie qui rêve avec le jour naissant.

Après deux ou trois kilomètres, on atteint *la tour Carbonière*. C'est la sentinelle avancée de la forteresse. Ce donjon carré qui est à l'intersection de deux routes, au milieu des lagunes, présente un état merveilleux de conservation. Il a résisté à des attaques sans nombre. Après la fameuse *tour Matafère,* dont le nom remplit les chroniques, élevée par Charlemagne, au lieu sans doute où l'a remplacée Aigues-Mortes, il fut la défense du territoire, le trait d'union de l'Abbaye de Psalmodi et de son nouveau port, acheté par le roi de France. C'est peut-être à cause de cela que les ingénieurs le déclarent inutile, et qu'on a pû parler de le renverser...

Plus loin, sur une éminence, une métairie qui ressemble à une ruine : c'est le Mas de Psalmodi, où s'éleva une abbaye célèbre dont on connaît l'histoire durant cinq siècles, sans savoir pourtant sa première origine, ni les causes de sa disparition. Psalmodi ! ce nom d'un monastère suffit à évoquer toute la poésie des cloîtres. Et penser qu'il y a des hommes, de hauts lettrés, pour qui le moyen-âge n'est que bûchers, lèpres, famines, et intolérance par le fer et le feu... *Insula psalmodia !* Et ces maîtres peuvent écrire, dans leur fanatisme pour les temps nouveaux, pire que l'autre — sans mentir à leur conscience :

> *Dans chacune de vos exécrables minutes,*
> *O siècles d'égorgeurs, de lâches et de brutes,*
> *Honte de ce vieux globe et et de l'humanité,*
> *Maudits, soyez maudits, et pour l'éternité !*

Je sais bien que je serais tenté de canoniser Périclès... Mais oser récuser ainsi, sans discussion, une époque ! Je m'en tiens volontiers, en ces matières, à l'opinion de Mistral, exprimée librement dans une lettre familière qui a été publiée :

« Les conquêtes du progrès, disait-il, semblent narguer et humilier les vieilles traditions du renoncement chrétien ; et comme je veux être de mon siècle, sans renier ma foi, comme je ne crois pas qu'un siècle ait toujours raison et qu'un autre ait toujours tort, comme je vois dans le développement de l'humanité une progression harmonieuse, voici l'explication que je me suis faite et que j'ai indiquée dans *Nerto*, en quelques vers trop laconiques : — le progrès est une émanation de Dieu, une suite de sa création éternelle ; mais si Dieu est l'*architecte*, le diable est le *manœuvre*, et le châtiment du diable et de l'orgueil diabolique consiste à voir l'ouvrage auquel il s'escrime s'élever en définitive à la gloire de Dieu *. »

D'où je conclus que l'intelligence est le commencement de la sagesse.

En rêvant de ces mélancolies, nous arrivons à la ferme aux ruines. Dans le haut moyen-âge, Psalmodi était une île, comme Montmajour. Le monastère avait choisi pour son refuge solitaire cette éminence baignée de tous côtés par les lagunes de la mer et du Rhône. *Insula Psalmodia :* les plus vieilles chartes en témoignent. Il y avait ici, au viie siècle, un couvent dont on ne connaît rien, que son nom. Ses moines dépendaient sans doute des Abbés de Saint-Victor de Marseille ; sans doute, ils s'étaient rassemblés, dans ce désert de ciel et d'eau, pour la psalmodie continue, le *psalterium perpetuum* établi par un anachorète de Syrie et bientôt propagé dans ces réunions d'ascètes épris de mortifications.

En 732, [environ] une descente des Sarrazins ruina le pauvre monastère. Charlemagne le releva et l'enrichit (791), en confiant un de ses bâtards, Théodemir, à l'abbé Corbilien. L'enfant devenu moine, et abbé à son tour, Psalmodi prospéra, jusqu'à compter cent quarante religieux. Sa renommée fut grande au ixe siècle... Mais une nouvelle descente des Maures le dévaste encore

---

* Lettre à M. Félix Hémon, *Nouvelle Revue* du 15 juin 1886.

après moins de cent ans. L'île reste un siècle abandonnée. Ses moines se sont dispersés dans les couvents voisins, à Corneillan, sur l'étang de Mauguio, à Maguelone, dans les parages du Rhône espagnol, et aussi, probablement, dans cette mystérieuse abbaye d'Ulmet, disparue comme les lagunes du grand Rhône où elle cachait si bien sa poésie, qu'on ne sait plus que penser d'elle, devant ses vestiges épars sous les eaux.

Mais le nom de Psalmodi et sa chère solitude faisaient rêver les âmes monastiques. En 1004, les bénédictins assemblèrent seigneurs et évêques de Provence, pour obtenir sa restauration. L'abbaye redevint puissante, et si riche, et si fière, que ses suzerains de Marseille ne tardaient pas à la punir de son indépendance. C'est vers ce temps qu'elle vendait son port d'Aigues-Mortes à saint Louis. Et peu après, nous la voyons s'effacer de l'histoire, sans qu'aucun acte précis nous renseigne sur le suprême abandon. Devant un tel effondrement, on évoque la malédiction qui a pesé sur tant de monastères, perdus de richesse et d'orgueil. N'est-ce pas l'histoire de Maguelone... A Psalmodi, on peut dire que rien n'est resté, rien qu'un nom poétique. Dans la cour de la métairie, deux ou trois chapiteaux romans, et derrière les étables, la trace d'un chevet d'église aux nervures gothiques, un mur seulement, pour témoigner de neuf siècles de gloire.

Prenez une carte du Midi de la France et considérez toute la partie claire qui s'élargit de Cette au port de Fos, sur l'étang de Berre, en remontant jusqu'à Arles, et en s'enfonçant, le long du Rhône, jusqu'au pied du rocher de Beaucaire. C'était le golfe du Lion d'avant l'histoire. Quand la ville de Constantin lui commandait, au fort du moyen-âge, des landes nombreuses émergeaient d'entre les lagunes. Peu après, toute la Camargue fut un marais atterri par le *diluvium* du Rhône. Mais à l'époque de Charles-Quint les vaisseaux de faible tonnage, surtout ces nefs pisanes et génoises qu'on appelait des « galères subtiles, » avaient encore l'accès des étangs qui s'échelonnaient d'Aigues-Mortes au port d'Arles, en passant par Saint-Gilles, et reliés entre eux par de larges passes profondes…

La route est longue, d'Aigues-Mortes aux Saintes. Nous avançons toujours dans le même horizon blanc, et monotone et grandiose. A mi-chemin, une oasis surgit de ce désert. Des aubiers géants nous annoncent l'approche du fleuve. C'est Sylvaréal. Quelques maisons basses dans les grands arbres, et un petit bureau de poste, au bord de l'eau. Deux femmes, la mère et la fille, attendent sur la porte les rares voyageurs. Ce nom de Sylvaréal et cette fraîcheur du Rhône, dans la Camargue aride, me rendent mes plus jeunes sensations de Provence, quand je lisais *Mireille* pour la première fois... Ourrias, le gardien de cavales, prétendant de Mireille, est venu lui offrir sa main.

« Cette matinée-là, la jeune vierge était seulette à la fontaine ; elle avait retroussé ses manches et son jupon, et nettoyait ses éclisses avec la prêle polissouse. Saintes de Dieu ! qu'elle était belle, guéant ses petits pieds dans la source claire !
« Ourrias dit : « Bonjour, la belle ! Eh bien ! vous rincez
« vos éclisses ? A cette source claire, si vous le permettiez, j'a-
« breuverais ma bête blanche. — Oh ! l'eau ne manque pas ici,
« répondit-elle : dans l'écluse, vous pouvez la faire boire, au-
« tant qu'il vous plaît. »
— « Belle, dit le sauvage enfant, si comme épouse ou pèle-
« rine, vous veniez à Sylvaréal, où l'on entend la mer, belle,
« vous n'auriez pas tant de peine ; car la vache de race noire se
« promène, libre et farouche, et jamais on ne la trait, et les
« femmes ont du bon temps. »
— « Jeune homme, au pays des bœufs, d'ennui les jeunes
« filles meurent... » *(Mireille,* ch. iv.)

Nous avons passé le Rhône sur un bac, et la plaine indéfinie recommence. La maigre végétation varie cependant, çà et là. Elle est de deux espèces, suivant que le terrain est chargé de sel ou humecté par les infiltrations du fleuve.

Et pour accidenter l'immensité silencieuse, tantôt ce sont des bouquets de pins d'Égypte, qui orientalisent l'étendue ; tantôt un effet de mirage sur la blanche limite qui mêle au loin la mer au ciel. La route ondule dans des fourrés de salicornes *(l'engano)*, d'arums *(lou rasin de serp)*, d'arroches maritimes ou ansérines *(l'ourse)*,

> — *Quand te bressavo au pèd d'uno ourse,*
> *T'a jamai counta Jean de l'Ourse,*
> *Ta bóumiano de maire ?* . . . .

— « Lorsqu'elle te berçait au pied d'une ansérine, ne t'a-t-elle jamais raconté Jean de l'Ours, ta mère bohémienne ?...
(Mirèio, ch. III.)

. . — Nous approchons de la mer : la brise nous bat au visage... Un ressouvenir de *Mireille*, étrange, exquis, par cette matinée de printemps. Et soudain, tout là-bas, ce mur de forteresse, droit sur l'horizon plat, c'est l'église des Saintes ! J'éprouve je ne sais quelle ivresse, de cette apparition, au bout du monde. Mais, hélas ! ici comme ailleurs, les poteaux du télégraphe jalonnent le chemin ; on n'est plus isolé nulle part.

Modeste, et l'air indépendant, le village des Saintes-Maries, avec ses maisons basses, fait penser à une couvée de poussins rassemblés sous leur mère, aux pieds de la haute église romane. C'est un ouvrage fortifié du IXe siècle, élevé par les archevêques d'Arles, comme un donjon de citadelle, pour protéger contre les Sarrazins la *Villa de la mar*, le poste le plus avancé de la côte, et dédié aux *Saintes Maries* de l'Évangile, débarquées en ce lieu avec les premiers apôtres des Gaules, témoins de la passion du Christ.

Mistral a glorifié la légende, dans un chant de *Mireille*. Les Saintes apparaissent à la jeune fille et lui racontent leur odyssée :

> « Nous, les sœurs et les frères qui le suivions par tout pays, sur un méchant navire aux fureurs de la mer, sans voiles et sans rames, nous fûmes chassés.
>
> « Les femmes, nous versions un ruisseau de larmes, les hommes vers le ciel portaient leur regard. . . . .
> . . . .
>
> « Un coup de vent tempêtueux sur la mer effrayante chassait le bateau : Martial et Saturnin sont agenouillés sur la proue ; pensif, dans son manteau le vieux Trophime s'enveloppe ; auprès de lui était assis l'évêque Maximin.
>
> « Debout sur le tillac ce Lazare qui de la tombe et du suaire avait gardé la mortelle pâleur, semble affronter le gouffre qui gronde ; avec lui, la nef perdue emmène Marthe sa sœur et Madeleine couchée en un coin et pleurant sa douleur...
> . . . .
>
> « Contre une rive sans roche — Alleluia ! la barque touche ; sur l'arène humide, là nous nous prosternons, et nous écrions tous : Nos têtes que tu as arrachées à la tempête, jusque sous le glaive, les voici prêtes à proclamer ta loi, ô Christ ! nous le jurons ! » *(Mirèio, ch.* xi.)

La pieuse légende à laquelle avait cru si longtemps la Provence, perdait toute créance depuis les temps nouveaux. Cependant le peuple, indifférent aux querelles savantes, gardait le culte de sa tradition dix-huit fois séculaire. Or voici que, l'archéologie ayant élargi le trésor de ses documents impassibles, il n'est plus si absurde d'avoir eu foi dans la tradition.

Je résumerai, en peu de mots, ce culte des Saintes Maries à l'antique *Villa de la mar*, avec les recherches d'érudition que son objet lui-même a inspirées.

Le testament de l'archevêque d'Arles, saint Césaire (542), fait mention d'un territoire où se trouve l'église de Notre-Dame-de-la-Barque *(Sancta Maria de ratis)*, ce qui est confirmé par le testament d'un comte de Provence, en 992. A la fin du xiie siècle, le gouverneur du royaume d'Arles, le maréchal Gervais de Tilbury parle aussi dans ses « Loisirs de l'Empire » *(Otia Imperii)* de la sépulture des Deux Maries à Notre-Dame-de-la-Mer. Un siècle encore, et un évêque de Mende, légat du Pape au concile de Lyon, citera un autel en terre « qu'élevèrent en ce lieu Marie-Madeleine, Marie Jacobé et Marie Salomé... » On le montre toujorus, à l'église des Saintes.

Durant le moyen-âge cet autel des Saintes fut l'objet de grandes dévotions. On ferait un livre curieux de ces pèlerinages et des miracles qui s'y firent. Un carme, Jean de Venette, a chanté dans son poème des *Trois Maries,* la guérison merveilleuse de Mons Pierre de Nantes, évêque de Saint-Pol-de-Léon, lequel avait, en reconnaissance, élevé trois chapelles aux Saintes, à Saint-Pierre de Nantes, au Val des Écoliers et au couvent des Carmes de Paris. Voici comment le moine poète termine sa naïve chronique :

> *L'an mil trois cent sept et cinquante,*
> *En may ly rossignol chante.*
> *Ung pou de temps avant Complie*
> *Fust ceste œuvre finie.*
> *La matière est belle et honneste,*
> *Frère Jehan, dict de Veneste,*
> *Nommé Fillous l'a ordonnée.*
> *De Dieu soit s'âme couronnée*
> *Qui nous doint paix et paradis.*
> *Dites amen... Adieu vous dis.*

En 1448, le roi René, sortant d'entendre un sermon en l'honneur des Saintes Maries, jura de retrouver leurs ossements. Son confesseur, Adhémar de Comte lui montra un vieux manuscrit qui affirmait que Marie Jacobé et Marie Salomé, avaient été inhumées à Notre-Dame-de-la-Mer, et cachées au temps des invasions. Avant de commencer les recherches, le roi s'adressa au pape, qui désigna pour y présider l'archevêque d'Aix, Robert Damiens, et Nicolas de Brancas, évêque de Marseille. Le chevalier d'Arlatan dirigea les fouilles. On tâtonna longtemps sous le chœur de l'église, où une petite salle fut découverte dont est faite la crypte de Sainte Sara, patronne des Bohémiens.

Enfin sous l'autel, du côté de l'Évangile, les ossements de deux corps humains apparurent, soigneusement protégés par de petites pierres. Une odeur suave, dit le procès-verbal, accompagna leur mise au jour. Nul doute que ce ne fussent les reliques mêmes des Saintes.

Le roi René, ayant obtenu du pape de procéder à leur élévation, Nicolas V désigna le cardinal de Foix, son légat d'Avignon, pour vérifier les incidents de la découverte. Enfin, le 2 décembre de la même année, le roi, suivi de sa fille, Isabelle de Lorraine, de Frédéric de Lorraine, son gendre, et du sénéchal de Provence, avec le légat entouré de douze prélats, se rassemblèrent aux Saintes-Maries en grande solennité. Le P. Adhémar de Comte prononça le panégyrique, et le lendemain, la châsse des Saintes fut élevée devant le peuple à la chapelle supérieure de l'église, où elle est encore déposée, — dans le même coffret de noyer, couvert de peintures pieuses.

La question de la venue des Saintes Maries en Camargue repose toute sur l'intérêt supérieur de l'histoire du Christianisme en Gaule. L'abbé Faillon, — dans un volumineux ouvrage, où il eu le tort de mêler à de hautes autorités une *Vie de sainte Madeleine,* faussement attribuée à Raban Maur, — a plaidé savamment en faveur de la venue en Provence des témoins de la Passion, c'est-à-dire pour l'implantation de la Croix, dès le 1ᵉʳ siècle *. Il existe dans ce même sens une lettre de feu Paulin Paris à l'historien de l'église du Velay, M. Frugère, datée de 1868 :

« Il est moralement impossible, dit l'illustre savant, que les Gaules, centre des écoles philosophiques et littéraires dans les premiers siècles, les Gaules où les jeunes Romains qui voulaient se perfectionner dans l'éloquence et les belles-lettres étaient envoyés, soit à Bordeaux, soit à Marseille, à Lyon, à Arles, etc., il est impossible, dis-je, d'admettre que la foi nouvelle n'y ait pas été prêchée dès le temps des premiers papes, et que l'Allemagne, l'Espagne, l'Angleterre en aient reçu le bienfait avant elles...

« ... Il n'en serait pas moins démontré, aux yeux de tout critique non prévenu, que le christianisme a été apporté chez nous, non à la fin du IIIᵉ siècle, mais dès le temps de saint Clément. »

Vers la même date, un conseiller à la cour de Douai, M. Taillar, battait en brèche tout l'édifice de l'abbé Faillon, pour placer à la fin du IIIᵉ siècle l'introduction de l'Évangile parmi nous**. Cette opinion est assez généralement partagée. Mais voici que, tout récemment, le docte M. Leblant, dans le dernier tome de son *Épigraphie chrétienne de la Gaule*, présente des inscriptions où la belle

---

* *Monuments inédits de l'apostolat de sainte Madeleine*, 2 vol. in-4°, 1862.

** *Essai sur l'origine et le développement du christianisme dans les Gaules* (Bulletin monumental, 1866).

influence grecque est encore sensible, et qui nous ramèneraient au 1ᵉʳ siècle. Ce serait presque donner raison à l'abbé Faillon et faire triompher, une fois de plus, la tradition. L'exclusivisme documentaire allemand a fait trop bon marché de cette source des sources. Si d'incessants rappels à la tradition ne tempéraient pas d'idéal une science sans intuition, c'est-à-dire sans âme, on verrait d'abord s'effondrer tout l'intérêt de l'antiquité. C'est la tradition qui donne le recul à l'histoire; elle en fait ce qu'elle doit être, poésie et vérité, et comme telle, le plus stable enseignement des hommes.

Pendant l'heure chaude, longue causerie avec le curé, M. Escombard, un vrai Provençal, fin et bon homme qui aime son village et ses Saintes. Il est ici depuis vingt-sept ans, adoré de son troupeau, populaire dans la région.

Le pèlerinage attire, tous les ans, jusqu'à quinze mille étrangers, du 23 au 25 mai. Ces deux journées sont la fortune des Saintes-Maries. Le bourg n'ayant guère que cinq cents habitants, tout ce peuple couche à la belle étoile, dans des campements improvisés, dans l'église même et aux alentours, après la procession nocturne. Aussi les quelques chambres de l'unique hôtel et des maisons de la grand'rue atteignent-elles, ces deux nuits, les plus hauts prix d'enchères...

— « J'ai vu plus de sept cents guérisons, nous dit le curé ; on amène ici les paralytiques, et tous ceux qui ont été mordus par des chiens fous. Ceux-là viennent en grand nombre : je n'en connais que deux qui soient morts enragés. »

Quant à l'authenticité du débarquement des saintes femmes, le bon abbé Escombard, qui a lu beaucoup de discussions, se contente de sourire à la seule pensée qu'on en doute. Il croit, inébranlablement, posséder les reliques de Marie, mère de Jacobé, et de sa fille Marie Salomé, ainsi que les ossements de Sara, leur servante. D'ailleurs, on ne lui a jamais prouvé le contraire, et son pèlerinage se fait chaque année plus nombreux... Une fois, par exemple, le dépôt sacré fut en grand péril. La tourmente révolutionnaire avait épargné le village ; mais on pouvait craindre une spoliation imprévue. Déjà un marbre vénéré, dit *le coussin des Saintes*, avait été arraché au mur de l'église pour étayer un arbre de la liberté... Le curé, Antoine Abril, soucieux de protéger ses châsses, résolut de parer à tout événement. Je me représente les alternatives du pauvre prêtre : s'il abandonne les reliques, elles sont en danger ; le seul dépit, peut-être de ne découvrir dans leur modeste coffre ni reliquaire d'or ni vases précieux, les fera disperser au vent. Si, au contraire, il retire ces ossements, les sectaires, trouvant les châsses vides, crieront à la duperie des prêtres... Que faire pour concilier la prudence et le pieux respect?

Mais le temps passait : la nuit du 22 octobre, le curé se rendit secrètement dans la chapelle supérieure, avec son sacristain, Antoine Molinier ; ils fouillèrent les châsses, y laissèrent quelques ossements et, emportant dans des draps grossiers ceux que les cachets du xv⁰ siècle affirmaient être des Saintes, ils les enfouirent dans un bûcher. L'administrateur du district d'Arles fut, en effet, bientôt chargé de dépouiller l'église. Mais il se contenta d'emporter un reliquaire qui renfermait un bras. L'objet fut restitué en grande pompe, (1797), avec les reliques cachées par Molinier, le jour où la population reprit les coutumes de son culte. Car elle en fut toujours très jalouse. Je puis citer un exemple récent et singulier de cet attachement. En 1879, l'archevêque d'Aix, Mgr Forcade, visitant leur église, manifesta le désir d'ouvrir les châsses pour examiner les reliques.

Les Saintins crurent-ils qu'il s'agissait de les leur enlever ou simplement furent-ils blessés de cette dérogation à l'usage qui veut qu'elles ne soient ouvertes qu'une fois tous les cent ans? Quoi qu'il en soit, la nouvelle, bientôt répandue, amena une population irritée et armée autour de l'église, et ce n'est que rassurée par un vicaire général, qu'elle consentit à se retirer.

L'église des Saintes-Maries, bâtie du xe au xiie siècle, est l'exemplaire le plus parfait du type roman fortifié du littoral. La côte de Provence étant sujette à de fréquentes incursions des Sarrazins, ces églises étaient la défense et le refuge des habitants. Celles d'Agde, de Vic et de Maguelone, qui ont subsisté, ont été bâties comme elle sur l'emplacement de chapelles du haut moyen-âge détruites par les Maures et qui succédaient elles-mêmes à des temples païens. L'extérieur de cette église flanquée de contreforts à doubles arcades romanes, aux mâchicoulis crénelés, et qui se continuent plus bas derrière le chœur, contraste étrangement avec l'intérieur, par sa blancheur de forteresse. Cinq travées ogivales, sombres, correspondent dans la nef unique aux contreforts du dehors. L'église est longue, haute, délabrée. Devant le chœur s'ouvre la crypte qui fut le premier asile des saintes femmes, avec un puits très vieux, le plus vieux monument sans doute du christianisme dans les Gaules.

Cette crypte fut réservée de tout temps aux bohémiens qui vénèrent Sara, la fidèle servante. Ils y passent toute la durée du pardon, entassés dévotement. Au-dessus du chœur, une double fenêtre : c'est la troisième chapelle, celle où sont exposées les châsses. Depuis leur invention solennelle au xv⁰ siècle, on les descend dans l'église, à chaque anniversaire.

« Cependant d'innombrables cierges tenus par les assistants s'allument, et le cabestan dont la chaîne retenait la châsse des reliques se déroulant, cette châsse descend lentement de la chapelle supérieure dans le chœur. C'est le moment favorable au miracle. Aussi un concours immense de supplications s'élève de tous côtés : Saintes Maries, guérissez mon enfant ! tel est le cri pénétrant qui vient arracher des larmes au cœur le plus froid. Tout le monde attend en chantant des cantiques le moment où il pourra faire asseoir sur la châsse un pauvre aveugle ou un épileptique, et quand il y est parvenu tout le monde se croit exaucé[*]. »

Le brave curé nous énumère tous les privilèges, toutes les vertus de son église, pauvre des richesses vulgaires mais riche de son évangélique pauvreté. Les petits chapiteaux romans du chœur valent pourtant bien des ciselures de bronze et d'or. Enfin le vaisseau lui-même et la crypte ont leur poésie vénérable, comme une antiquité sacrée.

Nous montons à la chapelle supérieure, par l'escalier en colimaçon du clocher. Le curé veut

---

[*] Bonaventure Laurens. *(Illustration,* tome XX, 1857.)

nous faire vénérer ses reliques. O doux souvenir de Mireille ! C'est ici qu'on porta la petite mourante. Elle tendait les bras aux Saintes, en souriant, dans l'affreuse douleur de sa mère et les pleurs de Maître Ramon, « heurtant dans les ténèbres avec sa tête vacillante. »

> — *O belli Santo umanitouso,*
> *Santo de Diéu, santo amistouso,*
> *D'aquelo pauro chato aguès, aguès pieta!*

— « O belles saintes pleines d'humanité, saintes de Dieu, saintes amies ! de cette pauvre fille ayez pitié ! »

Le vieux prêtre, pieusement, a poussé la porte des châsses. Les reliques sont là, enfermées dans leur vieux coffre peint, à la forme d'une arche double. *Dono Andriano,* sceptique, a souri. Mais Mistral est ému ; ce souvenir, c'est toute sa jeunesse. Il tombe agenouillé devant les châsses : « O belli Santo !... » et reste recueilli.

Les Saintes ne voulurent pas guérir la pauvre Mireille. « C'était alors sur le tard. Pour que la brise des tamaris ravivât la fille des champs, sur les dalles du toit on l'avait déposée en vue de la mer... » Aucune description de l'étendue qu'on embrasse de cette plate-forme, ne peut être tentée après celle de Mistral. La mer indéfinie, l'éternelle limite blanche à l'horizon, et la lande, toujours, aux salicornes basses et aux tamaris clairsemés... C'est une heure exquise de mélancolie, de pieux idéal...

Quand j'ai encore empli mes yeux de cette vue de la terrasse : l'immense arène jaune bordée par la mer bleue et l'horizon de sable ; les lagunes noyées dans une brume lumineuse d'où rien ne surgit que vers le nord-ouest, le pic Saint-Loup, comme un fantôme, — nous quittons la haute église au déclin du soleil, et nous descendons vers la plage pour la rentrée des bateaux pêcheurs.

Huit grandes barques stationnent devant le rivage, sur l'eau agitée ; elles ne peuvent atterrir. L'une cependant se détache, où tous les poissons ont été rassemblés. Et sur sa proue engagée dans le sable, c'est un frétillement d'argent autour duquel des enfants, jambes nues, des pauvres, des douaniers, se pressent. C'est le poisson inférieur : on le distribue aux malheureux, et à la jeunesse qui a aidé à tirer le bateau. Tout ce petit peuple est pressé et silencieux ; le bonnet de matelot à la main, il l'emplit du fretin luisant. Une scène de l'Évangile... Alors deux voitures arrivent, traînées par des mulets. Le partage est fini, les paniers pleins y sont empilés, et les pêcheurs et les enfants, marchant derrière, les suivent au village.

Les premiers voiles de la nuit s'étendaient sur la mer, et voyant décroître le cortège silencieux, je songeai au miracle des pains et des poissons, sur la rive de Génézareth.

14 avril, dimanche matin. — Dès l'aube, je retourne me pourvoir de *coudounat** dans une boutique de la grand'rue, où j'ai remarqué hier, sous sa coiffe arlésienne, un petit profil de camée, suave et souriant. On l'appelle *Mioun,* un diminutif de Marie; c'est une fleur sauvage et douce... Puis nous nous acheminons vers la côte déserte. Le soleil donne, éclatant, sur la mer. On ne voit au loin que la limite lumineuse, *la blanco raro,* qu'interrogeait anxieusement Mireille mourante.

Pas une voile à l'horizon; à l'est, seulement, les mâts d'un navire ensablé, que l'agitation des vagues fait parfois disparaître. La mer est mauvaise dans ces parages; parfois, elle se soulève affreusement sur quelques passes redoutées. On l'avait deux fois bien nommée, aux grands jours du royaume d'Arles : *lou gòufre dou Lioun.*

J'aperçois, là-bas, une manade de chevaux camarguais, dans les touffes de salicornes... Nous longeons le morne rivage. Une barque y est échouée, au joli nom poétique : *Marie Ja-*

---

* *Coudounat,* pâte de coing, un des nombreux termes provençaux d'origine grecque. La ville de Cydon (Κυδων), n'avait pas d'autre origine.

cobé. Comme on est loin des temps modernes. Comme on est seul, ici, avec ses souvenirs des siècles de vertu et de pauvreté. Et toujours, au loin, l'illusion de la mappemonde que dessine la courbe des flots.

Nous avons atteint la manade. Il y a là plus de cent chevaux, tous blancs, qui broutent la maigre végétation de la côte. Le *gardian*, assis sur une barque retirée de l'eau, raccommode ses filets. Il s'accompagne d'un chant triste, couvert par le bruit des vagues, tandis que pâturent ses bêtes, les unes penchées sur les salicornes grisâtres, les autres frémissantes, dressées, humant le vent salin du côté de la mer.

Notre présence n'a troublé ni le pasteur ni son troupeau. La vision a gardé sa solennelle indifférence. Vision rare, idylle antique, qu'on dira provençale, un jour, quand le pays de Mireille sera classique comme la Grèce de l'Odyssée.

Nous rentrons au village pour la messe des Rameaux. Devant nous passe un douanier, le long d'une roubine, le fusil sur l'épaule et la pipe aux dents. Il a ce teint couleur de brique, que donne la réverbération des sables. Où va-t-il, vers cet horizon sans limites? C'est le désert inhabité, dans sa grandeur farouche... Nous n'avons rencontré que lui jusqu'aux Saintes.

Mais les voici très animées, les petites rues

pleines de sable. Les enfants portent gravement des façons d'arbustes dorés, d'où pendent des fruits confits, des fanfreluches. Les grandes personnes ont des rameaux de buis, d'olivier, des palmes. Un tambour de ville traîne après lui une troupe bruyante; tout ce monde a l'air radieux.

L'église s'emplit pour la grand'messe. Les hommes venant peu nombreux, c'est tout un ondulement de coiffes arlésiennes, encadrant un nombre infini de charmants visages. Je n'en ai jamais autant vu qu'aux Saintes : si ce n'était leur petite taille, nulle part les filles d'Arles ne mériteraient plus qu'ici leur renom de beauté. Au moment de la bénédiction des Rameaux, le curé nous envoie deux branches d'olivier. L'enfant de chœur qui nous les porte, est tout content de traverser l'église, sous son costume rouge. J'assiste alors à un spectacle singulier, dans la nef romane, délabrée, vénérable. Au-dessus des têtes pressées, uniformément ceintes de noir et de blanc, s'agite un fouillis de verdure entremêlé de palmes d'or. Et soudain, ce joli peuple s'ébranle pour la procession. La petite Mioun est des premières. Elle se retourne tout le temps, et chuchote avec une amie. J'aperçois chaque fois son fin visage, au teint blanc à peine rosé, et quand elle sourit je reconnais Mireille.

Après déjeuner, le curé vient nous prendre. Il doit nous montrer les Saintines qui ont servi au graveur Burnand pour ses belles illustrations : tout est simple et innocent, dans ce village évangélique. Je lui fais part de ma hantise des petits yeux noirs de quinze ans : « Si j'étais peintre, je ne rêverais pas d'autre Mireille. » Justement, leur grande sœur, une belle jeune fille fière comme une statue grecque, a posé pour la scène où tout le peuple entoure la pauvre mourante, sur la terrasse de l'église. Je me rappellerai longtemps la petite Mioun, qui me vendait du *coudounat* aux Saintes-Maries...

En route pour Arles, sur la diligence lourde, à trois chevaux. Il est deux heures : un soleil blanc, tempéré de brise marine, inonde la lande salée (*la sansouiro*). Je songe aux terribles moustiques et aux ardents rayons de l'été, ces dards de feu qui blessèrent Mireille à mort. Tout autre poète l'eût fait périr du mal d'amour. La vraie simplicité n'est pas banale ; c'est pourquoi la pauvre amoureuse du mas des Micocoules est vivante à jamais.

Le bourg des Saintes-Maries recule peu à peu, s'efface dans la brume dorée. On n'aperçoit plus que la haute église, droite comme un rempart. C'est le désert illimité qui s'ouvre.

O belli Santo segnouresso
De la planuró d'amaresso,

Clafissès, quand vous plais, de pèis nòsti fielat!
  Mai à la foulo pecadouiro
  Qu'à vosto porto se doulouiro,
  O blanqui flour de la sansouiro,
S'es de pas que ie fau, de pas emplissès la.

O belles saintes, souveraines de la plaine d'amertume, vous comblez, quand il vous plaît, nos filets de poissons! Mais, à la foule pécheresse qui se lamente à votre porte, ô blanches fleurs de la lande salée, si c'est la paix qu'il faut, de paix emplissez-la! — *(Mirèio,* ch. xii.)

Un vrai petit royaume, cette Camargue. Nous mettrons près de cinq heures, au bon trot des chevaux, pour arriver en Arles! Elle est peu fréquentée, comme on pense. Cependant, depuis quelques années, il lui vient beaucoup d'amoureux : sans parler des chasseurs, qui y font merveilles, nombreux sont les étrangers que la poésie et l'art lui-même y attirent. Et puis, tous les ans, le 24 mai, plus de dix mille pèlerins de toute la Provence la traversent dans son étendue, pour la fête des Saintes-Maries. Mistral en est à son quatrième voyage. Il me raconte le premier, fait avec Anselme Mathieu, en 1849, et qui décida peut-être de sa vocation poétique. Bien jeunes tous les deux, presque des enfants, l'idée leur était venue d'aller prendre à Beaucaire la caravane des pèlerins. Il faisait sombre quand on partit, aux premières heures du matin, dans des charrettes tentées, en répétant les cantiques des Saintes. On passa par

Saint-Gilles, pour traverser le petit Rhône, en chantant toujours. Vers trois heures de l'après-midi un orage s'abattit sur la joyeuse troupe. Il ne fallait pas songer à trouver d'abris : on était en pleine Camargue. Une fois la lande inondée, et les voitures n'avançant plus, les jeunes gens se virent forcés de prendre les filles sur leur dos. Mistral avait eu la chance ou l'adresse de se charger de la plus jolie, *Laviette*. C'est avec elle peut-être qu'il ébaucha son rêve de Mireille.

Après deux heures de route, nous arrivons au *château d'Avignon*. C'est une grande maison Louis XIV, isolée, avec ses dépendances, dans une oasis de verdure, au milieu de l'immense Camargue. La plaine s'étend à perte de vue, tout autour, monotone, jaunâtre et grandiose, accidentée çà et là, sur le moutonnement des maigres cultures et des fourrés de salicornes, par les blanches efflorescences du sel ou la clarté luisante des étangs. Une apparition des contes de fées, cet îlot de grands arbres frais dans la morne étendue ! — Un poète de mes amis eut ici, sur la lisière même du château d'Avignon, la plus rare surprise du monde. Le soleil quittait l'horizon dans une lente apothéose ; les troupeaux qui rentraient au mas agitaient leurs sonnailles fatiguées ; la voix rauque d'une conque marine, partie des métairies, alternait de loin en loin avec les cris perçants des échassiers sur les lagunes. C'était une heure d'Orient, patriarcale et sereine. L'ami dont je parle avait accompagné, tout le jour, un peintre dans le désert. Il rentrait au mas, les yeux pleins de mirages, quand, tout à coup, à l'orée du petit bois, devant la plaine indéfinie, il est frôlé par une personne bien mise, grande, aux yeux savants, qui le toise avec un sourire... Drôle de rencontre! pensa-t-il. Néanmoins il salua, ne sachant s'il avait affaire à une demoiselle du château. Intrigué, il alla s'enquérir auprès du régisseur. Celui-ci, d'abord, ne comprit pas; puis, arrivés tous deux près d'une petite forge, ils trouvèrent l'apparition qui riait aux éclats avec le forgeron.

— J'y suis, maintenant, dit-il au poète. C'est une particulière d'Arles qui vient ici, de temps en temps, avec la diligence. Il y a en Camargue, *au Sauvage,* des hommes qui sont restés, comme saint Jean, quarante ans dans le désert. Elle représente, pour eux, la manne et les sauterelles... Alors, le soir, un *ràfi* du mas s'avance à la lisière du bois, et les beuglements de sa conque marine avertissent les bergers et les gardiens. Les voilà qui rabattent des quatre coins de l'horizon!... Une étable a été préparée pour la fête nocturne, avec des outres de vin, un bon feu et de la chair d'agneau dans les grands plats... Et le lendemain, la demoiselle s'en retourne à Arles, avec l'argent des pasteurs...

Après le château d'Avignon nous avons repris le désert. Là-bas, c'est le Sambuc, là-bas le Vaccarès *. Le Vaccarès ! on en a des visions lointaines dans Mireille. Mais j'en ai une suggestion plus précise et récente. L'autre jour, me promenant à Avignon, le long du Rhône, avec Félix Gras, ardent et grave comme un cavalier sarrazin, et le jeune Folco de Baroncelli qui ressemblait à Pétrarque, étudiant à Carpentras, avec son manteau romain et sa douce physionomie de clerc du moyen-âge, — comme nous parlions de la merveilleuse Camargue, en voyant le fleuve y courir, le poète des *Carbounié* et de *Toloza* qui revenait de chasser dans ses grandes plaines désertes, nous décrivit les beaux spectacles dont il portait déjà la poésie, ainsi qu'un lointain souvenir. Je lui en ai demandé la narration écrite, pour plus de fidélité, car une telle vision n'apparaît qu'aux privilégiés. Il me l'a traduite de son provençal :

«..... Le soleil était déjà haut. Debout devant ma cabane, je humais la salubre et fraîche brise de la mer et je regardais, là-bas devant, dans le

---

* Les géographes s'obstinent à écrire *Valcarés*, insoucieux du sens naturel : le pays des vaches.

marais, un vol de flamants qui, avec leurs becs tordus, labourent la vase pour en dévorer les coquillages. Quand, tout à coup, sans me saluer, le *gardian* Riquet passe devant moi au grand galop de son camarguais. Je me retourne, et, que vois-je, bon Dieu!... Là-haut, au loin, au bout de la vaste plaine, je vois comme une ligne noire qui barre l'horizon. Et cela se meut, cela bouge, cela s'avance comme une vague. — « Mais qu'arrive-t-il, Riqueto? » dis-je à la femme du gardian, qui, le visage triste, regardait comme moi. — « C'est la *Manade* de Sabat, « le patron du Vaccarès, qui descend sur les « îlots du Levant pour passer l'été... »

« Éblouis, mes yeux virent alors le spectacle grandiose de toute une manade en marche à travers la vaste Camargue, conduite par les *gardians* à cheval, le trident au poing, et, au milieu du grand troupeau, le patron Sabat, avec sa gentille femme en croupe de son cheval blanc, assise et le ceinturant de son bras. — En tête de la manade, et de front, cheminent les taureaux, bouvillons, doublons, *ternens* et dompteurs, le poil noir et luisant, la nuque forte, le poitrail large et pendant, rudes cornes! puis viennent une paire de cent vaches ou génisses, agiles, le mufle fin, la corne pointue, l'œil effaré, avec les veaux qui n'ont pas encore percé corne et vont trottinant pour tenir pied; vient ensuite le bétail harassé, bœufs et vaches de tous les âges, maigris par les froids de l'hiver, ou meurtris aux courses de l'été dans les arènes d'Arles, de Nîmes, ou dans les cirques d'Eyragues ou de Château-Renard. — Entremêlés dans le troupeau, montrent leurs cornes quelques espagnols au poil rouge et rude, quelques *boucabères* au mufle blanc, croisés d'espagnols et de camarguais. Ce troupeau énorme de mille têtes de bétail s'avance muet à travers la plaine; les gardians sur leurs chevaux vont et viennent, tantôt derrière, tantôt sur les flancs, piquant de leurs tridents le taureau ou la génisse qui s'attarde ou s'égare pour brouter le germe nouveau de la statice ou de la salicorne. Et toute la manade passe ainsi devant mes yeux, et je demeure ébahi de voir tel spectacle dans un pays étrange comme la Camargue, plaine sans fin, coupée seulement par le luisant des étangs et quelques rideaux de tamaris au feuillage fin, clairet, que l'on dirait de la mousseline rose; sous un ciel bleu, profond, sans nuage, traversé de vols de cormorans en triangles, de lignes de flamants, de flottes de hérons, de mouettes, de cols-verts, de siffleurs, de morillons, de milouins et d'échassiers, de toutes sortes de bêtes ailées qui s'élèvent de la mer, des étangs et des marais, en de tels tourbillons, que vous diriez, ma foi, que Dieu, hier, a créé là tous les oiseaux qui peuplent les airs et la surface des eaux et de la terre.

« Cependant la manade et le patron Sabat et toute la troupe des gardians ont passé ; ils s'éloignent là-bas, et de nouveau ils ne forment plus sur l'horizon opposé qu'une ligne noire.

« Alors, ébloui, je ferme les yeux et je revois le troupeau noir, et les gardians, et le patron, et sa gentille femme, et les tridents droits dans l'azur. Et il me semble voir passer devant moi le patriarche Abraham, qui de la terre de Chaldée s'en va dans la terre de Chanaan avec tous ses troupeaux et tous ses serviteurs, et sa douce femme Sara ! *pécaïre !...* »

Voilà ce que me décrivait Félix Gras, l'autre jour, en Avignon, devant le Rhône qui se hâtait vers la mer, un soleil d'argent, à son déclin, mettant mille étincelles sur son large frémissement. Et l'île de la Barthelasse, avec ses peupliers, ses aubes, ses platanes, m'évoquait déjà les bords du fleuve sauvage de Camargue, qui vient de m'apparaître ici tout à coup, avec son double caractère, la fraîcheur alpestre et l'agitation marine. Nous sommes à Albaron, un ancien village isolé, avec sa tour, sur le petit Rhône.

Le nom de la Camargue a excité longtemps la verve des philologues. On le trouve sous diverses formes dans les actes anciens : *Camarica* (923), et *Camargia* (1079), — ce qui n'a point empêché historiens et géographes de le faire dériver, jusqu'à ces derniers temps, du séjour de Marius dans les Gaules : *Caii Marii ager*. Ce séjour de Marius et ses guerres ont fait commettre plus d'une absurdité semblable au sujet des étymologies provençales. On avait proposé, par exemple, ces explications fantastiques pour Cucuron et Sisteron : *cucurrerunt* et *sisterunt*... Le mot de Camargue est un vieux mot provençal qui a encore son équivalent à Rome et en Espagne, où *comarca* signifie territoire.

C'est, en effet, le territoire indépendant par excellence, ce delta presque parfait formé par les deux branches du Rhône, rempli de terres limoneuses, de lagunes, d'étangs, et, depuis un siècle, d'immenses champs cultivés, lesquels iront croissant toujours, à mesure que se solidifiera la presqu'île, qui s'avance de plus en plus haut dans la mer. La production de la Camargue est, par sa situation même, originale et variée. On y cultive depuis peu les vignes. C'est un vin de sable qu'on récolte, mais que le coupage met en valeur. Dans les sables encore croît la guimauve, une ressource immémoriale pour les riverains des étangs. Et partout ailleurs ce ne sont que tamaris, salicornes, joncs et roseaux.

Il y a trente ou quarante ans, on rencontrait

des tortues en abondance. Elles étaient l'objet d'un commerce lucratif, ainsi que les sangsues. Car on trouve dans la faune de la Camargue, les contrastes les plus variés, tels que le castor (le bièvre ou castor d'Europe, *lou vibre*) et le flamant : le Nord et le Midi rassemblés. Le castor se rencontre surtout aux bords du petit Rhône, dans les racines des vieux saules. Son habitation est dissimulée par un tas d'herbes sèches et de bois mort; mais derrière, on reconnaît l'architecture industrieuse de ses retraites le long des fleuves du Canada. Il est moins rare ici qu'on le croit, — il remonte encore le Rhône assez haut. On me conte la lutte homérique d'un pêcheur de Tarascon avec un castor qui lui fit de graves morsures. Qui sait si Tartarin lui-même n'y eût pas succombé...

Plus de 80,000 bêtes à laine paissent dans ces vastes pâturages. Il y vit aussi 2,000 taureaux sauvages et 3,000 chevaux blancs, de cette race des *grignons*, ou étalons de Camargue qui descendraient des chevaux sarrazins.

Les chèvres de la Camargue, de la même race que celles de la Crau, noires, les cornes bien plantées et la démarche haute, font penser aux plus anciens troupeaux du monde. A leur pratique de la transhumance sont encore attachées des légendes et même des mots qui évoquent les premiers pasteurs. Ainsi le cri bien connu : *aqué menoun!* Mistral l'a expliqué d'une façon qui me paraît définitive. Quand la neige est tombée sur le sommet des Alpes et qu'un troupeau transhumant est obligé de franchir un col pour revenir en Provence, les brebis ne veulent plus marcher. Alors les bergers excitent certains boucs avec ce cri : *aqué, menoun!* (le menoun est un bouc châtré à l'âge de quatre ans, dont les cornes sont développées, et qu'on destine à conduire les troupeaux.) Ces boucs s'élancent bravement dans la neige, et le troupeau suit. Le cri *aqué, menoun!* doit remonter, dit Mistral, à la plus haute antiquité : conférer avec lui le grec, ἄγε, allons ; ἡγεμονεύειν, conduire ; ἡγεμών, guide. Tous radicaux d'où sont sortis les noms d'Agamemnon, le roi des rois, de l'hégoumène des Grecs modernes, et le cri traditionnel des bergers de Camargue.

Qui dirait encore d'où vient le nom de *labrit* donné aux chiens de berger, surtout à ceux de couleur noire, de la Provence et de tout le Midi? *Labrit* ou *Albret,* c'est tout un. De ce pays furent amenés les premiers chiens noirs conducteurs de troupeaux. C'est encore au dictionnaire de Mistral, *Lou Trésor dóu Félibrige,* que je dois cette étymologie. Car tout un peuple est dans ce livre. On ne saura jamais ce qu'une œuvre pareille, entreprise et menée à son terme en pleine existence d'un poète, représente de patriotisme, d'intelligence, de science et de divination. Tous les mots de la langue d'Oc, de ses sept dialectes, comparés à leurs équivalents des langues latines, tous les proverbes du Midi, toutes les acceptions de tous les termes vivants ou en désuétude, forment ce *Thesaurus* incomparable d'une langue tenace, qui n'est pas plus morte aujourd'hui qu'il y a trois siècles, et qui vient de reconquérir des fidèles d'amour.

O pople dóu Miéjour, escouto moun arengo :
Se vos recounquista l'Empèri de ta lengo,
Per t'arnesca de nòu, pesca en aquéu Trésor.

« O peuple du Midi, écoute ma harangue : Si tu veux reconquérir l'Empire de ta langue, pour t'équiper à neuf, puise dans ce Trésor*. »

Nous arrivons en Arles au coucher du soleil. Une page curieuse du *Voyage de Chapelle et Bachaumont* me revient à la mémoire. Voici comment deux hommes d'esprit, fort admirés par Voltaire, décrivaient, en 1679, leur entrée dans la ville de Constantin au sortir de la Camargue :

« On y aborde par

Cette heureuse et fertile plaine
Qui doit son nom à la vertu
Du grand et fameux capitaine
Par qui le fier Danois battu
Reconnut la grandeur romaine.

* *Au Miéjour* (Au Midi), sonnet écrit en tête du *Trésor du Félibrige*.

Nous vîmes, pour vous parler un peu moins poétiquement, cette belle et célèbre ville d'Arles qui par son pont de bateaux nous fit passer du Languedoc en Provence. C'est assurément la plus belle porte. La situation admirable de ce lieu y a presque attiré toute la noblesse du pays, et les dames y sont propres, galantes et jolies, mais si couvertes de mouches, qu'elles en paraissent un peu coquettes. Nous les vîmes toutes au cours où nous fûmes, faisant fort bien leur devoir avec quantité de messieurs assez bien faits. Elles nous donnèrent lieu de les accoster quoique inconnus, et sans vanité, nous pouvons dire qu'en deux heures de conversation nous avançâmes assez nos affaires et que nous fîmes peut-être quelques jaloux. Le soir, on nous pria d'une assemblée où l'on nous traita plus favorablement encore. Mais avec tout cela ces belles ne purent obtenir de nous qu'une nuit ; le lendemain nous en partîmes et traversâmes avec bien de la peine

> *La vaste et pierreuse campagne*
> *Couverte encor de ces cailloux*
> *Qu'un prince revenant d'Espagne*
> *Y fit pleuvoir dans son courroux. »*

(*Voyage de Chapelle et Bachaumont*, édit. de 1736.)

J'estime que les sensations des voyageurs se sont compliquées depuis deux cents ans... Si elles ont perdu en esprit et en bonne humeur, elles ont gagné en couleur et en précision. Cette apparition d'Arles, au bourg de Trinquetaille, me semble encore infiniment pittoresque, malgré les outrages qu'elle a reçus, depuis un siècle, de la loi d'uniformité. Comment ne pas le voir, ce Grand Rhône qui fuit vers la mer, rapide et vaste ainsi qu'un fleuve d'Amérique ; les cent clochers dont se hérisse la glorieuse cité morte :

les hôtels de la Renaissance, les rues antiques sur le quai du fleuve, et dans la ville les portes sculptées, les palais déserts, les Arènes et les Aliscamps solitaires...

Nous avons traversé la ville. Tout Arles est sur les Lices, la promenade renommée jusqu'où s'étendaient jadis les Champs-Élysées d'Arles, entre l'allée funéraire qui a subsisté et les ruines de Saint-Césaire. C'est dans ce monastère, — le grand Couvent — que Nerte prit le voile, et sous ces murs qu'avec ses Catalans Rodrigue engagea la bataille nocturne. Il est contigu à la Tour-de-Roland, le dernier débris des constructions du théâtre romain. Et au pied de ce noble rempart, la promenade des Lices s'emplit jusqu'au soleil couché, de longues files d'Arlésiennes, que la robe aux longs plis, la taille fine et la jolie coiffure, font ressembler à des déesses en marche, aux sveltes figurines de Tanagra.

J'ai dit deux mots du costume d'Arles*. Il est certain qu'on ne le porte, au pays d'Arles, dans sa forme présente, que depuis cinquante ans. Les costumes anciens, ceux du temps de la Révolution, par exemple, conservés au musée Réattu, sont très différents de la toilette actuelle.

L'atlas qui accompagne le *Voyage* de Millin

---

* Pages 130, 131.

(1808)* est précieux à cet égard. Ce répertoire savant, très documentaire, donne les plus curieux costumes du Midi, en deux états, au trait et en couleur. C'est le costume des Lyonnaises qui était alors le plus semblable au costume actuel des Arlésiennes : la forme de la jupe, longue, à plis droits, du tablier, du corsage *(la chapelle)* et du fichu sont identiques. Mais la coiffe est plus haute, et c'est un ruban blanc qui la serre, — aussi large et flottant de même, — au lieu du bandeau de velours. Dans le précieux atlas, trois dessins représentent encore le costume d'Arles, « ancien et moderne » : ils montrent chacun une coiffe plate cachant le front, enveloppant la tête et rattachée par deux brides sous le menton. Le reste du costume est tout aussi dissemblable : jupe courte et brodée, corsage décolleté en ovale ; et dans le plus ancien état, la jaquette rejetée en arrière, pend comme le manteau de cérémonie des abbés...

— La nuit même, je raccompagnais Mistral à Maillane, et le lendemain je poursuivais ma route jusqu'à Aix.

* *Voyage dans les départements du Midi de la France,* par Aubin-Louis Millin, membre de l'Institut, cinq volumes grand in-8º (1805-1810).

V

Aix, 16 avril.

Chacune de nos cités de Provence m'est préférée par un caractère spécial qui n'est pas chez les autres. Avignon, c'est le moyen-âge puissant, encore saisissable, et presque survivant, c'est la domination pontificale, au-dessus des féodaux ; Nîmes, c'est la cité romaine de fondation indélébile ; Arles, c'est la grande mélancolie morte des siècles défunts dans leur gloire ; Marseille, c'est le renouvellement perpétuel, la variété cosmopolite de la mer latine ; Aix enfin, c'est la vie parlementaire et érudite, les mœurs des derniers siècles. Comme telle, la ville du roi René est, de toutes, celle qui a changé le moins.

Depuis que je mène la vie félibréenne, c'est à Aix que j'ai rencontré le plus de cohésion provençale, et le plus fervent conservatisme des vieilles traditions. La capitale des comtes de Provence a gardé son aspect austère, ses coutumes anciennes, sa société frivole et savante à la fois. Tous les hommes paraissent être conseillers à la cour, toutes les femmes sont restées marquises. La Fête-Dieu et la fête des Rois, jadis si magnifiquement célébrées par la ville, gardent encore un rayon de leur lustre ; le tambourin a son Académie, comme les belles-lettres ; les vieux hôtels aux larges escaliers, aux portraits de Mignard, de Rigaud, restent inhabités comme des maisons veuves. L'herbe croît entre les pavés et les églises semblent endormies. La piété des traditions empreinte sur tous les visages, apparaît dans les conversations, dans les livres. C'est la vie aristocratique de la fin du XVIIIe siècle, sans véhémentes passions, épicurienne, indifférente dans sa curiosité mélancolique.

Les partis n'y sont pas violents. Ce calme d'étude se gagne. Aux réunions pour la Provence que j'y ai vues, les magistrats royalistes fréquentaient sans surprise les fonctionnaires républicains, et les vieux nobles les jeunes prêtres de souche paysanne. Le Félibrige a partout aplani les barrières des clans politiques. Mais ce qui passe ailleurs pour un trait d'esprit, pour une hardiesse, est naturel ici.

Je n'ai pu prétendre à tracer, même brièvement, un tableau d'Aix qui suffit à enfermer les principaux traits de sa psychologie. La tâche d'un journal de route est moins grave. Je me suis borné à indiquer au courant de mes impressions, dans les villes célèbres, les plus frappants symptômes de leur légende et de leur esprit.

> *Le Mistral, le Parlement et la Durance*
> *Sont les troix fléaux de la Provence.*

dit un vieux proverbe. La caractéristique d'Aix y est nettement formulée. La cité du Parlement, la ville de Siméon et de Portalis, a pu avoir ses poètes provençaux populaires, de Brueys à Jean-Baptiste Gaut, en passant par Zerbin, Jean de Cabanes, Puech et Diouloufet, — elle est la patrie encore plus naturelle, d'érudits comme Peyresc et les Galaup de Chasteuil, de peintres comme les Vanloo, et d'écrivains comme Vauvenargues et Mignet. A ceux-ci je dois ajouter un contemporain qui, pour n'être pas seulement Aixois d'origine, a rencontré dans son œuvre de poète exquis, provençal et français, d'académicien analyste, et d'historien patient, toutes les qualité subtiles de l'esprit sextien. J'ai nommé M. de Berluc-Pérussis, l'âme modeste et sympathique de la vie intellectuelle d'Aix.

Passionné de bonne heure pour la cause du régionalisme, il comprit quel instrument de décentralisation pouvait être la renaissance de poésie native que suscitait la jeune école des félibres d'Avignon. Un congrès de Provençalistes venait d'être convoqué à Aix (1853). C'était une ère nouvelle qui s'ouvrait aux destinées littéraires de la province. Nul n'a plus fait que M. de Berluc-Pérussis pour sauver de la routine et guérir des lieux communs, les anciens groupes littéraires des capitales déchues du Midi, pour leur infuser la jeunesse avec un sang nouveau. Ces Académies ont maintenant un rôle.

17 avril, — mercredi-saint.

J'ai visité aujourd'hui trois églises, Saint-Jean de Malte, Sainte-Madeleine et Saint-Sauveur. La première, sobre et hautaine, élève, comme une ironie, sa tour gothique et roide de soixante-sept mètres, au-dessus des hôtels parlementaires. Elle a été fondée par Raymond Bérenger en 1231, pour un prieuré des chevaliers de Malte. On y voit un monument moderne élevé aux comtes de Provence, et qui remplace leurs tombeaux du XIIIe siècle, détruits pendant la Révolution. Aix a la piété de l'histoire.

L'église de la Madeleine, du XVIIIe siècle, vaste, banale, encombrée de peintures, est tout l'opposé de Saint-Jean. C'est un musée : deux excellents tableaux d'Albert Dürer et de Mignard, puis toute la gamme des peintres d'Aix, allégoriques ou religieux : Carle Vanloo représenté par un ex-voto célèbre, Daret, Levieux, Vien, Dandré-Bardon et J. Vanloo. Il y faut ajouter une *Vierge* de marbre qui passe pour le chef-d'œuvre de Chastel, un grand artiste peu connu en dehors de sa ville natale. Nous le retrouverons dans nos courses à travers les rues d'Aix.

J'entre par le cloître à la métropole, un cloître roman, carré, à huit arcades sur chaque face, très ouvragé, aux colonnettes en spirale, aux chapiteaux fantastiques, de vrais joyaux de pierre avec toute la profusion de la fin d'un style. Mais ce cloître ne me retient pas : on en a fait un passage banal ; le va-et-vient en a chassé la poésie, qui est mystère.

Sous les arcades, cependant, je m'arrête devant une épitaphe française de Blanche d'Anjou, fille naturelle du roi René. Le bon homme que ce prince ! Magnifique, dévot, paresseux, égoïste au fond, comme on comprend bien chez ce souverain sans enfants mâles, sans passions, et ballotté toujours au gré des politiques de son siècle, héritier de plusieurs dynasties, et lui-même sans force, son indifférence devant la succession qui s'ouvrait, — cession fatale à la France.

L'épitaphe de sa fille semble avoir été rédigée par lui-même : elle semble aussi être d'avis que rien n'est plus naturel au monde que cette naissance. Mais aucun des titres du père n'est omis : « Par la grâce de Dieu, Roi de Jérusalem, de Sicile, d'Aragon, de Valence, de Mayorque, de Sardaigne et de Corse, duc d'Anjou et de Bar, comte de Barcelone, de Provence, de Forcalquier, de Piémont... »

La belle pourpre où s'est enseveli le dernier comte de Provence ! — Saint-Sauveur est un peu le résumé de l'histoire religieuse d'Aix. Le baptistère, un ancien temple d'Apollon, transformé au xviie siècle, m'a semblé une pure merveille. Il est fait de huit colonnes antiques, aux chapiteaux corinthiens, supportant un dôme octogonal. Le porphyre vert de ces fûts monolithes, avec leurs ciselures délicates de marbre blanc, est d'une simple et grandiose allure qui s'enlève avec éclat sur les fades décorations modernes de l'édicule, sous une rotonde sans style.

Dans l'abside, la chapelle de saint Mitre montre deux colonnes de marbre spongieux d'où transpirait une eau qui guérissait les aveugles. Un trou toujours humide témoigne encore de l'antique dévotion. Elles encadrent, au-dessus de l'autel, un tableau anonyme du xve siècle, anecdotique comme un Carpaccio, et qui represente le saint martyrisé, entrant à Aix, portant sa tête.

Le décor représente cette *Villa des Turribus* qui était la ville d'Aix du moyen-âge, l'ancien quartier des préteurs romain. Cet autre saint

Denys dont les Sextiens firent leur patron, aurait été décapité au lieu dit aujourd'hui Saint-Mitre, à quelques kilomètres d'Aix...

Dans cette même petite chapelle, le tombeau de Peyresc, cet initiateur de la curiosité, comme le fut Pétrarque pour la Renaissance... Partout on me signale des tableaux, admirations locales, entre autres de ce Daret déjà nommé. Je ne m'y arrête pas : cet art de convention des deux derniers siècles, n'est décidément tolérable que chez les maîtres. Quand on revient d'Italie on en est courroucé. Et puis l'école religieuse française, il faut l'avouer, est trop peu personnelle...

Dans la grande nef, une pièce de haute curiosité, le triptyque dit du *buisson ardent,* ou encore du roi René, et dont le véritable auteur est un certain Nicolas. (Le clavaire du roi a conservé son nom dans ses livres de compte.) Dans les chapelles, des tableaux toujours, des statues : je ne veux admirer que la tapisserie du chœur, achetée par Peyresc aux chanoines de Saint-Paul de Londres, longue série de hautes lisses gothiques, qu'on attribue à Quentin Metsys (1511), et qui vaut dix fois la fameuse suite *à la Licorne* du musée de Cluny.

Je suis retourné le soir à Saint-Sauveur pendant l'office de Ténèbres. Le jour était très gris dans l'édifice ; au dehors il pleuvait. Toutes les stalles du chœur à la belle tapisserie, étaient occupées par le chapitre, et l'archevêque présidait. Un chandelier triangulaire élevait ses quinze longs cierges bruns, une des flammes s'éteignant après chacun des psaumes. La fumée des cires jaunes s'élevait en spirales lentes dans les ombres du chœur; un rêve planait sur ce lointain mystique; je bénissais la poésie silencieuse des temples chrétiens.

Bientôt, les psaumes achevés, l'orgue se répandit sous le vaisseau gothique, comme une plainte moins austère, puis un petit enfant de chœur modula d'une voix mourante le *Miserere* de Carissimi. Il a été rapporté d'Italie après l'émigration; c'est, me dit-on, le monopole de Saint-Sauveur : musique douce, larmoyante; l'énervement de la tristesse italienne.

J'ai été présenté ensuite à Mgr Gouthe-Soulard, mon compatriote. Il m'a fait les honneurs de son archevêché. C'est un palais de deux cents ans, aux vastes proportions, précédé d'un jardin. On y voit les plus fraîches, les plus admirables suites de tapisseries du xviiie siècle qu'on puisse rêver, avec le complément de la belle série de Quentin Metsys, qui orne encore plusieurs salons. Les grands collectionneurs de hautes lisses soupirent après les trésors de l'archevêché d'Aix, comme les *hadjis* après la Mecque ! Mgr Gouthe-Soulard, qui se pique de n'être que le premier curé de son diocèse, et qui a bien un peu transformé en cure le coin du palais qu'il habite, redevient le primat d'Aix, Arles et Embrun, pour me faire parcourir son vaste archevêché, depuis les salles magnifiquement tendues et les beaux escaliers — je remarque, en passant, une exquise *Madeleine au désert,* de Puget — jusqu'aux petits salons *rococo* où de bizarres singeries remplacent sur les murs, les aventures de Don Quichotte ou d'Alexandre des illustres Gobelins de tout à l'heure.

Les deux prédécesseurs de l'archevêque actuel, Mgr Chalandon et Mgr Forcade, ne sont pas non plus sans avoir leur légende. Celui-ci fut un militant. Longtemps missionnaire en Asie, il n'y épargna pas ses peines, et on raconte que c'est à la nage, poursuivi par les infidèles, qu'il apprit sa nomination d'évêque, — au moment d'atteindre le bâtiment français qui lui sauvait la vie. D'ailleurs il est mort au champ de bataille, dans la dernière épidémie de choléra.

Mgr Chalandon était plus solennel. J'ai retrouvé figurées partout ses armes et ses ordres, à la cathédrale comme à l'Archevêché. On l'a vivement regretté à Aix, pour la splendeur du culte. Il parlait peu et gravement ; ses manières plaisaient à l'aristocratie. C'était un pontife plutôt qu'un soldat, et le moins provençal des hommes.

18 avril.

Course à l'objet d'art. Les cabinets de curiosité ont été de tout temps l'apanage de la cité comtale. L'Athènes du Midi, comme on l'appelait aux siècles classiques, a possédé plus de merveilles qu'aucune ville de France, excepté Paris. Les humanistes, les antiquaires célèbres s'y sont donné rendez-vous pendant trois cents ans. Personne n'ignore, au moins de renommée, les collections de Peiresc et Saint-Vincens. Je ne veux pas dénombrer ces trésors de curiosité qui ne sont plus rien à Aix qu'un souvenir. J'ai été conduit par deux amis, grands experts en histoire et en bibelots, MM. de Berluc-Pérussis et de Bresc, dans la plupart des hôtels qui détiennent encore de ces raretés. Je ne les énumérerai pas; je citerai seulement au vol de mes impressions les quatre ou cinq pièces d'art qui m'ont paru de l'intérêt le plus général.

A Aix, vous trouverez des chefs-d'œuvre dans des appartements à peine meublés, hôtels moisis, aux grands escaliers vides, froids, aux jardinets incultes, — à moins qu'on n'y cultive les menus légumes du potage entre des tonneaux défoncés.

Un chef-d'œuvre incontestable, dans un hôtel qui n'est ni froid, ni vide, mais au contraire plein de sourires et de gaieté, c'est, chez M. Hippolyte Guillibert le portrait de Rubens par Van Dyck, celui-là même dont le maître d'Anvers fit présent à son ami Peiresc. Cette page de génie, la plus probante, selon moi, de l'œuvre du grand peintre, n'est pas soupçonnée des critiques et à peine connue de quelques amateurs.

Chez M. de Bresc, un tableau surtout a séduit mon attention. C'est, en quatre panneaux, l'histoire de la mort de Zizim. Ce personnage singulier dont le sultan Bajazet, son frère, sollicitait la mort, sous couleur d'une haute rançon offerte à Louis XI pour se charger de lui, est une des physionomies les plus inattendues de la fin du moyen-âge. Il séjourna, vraisemblablement, dans une commanderie de Malte dont on voit les ruines, près du château de Bresc (Var). Y est-il mort, et non à Naples, puisque le tableau a été trouvé là?... Mais l'histoire du pauvre Djem (les historiens ne disent plus Zizim) est encore fruste, à en juger d'après les légendes d'amour qu'on lui prête, durant ses pérégrinations en Provence, en Dauphiné et en Auvergne. Le sort misérable de ce premier Masque-de-Fer, qui était beau, disent les chroniqueurs, d'une rare fierté orientale, a bien pu attendrir de tristes châtelaines. Les épisodes de sa mort sont très réalistes sous le pinceau du peintre provençal.

Djem s'était converti avant de mourir, aussi sa fin fut-elle considérée comme celle d'un saint. Il fut d'ailleurs très régulièrement empoisonné, sous la tolérance du bon roi Louis XI.

Chez M. de Lestâng-Parade, un vaste hôtel Louis XIV, aux larges moulures, aux graves fenêtres, à l'escalier somptueux, on m'a conduit, à travers un labyrinthe de grands salons et de petits boudoirs, dans un recoin où des trésors sont entassés. C'est un Téniers, très frais, trop rafraîchi sans doute, deux Van Eyck, aux donateurs agenouillés, riches marchands, bien nourris, à l'indulgent sourire, un portrait par Vanloo, étoffé, magistral, un Hobbéma, autant qu'il m'en souvient, de la plus exquise perfection, enfin un Raphaël. Il est à peu près inconnu ; c'est un portrait d'homme, dans la manière de l'Enfant à l'archet, de la galerie Sciarra-Colonna : un de ces tableaux, d'aspect modeste et de peu d'éclat, qui peu à peu tiennent asservi le regard par leur vie ardente et voilée.

Chez M. le marquis d'Izoard-Vauvenargues, j'ai eu trois surprises. D'abord un portrait du cardinal d'Izoard de la jeune manière d'Horace Vernet, et qui s'apparenterait plus volontiers aux magnifiques et vivants portraits de David, qu'aux épisodes de la guerre algérienne qu'on voudrait admirer, à Versailles. C'est une merveille. La peinture du premier Empire, oppressée, comme la poésie, par la vie trop héroïque, trop prompte, qu'on menait à la suite du maître, ne put pas faire preuve d'imagination. Ses rares pages réalistes, l'œuvre de Prudhon exceptée, seules subsisteront: j'entends les tableaux épiques, sincères, du baron Gros, parfois ceux de Géricault et quelques admirables portraits. M. d'Izoard me montre encore un Christ d'ivoire, don du pape Pie VII à son fidèle cardinal. On l'attribuait à Benvenuto, dans l'entourage du pontife. C'est donc une pièce historique, mais de date beaucoup plus récente, ce qui n'ôte rien à sa très réelle beauté. Jusqu'ici je ne croyais aucun Christ d'ivoire comparable à celui de Guillermin, l'artiste lyonnais du xviie siècle, qui est au Musée d'Avignon, ni même à son Christ de buis, découvert, voilà trois ans, par M. Waldmann, deux chefs-d'œuvre qui placent leur auteur au premier rang des sculpteurs français, après Puget et à côté de ses compatriotes les Coustou, Coysevox et Lemot.

Mon assidu compagnon d'Aix, M. Charles d'Ille, un félibre patriote, m'avait annoncé dans la collection d'autographes de M. le marquis d'Izoard, une pièce inédite qui me surprendrait. C'est une lettre de Lucien Bonaparte à M. d'Izoard (1785), au sujet de son frère, l'empereur futur. On se souvient de quel subterfuge usa Mme Lætitia pour faire entrer à l'École de Brienne son fils Napoléon, trop âgé d'un an : elle se servit de l'acte de naissance de Lucien. Les historiens ne se sont jamais étendus sur le séjour du jeune Bonaparte à Brienne. Il paraîtrait que sa vocation militaire était encore indécise, à en juger par le document que voici :

> Monsieur et cher ami,
>
> Je profite de l'occasion que m'offre un de mes compatriotes pour avoir l'honneur de vous donner de mes nouvelles, qui en effet sont telles que je désire que soient celles de votre charmante famille.
>
> Au mois de novembre j'espère avoir l'honneur de vous revoir à Aix où je ferai mon droit, je vous prie de présenter mes respects à madame votre mère, messieurs vos frères et tous ceux de ma connaissance.
>
> Je m'imagine qu'un de mes frères sera arrivé d'Aix ou du moins y arrivera bientôt. C'est un échappé de l'École Militaire de Brienne qui, ne se sentant aucune disposition pour le service de notre bon roi, se réfugie au petit séminaire d'Aix où à l'ombre de l'autel il puisse suivre son inclination et augmenter le *Béat Escadron*.
>
> Je vous prie de lui témoigner le 1/4 des bontés que vous avez eues pour moi, et il aura lieu de vous remercier infiniment.
>
> J'ai l'honneur d'être, avec le plus sincère attachement, Monsieur et ami,
>
> Votre très-humble et très-affectionné serviteur et ami,
>
> BUONAPARTE.

Il serait à souhaiter qu'on publiât, quelque jour, toute la correspondance des Bonaparte, avant et après Brumaire, avec Mme d'Izoard. Cette aimable femme, sœur du trésorier de Provence Pin, et qui laissa un souvenir charmant à la société d'Aix du commencement du siècle, société mondaine et lettrée, fort semblable à celle d'aujourd'hui, tira les Bonaparte de plus d'un mauvais pas à l'heure de la misère, et ses fils en recueillirent plus tard le fruit : l'aîné devint cardinal, puis Pair de France ; le second fut président de cour prévôtale, et le troisième eut un gouvernement financier. J'ai parcouru dans les cartons de M. le marquis d'Izoard la correspondance de Madame Lætitia : on sait qu'elle était alors à Marseille avec ses filles dans la position la plus nécessiteuse. Et j'ai songé en remuant ces lettres sans fausse honte et sans orthographe, au mot shakespearien qui devait échapper un jour à la même femme, quand son fils commandait au monde : Vous verrez que je serai obligée de donner du pain à tous ces rois.

Comme complément à la lettre de Lucien, on m'a narré l'épisode inédit de Bonaparte, au retour des Pyramides, tombant un dimanche matin chez Mme d'Izoard, à Aix, et affolant toute la maison ; car on était à entendre clandestinement la messe, et la survenue d'un général botté et éperonné n'était pas pour rassurer l'auditoire. Mais on reconnut bien vite l'ancien candidat au *Béat Escadron.* Le prêtre acheva sa messe, le général en chef s'agenouilla parmi les réfractaires, et, déjeunant ensuite avec la vieille amie de sa famille, il lui promit qu'elle ouïrait bientôt les offices dans sa paroisse. Le 18 Brumaire et le Concordat hantaient déjà le cerveau du vainqueur de l'Égypte.

Aix est la ville de toutes les conversations; aussi la gentilhommerie y fleurit-elle plus qu'ailleurs. Mais vous n'y trouverez pas la gourme de la noblesse italienne, par exemple, ni la morgue de certains milieux provinciaux du faubourg Saint-Germain. L'aristocratie d'Aix est enchantée de ses blasons et de ses titres, et comme elle est généralement assez peu fortunée, elle les étale avec toutes sortes de grâces et de sourires. Il est en effet peu de villes où l'on trouve autant de noms historiques dûment portés par leurs descendants. Boniface de Castellane, Palamède de Forbin, Fanette de Gantelme, Elzéar et Delphine de Sabran, Hélion, Roméo et Roseline de Villeneuve, font encore partie de l'antique société d'Aix.

En Provence, la terre donnait en quelque sorte la noblesse. L'aristocratie y était très démocratique, comme toutes les institutions de nos pays de droit écrit. Ainsi un gentilhomme sans terre n'assistait pas à l'assemblée des possédant-fiefs, tandis qu'un bourgeois, propriétaire de biens nobles, y avait droit d'entrée et de vote.

Un différend s'est plaidé, ces dernières années, entre deux anciennes familles d'Aix, pour le port d'un nom que l'une revendiquait de par sa descendance, l'autre de par sa possession de la terre d'où venait le nom...

A Aix, le titre de marquis est le plus fréquent : mais suivant la loi provençale, le seul marquis de Lagoy, un bibliophile, fils d'un numismate, le porterait traditionnellement, me dit-on, pour posséder encore le marquisat conféré à son ancêtre direct, M. de Meyran, sous François Ier.

La plupart des anciennes maisons de la noblesse provençale sont encore représentées en Provence, sinon à Aix. Citons, par ordre alphabétique, les noms de Blacas, de Castellane, de Duranti La Calade, de Flotte, de Forbin, de Gantelme, de Pontevès (qui sont d'Agoult), de Sabran, et de Villeneuve. Ceux-ci se disent issus des rois d'Aragon. Les Castellane, qui ont été seigneurs souverains, peuvent passer premiers. Les Sabran ont été comtes de Forcalquier. Les Agoult furent les suprêmes défenseurs de l'autonomie provençale, au xve siècle. La branche d'Italie des Gantelme portait encore, naguères, les titres de duc de Popoli, prince d'Achaïe, etc. Quant à la famille des Baux, elle n'est plus représentée qu'à Naples, par les *Del Balzo* qui avaient suivi les Angevins.

Sous ce titre, *Les Devises de la Noblesse*, le roi Réné aurait dicté la liste des principales familles historiques de Provence, accompagnées d'une épithète traditionnelle. Vraisemblablement ces qualificatifs étaient proverbiaux, et il s'est borné à les recueillir. Les voici :

« Gravité d'*Arcussia*. — Bonté d'*Agoult*. — Tricherie d'*Aperi oculos (Du Breuil)*. — Ingéniosité d'*Oraison*. — Malice *de Barras*. — Inconstance des *Baux*. — Déloyauté de *Beaufort*. — Vaillance de *Blacas*. — Fidélité de *Bouliers*. — Vantardise de *Boniface*. — Prudhomie de *Cabassole*. — Envie de *Candole*. — Dissolution *de Castellane*. — Bonté de *Castillon*. — Vivacité de *Forbin*. — Communion de *Forcalquier*. — Fierté de *Glandevès*. — Sottise de *Grasse*. — Finesse de *Grimaldi*. — Subtilité de *Jarente*. — Légèreté de *Lubières*. — Prudence de *Pontevès*. — Grandeur des *Porcellets*. — Simplesse de *Sabran*. — Opiniâtreté de *Sade*. — Sagesse de *Simiane*. — Constance de *Vintimille*. — Libéralité de *Villeneuve*. »

18 avril.

La bibliothèque de M. Paul Arbaud est de tel ordre qu'un tableau d'Aix ne saurait la passer sous silence. Tout ce qui intéresse la Provence, langue, histoire, mœurs et nature, y est pieusement recueilli. Aucun dépôt public ne saurait prétendre, sous cet aspect, à lutter avec elle. Je ne sais qu'une collection de cette valeur qu'on puisse lui comparer : la *bibliothèque Coste,* toute lyonnaise, qui appartient aujourd'hui à la ville de Lyon, et dont le catalogue seul, réunissant près de dix-huit mille articles, fit la renommée de son rédacteur, M. Aimé Vingtrinier.

La bibliothèque de M. Paul Arbaud, *l'Arbaudenco,* comme on dit en Provence, comme l'a baptisée Mistral dans un éloge qu'il en a fait, ne sera sans doute jamais démembrée. Il est à prévoir que le savant bibliographe qui l'a réunie donnera de son vivant à la Provence cette assurance nouvelle de son patriotisme. En attendant, elle est libéralement ouverte aux chercheurs. Le bibliophile ici n'est pas bibliotaphe. J'ai pu considérer chez lui les vénérables manuscrits romans publiés par le savant M. Chabaneau, comme le seront bientôt d'autres monuments inédits de la même collection.

J'y ai palpé un livre de prières, revêtu de peau humaine; un récit des guerres de l'Empire habillé en veau tricolore; le très rare missel d'Aix de 1527; des reliures de Cappé, de Trautz-Bauzonnet, de tous les virtuoses du petit fer, de la mosaïque et des compartiments.

J'ai butiné des merveilles dans les rayons provençaux, où abondent les plaquettes populaires uniques, étincelantes, comme les plus beaux livres, sous leur vêture somptueuse. C'est une collection sans prix. La série des portraits de Mirabeau en compte plus de trois cent cinquante, et parmi les volumes de langue provençale, plusieurs des xvie et xviie siècles sont complètement ignorés, quelquefois excellents. Plus d'une de ces brochures est pleine d'enseignements pour ceux, entre autres, qui accusent d'artifice notre provençal classique, tel que l'ont définitivement fixé les félibres...

Avant de quitter l'hôtel d'Arbaud je veux y signaler encore une pièce de haute curiosité, dont l'histoire me hante comme un trait singulier des mœurs traditionnelles d'Aix. Je visitais hier l'ancien hôtel de Château-Renard, où on fait admirer un grand escalier peint à fresques et que visita Louis XIII. Ce roi, séjournant à Aix, apprit que son voisin le notaire Borrilly possédait un cabinet de raretés, dans une demeure élégamment ornée par les artistes provençaux. Il s'y rendit, et pour témoigner sa satisfaction au collectionneur, lui demanda quel présent lui serait le plus agréable. — Votre baudrier, Sire, répondit Borrilly. Le roi le détacha; c'était le baudrier de son sacre. Séance tenante, le notaire aixois plaça l'objet précieux parmi ses raretés, et même à côté du *Cyclope,* « un cyclope embaumé qui avait vécu neuf mois et auquel on avait sans artifice conservé son œil entier, » comme disait le catalogue de cette singulière collection. Borrilly fit faire un écrin digne de ce nouveau trésor, pour le cacher à la vue des profanes, un coffret de maroquin rouge semé de fleurs de lis et d'L couronnées, avec la date du présent, 1622. Il mit aussi tous les poètes de Provence en campagne : madrigaux, odes et poèmes tombèrent comme grêle sur le roi, le notaire, le baudrier et son coffret. Sur le couvercle de celui-ci une inscription latine et un quatrain français, pour transmettre l'événement à la postérité :

> *Ce petit coffre est très auguste*
> *Parce qu'il porte avecques soy*
> *Le bauldrier que Louys le juste*
> *Portait lorsqu'il fut sacré roy.*

(A. Rémy.)

M. Bonnaffé a très agréablement conté l'entrée du coffret Borrilly à *l'Arbaudenco,* dans ses « Propos de Valentin » ; il est, en effet des grâces d'état pour les collectionneurs : ce reliquaire des mœurs lettrées d'Aix, au grand siècle, ne pouvait aborder ailleurs. J'ai parcouru, devant le coffret lui-même, les hommages poétiques rassemblés par Borrilly. On ne saurait pousser plus loin la platitude. Mais sans mentir, dans ce concert de louanges sans vie, aux formules exsangues, les seules rimes provençales se sauvent de la flatterie forcée, par le tour piquant de l'expression et sa bonhomie savoureuse.

Cette dévotion de la gloriole se rencontre ici à chaque pas. Nous voici au Musée. Après quelques regards donnés aux vestiges des *Aquæ-Sextiæ* romaines, j'écoute avec ravissement dans une cour de jardin pleine de marbres, cette étonnante histoire d'un tombeau. Sur une auge de sarcophage antique s'étalent capricieusement des épisodes de batailles. Mais le style de ces bas-reliefs, mutilés très régulièrement, appartient au XVIIIe siècle. Mais l'inscription a des prétentions au gothique et la légende se souvient du grand siècle... Ce pot-pourri funéraire, fut imaginé me dit-on, par un parlementaire aixois du temps de Louis XV, dans un accès de délire nobiliaire. Président à la cour, et comme tel environné de toutes les vanités héraldiques, M. de Gueydan, peu pourvu d'ancêtres, résolut de s'en donner. Il fit donc exécuter, par le statuaire Chastel, la représentation sculpturale des problématiques prouesses de ses aïeux à la croisade. Voici une bataille de Mansourah, très italienne, où des panaches romains désignent les grands féodaux... Bref, Chastel fit une œuvre selon son style, et un chef-d'œuvre ; il se condamna lui-même à le mutiler, et le sarcophage fut nuitamment transporté au château de Gueydan. D'abord on ne vit pas la supercherie : l'entourage du président s'inclina de confiance ; mais la rumeur publique, on ne sait comment, déclara la chapelle hantée et le tombeau suspect. Le pauvre tombeau erra, quelque temps, sans logis, et c'est finalement au musée d'Aix qu'il a trouvé asile.

Ce musée, que je ne décrirai pas, renferme d'excellentes peintures. Naturellement, sa caractéristique est le portrait. A ce point de vue, les salles françaises, — en partie léguées par la famille de Gueydan, — offrent des merveilles. Il y a là un *Puget* peint par lui-même, deux *Philippe de Champagne* (l'évêque Arnaud et Pompone de Bellièvre). A côté de ces austérités, nombreux et magnifiques sont les portraits de Rigaud, de Largillière, de Latour et ceux de l'école aixoise, des Vanloo, des Arnulphy, des Viale, des Palmi. J'ai surtout remarqué l'image triomphante du dernier des Villars, par Latour, et un bel enfant cuirassé, en robe rose, d'Arnulphy.

Vendredi-Saint, 19 avril.

Je suis éveillé à six heures par un ami qui veut me faire goûter des sensations d'un ordre qui s'efface. C'est d'abord la *passion provençale*, à Saint-Sauveur. La basilique s'éclaire à peine aux rayons du matin. Un félibre, le chanoine Mille, dans une langue expressive, mais peu étendue, prêche la mort de Jésus-Christ à un auditoire populaire. Je ne reconnais plus le silence endormi du vulgaire *sermon des bonnes;* c'est un recueillement attentif à qui rien n'échappe des péripéties du Calvaire. L'orateur ramène comme un refrain certaines exclamations de pitié, qui ponctuent solennellement les étapes du Chemin de la Croix. La prédication provençale est plus en honneur qu'on ne pense. Un grand nombre de villages du Var et des Alpes ne sont pas autrement évangélisés. Quelques évêques — d'origine septentrionale, des *franchimands,* — avaient cru pouvoir l'empêcher : les églises perdaient leurs fidèles ; toute latitude fut laissée aux curés. De même pour les instituteurs primaires à qui l'on avait tenté d'interdire l'enseignement du français par le provençal. Comme si une langue pouvait être apprise sans en faire la comparaison avec une autre déjà sue !.. La plupart des villes du Midi ont, chaque dimanche, leurs sermons de langue d'Oc. À Aix, par exemple, les trois prônes provençaux de fondation qui s'y donnent, sont, incomparablement, les plus suivis.

Nous ne dissimulerons pas que l'influence de Paris sur les grands centres n'y ait affaibli cette coutume. C'est un des résultats du Félibrige d'avoir parmi ses initiés et à côté des opinions les plus diverses, quelques prêtres ardents, des moines, pour propager la langue classique, en attachant le peuple au provençal. Au premier rang de ces apôtres, il faut nommer le vaillant P. Xavier de Fourvières, un prémontré, et un bénédictin, dom J.-B. Garnier.

En sortant de Saint-Sauveur, j'entrai dans une petite chapelle sans apparence, où le plus saisissant spectacle m'attendait. Derrière un autel dépouillé de ses ornements, s'échafaudait, en personnages de bois peint plus hauts que nature, la scène de l'ensevelissement du Christ. Et derrière fuyait, en demi-relief, sur le mur de fond, une vue très primitive de Jérusalem. Au pied de ce monument qui date du xvie siècle, des pénitents sous leur cagoule grise étaient agenouillés, roulant entre leurs doigts de lourds chapelets de buis. C'était une évocation comme on n'en voit plus qu'en Espagne. En m'approchant, j'aperçus des bottines vernies sous la toile grossière. Ce luxe devient rare chez les pénitents, m'explique mon compagnon. Il y a vingt ans les trois Confréries d'Aix, pénitents gris (bourras) les plus nombreux, pénitents blancs et pénitents bleus — ceux qui escortaient les suppliciés — se partageaient encore tous les hommes de la société. Aujourd'hui bien peu d'enterrements sont suivis de cagoules populaires. Mais il y a une tendance dans l'aristocratie d'Aix à faire revivre cette franc-maçonnerie des pénitents. Il me souvient d'avoir vu, aux funérailles de M. d'Ille-Gantelme, le père de l'écrivain, en 1884, les dernières qu'aient suivies les trois Confréries de la cité comtale, se déployer tout le cortège de l'antique institution. Le long défilé des cagoules portant chacune la torche allumée, et le cordon de Saint-François battant la toile grossière, était précédé d'énormes croix de bois, simples et frustes parmi les dorures du clergé séculier : un contraste très saisissant; je retrouvais le moyen-âge... — D'ici, nous remontons hors de la ville, et nous voici en face d'un étrange petit monument construit dans un jardin, et engagé sur une face, dans le mur de la route. C'est un édicule maigre et haut, de la fin du XVIIIe siècle, flanqué de colonnettes, chamarré de bas-reliefs, de statues symboliques et d'inscriptions. Il fait penser à une réduction grotesque du charmant mausolée de saint Rémy. On l'appelle *le tombeau de Joseph Sec*. Le propriétaire de ce nom harmonieux était un riche marchand de bois, d'Aix, mort en 1794. Il fit élever ce monument dans son jardin, en 1792, par le sculpteur Chastel, pour y être enterré, et pour laisser un enseignement aux hommes. Cette inscription le couronne :

> *Venez, habitants de la terre,*
> *Nations, écoutez la loi !*

On y voit ensuite Thémis couronnée, Moïse, et parmi d'autres allégories, deux assignats de cent et de deux mille livres, en bas-reliefs de marbre blanc. Tout ce fatras représente « le pouvoir des lois sur les peuples. » Le patriote ami de l'humanité qui prétendit s'immortaliser par ce chef-d'œuvre d'emphase, était au niveau de son temps. La Révolution, œuvre sublime et irraisonnée d'avocats ambitieux, s'exprimait bien dans ce langage. Le peuple ne l'adopta qu'ensuite, mais pour agrandir, jusqu'à la dissemblance, le moule où l'avaient pétrie ses auteurs.

Ce monument de fatuité heureuse me plonge dans des rêves mélancoliques. Tout à côté, sur la même route, un petit café plein de silence : *à la Renommée*... Nous entrons : c'est par là qu'on accède au jardin du tombeau. Là, des balustres de pierre, des sculptures encore, des bustes imités de l'antique, des orangers malades dans de grandes amphores, un parterre brûlé, plein de tessons et de verres cassés : c'est le jardin de l'oubli. Le Trianon du bourgeois d'Aix est transformé en cul-de-sac. Le morne abandon est son hôte : nous sortons par le petit café, vide aussi, sans rencontrer âme qui vive...

Mais je n'ai pas tout vu, et tandis que je me retourne encore vers cet invraisemblable édifice, en songeant à la part d'influence aixoise, de solennité parlementaire, de conviction bouffie qui entrait dans l'innocence de cette âme hantée des Droits de l'homme, mon compagnon me conduit en un jardin de vieille ordonnance, où j'éprouve la plus désagréable surprise. Au bout d'une allée d'ifs taillés au cordeau, dans un petit kiosque Louis XVI, encombré des outils d'un charpentier, son propriétaire, on me soulève le siège d'un canapé de vieille étoffe, et j'y vois étendu un homme nu, portant au front une cicatrice sanglante. Il est de marbre peint, aussi grand que nature, dans toute la longueur. On l'attribue encore à Chastel. La première impression du cadavre jauni, à la face souffrante, m'a été pénible. Il fut déposé là, me dit-on, par le même Joseph Sec — en mémoire d'un ouvrier tué par une pierre, qui bâtissait son monument. Quels pensers funèbres pour des philosophes ! sous un ciel frère du ciel de la Grèce ! Mais ces tristesses de sectaires n'inspiraient pas tous les hommes de la Révolution. Je n'en veux pour preuve qu'un épisode célèbre qui m'est conté en son lieu même. — Rue Mazarine, et contigu au vaste hôtel de M. Guillibert dans la bibliothèque de qui j'achève la matinée, est l'hôtel de Marignane. Mirabeau courtisait la fille du marquis, que ses parents s'obstinaient à lui refuser. Ses traits étaient sans charme, mais une flamme intérieure illuminait sa face, et on agréait ses soupirs. Toujours rebuté des parents, l'amoureux n'y tint plus. Un beau matin les passants l'aperçurent en chemise, un bonnet de coton sur la tête, à la fenêtre de la jeune fille. Il l'avait compromise, elle fut à lui. Que de fleurettes semblables poussent entre les pavés des rues d'Aix...

VI

Marseille, 20 avril

On ne peut pas plus dire de Marseille que c'est une ville provençale, qu'on ne peut appeler Paris une ville purement française. Marseille, c'est le plus ancien boulevard de la Méditerranée, depuis le temps où des Hellènes apportaient, à cette extrémité du monde connu, la civilisation avec le génie grec. Barcelone partage désormais avec elle cette suprématie de la mer latine. Mais Marseille garde le prestige de l'âge et de l'histoire, quoique plus rien, dans la ville moderne, ne rappelle la sœur de Rome et la fille d'Athènes.

A Marseille on oublie un peu la Provence. Ce passage de tant d'êtres divers, ce confluent de tant de races vous fait perdre la notion d'une nature, d'un pays unique. Une indifférence de curiosité générale oblitère le sens primitif qui exclut et restreint ces fusions d'hommes. Et c'est le ver rongeur de toute civilisation avancée, cette insouciance pour tout ce qui n'est pas l'intérêt personnel.

Après la Provence *pagano* et *pacano*, — païenne et paysanne ; — après Aix, la ville à mortier, ce m'est toujours un changement très brusque d'arriver à Marseille et de tomber dans mon caravansérail, ce placard aux compartiments innombrables, qui a vue sur la Cannebière, si joliment bruyante, le jour, comme une foire de Beaucaire du temps passé, et si moderne, si féerique, la nuit, avec ses feux électriques, rayons de lune condensés, splendides, tandis qu'au noir, là-bas, des feux rouges dansent sur le port.

Un paquebot des Indes a été signalé ce soir dans le crépuscule. Je suis allé au quai de la Joliette jouir du spectacle de son arrivée. Le pittoresque n'est pas mort tant que les longs voyages subsistent. Les ports eux-mêmes ont gardé leur couleur éternelle. Je rentre par le quartier Saint-Jean, si animé au grand soleil, maintenant tout plein d'ombre. Ce Vieux Port a sa poésie, son aimantation séculaire.

Comme une large nef échouée dans une eau morte, sans rivages, et jaune comme un soleil pâle, dans la nuit étoilée d'argent, la pauvre lune ébréchée roule et tourne dans les cordages noirs.

Tout est noir sur la terre et tout scintille au ciel. Comme une floraison des carènes, s'élève le treillis des mâts dans l'étincellement des étoiles.

Quand je rentre au caravansérail, j'y trouve une agitation cosmopolite. Le bateau des Grandes Indes a débarqué toute la gamme des peaux cuivrées et des Anglais maîtres du monde. Les valets de pied, les femmes de chambre, les sommeliers de l'hôtel vont et viennent, parmi ces tas d'étranges figures aux costumes éclatants, répandues et couchées un peu partout, dans les escaliers et les corridors. J'observe que la sage prévoyance de l'administration, — ou le hasard lui-même, — va jusqu'à graduer les charmes des chambrières avec la hauteur des étages... Arrivé à mon troisième, je leur préfère déjà toutes les esclaves jaunes qu'il me faut enjamber, pour regagner ma case, dans le campement général.

21 avril.

Il est périlleux d'exposer l'état de la littérature à Marseille. Je suis même certain que l'opinion que je m'en fais trouvera peu de partisans.

Parcourez la liste des grands écrivains de la

France, vous ne compterez, parmi les poètes, que des hommes du Centre ou du Nord, cependant que bon nombre des prosateurs sont méridionaux : Montaigne, Fénelon, Montesquieu. Vauvenarques, Mirabeau, Mignet, Guizot, Mérimée, sans parler des vivants.

La raison est simple : on ne veut pas la voir. L'instrument de la poésie ne peut être qu'une langue native, maternelle, spontanée. On la possède ou on ne la possède pas, tandis qu'on *se fait* une langue de prose. J'en ai eu maints exemples frappants sous les yeux, parmi les Félibres dont plusieurs sont aussi d'excellents prosateurs français ; l'abbé Roux, entre tous, le célèbre auteur des *Pensées*, qui, en dépit de ses autres vers, n'est vraiment un poète et un maître, qu'en limousin, dans son parler natal.

J'estime que tant qu'il subsistera une langue d'oc dans le Midi. ou que le français qu'on y parlera ne s'en sera pas assimilé les éléments nécessaires à la reproduction imagée et frappante de la nature méridionale, cette seule langue d'oc en sera le miroir fidèle.

La liste des poètes français de Marseille, des poètes célèbres, est courte : Barthélemy, Méry, Autran. (Je ne veux porter aucun jugement sur la génération présente, n'y voyant encore que des reflets des écoles modernes.) Un réel talent chez ces trois poètes, qui n'étaient pas absolument de milieux populaires, et qu'une éducation classique avait initiés au génie français. Autran a rencontré de ces vers heureux qui ont la lumière précise et la clarté attiques ; mais sa langue académique lui a trop souvent interdit le naturel dans l'observation, dans le choix même des sujets. Barthélemy, certes, eut de l'éloquence ; Méry, un improvisateur, certaine facilité classique. Mais chez tous trois pas d'atavisme : leur poésie est sans écho, étant sans racines profondes.

Les prosateurs de Marseille sont plus nombreux : Thiers, Méry, Gozlan, Louis Reybaud, Taxile Delort, Eugène Guinot, Amédée Achard, et parmi les derniers venus, Horace Bertin, Louis Brès et Eugène Rostand. Je ne cacherai pas quelque prédilection à leur égard : *la Chasse au Chastre*, *Jérôme Paturot*, *Aristide Froissart*, me semblent des façons de chefs-d'œuvre. Car s'il n'est là aucun de ces maîtres que l'on dit glorieux, je leur connais du moins des qualités topiques qui ont leurs origines lointaines. C'est d'abord chez tous, la clarté, une clarté rare qui ne va pas sans un parfum d'antiquité classique, l'équivalent, pour nos écrivains méridionaux, de l'aromatique aridité des combes grecques de Provence. C'est surtout le don de la facétie, ce dernier écho de l'esprit phocéen, ces derniers grains du sel attique. Ne sont-il pas de cette famille d'écrivains, les initiateurs de la chronique française, de la nouvelle plaisante et lumineuse, et de ce bel esprit volatil qu'on qualifie à tort de parisien, quand il n'est le plus souvent qu'un rayon provençal, naturellement acclimaté dans la ville *galéjarello,* « la plus provençale de toutes, » qui s'appelle Paris.

Malgré tout, les écrivains provençaux de Marseille expriment encore plus profondément la nature qui les a suscités. Depuis cent cinquante ans, ils n'ont pas manqué à Marseille, les poètes et les conteurs facétieux de langue d'oc. Toussaint Gros badinait en vers savoureux, sous Louis XV, tandis que Germain écrivait son étincelante et pironienne *Bourrido dei Dious* qui me semble bien près de la perfection. Au commencement du siècle, Pierre Bellot tant admiré par Nodier et Méry, préparait avec son *Pouèto cassaire* et ses contes, l'amusement de trois générations. Et il était suivi de Fortuné Chailan dont les *Amours de Vénus* demeurent un bijou du trésor comique de Marseille. Alors sont venus deux poètes qui ont traduit à jamais la physionomie populaire de la cité, qui ont exprimé librement des choses naturelles dans leur langue familière, au style réaliste, Bénédit et Gelu. Bénédit a immortalisé le type disparu du *nèrvi,* et fixé les mœurs pittoresques du port et des rues de Marseille, dans ses tableaux plaisants, suprêmement facétieux. Gelu, lui, a gravé à l'eau-forte certaines physionomies plébéiennes, dans les moules d'un Béranger qu'aurait hanté l'âme de Juvénal. Ces deux hommes, les derniers venus de cette école des *troubaïre* qui a précédé les félibres, sont les vrais poètes nationaux de Marseille ; ils ont maintenu dans leur ville cosmopolite le sens du terroir et le goût de la vie provençale. Un cénacle du nouvel évangile ne pouvait manquer de s'ouvrir à côté d'eux. Il les a remplacés désormais. Je ne puis désespérer de Marseille en considérant que ses jeunes représentants provençaux s'appellent Louis Astruc, Valère Bernard, Pascal Cros, Auguste Marin, — d'excellents artistes, très sincères, et plus dignes assurément d'être lus et aimés que la plupart des parnassiens qui depuis vingt ans, ici, se groupent en des Athénées — provinciaux sans doute, mais provençaux non pas.

22 avril.

Le Musée de Marseille n'a pas à regretter son logis. L'illustre palais de Longchamp qui l'abrite — œuvre d'un artiste mort jeune, Espérandieu — est réputé pour un chef-d'œuvre, en un temps où l'architecture, ne pouvant plus créer, est réduite à se souvenir. Quand on débouche, du boulevard qui lui fait face, devant le monument, on est surpris par son singulier relief, par la splendeur grandiose du chateau d'eau flanqué des deux corps élégants du Musée, par la simplicité de la conception et la richesse des détails. Quatre grands fauves de Barye, à la majesté rugissante sur leurs piédestaux massifs, gardent l'entrée du jardin. Et tout au haut de la fontaine, quatre taureaux de marbre s'élancent d'une large vasque d'où l'eau retombe en cascades dans d'autres bassins étagés.

Les collections de la ville sont disposées à droite et à gauche de la belle fontaine, dans chacun des deux corps aux colonnades italiennes du palais. A droite l'histoire naturelle, à gauche les œuvres d'art. J'entre ici : c'est la statuaire.

Dans ce rez-de-chaussée du Musée de Marseille, parmi les sculptures des Marseillais, pas un Puget, hélas*! Mais n'a-t-on pas délogé sa statue du cœur de la cité pour l'exiler dans une allée solitaire, au château Borelly? Dans sa gloire comme dans sa vie, le pauvre génie est trop fier pour se plaindre. Si les trois moulages

---

* Je ne parle pas d'un médaillon de Louis XIV, ouvrage officiel, dont il existe ailleurs plusieurs répliques, sorties comme celle-ci de l'atelier plutôt que de la main du maitre.

de son œuvre qui sont ici, les *Cariatides* de Toulon, et le *Milon de Crotone,* une œuvre de géant, ne crient pas justice à la conscience de ses compatriotes, c'est qu'il faut désespérer d'eux pour longtemps.

Et je pense à Daumier, un autre marseillais qui est de sa famille dans l'ordre du génie. Vous pouvez chercher vainement dans la ville une rue qui porte son nom, un dessin de lui au Musée... Je n'ai même pas trouvé ici quelqu'un qui sût l'origine marseillaise de ce Michel-Ange de la Caricature, — le plus français de tous les arts.

En songeant à ces choses, j'arrivais à l'escalier du Musée que décorent deux fresques célèbres de Puvis de Chavannes. Il est magnifique et conduit aux salles des tableaux par deux larges volées. Je montai par celle que couronne la *Marseille porte de l'Orient,* du noble enchanteur. Un vaisseau entre au port de Marseille, chargé d'Asiatiques. La composition est suggestive, mais plus singulière que belle. L'exotisme ne convient pas à cette peinture à horizons classiques. Mais, quand, au sommet du grand escalier, je me retournai vers la fresque opposée, *Marseille colonie grecque,* je ne pus réprimer une émotion vive. L'exquise vision céruléenne! Des Phocéens débarqués sur le rivage calme, au pied des rochers d'argent qui l'entourent, s'occupent à bâtir une ville. Et dans ces blocs disséminés, et dans les groupes harmonieux, et dans la pensée répandue entre ce ciel et cette mer, on pressent la ville future, mère de la civilisation et nourrice du beau. Cette fresque est géniale : c'est à la fois de la statuaire, de la peinture et de la musique. Ces trois harmonies se marient en une évocation transcendante, sur le rivage à l'onde bleue et que rend plus profonde encore le ciel clair traversé de nuages marins. Je goûte l'idéal et je trouve l'histoire. Le poète n'a pas rêvé.

Ah ! ville dégénérée, Marseille, qui fus une seconde Athènes, bien longue a donc été la nuit du moyen-âge, bien épaisse est donc la fumée de l'industrie moderne, pour que tu ne l'aies plus regardé, depuis les temps antiques, ton ciel incomparable, frère des cieux d'Hellas, qui te prodiguait la beauté avec la lumière sereine !

« Fille des Phocéens, sœur de Rome, rivale de Carthage, » ainsi que te nommait une inscription, — disparue aussi, — de ton Hôtel de Ville, si rien ne reste de tes temples de Diane d'Éphèse et de l'Apollon Delphien, si le souvenir ne vit plus de tes Écoles célèbres où l'enseignement des arts et des langues classiques était gardé comme un dépôt sacré, alors que Cicéron en appelait un maître des élégances latines, lui qui plaidait en grec avant sa renommée ; et si les derniers vestiges de ta grandeur passée se réduisent à quelques stèles funéraires reléguées en un château qui n'est jamais visité ; ô Marseille, lis ton histoire, rends au culte des Muses un peu de ton amour ancien, et comme tu es la seule toujours jeune et vivante des cités glorieuses de l'antiquité, tu conquerras le double sceptre de la Méditerranée et du monde latin.

Je veux parcourir hâtivement le musée de peinture, mais la hantise de Puget me reprend dès l'entrée. Il a mis dans ce portrait de lui-même toute son amertume farouche, toute l'âme blessée d'un olympien conscient de sa divinité. « Civis Massiliensis, » porte l'inscription du vieux cadre, et le pli hautain de la lèvre donne à ces mots une ironie.

Ce grand artiste fut un grand patriote, et tous les tracas de sa vie découlèrent d'un double et trop fervent amour pour sa Provence et pour son roi. Né d'un simple tailleur de pierres (1623), à dix ans il modèle déjà dans l'argile, et dessine devant la mer. Une vocation de peintre apparaît en lui tout d'abord. La plupart des tableaux religieux de sa jeunesse feraient la gloire d'un maître ; celui-ci est riche pour plusieurs. A la fois sculpteur et peintre, il est déjà célèbre ; il se fait architecte aussi. Il voyage en Italie, admire Michel-Ange, se rend à Paris où l'emploie le fastueux Fouquet, revient à Toulon, enfin se fixe à Gênes.

Puget a trente-huit ans; c'est l'époque heureuse de sa vie. Il a trouvé des protecteurs, des fanatiques de son art. C'est alors qu'il anime de son naissant génie ces marbres merveilleux le *Saint-Sébastien* et le *Saint-Ambroise* des Sauli, et le groupe fameux de la *Conception* pour Emmanuel Brignole.

Mais il semble avoir honte de ne travailler plus pour sa Provence. Et le revoici à Toulon, occupé par l'administration de la marine royale. « Pierre Puget, sculpteur, peintre, architecte » vient-il de signer fièrement les *Cariatides* de l'Hôtel-de-Ville : — il préfère cependant consacrer son génie à de moindres besognes, se faire entrepreneur, constructeur et décorateur de vaisseaux, pour servir son pays.

> *Et le voici sculptant à son tour ces galères*
> *Qu'il fait lourdes d'un monde et qui restent légères;*
> *Par groupes, sur leurs flancs dorés et radieux,*
> *Sa main d'homme suspend tout un peuple de dieux...*
> *Et là-haut, par dessus ce peuple fait pour l'onde,*
> *Entre les fins balcons à l'arrière étagés,*
> *Des déesses, tendant de leurs bras allongés*
> *Vers l'immense horizon, Chimères ou Victoires,*
> *Leurs clairons d'or jetant des bruits qui sont des gloires!* [*]

« Prenez garde, avait écrit Colbert à son

---

[*] Jean Aicard, *Pierre Puget* (Poèmes de Provence).

intendant de Toulon, à propos d'une escadre destinée au voyage des Indes, prenez garde que non seulement la bonté, mais même la beauté de ces vaisseaux donne quelque idée de la grandeur du roi dans ces pays-là » Et Puget qui entendait qu'on le traitât comme un penseur, non comme un ouvrier aux gages du ministre, s'était mis à la tâche et, durant quatre années, malgré les rivalités qu'on lui suscitait en des envoyés de Paris, tels que Lebrun et Girardon, il avait fièrement, despotiquement poursuivi son œuvre. Mais Colbert sut se débarrasser d'un artiste en qui l'orgueil d'abord et le protégé de Fouquet lui devenaient insupportables ; il invoqua la sobriété des galères anglaises, la trop forte dépense des vaisseaux de Toulon, et du coup rendit inutiles les services du maître.

Puget n'avait cessé de venir à Marseille et à Aix, et d'y travailler pour son art véritable. Le statuaire de génie avait enfin la gloire. Sa réputation d'entrepreneur se faisait aussi universelle ; car là, comme à Paris, à Toulon et à Gênes, il passait pour se soucier, avant toutes choses, des intérêts du beau.

Les échevins marseillais s'occupaient à embellir, à agrandir leur ville. On discuta l'emploi qu'on pouvait faire de Puget, et sur un rapport favorable qui le présentait d'ailleurs comme un génois, les travaux commencèrent. L'Arsenal, les

Halles, le cours Saint-Louis, la Cannebière elle-même, sans parler des nombreuses maisons de Marseille dont il se fit le décorateur et l'architecte, peuvent être considérés comme son œuvre.

Cependant Louis XIV voulait avoir sa part des travaux du sculpteur. C'est pourquoi le *Persée délivrant Andromède,* le *Milon de Crotone,* sont à Versailles, et le bas-relief d'*Alexandre et Diogène* au Louvre. Mais on ignore à quel prix Puget dut payer ses rares satisfactions d'orgueil. Son séjour à Versailles est navrant. Les ministres, les courtisans du Roi s'accommodaient mal de son indépendance. Ce fut l'odyssée lamentable d'un provincial de génie à Paris. Puget ne savait pas la flatterie des cours, cette science de parvenir aujourd'hui remplacée par l'art démocratique de la réclame. Il se heurtait à toutes les portes, comme un géant gauche et entier qu'il était. Il vit le Roi avec Le Nostre : Louis XIV lui tira son chapeau. On aimerait à rencontrer ces deux Majestés face à face. Mais ce roi trop loué estimait un flatteur au-dessus d'un génie. Enfin, après bien des démarches, et comme le vieux Maître allait rentrer dans sa ville natale, Louis XIV lui donna son congé en trois mots, paroles fières, condescendantes, — et qui consolèrent Puget. Il revint mourir à Marseille, sombre toujours, dans son pavillon de *Fongate,* une villa italienne qu'il avait remplie d'œuvres d'art. Parmi ces marbres et ces toiles, beaucoup de ses propres ouvrages — qu'allait vendre bientôt son petit-fils. Tout ce qu'il en est resté à Marseille, c'est le bas-relief de la *peste de Milan* à la Consigne, un chef-d'œuvre ignoré, le médaillon du Roi-Soleil au musée, et le cartouche des armes de la ville sur le fronton de la Mairie...

Le peuple s'est vengé de l'indifférence de ses échevins, en appelant *la tête de Puget,* un profil de montagne qui regarde la ville, comme un reproche d'éternelle durée.

— Voici un portrait (l'homme à la ganse jaune) qu'on dit être celui de Molière jeune. Voici une Ascension de Pérugin, très mystique et qui passe pour un chef-d'œuvre. C'est, après le Pérugin de Lyon, le plus beau que je sache en France. Mais c'est toujours la première manière du peintre : on ne le connaît généralement que sous cet aspect. Ceux qui ont vu les fresques de Pérouse savent quelle plus vive souplesse, quelle plus grande chaleur de vie, le maître de Raphaël donna plus tard à son pinceau. Ce pré-raphaëlisme était bien du grand art. Voici un portrait de Mistral, debout dans le décor gallo-romain de Saint-Rémy, par J.-B. Clément. La peinture est assez banale, mais on s'y arrête, parce que l'idée est éclatante. Le *père Clément,* comme l'appelaient les félibres, était un de ces artistes de talent modeste, qui ne dépassent jamais la renommée des prix de Rome et des récompenses du Salon. Mais il avait voué ses dernières années à la glorification des Provençaux célèbres. Les quelques aimables portraits qu'il en a laissés défendent son nom de l'oubli.

A l'autre extrémité des galeries, c'est un portrait de Chenavard, le philosophe, par Ricard, qui est bien près de l'absolue perfection. Encore un Marseillais, ce grand peintre, et le premier sans doute des portraitistes français. Mais il vécut modeste. Seuls ses amis et quelques fervents de la première heure, passionnés pour son modelé corrégien, ont bien connu et son art et son âme. Un de ces privilégiés, M. Jules Roux, possède, dans sa collection d'élite, quelques toiles et quelques lettres du grand artiste, qui témoignent également de son exquis génie.

N'est-il pas remarquable que cette ville de Marseille, si indifférente en apparence à ses origines illustres, à son atavisme hellénique, ait produit précisément trois maîtres qui représentent chacun, dans leur pays, le sommet de leur art : Daumier, Ricard, Puget ?

La renommée de Gustave Ricard n'a pas cessé de croître depuis sa mort (1873). Mais déjà les plus éminents de ses compatriotes l'avaient apprécié à sa hauteur, témoins ces vers de son ami Autran :

> *O noble artiste aimé dont nous creusons la tombe,*
> *Je ne sais si Paris sent bien tout ce qui tombe*
> *Dans cette fosse ouverte où descend ton cercueil.*
>
> *Mais j'estime qu'aux temps de leurs gloires lointaines,*
> *Venise en te perdant aurait porté le deuil,*
> *Et que la Muse antique eût pleuré dans Athènes.*

Après un regard sur la noble fontaine, au pied de laquelle on voudrait voir fuir un plus vaste horizon, je sors du Palais par les hauteurs où il est adossé. Ici est un jardin rustique d'où s'aperçoit soudain un paysage pastoral, après les escaliers de marbre et les cascades retentissantes. A droite, dans la vallée qui s'ouvre, un horizon de Grèce, parsemé de bosquets de pins parasols, en atmosphère à de larges maisons blanches, basses, aux toits rouges, et fermé à l'orient par des rochers arcadiens, aux teintes d'argent pâle et tigrée de touffes de lentisques. Le jour est gris ; ce tableau de Théocrite m'apparaît tout silencieux.

Pour changer mes pensées j'entre au jardin zoologique qui se développe sur ce versant. C'est le quartier des oiseaux. Dans leurs volières, où vient fraîchir le vent du nord, sous un ciel encombré de nuages, je regarde frissonner les ibis sacrés qui regrettent les soirs d'Égypte. Tout blancs, avec la tête et la queue noires, ils ont les membres fins, le long bec recourbé et, parmi les épais casoars, insensibles sur leurs membres courts, ils tremblent sur une patte en fermant les yeux.

Il tombe çà et là quelques gouttes de pluie d'un ciel d'ardoise claire. Je réchauffe ma vue aux couleurs éclatantes des oiseaux du soleil. Ces faisans dorés de la Chine, vêtus de rouge profond et bardés de vieil or, me semblent descendus des potiches d'enfance, tant ils y sont fidèlement traduits. Deux de ces volatiles reflétant les couleurs du feu, roucoulent de chaque côté d'un grillage. J'assiste à leur idylle : ils sont parfaitement semblables de mouvement et de vêture, et il me semble n'en voir qu'un reflété dans un miroir...

Plus loin ce balancement fauve, sur une haute balustrade, c'est la girafe. J'y suis attiré et j'éprouve comme une surprise, une timidité, quand elle approche son museau plat, long, inquiétant... Mais soudain, dès qu'elle a retiré son cou, et que j'aperçois, tout en haut, sur cette longue tige jaune, la tête petite et vide du triste animal, je me sens prêt à éclater de rire, comme font deux soldats mes voisins.

Longue et dégingandée, la girafe porte sur elle les teintes fauves du Sahara brûlé. Son tatouage cartilagineux s'est usé au frottement, par plaques. Et comme elle est disgracieuse !... Quand elle a picoré, presque à genoux, — une nécessité de son cou interminable, — les maigres herbes que les pluies attirent autour de sa balustrade, la pauvre bête altérée par sa vie monotone s'en va rafraîchir sa bouche contre les carreaux de faïence émaillée, qui ornent de leur mosaïque son pavillon indien...

Mille cris aigus retentissent au détour d'une allée ; c'est la volière des petits oiseaux. Ils sont là peut-être deux mille, serrés, gazouilleurs, stridents, les bengalis, les perruches, les siffleurs, les huppes de l'Australie et du Brésil, toute la gamme du soleil... Pourquoi me vient-il d'étranges, d'humiliantes réflexions devant les paons blancs de l'Inde, qui rappellent des reines couronnées, avec leur robe de neige et leur diadème altier? Jamais Grandville n'a humanisé les bêtes avec ce naturel. Tous les accoutrements de l'homme le rapprochent des animaux : c'est à regretter la nudité primitive... Qu'ai-je dit? Voici des coqs fauves de Cochinchine qui portent d'invraisemblables mais réels pantalons... Je poursuis mon enquête : l'habitation des singes retient la plupart des curieux. Ils sont là nombreux et de laideurs diverses, et chacun a ses admirateurs. N'est-ce pas l'animal méchant et ignoble entre tous?... Mais je vais me nettoyer les yeux, comme disent les peintres, à regarder les flamants roses aux teintes d'aurore, aux dessous d'aile exquis, tendres comme sont parfois les nuages, pour me réconcilier avec la nature.

VII

Cannes, 24 avril.

Je quitte Marseille pour Cannes et le littoral. A la gare, je suis hêlé par deux hauts personnages du Conseil de la Santé publique, MM. P. et M., en tournée. J'ai rencontré déjà ces messieurs, au cours de leur inspection, dans quelques salons marseillais. Le rayonnement de Paris les accompagne.

Avec le régime de centralisation que subit la France, la Province n'est plus, en quelque sorte, que le public des parisiens. Qu'ils aient deux doigts de renommée et chaque déplacement leur vaut une longue ovation. Que de provinciaux célèbres n'avons-nous pas vus appréciés seulement de leurs compatriotes après le baptême de la capitale. L'estampille de Paris est l'affranchissement des hommes pour la postérité. Mais comment juger sainement d'un tel état de choses? Si nous blâmons cette suprématie de notre grande ville unique, on nous répond que Paris est la Cité du monde. Et, tout félibres que nous sommes, nous sommes aussi trop Français pour nous plaindre longtemps. Mais c'est encore de l'âme française, cette contradiction charmante entre nos vœux profonds et notre action insouciante...

Mes compagnons aimables parcourent ainsi les établissements d'hygiène du littoral. Quoique nous soyons loin de Paris, je veux mettre à profit leur science et m'instruire du présent et de l'avenir de ces fondations... Pourtant, quand ils me quittent à Saint-Raphaël, messieurs les Inspecteurs et moi, — comme le sous-préfet de la ballade, — nous n'avons fait que réciter des vers.

Trois heures plus tard, j'étais à Cannes. Le soleil déclinait, sur le haut horizon dentelé des monts de l'Estérel. Il inondait le golfe, les jardins, les collines, de sa gloire mélancolique. J'allais saluer des amis dans leurs villas et je suivais la route de Fréjus. L'orgueil de la fortune qui s'étalait partout semblait rivaliser avec les splendeurs de la terre, avec l'éclat du ciel. Mais une immense nostalgie soulevait ma poitrine devant ce trop plein de richesses. Et je songeais aux farouches envies du pauvre, devant ce luxe insoucieux, et trop calomnié, qui n'apprécie lui-même son bonheur qu'au moment de le perdre à jamais.

L'étrange fortune que celle de Cannes ! Ce n'était qu'un ancien bourg, de peu d'histoire, lorsque vers 1840, un chancelier d'Angleterre, lord Brougham, vint s'y installer et qu'il en fit, d'un an à l'autre, par son nom et son influence, une ville d'hiver célèbre. Mais on aurait tort de penser que l'accroissement de Cannes a été progressif depuis cette date récente. En 1871, pour la première fois, encore enfant, j'y passai l'automne. La station d'alors différait moins du village découvert par l'anglais, que de la ville d'aujourd'hui. La Croisette était encore une route paisible où se prélassaient au soleil, devant la nappe bleue, quelques hôtels et de rares villas bourgeoises, coupées par des chemins de campagne, pleins de cactus poudreux et d'aloès, qui dévalaient jusqu'à la mer.

Peu à peu, la politique aidant, Cannes devint un second faubourg Saint-Germain. Nice vit diminuer du coup sa royauté incontestée ; l'aristocratie désertait la capitale trop mêlée du littoral. Cannes transformée « en ville des Altesses, » comme l'appelle Maupassant, a subi pourtant une dernière phase. Aux modes légères et triomphantes des jeunes patriciennes de Paris, chez qui la démocratie et la perversité du siècle ont peu à peu exaspéré les cervelles et les tournures, ont succédé les coutumes britanniques, lentes et dominatrices. Jusqu'à ces dernières années, la plupart des riches anglais qui nous empruntent chaque hiver un peu de soleil provençal, louaient des villas, quand ils ne se contentaient pas des hôtels. Il n'en est plus ainsi : toutes les puissances territoriales d'outre-Manche sont propriétaires dans le rayon de Cannes. La vie, le langage, le confort égoïste, les jeux sanguins, les fêtes encombrantes même, dit-on, les vices tout privés des Anglais, sont installés à Cannes, et le pauvre Faubourg ne pouvant rivaliser avec cette influence, ne renonçant pas davantage aux luxueux plaisirs, leur a cédé la place. Toute la société est entre leurs mains. Dans dix ans, me dit quelqu'un qui s'échauffe à cette pensée, si nous n'y portons bon remède, en triomphant par le provençalisme, nous deviendrons étrangers ici, et Cannes sera ville anglaise...

— A l'hôtel, je rencontre Édouard Pailleron installé à Cannes depuis un mois. C'est un fervent de la Napoule et de l'Estérel, ainsi que Maupassant, qui, cependant, remise son *cutter* à Antibes. Tous les maréchaux de la littérature, comme disait Balzac, tout le high-life de la pensée, hiverneront bientôt sur la Côte d'azur. Chaque station a ses hôtes célèbres ; quelques-unes les gardent toute l'année, comme Saint-

Raphaël Alphonse Karr. Cinq ou six printemps encore, et le séjour au Littoral fera partie de la vie à Paris. Peut-on souhaiter en effet plus doux rivages pour se remettre des jours orageux ou difficiles de la jeunesse, et recueillir — on n'en est pas moins homme — quelques miettes de la renommée.

J'ai passé la soirée dans une maison très provençale, où j'ai appris du fils de Pierre Leroux, qui est son pieux disciple, quelle sympathie le célèbre sociologue professait pour l'œuvre des félibres. Il s'était retiré sur le Littoral, vers la fin de sa vie, et il y mourut dans le repos, comme Mérimée et Michelet. Un reproche qu'il faisait à notre œuvre, c'était de n'être pas généralement et franchement fédéraliste. Car le fédéralisme a figuré plus d'une fois dans les desiderata du parti intransigeant de la Cause. Quelques-uns d'entre nous, comme M. L. Xavier de Ricard, ont pu réclamer « la fédération des provinces. » Mais ce sont jusqu'ici des exceptions isolées, et il est malséant d'en conclure à des intentions plus graves, disons le mot : *séparatistes,* pour les prêter à tout un mouvement de renaissance littéraire, si grande qu'y soit la part du sentiment de race, dont aucune restauration basée sur le peuple ne saurait se passer.

Il faudrait, d'ailleurs, s'entendre sur le mot

de fédéralisme. Dans cette vie provinciale, où nous voyons la source de la santé et de la force de l'État, quelques-uns ont vu l'affaiblissement de l'œuvre des générations et des siècles... Mais en quoi cet esprit régional nuit-il à l'unité française? L'Unité ne suppose pas l'uniformité; et l'État est un corps : en paralysant ainsi peu à peu tous ses membres vous privez la tête de vie. Vouloir la décentralisation, c'est au contraire ne pas songer à l'autonomie politique.

En résumé, que désirent ces perturbateurs, ces régionalistes, si vous voulez? Dans un temps où l'on agite les grands mots d'égalité et de fraternité, on a peur du fédéralisme. Or, si le démocrate veut l'égalité, si le socialiste veut la fraternité, le fédéraliste veut la liberté, — la liberté par l'alliance des petits. Sans ce dernier état, l'exercice des autres est impossible. C'est pourquoi le jacobinisme triomphant fait fausse route en centralisant à outrance. Son œuvre ainsi développée, sans la liberté de ses éléments, échappera fatalement au pouvoir des assemblées publiques, au profit du pouvoir d'un seul.

25 avril.

Un éclatant soleil d'été m'éveille. Je consulte l'horizon : les moutons blancs de la mer luisante sont beaucoup plus nombreux qu'hier; un vent violent souffle; l'Estérel est embrumé par le mistral. On me téléphone que la félibrée projetée à Lérins doit être renvoyée, sous peine de coucher ce soir au monastère. Il y faut renoncer, car demain je serai loin de Cannes. Mais je vais retrouver mes amis provençaux qui m'abrégeront la matinée.

Je voudrais dire l'enthousiasme félibréen qui règne ici, parmi la jeunesse indigène, depuis que Mistral et Roumanille sont venus l'évangéliser. Car c'est un singulier démenti à ceux qui s'obstinent à nier l'écho, la popularité d'une œuvre persistante et profonde, cette contagion qui s'accroît tous les jours. Et la Sainte-Estelle, notre grande assemblée du printemps, ayant lieu, chaque fois, sur un point quelconque et nouveau des pays de langue d'oc, — déjà je pourrais appliquer à la plupart des villes provençales, ce que je dis de Cannes. Mais à Cannes je veux inscrire vos noms, Amouretti, Beaussy, Giraud, Jeancard, et les vôtres surtout, Geoffroy, André, Boissière, Raimbault et Louis Funel — parmi les plus conquis, les capitaines de demain. Vous êtes l'espoir de la foi nouvelle pour en avoir compris le symbole, que la plupart de vos précurseurs naïfs n'ont même pas connu.

Oui, cette région promet une moisson superbe à la cause de l'art sincère, qui est l'art éternel. Quelques-uns de ces néophytes ont déjà fait avec éclat leurs preuves, mais tous ont pour le mystérieux Félibrige l'âme ardente, l'austère amour des initiés antiques. *Calendal* est leur bréviaire ; ils lui gardent leur secrète dévotion, tandis qu'avec un merveilleux *estrambord* ils popularisent les contes de Roumanille, et les chansons des *Iles d'Or,* de Félix Gras et d'Aubanel...

Après midi, le vent est tombé ; deux de ces jeunes gens s'offrent à me conduire au cap d'Antibes. Nous atteindrons en voiture la plage des Pins, qui rêve inclinée à la base du promontoire. De Cannes au village du golfe Juan — très éloignés jadis — on ne croit pas quitter la même ville. Les villas blanches longent la route, dans leurs jardins touffus qui laissent déborder des murs, chaque côté, de beaux buissons de roses. Leurs parfums légers se marient à l'odeur pénétrante des hauts eucalyptus. C'est un enchantement. L'eucalyptus, surtout, étonne et charme. Ce végétal océanien, au beau feuillage fin et dense, (Εὐ-καλυπτος, bien couvert,) n'est introduit en France que depuis vingt-cinq ans. C'est un bienfait pour le littoral. Outre qu'il a le plus séduisant aspect, c'est un purificateur précieux de l'atmosphère. « La rapidité extraordinaire de sa croissance exige l'absorption d'une quantité d'eau considérable. Dans les pays à fièvre, où on multiplie les eucalyptus, ces arbres absorbent l'eau des terrains humides et des marais, empêchent l'exhalation des miasmes malsains qui s'échappent du sol et produisent la fièvre... En Australie, les eucalyptus, qui sont désignés sous le nom vulgaire de gommier bleu *(blue gum-tree),* atteignent facilement des hauteurs de 80 à 100 mètres...* »

Les eucalyptus de Cannes s'acheminent lentement à ces proportions. En 1871, leur bois naissant de l'île Sainte-Marguerite, et ceux que j'admirai à la villa Ombrosa, tout jeunes et des premiers, étaient remarqués pour leur croissance très rapide. Aujourd'hui, beaucoup ont dépassé 20 mètres. M. de Pontmartin a fait alors cette observation piquante sur les fantastiques poussées de l'eucalyptus : « Le lundi, c'est une graine ; le mardi, une plante ; le mercredi, un arbrisseau ; le jeudi, un arbuste ; le vendredi, un arbre, et le samedi..., une forêt. »

Après le chalet Éden de la baronne d'Ottenfels et la villa des Bruyères de Mme Adam, ces deux poètes, les habitations cessent, et le rivage se découvre vers le cap d'Antibes. Une colonne solitaire, sur la route, ombragée de quatre tilleuls, témoigne du débarquement de Napoléon

---

* Dr J. Orgeas, *L'Hiver à Cannes.*

à son retour de l'île d'Elbe. Ici se trouvait la ferme obscure d'où l'Empereur emporta le mal qui paralysa son génie aux dernières batailles... C'était le 1er mars, dans la soirée. Napoléon avait amené quatre cents hommes sur son brick ; trois autres bâtiments l'avaient suivi. Un millier de fusils à peine. Un officier était descendu avec une petite troupe, s'assurer des batteries de la côte et de la garnison d'Antibes. Le colonel avait fermé sur eux les portes de la ville. Cependant le débarquement des hommes s'était achevé. Le bivouac, établi dans un champ d'oliviers et appuyé par quatre pièces de canon, attendit le lever de la lune. Avant minuit on se mit en route sur Cannes... et l'aigle avait repris son vol. Quels souvenirs ! Ce fut l'éclair suprême de la gloire d'un monde qui mourait... Je pense *aux deux grenadiers* d'Henri Heine, aux cuirassiers des *Châtiments*, hurlant à Waterloo leur dernier : « Vive l'Empereur ! »

> *Et lanciers, grenadiers aux guêtres de coutil,*
> *Dragons que Rome eût pris pour des légionnaires,*
> *Cuirassiers, canonniers qui trainaient des tonnerres,*
> *Portant le noir colback ou le casque poli,*
> *Tous, ceux de Friëdland et ceux de Rivoli,*
> *Comprenant qu'ils allaient mourir dans cette fête,*
> *Saluèrent leur dieu debout dans la tempête...*

Mais la nature qui vit l'aurore de ces choses, est indifférente aux agitations des hommes. —

L'horizon s'est élargi autour de nous. A gauche, sur les premières collines toutes ruisselantes de lumière, c'est Vallauris *(vallis aurea)*, et les Encourdoules qui montrent une grotte de la *Chèvre d'or :* pays anciens et très modernes, où la terre n'a pas changé. A droite, c'est la mer, le bleu profond, minéral, presque noir, sous l'azur léger du pavillon céleste. Et devant moi, sur l'horizon de ce chemin boisé, plein de rêves dans le soleil, j'ai tout à coup, au travers d'un rideau tremblant d'eucalyptus, l'apparition féerique des montagnes de Nice, des hautes Alpes maritimes, vêtues de neige immaculée.

Nous nous rapprochons du rivage. A Juan-les-Pins, le landau nous laisse sur une plage isolée, rocheuse, où l'arbre de Cybèle tord ses bras roux au souffle de la mer...

Le mistral gémissait toujours avec force et agitait le golfe. Nous nous arrêtâmes dans une petite calanque bien abritée, où étaient amarrées quelques barques, pour la pêche au *fasquié*. Sur l'arrière du bateau se dresse une haute tringle qui supporte un panier de fer, garni de branches résineuses. On emploie ces *tèo* (la partie la plus résineuse du pin, entre le cœur et l'écorce) pour la pêche du loup. Quand le poisson est attiré vers la lumière, on le pique avec un trident *(la fichouiro).* D'autres barques débordent de paniers ; c'est le *jambin* qui sert à prendre les langoustes ; c'est la *nànsi* pour le *peï blanc* et autres gros poissons qui ne sont pas de bouillabaisse. Un fragment classique de la pêche provençale est là, dans cette crique basse, où l'eau vient baigner les racines des pins, échevelées sur le granit couleur de sang : un tableautin de Théocrite, un épisode de *Calendal*.

On voudrait s'arrêter longtemps dans ce coin d'idylle grecque, sur cette baie qui s'étend solitaire de la Croisette au cap d'Antibes, devant cet horizon marin où scintillent dans la double lueur de leur légende et de leur grâce, les îles de Lérins, « vert panache des flots. » Je suis à l'abri du vent, et j'admire le relief des choses dans la fine lumière, du côté opposé au soleil ; la rude harmonie des pins, l'élégance des eucalyptus aux troncs d'argent, à la tête dorée ; toute cette verdure vivace dont le vent, inclinant le feuillage, approfondit l'éclat.

Quand nous avons suivi cette plage jusqu'à la mi-hauteur du promontoire de la Garoupe, nous quittons le golfe Juan pour traverser le cap. C'est d'abord une pinède verte et odorante qui, nous cachant la mer, nous sauve du mistral ; puis c'est un jardin embaumé qui ne veut plus finir. Pas un chemin tracé sur cet éden. Dans l'arome puissant des fleurs et des eucalyptus, nous marchons à travers bois, sous les grands arbres. Un jour blond de verdure, où tantôt l'éblouissement des neiges lointaines dans une éclaircie, tantôt un coin d'azur plus profond nous surprennent. Par échappées, s'annonce le golfe d'Antibes. Mais soudain les pins reparaissent et nous le découvrons tout entier.

Certes la vision dépasse tous les rêves. A droite, c'est la pointe du *Cap Incomparable,* rocheuse et nue dans le soleil. En face, la mer infinie, et à gauche la courbe lointaine à peine sensible, de la côte de Nice. C'est comme un rempart merveilleux bigarré de lumière et d'ombre, aux reliefs saisissants, aux sommets couronnés de candeurs éternelles. Et au pied de l'avalanche fauve, où le soleil promène ses ardeurs, sur les bords de ce littoral immense aux mille couleurs, dont l'arc se tend vers l'Orient, quelques points éclatants, des cités, des villages, et puis là-bas, Nice la belle, dont la mer baigne les pieds blancs.

Comme on éprouve ici la joie de la lumière, comme on se prend à plaindre les villes mélancoliques, éternellement veuves de clartés ! Comme on mesure aussi la vanité de l'homme qui, loin de cette immortelle ivresse, s'efforce quand même après le bonheur.

Ce spectacle immobile, silencieux, semble défier toute heure humaine. C'est incomparable et divin... Un bruit de paroles a dérangé nos contemplations : des religieuses en cornettes blanches sont là, dans un abri, dépliant leur goûter frugal en face de l'immensité. Deux d'entre elles se sont laissé distraire par le panorama splendide. — « Oh! c'est original! » dit une pieuse ombrelle tendue vers l'horizon...

En longeant le cap, du côté d'Antibes, je songe à cette race provençale qui a compris enfin, après tant de siècles, qu'elle avait encore toute sa poésie à cueillir. Elle découvre à peine les beautés du pays où Dieu l'a fait naître. La tyrannie des âges qu'elle a déjà vécus a fait son âme à la fois ardente et rêveuse, enthousiaste et grave. Une ère de poésie lui est ouverte par ses félibres. Elle mire dans leurs chants toutes les harmonies de sa nature et de sa gloire... Ici, plus que jamais, devant l'œuvre accomplie et vivante, devant la mort aussi de tant d'essais qui n'étaient pas sortis comme elle des entrailles du pays natal, j'entrevois l'avenir de notre Cause enthousiaste, qui est la Cause immortelle de la sincérité.

Bien rarement, les pays grandioses de mers et de montagnes furent des terres de poètes. La création sans doute y dépasse le rêve de la créature. Au contraire, les pays de steppes, de longues plaines et d'horizons indéfinis qui laissent libre essor aux imaginations du rêve, sont-ils féconds en songeurs inspirés et en nostalgiques chansons.

Avec la déclinaison du soleil, qui accentue toutes les ombres, un renflement de littoral d'Antibes à Nice, se fait plus sensible et détruit la courbure du golfe. C'est l'embouchure du Var, qui va toujours s'avançant dans la mer, qui finira par faire deux baies distinctes, de cette côte qui ne présentait jadis qu'un arc harmonieux. Ainsi, rien n'est stable dans la nature, que sa beauté. Mais comme elle la répand avec indifférence ! La Méditerranée, qui avait un port à Arles, au moyen-âge, s'est retirée à bien des lieues, tandis que les monastères du Cotentin se sont vu recouvrir par les sables, laissant les îles normandes émerger seules au-dessus des flots.

Au détour de la pointe Bacon, que domine le phare de la Garoupe, nous apparaît Antibes, devant sa rade haute et fortifiée, dans les murs de Vauban. La petite cité pittoresque est inaccessible avec de tels remparts. Mais le progrès les a faits inutiles et, naturellement, les ingénieurs parlent de les abattre.

Antibes ! La curieuse petite ville étranglée dans ses hauts murs ! Elle date de la colonisation grecque. Son nom d'*Antipolis* lui vient assurément de sa situation vis-à-vis de Nice (Νίκη), l'une des stations majeures du littoral. La jolie cité gréco-romaine avait des théâtres, des jeux, témoin la célèbre et poétique inscription : « Aux dieux Mânes du petit Septentrion âgé de douze ans qui sur le théâtre d'Antibes a dansé deux jours et a plu. » *Biduo saltavit et placuit.* L'épitaphe est douce comme l'enfance et sereine comme la mort antique. On calomnie le paganisme en lui refusant la mélancolie. L'espérance chrétienne rencontre ici les résignations de l'idéal ancien. Bienheureux ceux qui meurent jeunes.

Je repris le chemin de Cannes où j'allai retrouver plusieurs nouveaux amis passionnés pour notre Sainte-Étoile, à la table hospitalière de Stéphen Liégeard. Le voyageur poète, le descripteur fervent de la *Côte d'azur*, à qui la ville de Cannes a fait l'honneur de graver sur le marbre deux strophes de lui, sous la statue de Lord Brougham, voit rayonner, autour de sa villa des Violettes, toute la jeune vie littéraire de la région. Sa situation dans les deux sociétés française et étrangère, où il est *persona grata*, selon l'idéal britannique, a déjà conquis bon nombre d'hivernants à la passion des bonnes lettres. Et dans le monde où l'on ne vit pas seulement des plaisirs monotones du sport, un tel *maître des élégances,* selon l'idéal antique, serait à souhaiter pour Cannes, si Cannes ne l'avait déjà consacré. C'est ainsi que je trouve la ville encore charmée et conquise par une lecture sur *Mireille et Mistral*, donnée à l'Hôtel de Ville et dont l'auteur, président de la nouvelle société littéraire, est encore Stéphen Liégeard.

Nous avons décidé de célébrer à Cannes, l'hiver prochain, nos fêtes de Sainte-Estelle. L'élite étrangère, très curieuse du mouvement des félibres, parce qu'elle a fait sienne *la Riviéra de Provence*, sera la première à y coopérer.

VIII

Monaco, 26 avril.

Je quitte Cannes de bon matin. Le jeune docteur Geoffroy, de Fayence, qui est en train de restaurer la musique provençale, m'accompagne à Monaco. Je vous dis que ce Félibrige finira par tenir l'immense pays d'Oc, des Alpes aux Pyrénées, embrassant tout ce qui vit d'action artistique et d'enthousiasme pittoresque, d'une franc-maçonnerie basée sur le sentiment de la race et le maintien des traditions. Ainsi le tambourin se mourait; la ville d'Aix, où il avait son « académie, » dirigée par son premier historien, un poète, François Vidal, n'arrivait plus à en répandre l'enseignement régulier hors de ses murs parlementaires. Tout d'un coup, sous l'influence de notre Sainte-Étoile, des fervents de musique méridionale apparurent, groupant les ménétriers, ressuscitant l'antique instrument de Provence. C'était à Marseille, un organisateur, expert et entraînant, M. Ernest Couve, et un collectionneur-historien, M. de Lombardon-Montézan; c'étaient M. Marius Sicard, à Aubagne, et à Cannes le docteur Geoffroy, autour de qui les galoubets de toutes les campagnes entraient en farandole. L'armée du Tambourin était faite; tous les villages de Provence ont à honneur de former leur petite école. Déjà dans plusieurs villes du Var, des Alpes-Maritimes, on a vu figurer cette année, aux processions, aux fêtes populaires, les ménétriers d'autrefois.

Nous nous arrêtons une heure à Nice. L'étranger qui déserte Cannes, à peine en ce moment, a quitté Nice depuis un mois. J'y trouve la sensation d'une ville de soleil, l'été. Ville banale d'ailleurs, usée par sa réputation. La société y est bruyante, bigarrée, sans charme. Au plus loin de mes souvenirs, Nice m'apparaît comme une Genève italienne, si ces termes ne jurent pas, accouplés. C'est aussi l'antique boulevard des snobs, des Tartarins du Littoral.

Mais une impression fâcheuse de mon dernier séjour est, plus que toutes, attachée à son souvenir, désormais... Je parle du tremblement de terre de 1887. Je revenais du veglione municipal; il était quatre heures du matin. La tête encore pleine de tous les grelots de cette folie, de quelques reconnaissances joyeuses sous le domino, un académicien, un monsignor, une blonde altesse, très impudemment poursuivis par ma bande, puis des vapeurs d'un long souper, je regagnais mon gîte voisin de la place Masséna. A six heures, à peine endormi, j'entends crier dans l'hôtel; des chevaux se cabrent sous les fenêtres, et c'est, sur ma tête, un piétinement forcené dans un fracas de vaisselle et de sonneries. Le demi-jour qui blanchit aux rideaux, l'angoisse de tous ces réveils qui appellent dans les couloirs obscurs, l'embarras du songe dans la secousse violente dont tout frémit encore, et j'ai comme une sensation des terreurs de la fin du monde.

On s'interpelle de chambre à chambre, on entre chez des voisins jamais vus, paralysés sur le bord de leurs lits. Puis c'est la fuite affolée de gens à demi vêtus qui n'ont su trouver ni allumettes ni costumes, et, — quand on se retrouve, tassés sur la place voisine, — un long soupir d'aise dans un sourire tout tremblant qui ne veut pas avoir eu peur. Soudain, une secousse nouvelle ramène le frisson. Alors passent des confréries en prière, et parmi les bivouacs improvisés sur les chemins, on entend crier aux enchères les places des voitures. Peu à peu tout le monde s'est traîné jusqu'au télégraphe, les hôtels se sont désemplis, et en moins de deux jours le littoral est déserté...

* * *

« Cependant nous passâmes Monaco, méchante petite ville qu'on a tort de célébrer, si ce n'est par rapport à un grand fort assis sur un rocher plat, où est aussi la maison du prince de Monaco, d'assez belle apparence. Le roi y tient garnison française. Puis Roquebrun, Menton, assez basse petite ville de la souveraineté de Monaco près de laquelle le prince a sa maison de campagne. Ensuite, Vintimille dont votre serviteur ne vous dira rien, parce qu'il était alors occupé à régaler les sardines... »

Voilà tout ce que le Président de Brosses trouvait à signaler en pays monégasque il y a cent trente ans. A dire vrai, puisqu'il faut excepter la beauté même du pays, alors incomprise, combien de voyageurs modernes verraient autre chose, à sa place, que ce qui est là tout leur attrait, que ce qui fait la plus grande célébrité de Monaco.

En arrivant, je retrouve un jeune statuaire romain fixé dans la Principauté, le vaillant Fabio Stecchi, qui s'est fait nôtre par son projet très vivant d'élever un monument à Mireille, en plein Arles. De tels enthousiasmes sont l'auréole de la gloire. Mireille et Vincent accoudés devant le buste de leur poète, éclaireront d'un sourire le joli cours des Lices, près des vieux Aliscamps, et les Arlésiennes apprendront la double puissance du génie et de la beauté... Aussi Fabio Stecchi est-il apprécié et illustre, là-bas, pour aimer de la sorte. C'est cet amour qui tient du sortilège, qui a gagné tant d'étrangers à la Provence, à ses rivages, à sa terre, à sa langue elle-même, depuis les souverains germaniques du moyen-âge, comme Frédéric Barberousse, qui rivalisait avec les troubadours dans leur langue, jusqu'aux félibres les moins méridionaux de naissance, comme notre original et excellent poète William Bonaparte-Wyse.

Un grand soleil d'été inonde les jardins, les terrasses : c'est le terre-plein féerique de Monte-Carlo. La mer infiniment bleue, aveuglante à cette heure du jour, comme un bouclier poli, déferle mollement au pied de l'hémicycle montagneux. Tout ce massif est gris, dans le soleil, scintillant comme une poussière d'argent. Au centre des terrasses s'élève, très moderne, le Casino de Charles Garnier ; et devant cette mer, sur ce fond de rochers, son architecture composite, surgissant d'une végétation tropicale, évoque un songe d'Orient.

Comme, pour tromper l'heure monotone et chaude, nous avons tourné la colline de Monte-Carlo, nous faisons halte au-dessus de La Condamine, devant la grille d'une habitation neuve, aux volets rouges, dans un jardinet fraîchement planté qui surplombe le petit port d'Hercule et domine l'étendue de la mer. C'est la villa *Fleur-de-lys,* habitée par un solitaire qui est un jeune sage, lord Henry Somerset. Il a goûté la vie parlementaire, et cet idéal de tout Anglais de distinction ne l'a pas satisfait. L'art et la nature lui ont semblé de plus sûres calanques pour son rêve inquiet. Et il s'est bâti une demeure selon ce double horizon de sa vie, sur la terre de Monaco, si sereine à qui s'habitue à n'y plus voir le château des sept péchés. Justement la villa Fleur-de-lys n'a pas vue sur Monte-Carlo.

C'est un folkloriste, un fervent de chansons populaires, que notre amphitryon. Le renouveau provençal le séduit par son origine profonde, et nous en devisons devant la sirène aux yeux bleus, déesse de l'éternel mirage. Puis la vue se trouble aux fascinations de la mer. Entré dans la villa, mon regard s'habitue avec peine à son ombre, mais une exquise intimité y règne : c'est le sanctuaire d'un artiste. Plusieurs petits salons se suivent. décorés de peintures, de dessins préraphaélites, de cette école anglaise moderne qui a fondu la mysticité saxonne dans le décor des primitifs italiens. Et parmi ces tableaux, — j'ai été longtemps retenu par ceux de Burn Jones et de miss Evelyn Pickering, — un Pérugin et un Botticelli.

Je savoure ici mieux que jamais l'esthétique raffinée de cette école très moderne qui s'est faite primitive. Au fond, les peintres mystiques du xve siècle, ses modèles, ont été les initiateurs du dilettantisme dans les arts, Botticelli, surtout, qui avait eu comme l'ivresse des jardins enchantés où il fait se prélasser la ronde langoureuse de ses Muses et de ses Vertus. — Plus qu'ailleurs, on sent ici, sur ce rivage féerique et grisant où Hercule sans doute a rencontré les champs des Hespérides, tout ce qui se dégage de voluptueux de cette terre, et le charme dissolvant de la vie morale qu'on y respire. Certes oui, ces primitifs italiens étaient des subtils. Mais les jouissances, déjà compliquées, de la Renaissance même épanouie, ne semblaient pas porter en elles le ver rongeur du dilettantisme moderne. On les recevait, comme l'amour, sans arrière-pensée. Ainsi on n'a jamais plus disputé de ce sentiment qu'au xiiie siècle, — si les cours d'amour ont été autre chose que des réunions de dames enjouées et de troubadours, en des châteaux hospitaliers, de ces troubadours qui sont les vrais pères de la civilisation moderne. Je ne crois pas cependant que nul en soit jamais sorti pessimiste. On vivait joyeux, on poétisait de pensées douces le lieu et l'objet de ces discussions, mais sans jamais trop s'enquérir de la source des choses.

L'après-midi charmante ! Jouir des féeries lointaines de la grande lumière, des sensualités du soleil sur la mer païenne, dans cette fraîcheur mystique, dans cette ombre délicieuse...

Arrivés brusquement sur le terre-plein de Monte-Carlo, à l'heure tiède où le soleil, déjà loin du zénith, n'est pas entré dans son couchant, voilà une sensation troublante, incomparable. La mer apparaît au bout des jardins, qu'elle semble continuer sans transition d'atmosphère ; elle s'élève comme un mur bleu à tous les horizons. Une végétation exotique, empanachée de palmiers, est ordonnée avec élégance parmi les balustres et les escaliers de la haute terrasse. Et au milieu, le Casino, cathédrale d'enfer, lève haut les deux cornes de ses tours mauresques sur cet éden de perversité. Il est banal de dire que tout ici porte à l'amollissement, puisque tout a été combiné pour cela. Mais les suggestions de ce plateau sont d'un ordre si rare que je ne pourrai me priver, ces deux jours, d'en noter quelques-unes.

On est d'abord introduit devant un bureau où siègent des messieurs graves, funèbres, d'une correction d'huissiers, qui vous demandent vos nom et qualités. Ils appuient cette formalité ridicule et son inscription au registre (!) d'un regard qui veut être psychologue, et où se lit plutôt une excuse de leur métier. Quelques-uns de ces agents du Casino, appartenaient hier à l'armée française... Ils sont gênés, ils semblent vouloir vous dissuader d'entrer dans le temple. Le port de la légion d'honneur a été récemment interdit à tous les fonctionnaires de la maison des jeux...

J'entre au théâtre du Casino. L'immense salle est à peu près vide; le concert quotidien s'achève sur une marche triomphale, du même ordre composite et sensuel que l'architecture qui m'environne. L'excellent orchestre, sous la scène qui l'atténue par sa hauteur, se répand en molles ondulations. Le regard nage dans une douce obscurité. De grands rideaux jaunes qui couvrent les vitrages du côté du soleil répandent une lumière discrète sur les ors éteints, sur les fresques fuyantes aux évocations capiteuses...

27 avril.

Au bon soleil de huit heures, nous gravissons le rocher de Monaco, au-dessus de la petite rade d'Hercule, qui sera, quelque jour, un port très nécessaire, quand les innovations pourront entrer dans la Principauté.

Monaco est gouverné depuis trente ans par un prince aveugle, Charles III. L'établissement des jeux date de vingt-cinq ans environ : c'est vers cette époque que le prince a perdu la vue.

Les rênes du gouvernement passent pour être aux mains d'un évêque — très décoré — et d'une religieuse.

La sympathie des Monégasques va au prince-héritier, malgré la rareté de sa présence. Sa simplicité toute républicaine a sa source dans une très réelle valeur. C'est un homme d'une quarantaine d'années, à la belle prestance. Il vit surtout à Paris, ou sur son yacht *l'Hirondelle ;* il habite aussi parfois l'historique château de Marchais, dans l'Aisne. Depuis quelque temps, le prince Albert de Monaco s'est complètement consacré à la science et à l'éducation de son fils. Ses travaux sur les courants sous-marins ont été couronnés par l'Institut.

Il fait bon reposer sa vue sur la mer, en face de l'immobile horizon. Comme on est loin des fastidieux pensers de Monte-Carlo devant cette monotonie farouche et radieuse. Je romps le silence pour exprimer mon enivrement du symbolisme visible qui surgit à l'esprit en présence de la lutte éternelle des deux éléments sublimes le ciel et la mer. Mon compagnon, le sculpteur Stecchi, qui m'a rejoint, m'explique un groupe qu'il en a conçu pour faire face à l'entrée du Casino. La belle ironie ! Sa Méditerranée a toute l'apparence d'une nymphe à demi vêtue par les vagues, appuyant amoureusement son dos félin contre le littoral. Celui-ci, un beau mâle brun et musclé, se raidit dans sa force, à demi étendu, et sous sa stature géante transparaît la silhouette des montagnes.

Le jardin de Monaco contourne le fier promontoire, surplombant la nappe sereine de ses hautes falaises, roches bastionnées où s'accroche une végétation éclatante et sauvage. Ça et là sur l'abîme, un bois de pins aux troncs blanchis par le souffle du large secoue sa frondaison parfumée. Mais partout, contre la roche abrupte, et parmi ces lichens qui semblent entrer dans la pierre, ces lentisques vivaces alternés de figuiers de Barbarie et d'aloès, ondulent d'immenses touffes de géraniums d'un rouge éblouissant et solide, enracinées profondément.

Que veut ce cyprès solitaire, du haut de son petit rempart, qui regarde à plus de cinquante mètres au-dessus de l'eau bleue, si bleue qu'elle fascine ?... Depuis quand est-il là, perdu dans l'ivresse de contempler ? La courbe implacable de l'horizon, sans doute, est son énigme. Les vaisseaux en sortent, y rentrent, sans jamais rien lui dire de ce qu'ils ont vu là-bas, aux pays du soleil de feu, où les cyprès se dressent autour des mosquées blanches, hauts comme des clochers.

Nous avons tourné le promontoire et c'est à l'occident, au point d'où s'élance le cap d'Ail, fauve dans la lumière vibrante, que s'accroche ma vision. Sous le soleil qui a monté, ce rivage m'apparaît sans ombres. C'est un coin privilégié, le littoral célèbre de Beaulieu, d'Éza, de La Turbie. Et du rocher de Monaco, la vue se prolonge, se prélasse, éblouie, sur cette côte unique au monde, qui va de Villefranche à Bordighera et qu'on nomme la Petite Afrique. Des sites comme ceux qu'on y rencontre m'ont toujours semblé incomparables, à l'égal toutefois de la Sicile, d'Amalfi, de Corfou et de quelques points du golfe de Salamine, « ces lieux de la terre si beaux, comme dit Flaubert, qu'on a envie de les presser contre son cœur. » Sur les rougeurs cuivrées de la falaise calcaire, escarpée, non abrupte, s'étalent en un jardin vermeil des citronniers, des cactus, des palmiers, des oliviers géants, qui se mêlent aux plantes épineuses, aux fleurs éclatantes, dans l'amphithéâtre gris des montagnes. Je songe à la trace immémoriale de l'Hercule tyrien, à Monaco, y témoignant du plus ancien séjour des Orientaux en Provence. La vie intense et païenne de ce coin du monde m'a toujours troublé comme une sensualité du cerveau : à de certaines heures on se sent gagné par le torrent d'ivresse où nage cette terre en feu. Je ne sais dans la littérature qu'une expression qui ait suffi à rendre cette sensation particulière de la *Petite Afrique* ; elle est de *Calendal :* « Regarde, dit-il à Estérelle, regarde : la nature brûle autour de nous, et se roule dans les bras de l'été, et hume la dévorante haleine de son fiancé fauve.

« Les pitons clairs et bleus, les collines pâles et molles de chaleur, tressaillent, remuant leurs mamelons... Vois la mer : chatoyante et limpide comme verre, aux avides rayons du grand soleil ; jusqu'au fond elle se laisse voir ; par le Var et le Rhône elle se laisse caresser. » *(Calendau,* I.)

Cette petite Afrique nourrit des oliviers vraiment majestueux et vénérables. Je n'en ai vu de pareils qu'à Corcyre, dans les bois contemporains d'Ulysse. L'olivier est un arbre essentiellement méditerranéen : il ne s'éloigne guères, dans notre région, de plus de vingt kilomètres du littoral. A-t-il été importé en Provence par les Phocéens de Marseille, ou au contraire Hercule l'a-t-il trouvé sur nos rivages et porté de là en Espagne, puis en Italie et en Grèce? La première version est la plus répandue. Mistral lui-même l'adopte ainsi : « Le petit roi du peuple Salyen, Nan, bénit le vent grec et donne, doux présent, sa fille pour épouse au jeune Protis de Phocée; Marseille éclôt : la sariette, le sombre pin, font place aux allées de figuiers et de vignes, de myrtes et d'oliviers. »

Une ode de Pindare, où Hercule est représenté implantant l'olivier en Grèce, a permis de supposer qu'il le rapportait de Provence, après son expédition problématique chez les Ibères*. En effet, pourquoi les traditions nombreuses de son passage sur notre littoral, à Monaco, par exemple, et dans la Crau, seraient-elles plus négligeables que celles qui placent ses dixième et onzième *Travaux* (la Mort de Géryon et la Recherche des Pommes d'Or) en Épire, aux îles Baléares, au mont Atlas? Pourquoi n'aurait-il pas tué ce Géryon et battu ses brigands des montagnes, aux environs de Monaco? Le nom de *Portus Herculis* témoigne de la légende, depuis des temps très reculés... Est-il plus raisonnable d'admettre que les trois îles, Majorque, Minorque, Iviça, figuraient les trois corps de Géryon?

Vraisemblablement, le culte du héros hellénique ne fut ici que la transformation d'un culte plus ancien, de *Melkarth* (en phénicien, *melk,* roi, *qarth,* ville), le héros tyrien, le « dieu seul, » *(Monoïcos),* importé par les navigateurs de Phocée et auquel Monaco doit son nom. On a remarqué que le nom d'Hercule n'était que l'anagramme naturel de Melkarth ((M)ΗΛΚΑΡΘ-(Η)ΡΑΚΛΗΣ), les mots phéniciens se lisant de droite à gauche, et la farouche divinité tyrienne étant l'équivalent, l'origine sans doute, du terrible Héraclès.

La légende d'Hercule est constante sur le littoral. Il a forcé le passage des Alpes chez les Liguriens ; il a parcouru les sommets de leur chaîne maritime ; il a laissé son nom à deux ports de la côte, Monaco et Villefranche, au dire de Ptolémée, et d'une ville disparue, Héraclée, près du grau du Rhône *(gradus Massiliensium);* il a enfin combattu dans la Crau les géants Albion et Bergion, ainsi que le rapporte Eschyle. De là, et de nombreux textes anciens que peu à peu éclaircit la science, on peut conclure à la très vénérable histoire de nos rivages provençaux, à la trace profonde de l'immigration hellénique.

J'ai parlé du combat d'Hercule et d'Albion. Celui-ci personnifierait le génie provençal luttant contre l'invasion de l'Orient. D'après Mistral, il aurait même laissé son empreinte jusque sur un nom d'Arles. Ce serait l'explication d'un qualificatif que lui donne Joinville, *Arles-le-Blanc,* et qu'on retrouve au moyen-âge. Albion maître du pays des Alpes *(Albæ)* et des Alpilles, serait donc le génie topique des Arlésiens.

Mais je m'écarte de la Petite Afrique : la sécheresse de la Crau et les cailloux que Jupiter y fit pleuvoir, pour défendre la vie d'Hercule, ressemblent peu à ce rivage des Hespérides qui fixa l'inconstance des navigateurs helléniques chez les Liguriens. Ces bosquets mystérieux de cyprès sombres, magnifiques, enracinés depuis trois mille ans sur les mêmes collines fauves, témoignent encore, et mieux que toute l'archéologie, du culte d'Astarté, la déesse de l'amour violent et profond.

Le vivifiant bain de lumière ! J'ai tout oublié de mes déplaisirs d'hier soir. Mais dès que la civilisation reparaît, se dresse de nouveau l'ombre de la Maison des jeux. Voici la cathédrale : éblouissante, d'un byzantin très pur, avec une profusion d'ornements et de mosaïques d'or, dans une basilique sévère, d'un style infiniment suggestif. L'entrée est inachevée; on la fortifie, semble-t-il. Elle débouche sur le versant occidental du rocher, devant l'horizon de la Petite Afrique. Mais pourquoi me dit-on qu'elle a coûté, déjà, cinq millions et demi ?... Toujours les pèlerins de Monaco !...

Par de petites rues italiennes, quelquefois traversées d'une arcade, où des fruitières crient en provençal, et devant quelques jolies maisons Renaissance, de ce style *barocco* propre aux pays génois, nous débouchons sur la place du palais.

Le château gothique très restauré, très chargé, ce qui rend sa beauté douteuse, abrite sur une terrasse qui regarde les deux côtés de la mer, le prince et le gouvernement de Monaco. C'est le plus petit État du monde, mais aussi le dernier rempart des temps féodaux. Pour subsister il lui a fallu s'accommoder aux jours mauvais, et c'est précisément leur extrême perversité qui lui permet de vivre encore.

> *Son Monaco, sopra un scoglio ;*
> *Non semino e non raccoglio,*
> *E pur mangiar voglio.*

Je suis Monaco, sur un écueil ; je ne sème ni ne récolte, et pourtant je veux manger. (Ancien proverbe.)

On m'a fait lire, dans un petit livre de feu M. Gabriel Charmes, quelques chapitres sur le gouvernement de Monaco, d'une saveur de critique fort réjouissante. Quoique reposant sur des faits précis, ces aperçus de la cour du prince Charles et des quelques habitants qui composent sa ville, vous donnent un ressouvenir de la *Grèce contemporaine*. Je crois pourtant que M. Charmes n'a pas bien connu la psychologie monégasque. Ce petit peuple est provençal autant qu'italien, et comme tel, ne peut pas être dupe de son amour du panache.

En descendant du rocher de Monaco et en songeant à l'avenir possible de la principauté, je me disais qu'il serait à regretter que cette exception fantaisiste, ce bloc erratique du moyen-âge, cette ironie charmante des temps disparus devant la décadence moderne, fût tout à fait effacée de la carte d'Europe... D'autre part les jeux n'y sont peut-être pas fixés pour toujours. Il peut leur naître je ne sais quelles concurrences, dans ces parages enchantés. Ne parle-t-on pas d'établissements féeriques au cap Martin? — Un dégoût subit des monégasques trop riches ou encore la volonté du prince — du prince héritier — peuvent faire cesser brusquement l'état actuel des choses... Mais une solution encore plus imprévue a été proposée. Comme j'y souscrirais volontiers, je vais l'exposer sans retard.

En février dernier, paraissait à Casal, et datée de Milan, une brochure de vingt pages, *Lingua e Città Internazionali, per Alberto Rovere*, qui, par sa curiosité même, devait bientôt donner carrière aux commentaires les plus inattendus. Quoique la thèse qu'elle expose ne soit qu'un rêve, dans sa forme présente, ce rêve, éclos spontanément dans la pensée d'un officier d'État-Major italien, et qui, faisant partie des desiderata du Félibrige, avait été exprimé comme tel par les poètes Anselme Mathieu et Lucien Geoffroy, démontre l'expansion croissante du mouvement et de l'idéal félibréen.

Que veut le capitaine Rovere? Faire du provençal la langue internationale, et de Monaco neutralisé un centre de hautes études félibréennes, un siège de congrès universels. Le promoteur de cette idée fait partie d'un groupe d' « associés » que le Félibrige a su conquérir en Lombardie. L'idée latine, constamment exaltée dans nos fêtes, nous a gagné peu à peu tous ses partisans d'au delà des Alpes. Nous pouvons, dès lors, pressentir le jour où l'influence, ayant disparu, qui tend à lancer ce pays dans l'orbite de l'Allemagne, « nous irons célébrer joyeusement, comme dit Mistral, nos mystères mithriaques dans les plus belles cités d'Italie. »

Avant de discuter le plan du capitaine, je ne saurais mieux l'exposer qu'en en prenant le résumé dans une spirituelle chronique de Paul Arène.

« Le capitaine Alberto Rovere, guerrier érudit et lettré, s'est aperçu qu'il existait de notre côté des Alpes une langue harmonieuse et superbement colorée, qui n'est pas la langue française, mais qui, comme l'a si bien dit M. Jules Simon, maître incontesté en l'art d'écrire, est *une* langue française. Et, au lieu de la considérer comme une quantité négligeable, respectueux des œuvres de Dieu, ainsi que des legs de l'histoire, bien loin de vouloir la détruire, il recherche à quelle œuvre utile elle pourrait encore servir.

« Les Marseillais, qui parlaient trois langues autrefois, et que le malheur des temps a, pécaïré! réduits à se contenter de deux, ont résolu la question en employant concurremment le provençal et le français. Té! on n'a jamais trop de langues pour dire tout ce qu'on veut dire. Et puis, cela n'est pas plus bête que de s'obstiner à une langue prétendue unique, mais qui, presque toujours, se double d'un patois grossier dans les campagnes, et, dans les villes, d'un ignoble argot.

« Mistral avec *Mireille,* et, après *Mireille,* avec *Calendal, Nerte, les Iles d'or;* Théodore Aubanel avec les *Filles d'Avignon,* la *Grenade entr'ouverte;* Roumanille avec ses contes et ses vers d'une bonhomie Lafontainienne; Félix Gras avec son *Romancero,* ses *Charbonniers,* sa *Toloza;* bien d'autres encore, depuis trente ans, ont pratiquement démontré, dans la mesure de leur pouvoir, comme quoi le provençal est encore bon à quelque chose.

« Le capitaine rêve mieux pour lui.

« De tout temps, nous dit-il, on reconnut la

« nécessité, au moins pour la diplomatie et le
« commerce, d'une langue internationale. »
Après le latin et l'espagnol, le français fut longtemps accepté. Mais voici que quelques nations,
l'Allemagne en tête, rechignent. « Il est donc
« urgent de chercher une langue qui puisse
« être employée par tous sans blesser l'amour-
« propre de personne. »

« Laissant de côté le *volapük* du badois
Martin Schleyer et le *Blaia Zimmondal* du docteur Meriggi, de Pavie, le capitaine la trouve
tout de suite, cette langue. Et vous la devinez?
C'est le provençal? Comment diable n'y avions-
nous pas pensé plus tôt?

« Cette langue, aujourd'hui parlée, ou du
« moins comprise, de dix ou douze millions
« d'hommes, et apte à exprimer n'importe quel
« sentiment et n'importe quelle idée, a tous les
« droits acquis pour devenir langue internatio-
« nale.

« Etant fille du latin, elle est sœur du grec
« moderne, des langues italienne, espagnole,
« portugaise et roumaine ; elle est proche parente
« de l'allemand et de l'anglais, et, comme
« celles-ci, comme le celte, le lithuanien, l'ar-
« ménien, l'ancien persan, l'ancien indien ou
« sanscrit, elle tient au tronc linguistique arien
« ou indo-européen.

« Elle offre, en outre, cet avantage que, n'ap-

« partenant en propre à aucun grand État con-
« stitué, elle sera plus facilement acceptée des
« diverses puissances. »

« Mais une langue ne suffit pas ; il faut encore une ville.

« Eh bien ! et Monaco — décidément on trouve de tout dans notre bienheureuse Provence — Monaco appelée *Monœcum* par les Romains et que ses habitants appellent *Mounègue,* n'est-elle pas précisément à souhait ?

« Monaco, de son côté, possède tout ce qu'on
« peut désirer pour en faire la ville internatio-
« nale. La température en est douce, le climat
« constamment tiède et bénin ; une riche végé-
« tation y rend agréable le séjour, surtout au
« bord de la mer... »

« Quel meilleur endroit, je vous le demande, pourrait-on choisir pour y installer une école normale d'où le provençal, étudié par des jeunes gens de tous les pays, se répandrait ensuite dans le monde entier ; une Académie des lettres, destinée à maintenir la pureté de ce beau langage ; une Académie des sciences, qui traduirait, toujours en provençal, les publications nouvelles ; une exposition, un institut commercial, un institut industriel, une Académie navale et surtout un congrès permanent, composé des représentants de chaque peuple faisant partie de l'Union, lesquels, rédigeant les traités et aplanissant les différends qui pourraient s'élever de nation à nation, délibéreraient en provençal et seraient comme le conseil des Amphictyons de ces États-Unis d'Europe.

« Car M. Alberto Rovere a tout prévu, même que Monaco serait port franc et la couleur de son drapeau, blanc et rouge, aux couleurs de France et d'Italie. » — PAUL ARÈNE, *Gil Blas* du 8 mars.

Voilà donc succinctement la thèse de l'officier italien[*]. C'est un beau rêve, et qui ne me surprend qu'à demi, sorti du groupe très zélé de nos associés lombards. A côté du capitaine Rovere, M. Luigi Bussi, qui est, avec Enrico Cardona, de Naples, et Luigi Zuccaro, de Novare, un des premiers initiateurs de l'Italie au Félibrige, publie, voilà trois ans, un petit almanach, l'*Iride,* où sont exaltés nos grands poètes, dans leur vie et dans leurs œuvres, cependant qu'une jeune et radieuse trouveresse, Mlle Maria Licer, traduit *Nerto* en des vers qui

---

[*] En 1864, M. Gustave d'Eichthal émit une thèse analogue, en proposant le grec ancien comme idiome international.

On sait que la littérature grecque moderne, — à l'exception des poètes lyriques et de quelques écrivains, — s'est infiniment rapprochée de la langue de Xénophon, redevenue idiome vivant, — ce que le provençal n'a jamais cessé d'être.

ont la grâce fuyante de l'Arioste et sa joie lumineuse. Il y a chez eux l'atavisme des Lanfranc Cigala, des marquis Malaspina, des Sordello de Mantoue, et autres *trobadors*.

Le provençal, idiome international des peuples latins, langue méditerranéenne, c'est déjà un songe à peu près réalisé. La langue d'Oc, promenée et comprise depuis des siècles, de la *Huerta* de Valence aux Échelles du Levant, sur la côte africaine comme sur la mer de Gascogne, la langue d'Oc a pénétré tous les idiomes que le grand lac latin a façonnés à son rythme éternel. N'est-ce pas elle qui répandait, aux heures sombres du moyen-âge, la civilisation avec la poésie, par la voix de ses troubadours ? N'est-ce pas elle qui, longtemps proscrite et vaincue, est revenue, vivace, apporter la lumière, comme un soleil qu'avait englouti l'horizon ?...

L'attrait mystérieux de ce vieux parler de Provence n'a pas fini son rôle ! Sa beauté seule est un puissant philtre d'amour. Même aux longs jours de son obscurité, des voix s'élevaient, isolées, pour regretter sa gloire. A l'occasion d'un opéra languedocien joué devant Louis XV, Grimm écrivait à Diderot que si le provençal eût été préféré au parler d'Oïl, pour notre langue nationale, la France aurait le plus bel idiome de la race latine.

Plaignons-la moins, la langue d'Or. Elle a retrouvé une part de son ancien lustre. Il s'agit, maintenant, pour elle, de faire respecter les conquêtes de ses Félibres. L'heure approche où l'on comprendra tous les bénéfices que trouve la patrie française dans la survivance de cet instrument admirable dédaigné trop longtemps, qui, de Bayonne à Vintimille, est encore le plus indestructible témoin de son unité. Transition facile du français avec le catalan aux Pyrénées, avec l'italien aux Alpes-Maritimes, la langue d'Oc est le plus puissant agent de naturalisation des étrangers qui adoptent notre pays. Sait-on bien que les Piémontais qui viennent à Marseille, ne parlent plus que le provençal, après deux générations?...

Quoique transitionnelle pour le Midi de la France, entre l'Italie et l'Espagne, la langue provençale est néanmoins foncièrement différente de tous les parlers qui l'entourent. C'est ainsi que Monaco et le comté de Nice, où s'impriment, depuis deux cents ans, des *Noëls provençaux*, ont toujours été terres provençales. Les Félibres sont allés le leur apprendre, voilà vingt ans. On ne prenait plus garde aux formules presque rhodaniennes des poètes niçards. Mais les penseurs italiens ne s'y méprenaient pas. J'en ai trouvé la preuve dans les discussions parlementaires de Cavour, qui estimait les populations de ce paradis terrestre, françaises de race et de langue*.

Remercions donc le capitaine Rovere d'avoir vu dans cet idiome glorieux, qui déjà fut, en quelque sorte, international, à l'âge d'or des siècles provençaux, un instrument de paix et d'union universelles. Et confirmons d'abord (pour être plus sûrs d'atteindre à ce beau rêve)

* « La nationalité d'un peuple, disait Cavour (2 mars 1860), ne se constate point par des arguments philosophiques ni par des recherches de savants. C'est un fait qui appartient au sens commun, que chacun peut apprécier. Nos États, messieurs, comptent deux villes de Nice : l'une en Piémont, qu'on appelle Nice-de-Montferrat, l'autre au bord de la mer, et que nous, dans notre jeunesse au moins, nous avons été habitués à nommer *Nice-en-Provence*. J'ai habité Nice; j'y ai reçu une grande quantité de lettres dont la suscription portait : Nice-en-Provence. *Cette locution serait-elle devenue populaire, vulgaire, si Nice était une ville italienne?*... Mais quel est l'indice le plus concluant de la nationalité? C'est la langue. Le langage niçois n'a qu'une analogie lointaine avec l'italien; c'est à peu près celui de Marseille, de Toulon, de Grasse. Le changement d'idiome a lieu à Vintimille... Je ne conteste pas qu'à Nice les gens bien élevés savent l'italien; mais dans la vie ordinaire, c'est le provençal et le français qu'ils parlent... Rappelez-vous que, lorsque fut promulgué le Code de Charles-Albert, le gouvernement en publia une *édition spéciale en français pour la ville de Nice.* »

Au cours de la même discussion, le Parlement italien entendit encore invoquer l'autorité du géographe Balbi, de Venise (1850) : « Les pays qui forment l'Italie... sont d'abord le royaume sarde, à l'exception de la Savoie et de Nice... » et celle de l'illustre philologue et romaniste allemand Dietz qui place aussi à Vintimille la frontière extrême de l'Italie, pour déclarer Nice de langue provençale.

son adoption par les peuples latins. Nul ne sait ce qui est réservé à la race dont le monde a reçu l'enseignement du beau. Mistral s'est fait pour nous son historien et son prophète :

« Avec ta chevelure dénouée — aux souffles sacrés du Thabor, — tu es la race lumineuse — qui vit d'enthousiasme et de joie ; — tu es la race apostolique — qui met les cloches en branle ; — tu es la trompe qui publie, — et la main qui jette le grain.

« Relève-toi, Race latine, — sous la chape du soleil ! — Le raisin brun bout dans la cuve, — et le vin de Dieu va jaillir. »

Aubouro-te, Raço latino,
Souto la capo dóu soulèu !
Lou rasin brun boui dins la tino,
Lou vin de Diéu gisclara lèu.

L'après-midi devait me rendre mes sensations de la veille. J'avais la nostalgie de la villa *Fleur-de-Lys,* de sa fraîcheur mélancolique dans l'ardente lumière, en même temps que des *lieder* populaires d'Irlande, que nous avait joués notre hôte, compositeur lui-même, — effusions mystiques, suaves, hymnes plaintifs d'une foi de race qui ne cesse de soupirer après sa lointaine patrie.

J'avais aussi la hantise du palais de Charles Garnier. De toutes les hauteurs je le voyais surgir à quelque angle du paysage... Entre nous, cet artiste me paraît être un sceptique profond, un homme qui sait son époque et la sert comme elle le mérite. Grand architecte, il l'a prouvé dans ses restaurations du temple d'Égine, dans plusieurs parties de l'Opéra, dans ses villas de Bordighiera ; mais avant tout grand coloriste et non moins virtuose de la modernité, de cet artifice composite qui est notre art contemporain, un art d'Expositions, de confusion des peuples.

Cette fois j'entrai dans les salles de jeu. Des fresques comme ailleurs, une décoration inutilement sensuelle. Autour de chaque table, un public serré suit les coups des joueurs : des faces inquiètes, cruelles, monotones... On est frappé par le silence qui règne ici. Seules les sonnettes des croupiers interrompent le susurrement ; c'est comme un murmure d'église. Je songe aux pauvres hères que je rencontrais tout à l'heure dans les champs brûlés qui sont proches, luttant sans répit et sans joie contre la stérilité de la terre. L'or que déplace avec indifférence chaque coup de rateau sur le tapis vert, c'est la sueur d'un paysan, une année au soleil...

Maintenant, de la terrasse où s'annonce un couchant magnifique, je regarde le vieux palais sur le rocher d'Hercule, et la richesse de Monaco étalée à ses pieds. La dynastie qui règne ici est des plus vénérables ; le prince, un des plus grands seigneurs du monde : « duc de Valentinois, marquis des Baux, duc de Mazarin. duc d'Estouteville, duc de la Meilleraye, seigneur de Saint-Rémy, duc de Mayenne, etc. » Ses sujets ne peuvent lui reprocher sa complaisance pour ce qui les nourrit, en somme, et les enrichit plus que lui-même. Ils invoqueraient à la rigueur, non sans raison, la bien moindre moralité de tous les cercles de l'Europe, de tous les jeux autorisés par les plus sages États... Car suspendre les jeux à Monaco, c'est du même coup rendre tout un peuple, heureux depuis vingt ans, à sa pauvreté historique. Verrait-on demain les jardins dépérir, les hôtels se fermer, l'éclairage des rues disparaître, et la mendicité italienne se fixer pour toujours sur des ruines ?...

Son Monaco, sopra un scoglio ;
Non semino e non raccoglio,
E pur mangiar voglio.

De la côte opposée et d'un rocher très haut, comme inaccessible à l'homme moderne, Roquebrune, à l'orient, semble narguer cette décadence. Et le littoral qui poursuit à ses pieds sa splendeur éternelle, se creuse et disparaît à la pointe de Bordighiera, dont la blancheur de sel scintille sur la nappe d'azur.

IX

La Corniche, 28 avril.

Je laisse Monaco par un beau jour clair qui fait prodigieuse cette Corniche de la mer provençale; je rentre tout droit à Marseille. Je veux, cependant, ne pas quitter ce littoral sans résumer à traits rapides, devant quelques monuments du passé, les grandes dates de son histoire, relatives à l'histoire générale des Provençaux.

Nous trouverons plus d'une illustre ruine pour nous en donner l'occasion. Là-haut, à La Turbie, est le Trophée d'Auguste, décombres orgueilleux, première étape de la route française. Ce monument célébrait la suprême défaite des Liguriens, de leurs tribus des Alpes-Maritimes. Il attestait pour l'avenir la conquête définitive de la *Province* par les armées latines. Sur la frontière, désormais effacée, de la Gaule et de l'Italie*, il disait le triomphe de Rome et faisait présager l'Empire pour le dernier triomphateur.

Ces Ligures dont Auguste venait de soumettre les dernières peuplades, au moment où les autres rêvaient de s'affranchir, avaient constitué la première nationalité historique de Provence. D'origine asiatique peut-être, en tout cas fort anciens, ils occupaient, entre les Celtes et les Ibères**, leurs voisins et leurs ennemis,

---

* *Alpe summa : huc usque Italia, ab hinc Gallia* (Itinéraire d'Antonin), — le point le plus élevé de la route ligurienne, d'après les contemporains.

** Les Ibères venaient-ils d'Amérique, après une première immigration des Atlantes ?... Étaient-ils aussi dissemblables des Celtes que le veut l'opinion courante ?... Pour se prononcer sur toutes les questions relatives à ces peuples, le mieux est d'attendre de plus complètes informations des savants. Ils renouvellent pour le moment l'exemple des géographes anciens, en se contredisant sur les points essentiels.

M. d'Arbois de Jubainville, qui a exposé la plupart des opinions reçues *(Les Premiers habitants de l'Europe,* 2ᵉ éd., 1889), confesse, lui aussi, de telles indécisions...

Les affirmations de Fréret et de G. de Humboldt sur les sources ibères et très lointaines de l'Euskarien, ont trouvé un contradicteur véhément dans M. Bladé *(Études sur l'origine des Basques,* 1869). M. Luchaire a avancé plus tard, contre l'opinion commune, que les anciens Aquitains étaient des Basques ou, si l'on veut, des Ibères *(De lingua aquitanica,* 1877)...

Demain, M. Podhorsky, un maître trop peu connu, soutiendra une thèse qui paraît concluante contre l'aryanisme du celtique. Il a trouvé, dans le gallois, trois mille mots tout à fait turaniens (existant en chinois). Il prouvera que les suffixes du celtique *y* sont analysables, existant *da se* comme racines significatives.

un territoire qui s'étendait des Pyrénées aux Alpes, sur le littoral, — à l'époque assignée pour la fondation de Marseille (590 ou 600). On fixe à cette date leur première apparition dans l'histoire. Mais on estime que ce peuple s'était déjà divisé en deux grands rameaux : les Ligures (originairement *Liguses*) et les Sicules.

Les premiers étaient maîtres sans doute de la Gaule méridionale (Provence et Languedoc), de la Catalogne et de l'Italie du nord (Lombardie et Piémont)*; les seconds, du reste de l'Italie, — jusqu'au jour où ils en furent chassés et relégués en Sicile par les Ombro-Latins.

Les Ligures, on peut donc l'affirmer, s'étendaient encore, au VIIe ou VIIIe siècle av. J.-C., depuis les Pyrénées jusqu'à l'Arno, sur la côte méditerranéenne. Les voyageurs anciens les distinguèrent plus tard, quand ils commencèrent à se mêler avec leurs voisins, en Ibéro-

---

* M. Podhorsky, jetant les bases d'un dictionnaire préhistorique, c'est-à-dire comprenant tous les termes qui ne peuvent rentrer dans l'une des trois langues chinoise, sanscrite et égyptienne (auxquelles tous les mots aryens et turaniens sont réductibles), a trouvé deux cents mots ligures dans le poème catalan de Verdaguer, l'*Atlantide*, et leurs équivalents dans une version provençale du même ouvrage. Ces radicaux n'ont pas la moindre affinité avec aucune des langues vivantes ou mortes connues. Catalans et Provençaux étaient donc un même peuple, aux temps préhistoriques. Ils le sont redevenus deux mille ans plus tard, sous les Raymond-Bérenger. Les rapprochements de l'Histoire sont moins fortuits qu'on ne pense.

Ligures, Celto-Ligures et Ligures proprement dits. Nous ne nous occuperons pas de ceux-ci, les premiers vaincus des Romains (163 av. J.-C.) : ils ont gardé leur nom jusqu'au vi^e siècle de notre ère, quand ils firent place aux Lombards.

Les Ibéro-Ligures, établis sur le littoral, du Xucar espagnol à l'embouchure du Rhône, et qui atteignaient, au nord-ouest, à la jonction des Cévennes avec les Pyrénées, ont laissé le souvenir de trois familles, les *Bébrykes,* les *Sordes* et les *Élésykes*. Ces derniers s'étendaient jusqu'au Rhône; peut-être ont-ils fondé Nîmes et Narbonne.

Les Celto-Ligures qui nous occupent allaient du Rhône aux Alpes. Trois tribus principales les distinguaient : les *Salyens* (établis entre la mer, le Rhône, la Durance et le Var : le futur comté de basse-Provence), qui avaient pour villes la primitive Massalia, Arles, Tarascon et peut-être Glanum, le Saint-Rémi moderne; les *Cavares,* futurs comtadins, qui avaient pour chef-lieu Avignon ; et les *Voconces,* dont l'état correspondait en grande partie au Forcalquérois ou comté de haute-Provence, et au Dauphiné rhodanien.

Les historiens nationaux affectent de rapprocher les Galls du grand peuple Ligure, pour faire remonter plus haut l'unité de la France. Cependant la race, la langue, les mœurs, le costume lui-même, tout les distinguait. Les Ligures forment un peuple indépendant durant les longs siècles antiques, à en croire tous les géographes grecs et romains. Ils les distinguent déjà sous le nom générique de *Ligyens,* l'équivalent d'harmonieux*. Le système fédératif existait si bien chez les Ligures qu'ils spécifiaient le sang gallique de trois tribus — sans doute conquises — qui leur appartenaient dans la région du Dauphiné**.

Malgré les influences successives des Phéniciens et des Grecs, malgré le mélange des voisins Celtes et des colons romains, le type des Ligures s'est perpétué à travers les siècles. Ils étaient bruns et petits de taille, contrairement aux Gaulois; d'une complexion sèche et nerveuse qu'on pouvait rapprocher de celle des Grecs; sobres aussi et doués comme eux du

---

* Platon fait dire à Socrate dans *Phèdre* « Venez, Muses, vous qu'on nomme Ligyes, soit à cause du caractère de vos chants, soit à cause des Ligyens, ce peuple si harmonieux. »

** Amédée Thierry n'a pas pris tant de peine. Il partage la Gaule, d'après Strabon et faussement, du reste, entre trois familles : 1° Ibérienne (Aquitains et Ligures). 2° Gauloise (Galls, Kymris, Belges). 3° Grecque-Ionienne. Cette dernière famille, qui n'a jamais fait partie de la Gaule, n'a exercé son influence — uniquement commerciale — qu'à Marseille et dans les ports marchands qu'elle a colonisés; on peut y adjoindre les Phéniciens, des sémites, premiers explorateurs du littoral. Donc, Celtes et Liguriens se partagèrent seuls et longtemps la Gaule, sans mélange de races, sans intérêts communs.

génie maritime. Mais le brigandage convenait mieux que le commerce à leurs instincts aventureux. Pirates sur tous leurs rivages et jusqu'en Corse et en Sardaigne, grands chasseurs sur toutes leurs montagnes, mercenaires au compte des cités massaliotes et plus tard provinciaux insoumis des Romains, tel fut le libre peuple des Ligures.

Cet esprit d'aventure est le fond même de la race ; il s'est magnifiquement formulé en Christophe Colomb et en Napoléon. A travers l'histoire de la Provence celto-ligure, maritime, on rencontre de nombreux témoins de cet atavisme d'indépendance et de courageuse témérité. C'est le fondateur des Hospitaliers de Saint-Jean, un martégal, Gérard Tenque ; c'est une suite d'armateurs fameux, de ce niçois Jean Galéan qui vivait au xv⁰ siècle, à ce Georges Roux, de Marseille, qui déclarait la guerre aux Anglais en 1740 ; puis les grands marins provençaux, tous les héros obscurs et légendaires des flottes de Toulon, jusqu'à Claude Forbin et Suffren ; enfin Garibaldi, le dernier condottière, un Provençal de Nice.

Avec de tels instincts, les Ligures ne paraissent pas avoir eu beaucoup le goût du négoce ni le sentiment de l'administration. C'est en quoi les Orientaux et les Romains complétèrent heureusement leur génie. Ouverts à tous les arts, à la musique en particulier, et sensibles aux délicatesses de la vie, de par cette finesse d'esprit qui les portait à la fourberie et à l'égoïsme (d'après Virgile et Claudien) ; artistes en un mot et profondément sensitifs, ils peuvent revendiquer la plus grande part d'initiation à ce que nous appelons l'esprit moderne. Une haute place était donnée à la femme dans leur société, à l'inverse du système gaulois qui l'asservissait, en dehors du pays des Druides. La Ligurienne choisissait elle-même son époux ; elle devenait l'égale de l'homme dans une communauté de travaux et de pensées. Les écrivains antiques, entre autres Posidonius et Strabon, Diodore de Sicile et Plutarque, rapportent maints traits d'héroïsme et de hauteur d'âme à sa louange. Entourée d'honneurs et de mystère, elle avait souvent un rôle d'arbitre dans les grandes querelles, dans les contestations guerrières. Annibal fut obligé de se soumettre à l'un de ces tribunaux. De cette révérence pour la femme devaient naître les sentiments chevaleresques, la poésie des troubadours*.

* On pourrait appuyer cette thèse avec des noms de grands soldats provençaux, héroïques, impétueux, comme Crillon et Masséna. — Celui-ci fut, par excellence, le capitaine chevaleresque, parmi les rudes guerriers de l'épopée impériale. Chenavard m'a conté avoir vu, à l'Abbaye-aux-Bois, ce billet 'u héros d'Essling à Mme Récamier : « Daignez m'accorder ᴜn de vos rubans, il me favorisera la victoire. »

Toutes ces tendances profondes à l'égalité des âmes, à la liberté de la vie, à la fraternité des hommes, ont persisté sous l'alluvion des colonisateurs de l'Orient et des conquérants du Nord. C'est le vieil esprit ligure qui affranchira les communes de Provence et du Languedoc au XIIe siècle. C'est le fond ligure du génie aquitain qui produira la chevalerie libérale devant la féodalité barbare, héritière des castes gauloises ; c'est lui qui, au nom d'un *Évangile de l'Amour,* se séparera de l'Église romaine, héritière de l'administration des Empereurs ; qui luttera contre les envahisseurs du Nord, soutenu par les Provençaux, catholiques, mais solidaires de la race et de la civilisation ; lui enfin qui, toujours épris de plus de liberté, protégera la Réforme et, devenu français, entraînera la Révolution.

Nous voilà loin des antiques Ligures, premiers Européens de l'histoire sur le rivage provençal, et nous n'avons pas dit la fin de leur indépendance. Elle prend sa source aux plus anciennes navigations des Asiatiques, de ces Phéniciens qui montrèrent la route aux Grecs de Phocée, lesquels appelèrent eux-mêmes les Romains, pour la protection de leurs colonies marseillaises. Du séjour des Phéniciens sur la côte, on n'a que peu de traces. La science estime qu'il faut leur attribuer le dieu *Lero* qui donna son nom à Lérins. Nous avons dit aussi la légende de l'Hercule tyrien et de ses grands travaux. Encore ne sait-on pas si la lutte d'Albion et de Bergion (?) appelé quelquefois Ligur, c'est-à-dire des indigènes de la montagne et du rivage, s'adressait à Melqarth ou à Héraclès, aux Phéniciens ou aux Grecs. Toujours est-il que les Phocéens de Marseille occupaient seuls quelques ports de la côte (Nice, Antibes, Olbia, Tauroentum, Agde, Empurias, etc.), quand pour les défendre ils appelèrent les Romains. On sait que Domitius Œnobarbus, vainqueur des Allobroges, poursuivit la conquête de la Ligurie*, commencée par Sextius Calvinus, et l'établissement d'une province romaine, — établissement qu'assurèrent la défaite des Teutons par Marius et la victoire de César sur les Marseillais.

Cependant les Ligures des Alpes-Maritimes n'étaient pas tous soumis : Auguste acheva leur conquête et arrêta le mouvement de rébellion qui soulevait les indigènes de Provence. C'est pourquoi la première étape de son triomphe, qui allait aboutir au Pouvoir suprême, est cet orgueilleux monument de La Turbie, élevé entre Monaco Tyrienne et Nice la victorieuse (Νίκη), colonie phocéenne.

Cette Nice qui boit le soleil, si riche, si élé-

---

* Ses peuplades occupèrent plus longtemps la zone littorale que la région des montagnes. D. Œnobarbus passe pour n'avoir vaincu que des Gaulois. Les Ligures étaient déjà refoulés.

gante, entre les blanches Alpes et l'indolent rivage, a souffert et bénéficié, comme ses voisines, des invasions antiques. Mais elle a été plus longtemps disputée par les conquérants barbares, plus souvent saccagée que toute autre, à travers les conflits des Angevins et des ducs de Savoie, des rois de France et des Impériaux. Dans ces alternatives, elle était restée provençale : Strabon la reconnaissait colonie marseillaise de droit, mais de fait du domaine de la Provincia ; le Moine des Iles d'Or l'appelle, au xiie siècle, de son surnom populaire : *Cap de Prouvènço;* une chanson de volontaires, en 1792, dit : « *Qu'au port de Villefranche, — au fort Montauban, — à Nice-la-blanche, — on veut être Franc;* » puis elle donne le jour, ville française, à Masséna, ville sarde, à Garibaldi, mais toujours cité provençale ; enfin, quand les deux grands États qui l'eurent tour à tour la font libre de choisir ses maîtres, elle rejoint les Provençaux dans le sein de la grande France.

On m'a conté qu'une défiance existait dans le peuple montagnard de Provence, envers les populations du rivage, les plus raffinées, les premières civilisées. J'en ai trouvé quelques rares symptômes. Un proverbe est fréquent, répété d'ailleurs à Marseille et en Languedoc :

Gènt de marino :
Toucas li la man, viras li l'esquino.

Je croirais plutôt à l'antipathie traditionnelle du terrien pour l'homme de mer. Mais pourquoi les gens de Grasse, de Vence, déclarent-ils les Cannois « infidèles en amitié? » Pourquoi se méfient-ils du sang maritime, de Nice à Fréjus?... Ils le qualifient parfois d'italien, voulant dire alors une injure, car celui-ci, pour eux, est l'ennemi héréditaire, la race dégénérée, sans enthousiasme et sans foi.

Mais toute cette côte de Provence appartient-elle encore aux Provençaux? On en douterait, à compter les progrès de l'étranger sur l'antique domaine celto-ligure. De Menton à Cannes, le Russe et l'Anglais répandent avec profusion leurs richesses et leurs malades...

Plus un seul de ces petits villages, tranquilles dans la paix de leur calanque ignorée, qui n'ait son hôtel luxueux, sa maison de convalescence, le classique *sanatorium* dont on a dit la légende touchante*. Ce climat, qui fait si bien vivre, empêche de penser. Elle est trop molle, l'arène d'or où vient mourir la vague bleue. L'âme s'y perd en rêveries. On y souhaite la vie de ces pieux solitaires qu'on rencontra un soir engourdis dans leur songe, sur quelque falaise perdue d'Orient. Dans un bien-être d'indifférence, ils suivaient le déclin de leur vie au

---

* Augustin Filon, *Amours anglais*.

nirvâna mélancolique. Toute la poésie du monde était pour eux dans cette ivresse. Faut-il donc tant agir pour être heureux ?...

Voilà l'engourdissement de la Petite Afrique. J'envie les rochers blancs, sans verdure, de Cassis ou de Montredon, l'horizon sculptural des Alpilles.

Mais l'enivrement du golfe de la Napoule au rivage embaumé est moins fort. Déjà la terre des parfums s'annonce. C'est la sirène au sourire immobile qui vous retient à ses lentes ondulations. Au-dessous de Grasse, jusqu'à la mer de Cannes, s'étale une plaine incomparable, où tous les fruits, toutes les fleurs du monde s'épanouissent à l'envi, capables de quatre et cinq maturités par an.

> *... Vau d'amour, palestino, encensié,*
> *Ounte lou ro, la capitello,*
> *D'óuliveiredo s'emmantello,*
> *Ounte li femo, à canestello,*
> *Meissounon jaussemin, tuberouso e rousié.*

« ...Val d'amour, encensoir, terre promise, — où le roc, la hutte en pierres sèches, — de bois d'oliviers s'enveloppent, — où les femmes, à pleines corbeilles, — moissonnent les jasmins, les tubéreuses et les rosiers. »

(*Calendau*, ch. IV.)

Ce qui fait cette terre sans rivale, de Saint-Raphaël à Menton, c'est sa végétation africaine, luxuriante,

Dans le décor glacé du Nord silencieux

A Théoule, ce cadre lointain des neiges disparaît. De cette calanque isolée, on embrasse le plus harmonieux aspect de la baie de Cannes avec ses deux îles. Puis à droite et à gauche, en longeant les petits golfes bleus aux fins rochers d'ocre et d'argent, en franchissant les petits caps aux pinèdes aromatiques, on a par échappées tout l'éblouissement du Littoral.

Nous croyons l'avoir inventé, ce pays où fleurissent le *far-niente* et l'oranger; mais la science nous donne chaque jour d'éclatants démentis : on a retrouvé *Pomponiana, Tauroentum;* on exhumera *Olbia,* l'heureuse, et d'autres encore de ces petites villes de plaisir, dont le littoral étincelait au soleil, sous les premiers Empereurs, comme la baie de Naples.

Les barbares ont passé là..., mais tout n'est pas ruine et deuil. Mille petites cités charmantes ou illustres, de toutes les époques, parsèment les rivages, les collines et jusqu'à ces montagnes qui dominent Grasse et Fayence. Tant de couleur devait susciter des peintres : Nice a Carle Vanloo; Grasse a Fragonard; Brignoles a les Parrocel, et là-haut, sur l'Alpe durençole, Moustiers a son école de fayenciers fameux. Mais cette terre bénie a trouvé dans son Poète un peintre incomparable, un miroir éclatant et fidèle dans *Calendal.* Toute la Provence de la mer, des Alpes, de l'Estérel, tout le jardin des Hespérides scintille éblouissant à travers les hauts faits du pêcheur de Cassis. Mistral souligne d'un trait d'or la plupart de ces lieux, célèbres par la gloire humaine, ou plus glorieux encore par l'œuvre de Dieu. Le génie est l'art des formules. Il a exprimé cette terre d'ivresse en une synthèse qu'on ne dépassera pas.

Reprenons avec lui le rivage à Théoule, d'où nous allons voir disparaître les îles de Lérins : « Les îles de Lérins, verte aigrette des flots, sortaient de la mer colorée ; — et d'Honorat, de Marguerite, sa sœur, les palmes fleuries ainsi que les arbres divins se mouvaient dans le clair. »

Avec lui, nous quittons ici « la côte renfrognée, ébréchée et rôtie de l'Estérel. La mer, sirène aux yeux bleus, depuis cent mille ans, ou tout comme, lui palpe ses flancs de porphyre : mais toujours force lui est de reculer devant l'austère accueil du géant chevelu[*]. »

Quand nous revoyons le rivage, il se creuse pour former la petite rade d'Agay, « sauvage d'aspect, sanguinolente ; » il s'étale de nouveau devant Saint-Raphaël ; et nous le quittons encore pour traverser Fréjus. L'antique station maritime, le célèbre *Forum Julii* est aujourd'hui en plaine. Donnons un regard à son passé.

---

[*] *Calendau*, ch. xii.

Fréjus fut le premier port de la Provincia et, selon l'ordre militaire, l'une des plus illustres cités du monde romain. Elle a été fondée par César au lendemain de la reddition de Marseille et pour l'humilier. Elle a été enrichie par Auguste, à qui elle dut sa suprême importance.

Il y eut avant Fréjus bien d'autres villes considérables dans la Provence romaine. — Aix (fondée en 163 par Sextius Calvinus), qui fut sa première capitale, Narbonne (créée par Fabius Maximus), cités uniquement romaines, étaient des chefs-lieux de pays à peine soumis. Toulouse et Nîmes, Arles et Marseille devaient rester longtemps gauloises ou grecques. Lyon (fondé en 41 par Plancus) ne data réellement que des Empereurs. Fréjus est la première de leurs fondations que les Romains aient jugée tout à fait digne de leurs armes et qui, du même coup qu'elle recevait sa colonie, ait entrevu toute sa grandeur.

Ce n'était qu'une ancienne bourgade commerciale des Phocéens, à l'embouchure de deux rivières, quand César y creusa un port. Auguste poursuivit l'œuvre et en fit le premier arsenal de l'Empire, le port militaire classique, au dire de Pline. Mais les Romains n'avaient pas le génie de la mer. Le créateur de Fréjus a négligé de compter avec les atterrissements de L'Argens, — que cessera de combattre le moyen-âge... La seule création romaine du littoral devait disparaître. Tous les ports des Phéniciens et des Grecs ont subsisté.

Néanmoins Fréjus eut plus de gloire romaine qu'aucune des cités maritimes des Gaules. C'était la grande ville impériale de la côte, comme Marseille avait été la grande ville grecque. C'était aussi le port militaire opposé au port commercial, les deux génies antiques en présence. Et il est remarquable que ce dualisme se soit perpétué, sauf que Fréjus a été remplacée par Toulon.

Auguste fit élever à Fréjus un théâtre, des portiques, des thermes, un amphithéâtre pour douze mille spectateurs[*]. Il lui fit le grand honneur d'envoyer dans son port les deux cents galères capturées sur l'armée d'Antoine à Actium. Ce port, on l'ignorerait, si la science n'en précisait les limites sur une étendue cultivée de 1,500 mètres, qui sépare aujourd'hui la ville de la mer.

Atque ubi portus erat siccum nunc littus et horti,

a dit le Chancelier de l'Hôpital dans une épître familière sur son voyage en Provence, citée par tous les historiens. Quant aux monu-

[*] M. Ch. Lenthéric a résumé excellemment dans sa *Provence maritime* les nombreux travaux des archéologues sur la topographie et les monuments de Fréjus. Il n'y a pas à y revenir.

ments antiques, on en voit les vestiges autour de la ville, petite ville provinciale très provençale aussi. Je me suis promené dans ses ruines : l'amphithéâtre équivaut à la moitié de celui d'Arles ; la porte d'Orée, qui faisait partie d'une galerie, est trop restaurée : près d'elle se balance un palmier beaucoup plus vénérable ; une riche végétation court dans ces débris épars. J'y ai vu les plus beaux micocouliers de Provence, des géants, à l'Entrée qui regarde Valescure. On passe par cet embryon de ville pour aller de l'antique *Forum Julii* à la jeune Saint-Raphaël. Mistral me lut le prologue de *Nerto* (le diable porte-pierre...)* sur ce chemin, il y a sept ans. C'était au lendemain d'une Sainte-Estelle nombreuse et bruyante, à Saint-Raphaël ; nous nous rendions à une félibrée plus intime à Fréjus. Banquet littéraire et naïf, subtil et charmant, suivant l'usage de nos réunions provençales. Certaines cultures d'esprit, comme les plantes, sont indigènes. Je m'émerveillai de voir renaître le culte des Muses en ce lieu déshérité d'elles depuis quinze cents ans.

Fréjus fut, en effet, à son heure de gloire, comme un centre de bons esprits, un des premiers que Rome seule eût suscités en Gaule.

---

* Voir plus haut, p. 200.

On n'avait pas eu à lutter ici contre l'influence, le souvenir de premiers maîtres. L'humanisme était né pacifiquement de la colonie elle-même. Il en fut ainsi à Lyon.

A Fréjus naquirent le fameux acteur Roscius, le maître de Cicéron dans l'art déclamatoire; le vertueux et solennel Agricola, beau-père de Tacite, le conquérant de la Grande-Bretagne; Cornélius Gallus, l'ami de Virgile, un élégiaque latin classique dont l'œuvre a disparu, mais qui survit dans ces vers attristés des *Églogues :*

> *Pauca meo Gallo, sed quæ legat ipsa Lycoris,*
> *Carmina sunt dicenda; neget quis carmina Gallo?*
> *Gallo cujus amor tantùm mihi crescit in horas...*

Virgile était aussi de race gauloise. Les commentateurs en ont demandé une preuve, entre plusieurs autres, à l'intervention du rameau d'or dans la descente d'Énée aux enfers. De son temps déjà les Romains étaient familiarisés avec les Gaulois. César en avait introduit dans les armées, jusque dans le Sénat. Auguste tenta de venger Rome de cet empiétement sur la nationalité souveraine. Longtemps il n'y eut plus que des sénateurs latins. Mais un jour on vit Caligula mépriser la suprématie romulienne et Claude donner la cité à toute la Gaule. Tous deux avaient des confidents gaulois. C'était la revanche des vaincus. On vit bientôt un Nîmois, Antonin le Sage, fonder la meilleure souche impériale du nom latin. Rome enfin s'aperçut que bon nombre de ses lumières étaient d'origine celtique ou ligurienne. Les pays aquitain et provençal, et entre eux l'État marseillais, alors au déclin d'une civilisation glorieuse, devinrent gallo-romains.

Il est remarquable que toute cette région terrienne de la Provence celto-ligure, dont Aix et Fréjus furent, aux temps romains, les deux cités majeures et qui atteignait aux Alpes Durençoles, ait jusque-là pu échapper à l'influence de Marseille qui triomphait encore à Arles.

Elle reçut toute sa culture des conquérants. Le vieil instinct ligure si indépendant, si intempéré, s'imprégnit de logique, d'ordonnance, de mesure juridique et de sens oratoire, fut pénétré d'esprit romain.

Des éloquents comme saint Hilaire de Fréjus* et Massillon, des rhéteurs comme Fléchier et Maury, des orateurs comme Mirabeau et Manuel, des philosophes comme Gassendi et Vauvenargues, des antiquaires comme Peiresc et l'abbé Barthélemy, des juristes comme Siméon Portalis, Ortolan; et pour choisir, dans les contemporains, un avocat, M. Émile Ollivier, tribun libéral et sonore; un romancier de

* Ses homélies étaient célèbres. Il fut moine à Lérins, puis successeur de saint Honorat au siège d'Arles (449).

mœurs, M. Émile Zola, puissant comme un aqueduc romain; un critique, M. Ferdinand Brunetière, logicien classique et traditionniste, voilà bien des fils de cette Provence latine, terrienne, indépendante de l'influence grecque du littoral[*]. Quel que soit le bénéfice que Rome elle-même ait retiré de son rajeunissement par la sève gauloise, l'influence romaine a pénétré encore plus profondément la Gaule et surtout la Provence.

Jamais telle ne fut l'influence des Phocéens. On s'est exagéré l'action directe des colons de Marseille : ils commerçaient surtout, pénétrant rarement dans les terres, suivant les côtes et remontant les fleuves. On ne sait pas s'ils eurent un établissement à Lyon; celui même de Valence (Ῥώμη) est problématique. L'influence grecque, — en dehors de Marseille où elle fut longue et triomphante, et des ports qu'elle colonisa, — s'est étendue en Gaule à la suite des armées romaines et des familles patriciennes. Le sentiment grec artistique, les inscriptions même des monuments, des marbres d'Arles,

---

[*] Massillon est d'Hyères; Fléchier et Maury, du Comtat; Gassendi, Manuel et Mirabeau, de la Durance alpestre; Ortolan et M. Brunetière, de Toulon; M. Émile Ollivier, de Saint-Tropez, et M. Émile Zola, d'Aix. — Si nous étendons encore la terre provençale à Nimes, nous retrouvons ces trois écrivains franchement latins : Guizot, Reboul et Alphonse Daudet.

sont contemporains des premiers Empereurs.

A l'autre extrémité du golfe de Fréjus et opposée à l'Estérel, est la chaîne des Maures. Elle tire son nom, comme on s'en doute, de l'occupation sarrasine. Nous quittons le rivage à la hauteur de Saint-Tropez et tandis que nous franchissons le promontoire, parlons un peu de ces invasions.

Elles tiennent plus de place dans nos hantises du passé que dans ses ruines elles-mêmes.

Je sais bon nombre d'écrivains possédés par le souvenir, sinon par l'atavisme des Orientaux de Provence. Aubanel, qui prétendait descendre d'un capitaine byzantin, — déjà grec lui-même par son génie provençal et plastique, — a écrit un drame, encore inédit, sur les *Raubatòri* maugrabins, et maintes fois dans ses *Fiho d'Avignoun* il a vanté l'œil de velours, « *lou gàubi de Mouresco* » des Arlésiennes.

Félix Gras a chanté, dans son admirable *Romancero* populaire, le *Roi des Sarrasins* aimé des Provençales, la pauvre nonne *Blanche de Simiane*, qui s'est tué pour son émir, et les beaux forbans de la légende, ravisseurs galants des filles de Camargue.

Il a lui-même l'ardent visage d'un Arabe d'Espagne, teint fauve, œil brillant, poil de jais : un type très frappant dans sa famille et fréquent à Mallemort, son village natal. Albert Arnavielle, le poète alaisien, à qui son farouche enthousiasme et sa face brune et osseuse ont valu ce surnom, l'*Aràbi,* constate lui-même son hérédité maugrabine : « bien souvent sur la branche — domine le sujet greffé ; — en moi éclate le sang de l'ancêtre bronzé — et il me reste à la gorge — comme un remords musulman. » L'obsession n'est plus un remords chez Paul Arène, qui voit du Sarrasin partout. Elle lui a, du moins, servi de prétexte à écrire ce délicieux roman romanesque : *La Chèvre d'or,* où l'Orient grec et arabe de la Provence se révèle dans la rêveuse et fine ingénuité de ses personnages.

C'est une mode, depuis quelques années, d'étudier les traces des Maures dans toutes les régions du Midi de la France. Après plusieurs ouvrages volumineux sur la question prise d'ensemble*, il a paru plus récemment quelques études régionales où la manie sarrasine prête à de bien simples noms de lieux les plus barbares étymologies.

En somme, la science est à peine éclairée sur toute cette époque. Les incursions ont duré près de trois siècles, répandant l'incendie et la

---

* Les plus connus sont ceux de MM. Reinard : *Invasions des Sarrasins en France, en Piémont, en Suisse, etc...* (1836) et de Carlone : *Domination sarrasine dans la Narbonnaise et sur le Littoral* (1865).

ruine. Elles succédaient elles-mêmes aux invasions des Wisigoths, des Francs, des Huns, non moins terribles. C'est en conciliant les courtes indications des bréviaires diocésains, des chroniques — rares en Provence, — des titres de fondations et autres chartes monastiques, que les historiens parviennent à établir l'ordre de ces événements.

On sait que les Arabes scénites, les premiers Sarrasins *(Sara-sceni)*, nomades Ismaëlites, occupaient la Mésopotamie, la Haute-Syrie, l'Arabie Heureuse et toutes les contrées de caravanes, depuis les temps les plus lointains, quand, au viie siècle, un réformateur ambitieux, un soldat de génie, réussit à les soulever par sa parole, à les arracher à la dégradation, à grouper leurs tribus errantes pour la conquête d'une natiolité. Ce grand homme était Mahomet. Dans les dix années de sa vie publique, il fonda un peuple, un empire, une religion. Quand il mourut (632), l'Arabie formait un État puissant et qui s'étendait plus avant chaque jour. A la fin du même siècle, ses successeurs avaient conquis l'Assyrie, la Perse et l'Égypte. En 711, un de leurs généraux, Tarek, passait les Colonnes d'Hercule *(Gibraltar,* mont de Tarek) et s'établissait en Espagne.

Le royaume des Wisigoths fut englouti sous le flot des envahisseurs. Durant quatre siècles, la péninsule fut arabe; d'admirables monuments en témoignent encore. On a beaucoup exagéré l'influence des Maures. Le génie sémitique vivifia sans doute la vieille civilisation ibéro-romaine, mais j'estime qu'on doit moins de bienfaits que de ruines à l'occupation des Sarrasins.

D'Espagne, ils passèrent en Aquitaine (716) et en Languedoc (Narbonne fut prise en 720); ils rêvaient la conquête du monde. Ils terrorisèrent longtemps la Septimanie, où des pillages sans nombre précédèrent leur établissement. Mais toute cette histoire est encore confuse; nous ne les suivrons qu'en Provence.

Un écriteau trouvé à la Sainte-Baume, dans le tombeau de Marie-Madeleine, et portant la date de 716, mentionne pour la première fois leurs ravages, sous le règne d'Eudes, duc d'Aquitaine. Les Maures avaient donc passé les Pyrénées, à moins qu'ils n'eussent abordé sur la côte de Provence en même temps qu'à Gibraltar. Ces descentes de pirates étaient dans leurs habitudes de guerre. Mais cette première incursion n'a pas laissé de traces. C'est vers 731 qu'ils entrent résolument dans le pays, détruisant tout, de Marseille à Avignon. A cette époque remonte la ruine totale de la cité phocéenne, *Massilia Græcorum,* du théâtre et des temples d'Arles. C'est la première période, celle des grandes armées et des grandes batailles*. Charles Martel vient de battre Abdérame à Poitiers ; il envoie Hildebrand, son frère, en Provence ; il y fait irruption lui-même. L'armée des Sarrasins a passé la Durance après un sanglant combat ; Avignon leur a été livré par le gouverneur Mauronte qui les a peut-être appelés **. A l'approche des Francs, des renforts leur viennent de Narbonne. Mais le siège est véhément et Charles Martel les a bientôt réduits (737). Le torrent des infidèles semble s'écouler vers l'Aquitaine d'où il est venu, mais dès que l'armée franque s'est éloignée, leurs attaques reprennent. Une seconde fois, Charles accourt ; il chasse les envahisseurs du Comtat et de la Provence et les extermine à Marseille (739) ***.

S'ils avaient quitté le pays, les Sarrasins rôdaient encore le long du littoral, puisque nous les trouvons en 739 à Lérins, qu'ils détrui-

---

* La meilleure chronologie à consulter est le livre de M. G. de Rey : *Invasions des Sarrasins en Provence* (1878). Quoique un peu touffu et sans tables, cet ouvrage est d'une haute valeur, le dernier mot sur la question. Il est singulier que ceux qui ont écrit plus récemment sur les Maures et la Provence maritime s'en soient si peu servis.

** On pense qu'il était duc de Marseille, élu par le Maire du Palais. Avait-il aspiré à l'indépendance, favorisé par les Provençaux qui redoutaient le joug des Francs ?...

*** Ces deux noms en témoignent encore, *Le Champ Marlet* et *Le Saut de Maroc*.

sent de fond en comble. Ici se place un des plus beaux épisodes de l'histoire des moines, le martyre de saint Porcaire, gloire de l'Église provençale. Les chroniques de Lérins ont conservé dans leur herbier mystique cette fleur liliale teinte de sang. — Un ange avertit Porcaire dans son sommeil : « Lève-toi et cache les reliques des saints ; voici que les barbares s'approchent et ton île va être sanctifiée par le sang de ses moines ; sois fort et fortifie tes frères. »

Aussitôt l'abbé s'éveille, célèbre la messe du Saint-Esprit et réunissant les religieux au chapitre, il leur dit : « Mes bien-aimés, je vous annonce une grande joie ; le père de famille vient visiter sa vigne ; il appelle ses ouvriers et veut teindre leur tunique dans leur propre sang, afin de les asseoir aux noces de l'Agneau. » Puis il leur annonce que les barbares s'approchent, qu'il faut se préparer à mourir. Il renvoie les plus jeunes, craignant pour eux la faiblesse devant le martyre ou les séductions des païens, et il offre aux cœurs chancelants de les suivre.

Cinq cents religieux sont restés à Lérins. Mais à la dernière heure deux adolescents, Colombus et Éleuthère, se sont cachés dans une grotte du rivage. Le massacre est impitoyable ; quatre moines seulement sont gardés comme prisonniers. A ce moment, Colombus voyant, de sa retraite, les âmes de ses compagnons s'élever au ciel dans la société des anges, s'élance au martyre à son tour.

Cependant les quatre prisonniers ont obtenu de débarquer sur la côte voisine. Secrètement ils retournent en barque à Lérins et l'affreux spectacle de l'île leur arrache des gémissements. Éleuthère les a entendus; il court à eux. Et voilà qu'au soleil levant, quand les cinq moines accomplissent les funérailles, une nuée d'oiseaux de mer, planant au-dessus de leurs têtes, mêle longtemps des cris plaintifs à leurs prières...

Après un demi-siècle d'intervalle, les Maures réapparaissent en Provence. L'empire de Charlemagne est puissant; ils ne prétendent plus à sa conquête, mais ils remplacent l'ancienne guerre par des expéditions, et, à dater de la seconde destruction de Nice (773), chacune de leurs descentes sur la côte, durant quatre-vingts ans, laisse après elle d'irréparables ruines. Cette guerre de surprises convenait à leurs instincts nomades. Ils dépouillaient les couvents et les tombeaux, puis reprenaient la mer. On n'a de traces de leurs établissements que dans la Camargue, durant cette période. Ils rivalisaient alors avec les Normands*, pour le pillage du territoire d'Arles... En 869, ils se saisis-

---

* Bientôt chassés par Gérard de Roussillon (858).

sent de l'archevêque lui-même. L'incident est singulier : cette race de pillards s'y montre tout entière.

L'archevêque Rutland surveillait les travaux de son château fort de Camargue, quand tout à coup surgit une troupe de Maures à cheval. Ses ouvriers sont massacrés, on s'empare de lui et on l'emmène, pour l'enchaîner, dans un navire qui attendait au bord du Rhône. Mais jugeant leur victime de bonne prise, les Sarrasins négocient une forte rançon avec la ville d'Arles. Pendant le marché, Rutland meurt, et, la rançon payée, les pirates le déposent assis, sur le rivage, et revêtu de ses habits épiscopaux.

Les Provençaux réussirent tout seuls à les chasser. Durant trente-cinq ans on put les croire à jamais disparus.

Vers 891, cette chaîne des Maures que nous franchissons, *li Mouro abouscassido,* comme les appelle Mistral, est tout à coup envahie par les pirates. Les débarquants se succèdent ; une place forte s'élève par leurs soins au Fraxinet (la Garde Fraînet) près du golfe Grimaud. Nul ne s'est défendu : on croirait la terre sans habitants. Les Sarrasins sont maîtres de la montagne et du rivage, et leurs bandes vont rayonner en Provence et en Italie.

Saint-Tropez, Antibes, Nice, Vence et Toulon sont détruites ou ravagées, avec Fréjus bientôt si délaissée que son vieux port s'ensable pour toujours, avec Olbia et Tauroentum qui disparaissent à ce point que la science hésite sur leur emplacement. Ils ont atteint les Alpes Durençoles et tour à tour Glandevès, Manosque, Sisteron et Embrun succombent. Leur domination s'étend de la haute-Provence au Dauphiné et, une fois maîtres de ces deux contrées, ils colonisent pacifiquement le Dévoluy et le Champsaur. — En 923, on les retrouve à Marseille dont ils complètent la ruine : le monastère de Saint-Victor, dernier refuge de la cité, tombe lui-même. Les fidèles et le clergé demandent leur subsistance à l'archevêque d'Arles... De cette époque date le célèbre épisode marseillais des *Desnarrado*. Un monastère de dames cassianistes allait être envahi, quand l'abbesse, sainte Eusébie, exhorte ses quarante compagnes « à se couper le nez, afin que cet horrible spectacle excite la fureur des barbares et éteigne leur passion » (suivant la leçon du bréviaire). Toutes ont cet affreux courage :

Grand obro a lou coutelas !

s'écrie le poète provençal Louis Astruc qui a chanté les *Desnarrado*. Mais les infidèles sont là ; après leur première stupeur, c'est un carnage horrible :

Lou sang briho au soulèu d'or !

Les Sarrasins occupaient toute la Provence, de la mer aux Alpes. Pour assurer leur conquête farouche ils avaient détruit Aix, Puy-Ricard*, Martigues. Généralement campés en maîtres plutôt qu'en gouvernants (on levait les impôts au nom des rois d'Arles), ils colonisaient cependant çà et là. Certains usages locaux, des danses, par exemple, témoignent de leur mélange avec la population**. La Provence finissait par les tolérer, quand une invasion de Hongrois, bientôt cernés dans les Alpilles et rejetés en Languedoc (924), — fut une occasion de poursuivre les Sarrasins. Le roi de Vienne et d'Arles, Hugues, brûla le Fraxinet à l'aide du feu grégeois (942). Cette surprise réduisit les Maures dans leur quartier général; pourtant Hugues se contenta de les obliger, **par traité**, à séjourner dans les montagnes de la Haute-Italie. Ils y détroussèrent quelque temps les pèlerins et peu à peu redescendirent en Provence.

Mais le souvenir de leurs ravages pesait sur les Provençaux. Le deuxième roi d'Arles, Conrad le Pacifique, prit à tâche de les dé-

---

* Près de là, à Rognes (anciennement Cannes), l'usage est resté de célébrer un service religieux pour les victimes des Sarrasins. On y montre aussi le « *Vau di Mouro.* »

** A Istres, *la Moresque*, dansée jadis par toute la Provence, a conservé d'anciennes figures dues aux Sarrasins. Voir aussi, dans *la Chèvre d'or*, la danse d'hommes présidée par un Turc en turban.

truire; il les chassa successivement de la Savoie, du Dauphiné et de la haute-Provence.

Néanmoins, nous les retrouvons en 951 établis comme jadis au Fraxinet. Le royaume d'Arles était passé à l'Empire; un comte le gouvernait. Un sentiment de révolte contre la menace perpétuelle des Sarrasins parcourait le pays. Le comte Guillaume Ier prit l'initiative du mouvement, inspiré, dit-on, par un moine, saint Mayeul, pris et rançonné par les infidèles. A l'aide de tous les seigneurs du royaume, il attaqua les Sarrasins dans leur repaire : le Fraxinet fut détruit et le littoral délivré. On proclama Guillaume « *Père de la patrie;* » mais il n'acheva pas son œuvre. Le partage des lieux reconquis, développant le système féodal en Provence, ne laissa plus sans maître et sans défense aucune terre. Les Maures renoncèrent enfin à conquérir les Gaules.

Sans secours étranger, les Provençaux avaient délivré le pays, comme ils devaient chasser six cents ans plus tard Charles-Quint, et peut-être sauver la France [*].

[*] Que devinrent les Sarrasins du Fraxinet ? De tous ceux qui n'avaient pu reprendre la mer, beaucoup furent massacrés. Mais une tradition veut qu'ils se soient convertis en grand nombre. On appelait ceux-ci et leurs descendants *li Marran*, en Provence comme en Espagne. La plupart, cependant, entrèrent en servitude au profit des seigneurs de la guerre. Jusqu'à la fin du xve siècle, les riches familles provençales

Les traces de cette occupation sarrasine sont-elles aussi nombreuses que les savants départementaux veulent bien le dire? Il est certain qu'on trouve dans le provençal une cinquantaine de mots d'origine arabe*. Mais ces archéologues vont plus loin : à les en croire, bon nombre des villages de l'Ain, du Rhône, de l'Isère, de la Drôme, etc., porteraient des noms arabes **. Ces étymologies sont suspectes pour la plupart. Les vrais souvenirs des invasions sarrasines en Provence, — où elles étaient le plus fréquentes, — sont dans la race des chevaux de Camargue et dans les yeux des Arlésiennes.

possédèrent des esclaves maures. M. Émile Fassin *(Bulletin archéolog.* et *Musée arlésien)* en a donné maints exemples, d'après les archives notariales.

Sur ce littoral de Provence, où ils vécurent en maîtres au moyen-âge, les Arabes offrirent de nouveau, en ce siècle et jusqu'à ces dernières années, comme un symbole vivant de leur défaite irrémissible.

L'île de Sainte-Marguerite était la Lambessa de nos prisonniers d'Algérie. C'est un de mes plus anciens souvenirs de Provence que le spectacle de ces beaux Sarrasins accomplissant leurs prières, debout sur les rochers, au coucher du soleil.

* Parmi les plus connus que donne Mistral (notes de *Calendau),* citons : *cafèr,* mécréant; *crida sebo,* crier merci *(seibou); aufo (alfa); arsena,* arsenal *(al-ssanat); atahut,* cercueil *(tabout)...*

** Le Velay et le Vivarais semblent plus pénétrés de cette influence. J'y trouve fréquemment les noms patronymiques d'Eldin, Astor, Balaün (l'évêque actuel de Nice), Balazuc, etc.

La Provence et la Septimanie ont beaucoup souffert des Arabes. Néanmoins je serais tenté de croire à des rapports adoucis par la suite des invasions, entre les populations méridionales et les envahisseurs; aux séductions faciles, exercées par les bruns pirates sur les cœurs féminins épris du lointain Orient; à la demi-familiarité de Turcs à Provençaux qu'a célébrée Paul Arène* et à la demi-vérité de son exquise facétie marseillaise, le *Puits des Sarrasines,* où les belles filles paresseuses, la cruche sur l'épaule, vont se faire enlever par les forbans. Il est de fameux exemples de cet attrait mystérieux. L'histoire du Languedoc nous rapporte que la fille naturelle du comte Alphonse de Toulouse, qu'il avait emmenée à la croisade, épousa, là-bas, le sultan Noureddin; tandis qu'une légende très véridique de Provence veut que la mère de Mahomet II ait été une Marseillaise du quartier Saint-Jean...

Voici les hauts navires du grand port militaire. Toulon a succédé à Fréjus dans la gloire maritime; mais sa vraie renommée, malgré l'importance de sa situation, date à peine de deux siècles. L'histoire des armées de Toulon est pleine d'héroïsmes légendaires, à demi obscurs; mais les plus grands marins de Pro-

---

* *Vingt jours en Tunisie* (introduction), 1884.

vence, Suffren et Claude de Forbin*, d'Entrecasteaux et le chevalier Paul, sont nés loin de ses eaux**.

Les grandes dates de Toulon sont ses deux sièges fameux du xviiie siècle. La première fois (1708), le courage de ses habitants, qu'assiégeaient par terre et par mer les Impériaux grossis de la flotte hollandaise, triompha et sauva la Provence. Il en était tout autrement en 1793. Toulon, qu'avaient confisquée les royalistes, était assiégée par les armées de la République. On sait comment la ville se rendit : un capitaine d'artillerie, de vingt-cinq ans, Bonaparte, connu seulement par son ardent patriotisme français dans les troubles de Corse, est envoyé dans un corps expéditionnaire qui se joint aux assié-

---

* Tous deux sont nés près d'Aix : le bailli de Suffren-Saint-Tropez (1726-1788) à Saint-Cannat, le comte de Forbin (1656-1733) à Gardanne. Le premier s'est popularisé par sa campagne des Indes (1781-84) et ses luttes contre les Anglais. Mistral a fixé sa gloire dans un chant de *Mireille*, souvent interprété en musique et en vers français. L'autre, élève de Duquesne et chef d'escadre, a mérité cet éloge que lui adressa Colbert, de la part du roi : « Monsieur de Forbin, il n'y a eu France que M. de Turenne et vous à qui on ait donné carte blanche. »

** J.-A. Bruny d'Entrecasteaux (1739-1793), encore un Aixois, organisateur des forces navales, succéda à Suffren aux Indes. Il mourut dans son expédition à la recherche de La Pérouse (un Aquitain d'Albi). Le chevalier Paul était de Marseille. Né obscur, il devint un des plus grands hommes de mer du xviie siècle.

geants. Les pouvoirs inusités qu'on lui confère le mettent en mesure de donner et de faire prévaloir son avis sur l'attaque d'un fort, « le Petit Gibraltar, » d'où dépend le sort de la place. La conduite de cette affaire va réduire les royalistes et révéler Napoléon.

Nous l'avons salué à trois reprises au cours de ce voyage : à Aix où tout jeune il pensa prendre le service de Dieu, à Valence où il tint sa première garnison, et au golfe Juan qui le vit tenter sa dernière aventure. On le rencontre bien d'autres fois en Provence : son nom est mêlé aux annales de presque toutes nos cités.

C'est à Toulon qu'il s'embarquait, en 1792, quand, ramenant sa sœur Élisa de Saint-Cyr, il allait prêcher la République aux Corses et se signaler pour la première fois dans le soulèvement de l'île.

C'est près d'Antibes, au Château-Salé, qu'avec son frère Joseph, il installait sa famille, ruinée par les pillards de Paoli et chassée par l'invasion anglaise *.

Après son grand succès de Toulon, Napoléon compromit sa fortune. Il était assez engagé dans le parti de Robespierre, s'il faut en croire les *Mémoires* de Lucien. Il voyait, du moins, fré-

---

* Janvier 1793. Lætitia Ramollino et ses filles habitèrent ensuite Lavalette près de Toulon, puis Marseille, jusqu'au Consulat.

quemment Robespierre-le-jeune, représentant à l'armée du Midi. Ces liaisons, très impolitiques, le firent enfermer au Fort Carré d'Antibes. Ce fut un bonheur pour sa destinée, car on s'en repentit et il fut bientôt, général *servie et mûre* suspect, préparer à Paris, dans le silence, son prodigieux avancement. Néanmoins sa prison lui avait fait songer un moment à chercher fortune dans l'armée turque...

L'épisode d'Antibes est peu connu ; il éclaire singulièrement l'ambition aventureuse de Bonaparte à ses débuts et, comme celui d'Aix, son indécision devant la fortune à tenter.

Fréjus garde le souvenir du retour d'Égypte et du départ pour l'île d'Elbe : toute une épopée entre ces deux dates.

Marseille n'a pas oublié qu'à Montredon le futur empereur, alors tout jeune général, avait soupiré pour une des filles du négociant Clary dont son frère Joseph avait épousé l'aînée. Mais le père, jugeant « qu'il avait assez de Bonaparte dans sa famille, » — madame Lætitia et ses filles arrivaient à Marseille, — préféra Bernadotte à Napoléon. Désirée Clary devint reine de Suède; *pourtant* l'empereur garda secrètement rancune à Bernadotte de l'avoir supplanté.

Le retour du golfe Juan a semé d'anecdotes glorieuses tout le chemin de Provence, jusqu'à Grenoble. Bivouaquant à Cannes, le soir même du débarquement, Napoléon rencontra le prince de Monaco qu'il avait jadis chassé de ses États. L'entrevue est des plus singulières. Il demanda gaîment au prince où il allait. — « Je retourne chez moi, répondit-il. — Et moi aussi, » répliqua Napoléon, en souhaitant bon voyage au petit souverain... Au moment du départ, un paysan mettait en joue l'empereur ; mais il était retenu par une terreur soudaine : le magnétisme de l'homme astré l'enchaînait.

A Grasse, le maire reçut avec servilité et stupeur la petite troupe, et ce n'est que le soir et l'ayant vue en marche, qu'il réfléchit à l'événement et se prit à envoyer des hommes à sa poursuite. Mais il était trop tard : Napoléon recrutait des enthousiasmes à chaque pas, et bientôt Louis XVIII n'allait plus être que le roi de Gand.

La Provence fut un terrain brûlant pour Napoléon. Il y connut les alternatives fatales des débuts et de la suprême aventure. Qu'il devait le revoir souvent, dans les insomnies de Sainte-Hélène, ce littoral de la mer des Ligures qui fut témoin des heures les plus critiques de sa vie !

Le Félibrige aussi a consacré la plupart des lieux célèbres de ce rivage. Son assemblée de Sainte-Estelle s'y est réunie quatre fois. Après

Nice (1879), ç'a été Saint-Raphaël (1883), puis Hyères (1885), et Cannes (1887).

J'ai dit que ce pays des Alpes-Maritimes et du Var gardait un provençalisme très pur*. Il a ses publications populaires, comme l'almanach de Draguignan, *lou Franc-Prouvençau*. Il a ses anciens poètes renommés, tels que Rancher, de Nice, l'auteur de la *Nemaïda***, et Étienne Pélabon, de Toulon, l'auteur de *Maniclo* ou *lou Groulié bel esperit* (le Savetier bel esprit). Ce vaudeville est le plus fameux du théâtre de langue d'Oc. Taxile Delord rapporte qu'il a servi jadis à égayer les marins provençaux pris à la bataille de Trafalgar et emmenés sur les pontons de l'Angleterre. Le mal du pays fut toujours vivace chez les méridionaux. Ainsi le marquis de Mirabeau pouvait écrire, dans l'*Ami des Hommes* : « un tambourin garantit du scorbut des équipages entiers de matelots, dans des voyages au long cours. »

Maniclo a été joué partout en Provence, depuis 1789, et en particulier sur nos théâtres maritimes. Car la scène provençale, — qui eut un éclat très vif, à Aix, dès le roi René, jusqu'au

---

* Voir p. 291-292.

** *La Nemaïde,* ou le triomphe des sacristains, poème héroï-comique. L'édition définitive en a été donnée par un éminent linguiste niçois, M. A.-L. Sardou, félibre majoral, le père de l'académicien.

xviiie siècle, — est, depuis cent cinquante ans, la tradition littéraire la plus répandue et la plus persistante du littoral.

La poésie romane n'avait connu que l'ode et la chronique. Les croisés du Nord avaient fauché son lyrisme en sa fleur, provoquant l'épopée vengeresse. Le drame n'avait pu naître, qui serait sorti du *sirvente* et de la *chanson*. Il y eut un siècle de silence. C'est sans doute le roi René qui, en instituant les jeux de la Fête-Dieu, pour les plaisirs de sa cour pacifique, a été l'instigateur du théâtre provençal. Les premières comédies sont dues aux aixois Brueys et Zerbin. Elles ont eu maintes éditions. Parmi leurs successeurs (Seguin, Feau, Carvin, Tronc de Codolet), il faut s'arrêter à Jean de Cabanes, auteur de *Liseto amourouso,* — la *Dame aux Camélias* provençale du xviiie siècle, — des *Bigots,* du *Juge avare,* pour trouver de la verve scénique et de l'observation. Ce théâtre n'est pas imprimé. Il faut passer encore par une foule de pièces burlesques, sur *Carmentrant* (le Carnaval), et autres héros populaires, parmi lesquelles la farce de *Viandasso* qui fit rire Louis XIV, pour arriver aux comédies célèbres des arlésiens J.-B. Coye et Truchet, et aux vaudevilles de l'abbé Favre, le grand rieur languedocien. La tradition littéraire, on le voit, se perpétuait, même à la scène provençale, aux jours du plus grand discrédit de la langue, quand des Académies s'établissaient à Arles, à Marseille. à Nîmes, à Aix, à Avignon, pour la proscrire.

L'usage a survécu. En attendant les bienfaits de la rénovation inaugurée par les drames d'Aubanel et les comédies de Roumieux, le vieux théâtre provençal continue à vivre de sa bonne vie populaire. Il se maintient particulièrement dans les milieux maritimes. Partout ailleurs, on joue plus que jamais les pieuses *Pastorales* de Noël, alternant avec quelques pièces naïves. Mais à Toulon et à Marseille se réunissent des troupes patoises qui vont représentant la comédie, la farce, dans les petites villes*. Ce spectacle est très populaire ; j'y ai maintes fois assisté ; il y règne une communion véritable entre le public et les acteurs.

En dehors du théâtre, Toulon a sacrifié encore brillamment au génie provençal, depuis trente ans, dans les deux idiomes. Ces bons serviteurs des Muses romano-ligures s'appellent Charles Poncy, l'ami de George Sand, l'ouvrier-poète, qu'elle aurait plus justement applaudi. si elle avait pu entendre ses vers de langue d'Oc ; *La Sinso* (Charles Senès), qui a fait dialoguer satiriquement, en patois grossier mais savoureux, le populaire de son pays ; Jean Aicard,

---

* Le théâtre de *Chichois*, les pièces burlesques de Peise, de Carvin, etc...

qui a exprimé en beaux vers français son idéal classique de la Provence ; deux poètes encore, Alfred Gabrié et Raoul Gineste, élégants et très francs provençalistes, enfin Noël Blache, le romancier, qui a la vigueur noueuse des jeunes chênes du cap Brun *(blacho)* dont il porte le nom...

A l'autre extrémité du golfe, après Toulon, je revois s'avançant dans la mer, farouche, le cap Sicié avec son patriotique village de Six-Fours, et s'évasant dans l'onde bleue, les jolies baies de Saint-Nazaire et de Bandol, puis La Ciotat et Cassis, et Aubagne... Enfin je retrouve la Canebière avec ses mâts luisants au coucher du soleil.

C'est un soir de beau temps et de fête. Le populaire de Marseille inonde les quais et les rues. Sortons aussi, pour nous faire oublier six heures de trépidation. L'attristante banalité des foules! Rien ne me rappelle mieux à la vanité de la vie, que ces dimanches de soleil, aux maisons fermées, aux promeneurs lents, fatigués, pleins d'ennui. C'est du spleen à faire pleurer.

Mais je ne tarderai pas à éloigner cette mélancolie. Les souvenirs se lèvent pour moi dans Marseille, à chaque pas. Ainsi ces bons platanes de la place Saint-Ferréol, devant une maison amie que je vois me sourire au plus loin de l'enfance, me rendent l'optimisme et le réconfort.

C'est une ville aimable que Marseille. Le gai

tumulte des places, du port, des avenues, le violent arome des pins et de la mer, la banlieue verte et sa culture tropicale, dans le cadre des falaises d'argent et du flot de saphir, sont l'enchantement de l'absence et l'attendrissement du retour.

Et je lui dois des heures exquises, à ce territoire magique, digne d'avoir été choisi par des Hellènes, entre tous les rivages d'Occident, pour s'y refaire une patrie. Je ne les ai retrouvés, moins beaux peut-être, qu'au pays des Dieux, ces sites vraiment grecs de la campagne marseillaise, qui ont bercé de lumière les plus charmantes heures de ma vie provençale, La Panouze, La Cadenelle, Les Platanes, Marveyre, Montredon...

J'ai fini cette soirée au théâtre, en compagnie de mon ami Auguste Rondel, qui est une encyclopédie vivante de la scène française. L'amour du Marseillais pour le spectacle est proverbial : ses poètes et ses conteurs ne tarissent pas en épisodes facétieux de l'opéra et de la comédie dans leur tapageuse cité. On donnait justement l'œuvre d'un marseillais, *Sigurd*. Et c'était plaisir de voir combien le chef-d'œuvre de Reyer *(Rey* de son véritable nom) se faisait acclamer par ses compatriotes.

29 avril.

Je consacre aujourd'hui mon loisir à Chenavard. Oui, le vieil artiste, le peintre philosophe, toujours vaillant, toujours causant, dans sa verdeur octogénaire. L'automne dernier, comme il s'embarquait avec son fidèle Joséphin Soulary pour un hivernage en Afrique, il m'avait prié de m'enquérir si son ami de jeunesse, M. Carle, un journaliste de Marseille, était toujours du nombre des vivants. Je m'informai; il me fut répondu par une chronique de lui au *Sémaphore*. Car ce Marseillais de race n'a pas plus abandonné son journal que sa ville elle-même, depuis cinquante ans. C'est chez ce compagnon retrouvé, qu'après une courte fugue en Algérie, Chenavard a passé l'hiver (près de la fontaine « élevée à Homère par les descendants des Phocéens ») dans un modeste appartement de la rue d'Aubagne, pour eux tout éclairé par l'échange des souvenirs.

Je connais depuis longtemps Chenavard et j'ai la bonne fortune d'avoir tenu pour nos neveux le registre de ses Confessions. Il est superflu de démontrer ici quel grand esprit créateur est le sien. Il avait conçu, pour le Panthéon, cette histoire de l'humanité qui retraçait en quelques scènes glorieuses les étapes de la civilisation. C'était le plus bel enseignement par les yeux qu'on eût encore imaginé. Mais le gouvernement impérial s'en offensa comme d'une hardiesse, quand l'impartialité olympienne du peintre avait trouvé grâce devant le clergé. Les cartons de Paul Chenavard, appréciés enfin de ses compatriotes, décorent maintenant le musée de Lyon. Car il est bien de la ville mystique, cet amer et hautain raisonneur; et pour avoir professé le contraire des théories de Ballanche et d'Ozanam, de Laprade et de Flandrin qui furent ses amis, il n'en a pas moins reçu comme eux le baptême indélébile de la Saône rêveuse.

Je fais part à mon philosophe de quelques sensations de ma tournée félibréenne. Ce regain d'amour des Provençaux envers leur petite patrie n'est pas fait pour le surprendre. — « Tout cela devait arriver, me dit-il, je pressentais cette ténacité au sol natal, chez mes amis Thiers et Mignet. Ils s'enfermaient quelquefois pour manger un aïoli ou une bouillabaisse, en parlant leur langue d'enfance. Mais c'est surtout à l'Académie des sciences morales, qu'on s'entretenait du pays. Ses membres étaient tous plus ou moins d'Aix. Un jour je rencontrai Lakanal à la porte de l'Institut avec Rémusat et Peisse, deux sextiens. Ils parlaient provençal.

« Lakanal était du Midi, du Midi pyrénéen.

Il avait vécu quarante ans en Amérique, et, à son retour, l'Académie des sciences morales et politiques, qu'il avait fondée sous la Révolution, l'avait élu, naturellement. Il quittait ses deux collègues : « Voyez-vous, mon ami, me fit-il, « ce n'est plus l'Académie des sciences mo- « rales, c'est *l'Académie d'à-z-Ais* (d'Aix) séant « à Paris... » Je me souviens que ce jour-là je reconduisis Lakanal ; je l'entretenais de mon tableau de la *Convention*. Sur le pont des Arts, il me dit, avec force gestes : « En tout cas « ces mains-là sont pures de sang, dessus et « dessous. » Il laissait entendre que les pots-de-vin n'étaient pas ignorés des assemblées austères de son temps... Mais comme j'objectais la mort de Louis XVI, qu'il avait votée : « Tuer « un roi, c'est tuer un principe, ce n'est pas « tuer un homme. Du reste nous n'avons rien « obtenu ; il fallait abattre les pigeonniers pour « empêcher les pigeons de revenir..., » et il me montrait le Louvre, Notre-Dame... »

— Nous ne sommes pas sans respect, dans le cénacle félibréen, pour ce nihiliste préhistorique qui fut un bon méridional. C'est lui qui présenta et fit voter à la Convention le projet fameux où, posant les bases d'un enseignement rationnel du français, il ajoutait *que toutefois les dialectes provinciaux pourraient être utilisés comme moyens d'enseignement.*

Chenavard, nourri qu'il a été de l'esprit philosophique allemand, ne me cache pas certaine indifférence à l'endroit du génie provençal. Il n'admire d'ailleurs pas davantage le génie français.

« Nous sommes des médiocres : nous n'avons produit ni un Dante, ni un Shakespeare, ni un Rembrandt, ni un Spinoza, ni un Beethoven, ni un Goethe. Nous avons bien Napoléon, qui est de la même famille, mais c'était un Italien... Le dernier de ces flambeaux incontestables me paraît être Rossini. Il a éventré la mélodie; c'est le Rubens de la musique... »

Je fais remarquer à mon philosophe qu'il se montre au moins dur pour Rabelais, Montaigne et Molière, en ne les admettant pas dans le Conseil suprême... Et je reviens à nos Marseillais. Entre tous ses amis provençaux, entre tous ceux que j'ai cités, Chenavard donne à Peisse la plus large part de son estime. C'était une sorte de Fauriel, un conseiller discret, permanent, et le collaborateur de tous les esprits, de tous les écrivains dont il était le familier. Thiers, par exemple, ayant à donner une édition refondue, expurgée, de sa *Révolution française,* Peisse reprenait, corrigeait l'ouvrage. Il inspirait aussi fréquemment Victor Cousin et Mignet. C'était un cerveau universel : il est mort presque inédit, membre de plusieurs sections de l'Institut, laissant, à l'Académie de Médecine, l'irréparable lacune d'un auxiliaire perpétuel et parfait.

Chenavard est plus sévère pour les autres. Victor Cousin lui semble avoir été doué de facultés sérieuses, — de par son éducation allemande assurément... Thiers lui paraît éminemment banal, d'où son succès en France. Néanmoins une diablesse de verve provençale, une activité qui emportait tout. Quant à Mignet, c'était un consciencieux ; un écrivain sans doute, mais un doux, un serviable, un séduisant : les femmes aiment ces natures ; il sut garder longtemps les bonnes grâces de la princesse Belgiojoso*.

Pierre Puget trouve à peu près grâce devant notre Aristarque. Il s'incline devant sa verve puissante, déconcertante, pas assez sculpturale peut-être. Néanmoins, c'était un génie à la française...

Tout en causant de ces choses, nous allons

---

* Sur la vie, les amitiés et l'œuvre de *François Mignet*, voir le récent volume de M. Édouard Petit, un biographe digne de l'historien, qui a éclairé sa monographie de nombreux documents inédits émanant de Thiers, de Mme de Belgiojoso, de Henri Heine, etc... Il a mis en belle lumière l'amour persistant de Mignet pour son pays natal, — passion qui lui faisait dire, au plus fort de ses succès mondains, ainsi que l'a rapporté Jules Simon, dans son *éloge* académique : « Rien n'est plus propre à refaire un homme, que de vivre au clair soleil, parler provençal, manger de la brandade et faire une partie de boules tous les matins. »

visiter le château Borély. La ville y a déposé ses collections archéologiques. On me dit que M. Maspéro, dans un récent voyage, a découvert aux Marseillais la richesse de leur musée. C'est non loin de la plage, dans un site exquis, au pied des roches argentées de Montredon, et à l'extrémité de cette promenade du Prado, qui n'est comparable, par l'étendue grandiose et le train des promeneurs, qu'à la *Chiaja* de Naples. On m'assure que très peu d'étrangers, et encore moins de Marseillais, entrent à ce musée : en quoi ils ont tort, car l'endroit seul en vaut la peine.

Solitaire et solennel au bout d'un parc Louis XV, qu'il domine de sa large terrasse, le château a grand air ; sa cour d'honneur est d'un palais royal, mais le silence y règne ; et par le temps gris qui nous accompagne, la plage voisine, où bat la mer mauvaise, me remet en mémoire une lande sombre du rivage de Bretagne où l'on ne voit que ruines pressées de manoirs et d'églises, dans un désert.

Entrés dans le château, nous allons droit au musée lapidaire qui occupe le rez-de-chaussée. Tout ce qui reste de la colonie phocéenne est ici. Les débris d'une galère massaliote, pour rappeler son port du Lacydon ; le bas-relief romain où figure un buste d'homme et que la tradition populaire dit représenter Milon, le client de Cicéron, le meurtrier de Clodius, exilé ici, — pour évoquer le souvenir du grand orateur, grand ami de Marseille; enfin des sarcophages, des inscriptions, des cippes, des restes de sculptures, parmi lesquels les stèles renommées de Télesphore et de Glaucias, — pour témoigner d'une civilisation illustre. Une salle suffit à contenir ces reliques. Toutes les autres salles sont occupées par des fragments antiques d'Arles, de Tauroentum, de la Provence grecque et romaine, et par l'admirable collection égyptienne de Clot-Bey. Le premier étage est consacré aux objets de bronze et de plomb, aux verreries, aux faïences, aux pièces religieuses, concernant l'histoire provençale, — musée encore très incomplet.

Voilà donc le peu qui témoigne à Marseille de tant de renommée !...

Tout le monde connaît les origines de Marseille. Une tribu salienne, *les Ségobriges,* de la race des Celto-Ligyens*, occupait son territoire,

---

* Hecatée de Milet, qui vivait au vi⁰ siècle, écrivait : Μασσαλία πόλις τῆς Λιγυστικῆς κατὰ τὴν Κελτίκην, frag. 22. C'est, avec un passage de Skymnos de Chio, le plus ancien document de l'histoire de France. — D'autres tribus saliennes sont connues : Les *Oxybiens* et les *Décéates*, par exemple, établis entre Fréjus et Antibes. — Appartiennent-elles aux Ségobriges de Marseille, les deux statues acéphales d'hommes agenouillés trouvées au lieu de La Roque-Pertuse, à Velaux ? M. Is. Gilles (1873) y a vu l'unique spécimen de la statuaire des Celto-Liguriens. L'orientalisme accentué et le degré de civilisation dont témoignent ces restes me font douter de cette origine.

sinon son lieu même. Des navigateurs phocéens s'y arrêtèrent, vers 600 avant Jésus-Christ. A un banquet que donnait le chef indigène furent conviés ces nouveaux venus qui lui avaient d'abord, par habileté grecque, demandé protection. Sa fille, ce jour-là, devait choisir un époux; elle tendit au chef étranger la coupe d'hyménée. L'établissement des Grecs à Marseille date des noces de Gyptis et d'Euxène. Leur ville fut fondée, à son emplacement actuel, sur le coteau des Carmes : l'acropole phocéenne en occupait le sommet.

Le dernier archéologue qui ait étudié ces origines, M. Gilles, a établi, d'après trois habitats celto-ligures qu'il a cru reconnaître, que la Marseille des Saliens était au haut du cap Croisette sur les montagnes de *Marsilho-Veïre,* derrière ces beaux rochers de Mazargues qui nous barrent ici l'horizon du sud. D'après lui, *Marsilho-Veïre* signifie « le vieux Marseille » et non pas « voir Marseille, » comme on l'écrit communément. De même, à Lyon, l'église de Fourvières a pris le nom de l'ancien Forum — *Fori veteris* — qu'elle remplaçait.

M. Gilles ne voit pas de traces, entre Marsilho-Veïre et Massalia, de la ville phénicienne, antérieure aux Phocéens, que revendique une nouvelle école d'histoire, ni son indice dans les stèles tyriennes du musée, postérieures aux

Grecs. Je m'attache volontiers comme lui aux traditions de Marseille. Or rien jusqu'ici ne s'oppose à la véracité de l'épisode d'Euxène et de Gyptis, répété par tous les auteurs anciens.

Quant au nom même que les Phocéens donnèrent à Marseille, il a soulevé bien des discussions. L'opinion courante le fait dériver des deux mots *Mas-Salia* (la résidence des Saliens). Or si le premier radical, très provençal, est de source indécise, le second n'est que latin. M. Gilles penche pour Μασσα, un mot sans doute phocéen : « avec la Diane d'Éphèse, dit-il, les Grecs apportèrent de l'Asie Mineure le nom de *Massa* qu'ils donnaient à des villes, à des châteaux, à des rivières…, » et il invoque l'exemple de trente et une *Massa* italiennes, estimant que le mot *mas* n'a pas d'autre origine. J'ai consulté encore à ce sujet M. Louis Podhorsky, cité plus haut, et qui me paraît être le philologue du monde qui possède le mieux tous les parlers antiques. Il m'assure que Μάζα, Μάσα, signifie *libum* (offrande en gâteaux sacrés. — *Laib*, en allemand : pain —). La finale λεις est un formatif des adjectifs, partant les Marseillais étaient des sacrificateurs et Μασσαλεία la ville des sacrifices*.

---

* « Quant à *Arles*, me dit-il, les savants ne se trompent pas trop dans le premier élément du nom, qui d'après eux serait *ara*, l'autel. Mais comme Arles était une colonie de Marseille, son

Marseille reste donc la traditionnelle création phocéenne de l'histoire. — Elle agrandit peu à peu son État, fondant des colonies sur tout le littoral. Mais les Celto-Ligures luttaient contre ce voisinage puissant. Marseille appela Rome à son secours. Durant quatre ou cinq siècles les armées latines protégèrent les Grecs de la Gaule, en échange de l'or de Marseille, devenue leur meilleure alliée*. Peu à peu les Romains bataillèrent pour leur propre compte chez les Celto-Ligures, et la Provincia naquit. Mais leurs armes trouvaient encore l'appui des Marseillais; Marius dut à leur secours une partie de sa victoire.

Marseille s'épouvantait de ces alliés trop heureux : elle disait n'en rien craindre. Comme elle avait cru devoir prendre le parti de Pompée dans la guerre civile, César ne tarda pas à la réduire. En la privant de ses colonies, il laissa cependant Marseille autonome. Sa population doubla : deux légions avaient reçu la garde de son port; elle eut encore un siècle de grande prospérité; mais c'était la décadence qui s'in-

nom ne saurait être que grec. Or Αρα signifie des vœux sacrés et cela dans la double signification que prend le mot sacré dans le français : sacré et exécré *(vovere* et *devovere)*. » (Lettre du 30 septembre 1889.)

* *L'or de Marseille,* euphémisme employé sans doute par ironie chez les anciens, car les Massaliotes étaient précisément les seuls occidentaux qui n'usassent que de monnaie d'argent.

stallait chez elle avec les aigles du triomphateur. Elle ne s'en releva pas.

Marseille grecque avait été un modèle de culture et d'austérité parmi les cités antiques. L'envahissement du monde romain qui civilisait les Gaulois fut sa perte morale.

Après cent ans, elle commença de s'abaisser jusqu'à disparaître à peu près de l'histoire. L'œuvre fut consommée au neuvième siècle, sous les Sarrasins*. Marseille a repris son importance avec les temps modernes. Mais rien, dans la ville présente, rien ne témoigne plus d'un tel passé.

Sa grande époque, celle où elle dominait tout le littoral de la Gaule, fut l'admiration et l'envie de l'antiquité. « Massalie, disait Cicéron dans son plaidoyer pour Flaccus, république admirable qu'il est plus facile de louer que d'imiter! » Aristote avant lui, observateur encyclopédique et, en vrai Grec, curieux de toute chose humaine, avait écrit un traité de la république des Marseillais. Athénée nous en a conservé un fragment. Leur magistrature des *Timouques,* ou Conseil de l'État, compte parmi les plus sages institutions des Anciens. Tacite loue un heureux mélange de l'urbanité grecque et de l'austérité gauloise dans le caractère marseillais. Leur

---

* Voir p. 354.

tempérance en toutes choses dépassait les plus belles traditions. Ils avaient à bon droit leur sanctuaire réservé dans le temple d'Apollon à Delphes, et leurs envoyés le premier rang aux grands jeux d'Éphèse. Artémis possédait un de ses plus vieux temples sur leur acropole.

Les grands Phocéens de Marseille sont célèbres dans l'histoire des Grecs. — C'était le poète Prodicus qui vivait au cinquième siècle, l'auteur de cette allégorie d'Hercule entre le vice et la vertu que les littératures citent encore, et d'une *Minyade* qu'on disait un chef-d'œuvre. C'était le statuaire Téléphanès, décorateur du palais du Xercès, qui a collaboré peut-être aux merveilleux vestiges exhumés par M. Dieulafoy; les sculpteurs Héraclide — qui travailla au Parthénon, — Méléagre et Apollodore: l'architecte Théodoros; les grands voyageurs, géographes et physiciens, Euthymènes et Pythéas, auteurs des plus fameux périples de l'antiquité[*].

Mais les Marseillais, qui auraient pu s'assimiler les Ligures et créer avec eux un État qui eût triomphé de Carthage et de Rome, préférèrent leur commerce à tout, et acceptèrent, pour le protéger, l'alliance qui les dévora. Ils eussent fondé ainsi un peuple incompa-

---

[*] Pythéas fut le premier à constater la relation des marées avec les phases de la lune.

rable, et peut-être la Décadence qui suivait les armées latines, — issue de l'égoïsme cruel du soldat, plus soucieux de sa propre aventure que de la nationalité romaine, — la Décadence propice aux barbares eût-elle épargné l'Occident.

Le deuxième siècle illustre de Marseille, sous les Empereurs, fut une ère de relâchement. La ville s'était élargie, avec les consciences. Le peuple se ruait aux théâtres désormais grands ouverts et où s'installait la débauche, compagne des légions. Cependant la culture célèbre de Marseille attirait la jeunesse romaine à ses écoles gréco-latines. On y venait comme on était allé à Athènes jadis. Mais si les Muses étaient mieux honorées que jamais, ce n'étaient plus les chastes sœurs d'autrefois. Vers ce temps-là, Marseille donna le jour à Pétrone, le fameux satirique, le créateur du roman. On n'échappait point à la contagion : il se suicida dans un bain parfumé.

Sous Constantin, la suprématie de Marseille, la maîtrise des élégances, avait passé sur Arles qu'il aimait. L'église arlésienne et celle de Lyon, où régnait déjà la culture romaine, héritèrent cette tradition d'atticisme, dans l'éloquence de leurs docteurs. Saint Eucher atteignit les plus hauts sommets du verbe latin. Puis le flot des invasions étouffa toutes ces voix heureuses qui rajeunissaient Platon dans le Christ.

Tous les barbares visitèrent Marseille.

Après sa longue nuit, graduellement éclairée par ses libertés communales, l'influence de la chevalerie* et la reprise de son commerce avec les Orientaux, elle gagna comme une renaissance au voisinage d'Aix et de Montpellier. Mais cette aurore fut tardive : le premier imprimeur de Marseille n'apparaît qu'en 1595. C'était un certain Mascaron, le grand-père du fameux orateur ; son premier volume est un ouvrage provençal. On voit naître alors à Marseille une société lettrée où figurent deux poètes provençaux de mérite, Belaud de la Belaudière et Pierre Paul, son ami, et une jeune Muse, filleule de la cité, Marseille d'Altovitis, qui semble avoir joué le rôle d'une célèbre Toulousaine, *la belle Paule*.

C'est que l'histoire avait recommencé pour Marseille. Deux épisodes célèbres la signalent au XVIᵉ et au XVIIIᵉ siècle. En 1524, les Impériaux avaient envahi la Provence. Le connétable de Bourbon, un chevalier envieux, un dilettante de l'orgueil qui rêvait de refaire pour lui le royaume d'Arles, en regard des États de son cousin François Iᵉʳ, mettait le siège devant Marseille. Son lieutenant était ce jeune et spirituel marquis de Pescaire, qui devait mourir à

---

* Plusieurs célèbres troubadours : Barral des Baux, Bérenger, Rostang et Folquet (le mauvais génie de la guerre albigeoise), sont nés à Marseille.

Pavie, l'époux tant pleuré de Victoria Colonna, qu'elle appelait : « mon beau soleil ! »

Le siège fut terrible. Quarante mille reîtres, lansquenets, et autres bandits des armées de l'Empire, pressèrent durant quarante jours la ville, qui résistait héroïquement. Deux fois les coulevrines de Bourbon avaient ouvert la brèche, aussitôt réparée. La vaillante tour Sainte-Paule allait se rendre, quand les Marseillaises, aidant elles-mêmes à la défense, ranimèrent le courage des assiégés. L'ennemi lassé décampa. Méry prétend qu'au jour de la levée du siège, les Marseillais debout sur le rempart saluèrent le marquis de Pescaire, par dérision, de son nom provençalisé. Ce serait l'origine de l'interjection *Pecaire!* qui s'accommode si bien de la *galejado* et des larmes...

Le second épisode fameux est la peste de 1720, où l'évêque Belzunce s'immortalisa, soudain changé, de prélat mondain qu'il était, en un héros évangélique. Le fléau dura près d'un an. On ne connaît pas d'exemple d'une dévastation égale à la *Peste de Marseille,* célébrée par tous les écrivains du xviiie siècle. Nous ne les recommencerons pas.

L'église de Saint-Victor, dernier témoin d'une illustre abbaye, avec sa crypte dont la légende fait le refuge du premier apôtre des Marseillais, Lazare, le ressuscité de Jésus, et la vieille petite cathédrale délabrée (la Major) où nul ne va plus voir un merveilleux bas-relief blanc du prince des céramistes, Luca della Robbia, voilà tout ce qui reste du moyen-âge de Marseille. On ne retrouve plus rien ni de la vigie antique ni du fameux château-fort plus moderne qui s'élevaient sur le rocher de Notre-Dame de la Garde, la basilique populaire*. Jusqu'à ces dernières années, la ville s'était bien mal relevée de ses deux destructions anciennes par César et par les Maures. On pouvait croire, il y a un demi-siècle, la ville sans églises, sans édifices publics. Le palais de Longchamps, l'Hôtel de Ville, la Bourse, datent de trente ans à peine. La nouvelle cathédrale (œuvre de Vaudoyer et Espérandieu, continuée par H. Révoil) est inachevée, après trente-sept ans. C'est d'ailleurs le propre d'une

---

* Cette forteresse n'eut d'ailleurs jamais à subir qu'un assaut d'épigrammes. Il n'en est guères de plus célèbres que ce trait du *Voyage* de Chapelle et Bachaumont, toujours cité :

> *C'est Notre-Dame de la Garde,*
> *Gouvernement commode et beau,*
> *A qui suffit pour toute garde*
> *Un suisse avec sa hallebarde,*
> *Peint sur la porte du château.*

Le gouverneur était alors Scudéri, le romancier tant raillé par Boileau, capitaine d'opéra-comique qui avait naïvement écrit : « Je suis sorti d'une maison où l'on n'eut jamais de plume qu'au chapeau. »

cité commerçante, que d'avoir en médiocre souci les monuments. La colonisation grecque n'était d'abord qu'une propagande insinuante et pacifique. L'intérêt commercial et personnel la dominait. Un comptoir était son premier établissement, comme un camp constituait la première installation romaine. Mais les Romains, dans leurs instincts de cohésion et de triomphe, tendaient à refaire la ville conquise à l'image de Rome. C'est pourquoi les seuls vestiges de leurs colonies ont subsisté dans l'Occident.

Pour le goût des arts, Marseille n'a jamais été qu'une ville de commerçants. Elle en eut de magnifiques, comme ce fameux Roux de Corse qui, maître d'une flotte marchande, protégée par deux vaisseaux de combat équipés à ses frais, déclarait la guerre au roi d'Angleterre (1740), par un manifeste commençant de la sorte : « Georges Roux à Georges, roi... » ; elle en eut de singulièrement heureux, comme cet honnête Clary que nous mêlions aux souvenirs de Napoléon en Provence, et qui se vit un jour le père de deux reines[*]. Mais on ne

---

[*] Clary avait cinq filles; elles épousèrent : l'aînée, Joseph Bonaparte, roi de Naples, puis roi d'Espagne ; la seconde, Bernadotte : c'est l'aïeule des rois de Suède ; la troisième, M. d'Anthoine, baron de l'empire, maire de Marseille ; la quatrième, l'amiral Ducrès, ministre de la marine ; la plus jeune enfin, le maréchal Suchet, duc d'Albuféra. Aucune

pourrait pas citer, avant la Révolution, de collection notable, pas même un musée dans Marseille. Il y a vingt-cinq ans, on y vantait les cabinets céramiques de MM. Raibaud et Mortreuil. Ce goût est dans la tradition locale. Les belles poteries irisées de pâte tendre « si légères qu'elles allaient sur l'eau » avaient fait la gloire de l'antique Massalia. Mais cette céramique phocéenne se fait introuvable. Non moins célèbre est aujourd'hui celle du xviiie siècle : on lui doit des merveilles de miniature, sur d'inexprimables fonds de lait. La collection de M. Mortreuil était la plus complète qui eût existé ; les belles faïences marseillaises et provençales y abondaient, en superbes états : les Oléry, les Clérissy et les veuve Perrin. Elle a été dispersée après la mort de son créateur, en 1875. On célébrait encore les galeries de peinture de MM. Bec et Forcade, démembrées aussi ; la

---

d'elles n'oublia Marseille dans sa nouvelle fortune. Méry racontait avec attendrissement sa visite à la reine de Suède. Madame Bernadotte l'accueillit en provençal : « la langue de la nourrice, lui dit-elle, ne s'oublie pas ; elle est gravée dans le cœur. » La reine parla longtemps de Montredon, de son amie d'enfance, Mme Pastré, et de la riante bastide paternelle « au bord de mer, » qu'elle et sa sœur Julie avaient si souvent regrettée dans leurs palais de Stockholm et de l'Escurial. (Voir *Souvenirs de Méry*, par M. Berteaut, 1878.) Le hasard voulut que le roi d'Espagne dépossédé fût exilé précisément à Marseille, à peu de distance de la maison des Clary, au château de Mazargues.

première renfermait des chefs-d'œuvre de Ruysdaël, de Teniers et de Francia. Elle n'est pas sortie de la famille, en tombant aux mains de MM. Fitch et Jacques Normand, les beaux-fils du poète Autran. L'autre possédait le Rembrandt de l'Ermitage, et quatre Poussin qui sont classiques.

Parmi les galeries présentes, je dois signaler celle de Mme de Surian de Paul, où abondent les Mignard, les Parrocel et les Greuze, et celle de M. Jules Roux, un parfait patriote, l'âme de l'échevinage marseillais. Sa collection, — toute l'iconographie provençale, — est partagée entre son petit hôtel de la rue Sainte et son féerique château de Sausset, voisin du cap Couronne, — d'où le golfe de Marseille rivalise avec la baie de Naples. J'ai passé quelques heures inoubliables dans cette demeure lumineuse, familière à Bénédit, à Méry, à Autran, aux Marseillais célèbres qui sont demeurés ses dieux lares. Mais elle a perdu dernièrement sa vraie Muse, dans la noble femme si prématurément fauchée, dont Ricard a fixé la grâce charmante sous les traits de *la Modestie,* son chef-d'œuvre.

Pendant un demi-siècle et jusqu'à ces dernières années, il y eut donc des goûts artistes et un esprit local à Marseille. Les écrivains « phocéens » que j'énumérais plus haut en témoignent*. Car je n'entends pas parler ici de ce grossier « esprit de la Canebière, » ramassis de farces maritimes et de plaisanteries surannées dont on a fait l'apanage populaire du Marseillais. Le grand coupable de cette légende est Méry, en qui le bohème et le mystificateur nuisaient souvent au conteur délicat et au spirituel poète, Méry qui débuta dans la littérature (il l'avoua sur sa fin) par la profession de « cicérone d'anglais à Versailles... »

C'est lui qui, bientôt suivi par les chroniqueurs marseillais de Paris, a détrôné le gasconisme des deux derniers siècles au profit de ses compatriotes. J'ai sous les yeux un recueil de *gasconiana* (1803) où la plupart des « mots » de la Canebière — avec l'accent ! — sont attribués à des Bordelais.

Je ne prétends pas, cependant, prêter au naturel marseillais plus de gravité qu'il n'en comporte. Son cosmopolitisme moderne de grand port marchand, son hérédité de ville grecque, uniquement commerciale, pendant l'antiquité, de cité libre au moyen-âge, quand

---

* Voir p. 269. A ces prosateurs d'atavisme hellénique j'aurais garde de ne pas joindre ici le dernier venu, le plus moderne de la famille, Henry Fouquier, chroniqueur parisien comme ils l'étaient tous, et qui justifie ainsi son surnom d'Athénien de Marseille. Aux poètes « phocéens » de langue d'oc, j'ajouterai — le plus attique de tous — Gonzague du Caire (M. G. de Rey), encore qu'il soit à moitié inédit.

la féodalité opprimait l'Occident, ont fait la rare indépendance du caractère de ce peuple. Il y en a de singuliers exemples dans son histoire depuis trois cents ans, comme l'épisode célèbre de Casaulx et Libertat. L'indépendance privée n'est pas moins remarquable dans la vie marseillaise. Stendhal observait en 1837 « que la vie s'y passait toute en dehors de la société*. » L'influence des antiques mœurs du Forum et du Gynécée s'est conservée, en effet, plus longtemps ici qu'ailleurs. On pouvait croire, il y a cinquante ans, que la vie de famille était chose secondaire à Marseille, et que le proverbe fameux *gau de carriero — doulour d'oustau* (joie de rue — douleur de maison) avait été fait pour ce peuple.

Il était alors plus personnel, plus vibrant qu'aujourd'hui. Avide de tous les spectacles et ingénu dans ses ardeurs, il était le peuple de Marseille et pas un autre. S'il a résisté jusqu'ici aux suprêmes assauts de l'uniformité (espérons que le régionalisme provençal y pourvoiera), la société marseillaise a succombé.

Actuellement, à part quelques salons d'élite où un esthétisme mondain est en honneur, la

---

* *Mémoires d'un touriste*. — On trouvera dans *les Rues de Marseille* et dans *les Marseillais* (1888), de M. Horace Bertin, de très justes et pittoresques tableaux de cette extériorité de la race.

société marseillaise est moins occupée d'art ou de littérature que de sport, pour imiter Paris. Les plus grandes fortunes appartiennent aux négociants grecs. Ils ne se contentent pas de ce luxe d'étalage qui est un défaut du Marseillais le moins opulent. Leur grand luxe est leur fidélité à l'hellénisme, qui fait d'eux les derniers patriotes parmi les civilisés. Qu'ils soient établis à Marseille, à Odessa, à Vienne, leurs affections suprêmes vont au pays des ancêtres, enfin sorti des mains barbares, jeune de sa foi et de son espérance.

J'ai visité, ce soir encore, quelques intérieurs curieux. Les poètes L. Astruc et J. Monné, dévoués champions de la presse félibréenne, m'ont accompagné à la *sesiho* provençale du *Cercle artistique*, où deux fois par semaine se débattent les intérêts marseillais de la Cause; et de là, ils m'ont conduit chez un néophyte à barbe grise, François Thumin, qui lui a voué ses largesses et ses loisirs. C'est la maison de Philémon et Baucis. En deux salons décorés à la provençale, est installé le musée félibréen. Dans le premier, un beau portrait d'ancêtre par Greuze (1789). François Thumin, maître en chirurgie, professeur à l'Hôtel-Dieu de Marseille : la tradition médicinale a été continuée par son petit-fils. Dans le second, l'autel mistralien : des lettres, des épreuves, des portraits du Poète et de ses acolytes. Et au-dessus, ces vers autographes :

> « *Lausado siè l'Estello felibrenco*
> *Que me fagué rescountra pèr camin,*
> *En m'espassant vers la mar azurenco,*
> *Que me fagué rescountra pèr camin*
> *La bono caro e la man de Thumin.* »
>
> F. MISTRAL.

Non moins intéressant, l'hôtel de M. de Lombardon-Montézan, un historien de la musique provençale, grand collectionneur de galoubets devant l'Éternel. La plus belle série qui existe, assurément. Son heureux possesseur entretient pieusement le culte du tambourin. Il faut le voir dirigeant son orchestre des écoles catholiques, dans sa redingote austère de prédicant. C'est un enthousiaste. J'ai passé une heure dans son musée. M. de Lombardon m'a fait entendre plusieurs instruments vénérables, des tambourins signés, de deux cents ans, puis leurs frustes aïeux, des tympanons sauvages, et pour finir, parmi d'autres cuivres déchus, un ophicléide préhistorique. Je me suis reposé de ces musiques primitives, avec un clavecin de la cour de Versailles, qui m'a évoqué aux accents de *Pauvre Jacques* et de *Plaisir d'amour*, toutes ces ombres charmantes de fragilités qui ne sont plus.

J'ai fini ma journée chez un soldat, le comte

Jean de Pontevès-Sabran, hussard de pied en cap et à la provençale. Son intérieur ressemble peu aux précédents : une garçonnière capiteuse d'officier et de voyageur. Elle a son énigme et sa légende, dans la *gentry* comme dans la littérature. C'est une station recommandée entre Paris et Cannes, entre la rue de Varennes et la Croisette. Le maître du logis s'est fait écrivain, un beau jour, pour nous conter ses pérégrinations orientales. Hier l'*Inde à fond de train,* demain *un Raid en Asie.* C'est ainsi qu'à sa suite, j'ai parcouru ce soir les déserts de la Perse et du pays des Turcomans, deux fois illusionné par sa diction très cavalière et sa verve très provençale. Et je clos sur ce nom d'un ami mes impressions phocéennes. Car s'il est un héros de la société de Marseille, il est surtout, par l'élégance, un héros du vrai massilianisme, — de celui qui a gardé sa tradition hellénique, dans ses artistes rares, ses prosateurs français et ses poètes provençaux.

Les illustres marchandes d'herbes de l'agora d'Athènes ne possédaient pas tout l'atticisme au temps de Périclès... On s'est trop habitué à ne voir les Marseillais que sous l'angle d'un vulgaire esprit facétieux. Il est une autre race massilienne qui, par delà le moyen-âge, a gardé sa tradition grecque, de finesse aimable et légère.

XI

Aix, 30 avril.

Le calme et l'estivité de cette ville surprennent au sortir de Marseille, après toutes les rafales du ciel et de la rue. Je retrouve le Cours pacifique avec ses trois fontaines. Les platanes ont bourgeonné; un gai soleil éclaire les façades brunes. Les mascarons semblent sourire; les moulures graves des vieux hôtels-de-robe ont des caprices d'arabesque.

Dans l'air vibrant de chaleur, les eaux jaillissantes fraîchissent pour la vue; et tandis que je m'arrête à considérer leurs mousses pendantes, cette avenue solennelle, avec ses hauts platanes et ses vieilles demeures, me semble le dernier boulevard de l'ancienne société. Le quartier noble, cependant, ne date que du xviiie siècle, mais tous ses hôtels, pour la plupart construits dès le xviie, sont la très fidèle image de ce monde évanoui. Je m'y engage, pour faire quelques visites, et la sensation se prolonge. Quelquefois, dans ces rues endormies, passent des jeunes filles suivies d'une camériste. Elles sont fines et fières dans leur mise très simple. L'aristocratie aixoise étant peu fortunée, elles se marieront tard, sans sortir de leur monde, et vivront dans ces mêmes rues, sans trop d'ambition. Les rares jeunes gens qui les rencontrent (la plupart enfermant leur journée monotone au cercle) — ont de petits sautillements de demoiselles, des maintiens dévots. Ceux-ci ne cherchent pas à dorer leur blason. Comme les magistrats érudits que je croise à chaque pas, absorbés, et de vieux livres sous le bras, — ils ont le culte aixois du passé.

Un banquet littéraire réunit à mon occasion quelque vingt félibres à la *Mule-Noire*. Quatre soutanes dans le nombre, un professeur de Faculté, le bibliothécaire de la ville, un tambourinaire, des érudits très royalistes, le président des Prud'hommes, des Conseillers à la Cour, tous séparés dans la vie par des idées, par des professions divergentes, et rassemblés spontanément, à chaque rappel félibréen, dans la plus franche communion. Voilà les miracles du vrai patriotisme, de celui qui est basé sur le sentiment des traditions et de la race*.

---

* Je ne puis quitter Aix sans signaler, à côté des efforts du régionalisme selon l'idéal félibréen, les vaillants exemples de décentralisation que nous donnent MM. Ch. de Ribbe, le docte défenseur de la restauration de l'esprit de famille, dans le sens de Le Play, l'historien des *Livres de Raison* et de *La Constitution Provençale* (une apologie du grand Pascalis), et le Mar-

1er mai.

Je quitte Aix au lever du soleil. Le train lent qui me ramène en Avignon, première et dernière étape, la plus chère peut-être de tous mes *roumavages* provençaux, me permet de m'emplir les yeux d'un paysage qui tient à moi par tant de fibres : Roquefavour, l'aqueduc svelte et sobre* qui est au pont du Gard, tout ce que l'art industriel, utilitaire, peut opposer à l'art massif et glorieux des conquérants du monde, obéis par des légions de soldats et d'esclaves; Rognac, entre une petite montagne rouge aux pins rafraîchissants et une éclaircie gaie sur l'étang de Berre argenté par le blanc soleil du matin dans un sourire de jeunesse; enfin la Crau.

Sa désolation grandiose m'est cachée à droite par un long rideau indéfini de cyprès, et m'ap-

quis de Saporta qui se reposait naguères de ses travaux savants sur la paléontologie, en étudiant la vie de Mme de Sévigné en Provence. Plus radicale sera la jeune école littéraire d'Aix, qui, pour mieux couronner ses manifestations félibréennes dans nos deux idiomes, s'est dévouée à ce mouvement autonomiste qui tend à rendre à chacune de nos grandes provinces son Université d'autrefois. Saluons, parmi ces fidèles, Édouard Aude, Charles de Bonnecorse-Lubières et Xavier de Magallon.

* Un chef-d'œuvre de hardiesse, élevé (1842-1846) par l'ingénieur marseillais de Montricher, et qui porte la fertilité avec les eaux de la Durance au territoire de Marseille.

paraît en face, immense et caillouteuse, telle une steppe d'Orient. Çà et là paissent des troupeaux de moutons couleur d'or, de la couleur des pierres qui, rondes, pressées comme des grêlons pendant l'orage, couvrent cette étrange plaine de cent kilomètres, en telle abondance que les savants ne peuvent s'expliquer à leur sujet... Ces troupeaux broutent les bonnes herbes, le gazon ras qui vient dans l'étendue stérile. Un berger les suit, en grande cape brune à triple pèlerine, appuyé sur un long bâton... Vers la fin du printemps ils quittent les pâturages brûlés de la Crau et de la Camargue pour les herbes fraîches des Alpes. Ce changement de terre, qui les a fait dénommer *transhumants*, doit remonter aux temps les plus anciens. Déjà Pline mentionne l'usage, et la langue italienne a gardé aux moutons la vieille appellation naturelle : *montone,* qui les dit propres à la montagne.

C'est un beau spectacle que de voir se mettre en marche de tels troupeaux. Un *baile* ou chef dirige les jeunes bergers, *pastrihoun,* chargés de tous les soins ; c'est lui qui tient les comptes. En tête marchent les *menoun,* boucs conducteurs ; les chèvres suivent, puis les moutons innombrables. Des chiens entourent le troupeau et des ânes le ferment, qui portent les bagages et les agnelets, les *anouge,* trop petits pour suivre leur mère. On met une vingtaine de jours pour atteindre les hauteurs salubres. Le troupeau connaît la montagne, c'est lui qui décide de la marche en avant comme du retour. Le pâtre l'enferme tous les soirs en de solides claies protectrices, et il veille sur lui dans la compagnie des étoiles.

Les troupeaux redescendent un peu avant la fin de septembre en Provence. L'arrivée de ces deux ou trois cent mille têtes met comme un sourire de vie sur l'immensité du désert... C'est une Arabie Pétrée, aussi grandiose et plus douce. C'est l'étendue mélancolique de la campagne romaine. De loin en loin bleuit sur la lande un bosquet de grands arbres, des platanes, des ormes, mêlés de hauts cyprès, qui cache une métairie ou enveloppe un mas.

On a disputé de tout temps sur l'origine des cailloux de la Crau. Ses plus vieilles dénominations témoignent de sa nature étrange. (En grec κραῦρος signifie aride ; les latins appelaient la Crau *campus cravensis* ou *campus lapideus*.) Les plus anciens commerçants hellènes arrêtés aux embouchures du Rhône firent connaître au loin la singularité de cette plaine. Eschyle, le premier, dans un fragment du *Prométhée délivré*, conservé par Strabon, a transmis la tradition. D'après lui, Hercule, emmenant les bœufs de Géryon, trouva sur les rives du Rhône un peuple batailleur qui lui disputa son troupeau. Quand il eut épuisé ses traits, Jupiter fit pleuvoir une grêle de pierres qui anéantit ses ennemis. Denys d'Halycarnasse donne la légende dans les mêmes termes. C'est Pomponius Mela qui a précisé le nom de ce peuple, les Liguriens, et de leurs chefs, Albion et Bergion[*].

La science moderne, moins poétique, estime que la dispersion de ces cailloux roulés, dans le bassin du Rhône, est due à la fusion récente des plus proches glaciers Alpins. Au milieu de la Crau apparaît un étang, *lou Clar d'Entressen*, puis le village de Saint-Martin-de-Crau, qui est entouré de champs cultivés : une sorte d'oasis dans la morne étendue pierreuse. On y cultive le mûrier, l'olivier, la vigne. Mais la terre végétale n'a guère ici qu'un pied ou deux de profondeur ; et bientôt revoici les cailloux mouvants, avec leurs petites herbes parfumées, délices des troupeaux. Elles sont spéciales à la Crau, pour la plupart : la soude-salicorne, le jasmin jaune, le narcisse de mer, l'asphodèle jaune, l'alysse, et toute la gamme odorante du thym et du romarin.

A Raphèle, les cyprès s'alignent, serrés, de chaque côté de la voie et autour des mas. Car

---

[*] Voir pp. 316 et 339.

telle est sur ce point la violence du mistral, qu'il enlève des maisons de bergers, qu'il arrête parfois la marche des trains. Le cyprès sombre et bleu s'entremêle ici de hautes flèches de peupliers à la verdure jaune, clochetons massés dans la plaine. Puis la fertilité s'annonce, et au loin surgit le hérissement des tours d'Arles. Voici l'adorable église de Saint-Honorat, dans ses platanes des Aliscamps, fleur poétique de la cité romane. Voici les remparts dégradés aux herbes dormantes, et tous les vieux clochers à la pierre rouillée de lichen...

Je passerai la matinée en Arles : je veux saluer les Arènes et leur tour sarrasine, je veux m'y retrouver dans l'exaltation des grands souvenirs.

Le premier monument qui accueille aujourd'hui l'étranger est la *Fontaine d'Amédée Pichot,* élevée en 1887 à cet Arlésien fidèle, par un fils digne de lui, continuateur de son culte et de son œuvre*. La fontaine est plaquée à l'angle de deux rues, sa vasque de marbre et le buste de l'écrivain surmontés d'une mosaïque couronnée elle-même par un bas-relief en bronze

La mosaïque est l'œuvre de Balze, un autre

---

* Amédée Pichot, auteur du *Dernier roi d'Arles* et de la première traduction française de Byron, fonda en 1825 la *Revue Britannique,* qui est la doyenne des revues françaises.

Arlésien. Elle représente la célèbre *Poésie* de Raphaël. Le choix du morceau étonne, si la matière convient à la cité romaine. Le bas-relief, d'Auguste Cain, est plus fait pour exalter le patriotisme local : c'est le *Lion d'Arles,* vieux palladium de la cité, dont rien n'y rappelait la trace illustre depuis cinq siècles. Le retour du lion est celui de la gloire à Arles. La noble ville reprend peu à peu conscience de sa dignité. Sur ce premier monument de revanche, quatre vers provençaux sont inscrits :

> *Siéu Arlaten vous dise e noun pas un arlèri :*
> *Escoulan eisila, quant de fes à Paris,*
> *Ai pensa tout en plour, n'en fasiéu pas mistèri,*
> *I campas ounte anave, enfant, gasta de nis**.

Ces vers sont l'amende honorable du peuple arlésien à ses traditions négligées, la reconnaissance officielle du Félibrige par la ville d'Arles. Depuis son abaissement, elle était descendue au rang de ces nombreuses cités pleines d'histoire, qu'a faites banales la centralisation. Ses monuments anciens périssaient à vue d'œil sous la protection d'académiciens *franchimands.* Depuis ses grands archevêques du moyen-âge, ses podestats et ses consuls, on n'y pouvait citer

---

* « Je suis arlésien, vous dis-je, et non pas un infatué *(arlèri,* par dérision, arlésien) : que de fois à Paris, écolier exilé, pensai-je tout en pleurs, je n'en fis pas mystère, aux champs ou j'allais enfant détruire des nids... »

que de médiocres grands hommes, le graveur Baléchou, le bibliophile Méjanes, le peintre Réattu, petites renommées. Le Félibrige a donné au pays d'Arles autant de lumière que jadis sa splendeur constantinienne. Il vient enfin de s'y installer en maître, au lendemain de cette fête d'Amédée Pichot où la famille arlésienne s'est reconnue, s'est resserrée dans son patriotisme.

Notre *École du Lion* est aujourd'hui, avec celle de Cannes, la plus vaillante du Félibrige. Arles et Lérins, les deux plus pures gloires du moyen-âge provençal, ont vu germer de leurs ruines fécondes la fleur de poésie. La renaissance populaire du génie autonome est défendue *ab ira leonis,* — comme disait la vieille devise, — par les Arlésiens. L'*École du Lion* s'est manifestée pour la première fois, l'an dernier, à la Sainte-Estelle donnée en son honneur à Montmajour. Elle a maintenant ses réunions hebdomadaires, ses journaux, ses revues savantes, et par-dessus tout, l'approbation enthousiaste de ses concitoyens*.

---

* L'École compte plus de trente membres titulaires (félibres mainteneurs). Leur doyen, le conseiller Émile Fassin, à qui nous devons les cinq séries du *Musée, revue arlésienne* (1872-1885), un répertoire précieux pour l'histoire du moyen-âge et des derniers siècles, vient de fonder le *Bulletin archéologique d'Arles,* où il poursuit ses recherches locales. Le *Cabiscol,* le baron Scipion du Roure, est le créateur récent de la *Revue*

Dans le contentement de ces pensées, je suis entré aux Arènes dont la vaste enceinte ne laisse pas de me déconcerter. Dans sa plus grande époque, Arles n'avait pourtant que cent mille habitants. Mais la science contemporaine estime que ces amphithéâtres étaient construits pour recevoir la moitié de la population. Celui d'Arles admettait cinquante mille spectateurs ; celui de Nîmes quarante, et douze mille celui de Fréjus.

Je m'imagine que les Gallo-Romains voyaient sans plaisir les jeux sanglants dans leurs villes lettrées. La Provence moderne, utilisant ces Arènes, désencombrées de leurs baraques et des fortifications du moyen-âge, a remplacé les combats de gladiateurs par d'innocentes courses de taureaux. Ces jeux font l'âme fière, aventureuse, et le corps agile et sain. Ils suppriment le péril, sans enlever l'attrait de l'inquiétude. Les courses espagnoles, trop violentes, s'accordent mal avec notre tempérament : le Provençal est de race plus fine. On les a pourtant essayées dans notre Midi, et il est remarquable qu'on ait

---

historique de Provence. Le *Forum républicain* et l'*Homme de bronze*, les deux journaux d'Arles, ont entrepris une active propagande félibréenne. Chacun de leurs numéros publie vers et contes provençaux, signés Louis Bon, Eyssette, Firmin Maritan, Charles Rieu, etc., et d'excellentes chroniques de MM. Cornillon, Armand Dauphin, Adrien Frissant, Nicolas Jouve, où triomphe le bilinguisme idéal vers lequel s'achemine heureusement la Provence.

vu plus volontiers tuer le taureau à Nîmes, cité romaine, qu'à Arles, cité grecque. Les jeux des gladiateurs étaient de Rome et non d'Athènes.

Celui-là ignore la plus puissante sensation d'art du Midi, qui n'a pas vu ces magnifiques arènes, au grand soleil des jours de fête, quand sur les larges gradins délabrés se pressent les Arlésiennes, coquettes et graves, au costume antique et moderne à la fois.

C'est la perpétuelle rencontre de cette jeune allégresse provençale et des vieux monuments de l'histoire, dans le cadre le plus similaire à celui des œuvres classiques, qui fait l'attrait inépuisable, le charme pénétrant de ce pays. Nulle part, peut-être, ne s'est conservé un aussi grand nombre d'édifices antiques, dans un aussi étroit rayon. Rome sans doute voulait soustraire ses armées victorieuses à cette oisiveté du lendemain de la conquête qui engendrait le pillage et la révolte. On bâtissait partout et au delà du nécessaire. On façonnait la colonie à l'image de la métropole et l'indigène était contraint à y coopérer avec les légions.

L'Arc-de-Triomphe d'Orange, le plus beau qui soit, s'il est moins achevé que ceux de Rome, dans sa pureté puissante; les parfaites et magnifiques Arènes de Nîmes et d'Arles, avec lesquelles ne rivalisent que les amphithéâtres de Vérone et du Colisée; les Antiques de

Saint-Remy, deux joyaux, supérieurs par la conservation à tout ce qui nous reste de l'art ancien; la façade du théâtre d'Orange dont on sait les proportions géantes, incomparables, et l'attique proscenium d'Arles; les élégances charmantes de la Maison-Carrée, des bains de Diane, et du pont Flavien; les nobles restes de Carpentras, et de Vaison; enfin le Pont du Gard à l'écrasante majesté, suprême témoin d'un empire qui étonna pour jamais le monde, tels sont les vestiges heureusement épargnés de la domination gallo-romaine, génitrice de la France latine, et qui font du cœur de notre Provence une terre d'éducation, analogue aux seules ruines de Sicile et d'Athènes, mais plus féconde qu'elles en pensées fortes et vivantes, pour n'être pas irréparablement dominée par la mélancolie de la mort.

Combien de Français ont parcouru l'Espagne et l'Italie, qui ne soupçonnent pas notre Midi gréco-romain.

La faveur qui s'attache, comme jadis sous les Empereurs, au merveilleux littoral de la mer des Ligures, fait peu à peu s'étendre à toute la Provence cette intelligente admiration. A ce résultat n'est pas étrangère la renommée du Félibrige.

Les pèlerinages au pays de Mireille se font chaque année plus nombreux. Le sortilège de la Provence s'affirme de tous côtés par le patriotisme mieux conduit de ses fils et par les hymnes d'amour des exilés de son soleil et de sa poésie. Écoutez la stance d'anthologie que dédiait naguère au Midi provençal et romain l'un de ses plus parfaits héritiers, le vicomte Eug. Melchior de Vogüé, devant l'Académie française :

« Enfant, j'ai dû aux tombeaux, aux aqueducs, aux amphithéâtres de notre Gaule latine les premières secousses de l'âme, celles que donnent les visions d'un grand passé mort, dans la fête de la vie terrestre, dans l'énergie d'un ciel en feu ; depuis lors, les hasards d'une existence errante ont fait relever des visions pareilles sous mes pas au Colisée, à l'Acropole, dans les ruines d'Éphèse et de Balbeck, sous les pylônes de Louqsor et sous les coupoles de Samarcande ; j'ai admiré, mais je n'ai retrouvé nulle part l'ivresse toute neuve, l'éblouissement laissé dans mes yeux par les reliques de Provence, par les blocs romains tremblants à midi dans la vapeur d'or, sur le pâle horizon d'oliviers d'où monte la plainte ardente des cigales[*]. »

Si puissante a été la domination des Césars, que ses seuls vestiges ont résisté au temps et aux invasions du Nord et du Midi, que le moyen-âge fit s'abattre sur la Provence. J'ai dit la

---

[*] *Discours de réception à l'Académie française* (6 juin 1889). M. de Vogüé, né à Nice, est originaire du Vivarais languedocien.

suprême fortune d'Arles sous Constantin et l'éblouissante aurore de son histoire chrétienne. Au ve siècle, elle jouissait encore d'un grand crédit dans tout l'Empire. Honorius, y convoquant l'assemblée des *sept-provinces,* déclarait, dans un édit célèbre, que son heureuse position la rendait d'un si large abord et d'un si florissant commerce, qu'il n'était pas de ville où l'on trouvât plus aisément à échanger le produit de toutes les contrées de la terre. Mais les temps qui suivirent furent moins heureux. Voici revenir les « grands barbares blancs » de Michelet et de Verlaine, dont on croyait la race éteinte et qui s'appellent non plus les Teutons et les Cimbres, mais les Goths et les Francs. Les brunes hordes musulmanes leur succéderont. Et l'ère des destructions effroyables durera trois siècles encore, où le fanatisme des archevêques aidera les bandes mérovingiennes à faucher sur ce sol antique la glorieuse végétation des marbres et des bronzes païens.

C'est de la chute des Boson, dont la dynastie relevant de l'Empire germanique régna sur elle deux cents ans, — très obscurs pour l'histoire, — et de ses premières libertés municipales, que date la renaissance d'Arles. Sa république aussi dura deux siècles (1080-1251), participant à l'admirable civilisation romane. Elle accepta cependant la protection des comtes de Barcelone et de Provence, et connut avec eux ses derniers beaux jours*.

Au commencement du xiiie siècle, Arles, république régie par un podestat étranger, lequel présidait des consuls, relevait à la fois des comtes de Provence et de l'Empereur. Celui-ci, depuis la chute des Boson, avait délégué sa suzeraineté purement nominale aux archevêques, déjà puissants. Ils jouissaient donc d'un grand pouvoir, en face du gouvernement municipal. Cet état finit avec l'avènement de Charles d'Anjou, qui appliqua aussitôt, pour la ruine des libertés de Provence, le procédé capétien.

L'omnipotence fictive mais non disputée des

---

* Cette époque de la Provence est encore mal définie par les historiens, si singulière y était la situation politique. Des chronologies locales de haute érudition, au premier rang desquelles il faudra mettre les *Dates de l'Histoire de Forcalquier* de M. de Berluc-Pérussis, commencent à éclairer les aventures sans nombre de la domination des comtes, aux xiie et xiiie siècles. Mais on n'a pu démêler encore définitivement l'histoire des Arlésiens à travers les vicissitudes de leurs libertés. Pour se rendre compte de leurs alternatives, lire le *Musée* de M. Fassin et l'étude, hérissée de documents, du comte Remacle, *La République d'Arles* (dans la *Revue britannique*). Les Empereurs d'Allemagne persistèrent dans leurs prétentions sur le royaume d'Arles, sous la République et les comtes de Barcelone, comme jadis sous les Boson. Ils devaient même n'y jamais renoncer tout à fait, au temps des comtes angevins (1246-1482) et des rois de France, puisque nous voyons Charles-Quint, dans sa piteuse campagne de Provence, se faire couronner roi d'Arles à Aix et nommer « vicomte d'Arles » un de ses lieutenants, le duc d'Albe.

archevêques leur fut cependant enlevée aux premières années du xiiie siècle, par l'intervention d'un important personnage, dont nous avons plusieurs fois prononcé le nom et qui mérite de nous arrêter. Il s'agit du « maréchal » Gervais de Tilbury ou Tillisbery, gentilhomme aventurier d'Angleterre, représentant de l'Empereur dans le royaume d'Arles, à qui nous devons des mélanges de physique, de géographie et d'histoire, suivis d'anecdotes sentencieuses et de descriptions de son gouvernement dédiées par lui, sous le titre de *Loisirs de l'Empire,* à Othon IV, qui était son parent. Nous avons fait plus d'un emprunt aux *Otia Imperialia,* au cours de ce voyage. C'est un répertoire précieux pour l'histoire du xiiie siècle. Leibnitz l'avait compris, qui l'édita dans ses *Scriptores rerum brunswicensium,* d'après le manuscrit unique de Paris*.

---

* *Scriptores rerum Brunswicensium...* Hanovre, Foerster, 1707, t. I, pp. 881-1004. On trouve des notices sur Gervais de Tilbury dans l'*Histoire littéraire de la France,* tome XVII (auct., Petit-Radel), dans le *Musée arlésien* (Émile Fassin, 2e série, 1875) et dans quelques dictionnaires bibliographiques. Brèves indications, assez contraires, tirées des *Otia* ou des archives de Saint-Césaire d'Arles.

L'ouvrage est divisé en trois *décisiones.* La 1re traite de la création du monde ; la 2e de la dispersion des enfants de Noé : elle décrit les trois parties connues de la terre (seuls chapitres analysés par l'*Histoire littéraire)*; la 3e, la plus curieuse pour les modernes, celle des *Mirabilia,* mériterait un commentaire : on y trouve les plus singuliers traits du merveilleux et de la

Gervais de Tilbury est un écrivain d'une réelle puissance, d'une vaste curiosité. Comment a-t-on méconnu cet inventaire sans égal des superstitions de la science au moyen-âge. A peine en a-t-on traduit çà et là quelques fragments concernant l'histoire provençale. L'intérêt moral de l'auteur a été négligé aussi. Je cueille, entre plusieurs, une histoire au chapitre *de oculis apertis post peccatum,* où Gervais de

crédulité du temps, toujours rapportés sous toutes réserves de l'auteur. Les curieux des cas de suggestion, d'apparitions et de diableries, y trouveraient leur part. Toutes sortes de puérilités s'y rencontrent aussi, comme l'indiquent ces titres d'alinéas : *De angelis percutientibus; de hominibus sine capite; de mulieribus horrende barbatis usque ad mamillas; de fœminis quæ habent in lumbis caudas bovinas.* — Cette 3ᵉ *decisio* fourmille en anecdotes sur les curiosités de Provence. Je les publierai prochainement.

Voici les seules dates selon moi probables de Gervais de Tilbury. Il étudiait à Reims en 1176 ; il professait le droit canon à Bologne, en 1181 (un de ses auditeurs était le célèbre archidiacre napolitain Jean Pignatelli) ; il était au service de Guillaume de Sicile, à sa mort, en 1191. Probablement passa-t-il à la cour impériale avant 1208, date vers laquelle Othon IV, l'ayant fait successivement orateur de sa cour, puis son chancelier, le nommait maréchal du royaume d'Arles. Il y épousait bientôt la sœur de l'archevêque, Imbert d'Eyguières. En 1211, il offrait ses *Otia* à l'Empereur. Dix ans plus tard, tout à fait oublieux sans doute de son bourg natal du comté d'Essex, jamais mentionné dans son œuvre, il était si puissant à Arles que le légat le faisait arbitre entre l'abbesse de Saint-Césaire et le chapitre de Saint-Trophime. Ces adoptions passionnées d'étrangers ne sont pas rares dans l'histoire provençale. **Gervais de Tilbury mourut vers 1230.**

Tilbury me semble avoir enfermé un enseignement ingénu de l'économie du bonheur :

Je sais par un récit digne de foi ce qui arriva dans la province d'Aix, au château Rousset, situé à quelques milles d'Aix, et dominant la vallée de Trets. Le maître de ce château, nommé Ramon, se promenait un jour seul à cheval le long du fleuve Lar, quand se présenta à l'improviste devant lui une dame d'une beauté sans égale, montée sur un palefroi bien harnaché, vêtue et ornée magnifiquement. Elle salua le chevalier par son nom. Celui-ci, étonné de voir qu'elle le connaissait, ne se fit pourtant pas faute, selon la coutume, de lui tenir des propos galants et de lui demander ses faveurs. Elle lui répond que cela n'est jamais permis en dehors des liens du mariage, mais que s'il veut l'épouser, elle lui cédera volontiers. Bref, le chevalier accepte la condition du mariage. Mais la dame ajoute qu'il jouira de la souveraine félicité ici-bas, à la condition qu'il ne la voie pas nue. Elle lui assure que s'il l'aperçoit ainsi, il sera privé de tout son bonheur, et même ne vivra que pour mener une existence misérable.

Le voilà en suspens, se demandant s'il a lieu de craindre ou de désirer la mort. Dans son ardeur et sa passion, il trouve aisée toute condition qui lui promet l'entrevue désirée. On s'accorde pour le mariage, la cérémonie a lieu, et le bonheur du chevalier ne fait qu'augmenter, avec la faveur des hommes et l'abondance des biens de ce monde, la force de son corps, si bien qu'il n'eut point d'égaux parmi ses pairs et ne le cédait qu'à un petit nombre parmi les grands et les puissants. Aimé des hommes, gracieux pour tous, il assaisonnait sa libéralité de largesses discrètes et de courtoisie, et il eut des fils et des filles d'une grande beauté. Bien longtemps après, comme la dame, suivant la coutume, prenait un bain dans sa chambre à coucher, le chevalier Ramon, qui revenait de la chasse et se préparait à offrir à la dame les perdrix et le gibier qu'il avait pris *(lacune du texte)* et tandis qu'on apprêtait le repas, je ne sais quelle idée, quelle fantaisie passa par la tête du chevalier ; il voulut voir la dame qui se baignait dans sa chambre, et se demanda quel danger la destinée pouvait avoir mis à ce spec tacle défendu. Le mari exposa à sa femme que depuis si longtemps qu'ils demeuraient ensemble, le péril s'était dissipé; celle-ci lui rappella combien il avait été heureux tant que la condition avait été observée, et elle l'avertit des malheurs qui le menaçaient. Mais le chevalier, bravant témérairement ces avis, ne recule point, les prières mêmes ne le font pas renoncer à son projet insensé. Il se sent l'esprit envahi par l'agitation et la crainte, il redoute de graves événements, il se reproche sa timidité. Bref, il arrache le drap qui couvrait la baignoire; il s'approche : la dame s'est changée en un serpent qui rentre aussitôt la tête sous l'eau et disparaît. Depuis, on ne la vit plus, on n'entendit plus parler d'elle, sinon de temps à autre, la nuit, quand elle revenait voir ses jeunes enfants; les nourrices l'entendaient, mais aucune d'elles ne pouvait l'apercevoir. D'ailleurs le chevalier subit une grande déchéance dans son bonheur et son crédit; il maria une de ses filles à un de nos parents qui était de cette province; cette jeune personne fut en grande estime auprès des dames de son âge et de sa famille, et nous avons hérité de ses biens.

Des Arènes je vais au cloître Saint-Trophime, le plus beau d'évocation que je sache. Il y a là sous des arcades chargées de naïves et lourdes ciselures gothiques, telle porte basse d'où l'on voit sortir un cortège de dalmatiques et de mitres. Il y a surtout une place dans ce cloître, un angle d'où s'aperçoit par delà les toitures aux dalles plates de la basilique, la tour de l'homme de bronze, un guerrier du XVIe siècle, la lance au pied, qui veille sur la ville du haut de la maison commune : je m'y suis souvent assis pour songer aux grandeurs déchues de la cité mélancolique, la pensée doucement obsédée par ce titre d'un vieil historien : *La royale couronne d'Arles*.

Car il y eut un temps où recherchaient le couronnement d'Arles, des empereurs dont les petits-fils ont perdu jusqu'à son souvenir.

Mais la plus grande nostalgie d'Arles et de son moyen-âge est dans les quelques arpents conservés des Aliscamps. Arles, plus opulente sous terre que dans la vie, *Arelas ditior sepulta quam viva,* disait-on. Sa grande histoire constantinienne et chrétienne, royale et impériale, avait fait de son cimetière un lieu privilégié entre les nécropoles humaines, pour y attendre la résurrection. Seul, à de certaines heures, avec ses souvenirs et le triste décor des tombes, on croit traverser là le *Purgatorio* de Dante. On s'attend à y rencontrer ces douces âmes qui « pleuraient en chantant », la pauvre *Pia dei Tolommei* « que défit la Maremme, » ou Mathilde « qui passait en cueillant des fleurs. »

Ma flânerie à la station d'Arles me fait découvrir une merveille du type féminin. Grande, avec sa fière démarche, son teint rosé, ses traits graves de jeune veuve, celle-ci est majestueusement belle. Tout de noir vêtue, la jupe de fine étoffe et le fichu de soie; un morceau de gaze blanche, seul, apparaît dans l'échancrure du corsage, rehaussé de deux bijoux d'or. Elle se voit admirée et finement sourit, déesse aux yeux discrets. Sa mère l'accompagne, une noble Arlésienne au pur profil antique, au teint pâle, aux traits amollis : encore superbe. Elles sont de la bourgeoisie, sans doute : la jeune femme n'a rien des artisanes : elle porte la large croix de Malte des anciennes familles. Nier la beauté de ce type est absurde. Elle est faite de droites lignes et de fière simplicité. Je pense au sonnet de Mistral, *A la Fille de Réattu :* « O toi qui, belle entre toutes et née d'un sang illustre, en face du barbare, conservas toujours, sans craindre que personne ou que rien ne t'offusquât, le costume, le parler, les manières du Midi ; ô toi que les barons et les pâtres des marais venaient voir sortir, fière, de la cathédrale... Autant comme autrefois Hermengarde notre reine, tu personnifias ton grand Arles muet... »

Aussi quand nos deux statues grecques sont sorties du salon d'attente, c'est comme un remous d'admiration parmi les voyageurs...

Le nom de Tarascon jeté aux portières, « comme un cri de guerrier apache, » puisque ainsi le veut Daudet, me tire de mes songeries. Le quart de Parisien qui est en moi sourit involontairement au souvenir du personnage irrévérencieux de la ville de sainte Marthe. On se surprend à chercher le chameau derrière le train. La ville doit prendre son parti de la légende... Mais Tartarinopolis n'est pas la seule de son nom. Quand on parle de Tarascon, au

Félibrige de Paris, il faut toujours préciser : *Tarascon-de-Provence,* sinon Albert Tournier, le très brun secrétaire de la *Cigale,* le dernier des Lydiens qui ont fondé Pamiers *(Apamæa),* réclame violemment pour *Tarascon-d'Ariège*...

Le nom de notre Tarascon passe communément pour venir d'un monstre amphibie, dévastateur de la contrée, mauvais génie des marécages qui couvraient la plaine, et que Marthe de Béthanie, l'hôtesse de Jésus, débarquant dans les Gaules avec les trois Maries et Lazare le ressuscité, fit périr d'un signe de croix et de quelques gouttes d'eau sainte. Cette bête malfaisante a inspiré beaucoup d'écrits, depuis la première des comtesses de Die qui composa un *traité de la Tarasque,* au xiie siècle. M. Isidore Gilles estime, dans ses notes sur l'histoire ancienne de Tarascon, — indépendantes, hardies, comme tous ses travaux, — que la Tarasque n'est pas un mythe du paganisme vaincu par sainte Marthe, mais bien une divinité celtique, symbole des fléaux du pays, qu'on apaisait par des sacrifices humains. L'archéologue provençal ajoute qu'un plateau escarpé des Alpilles, Notre-Dame-du-Château, avec sa chapelle du xe siècle, où des pèlerins tarasconnais vont chaque année, de temps immémorial, serait le berceau même de Tarascon. Son culte topique de la Tarasque y aurait été installé avant la conquête romaine, sous les Désuviates Saliens de la nation celto-lygienne, premiers habitants historiques de la région...

Cette opinion me paraît peu plausible. Notre-Dame-du-Château est à six kilomètres au sud-est de la ville. Or les plus vieux auteurs, Strabon par exemple, mentionnent la ville de Tarascon (Ταρασκον) comme un lieu anciennement fréquenté. Il est encore une antique légende que négligent tous les historiens de la ville, et qui place entre Avignon et Beaucaire, dans la vallée du Rhône, certains vagues exploits d'Hercule contre un géant nommé alternativement *Taras* ou *Tauriskos*. J'estime que ce géant, frère d'Albion et de Bergion, symboles helléniques, divinités du pays des Alpes et du Littoral, a bien pu devenir dans l'imagination grecque le dieu topique de Tarascon. L'image de la Tarasque répugnait au concept olympien ; il l'avait humanisée. Dans la légende, Taras est représenté comme un fils de Neptune, monté sur un dauphin, Tauriskos comme un brigand des montagnes voisines du Rhône. Que ces géants soient ou non distincts, on n'a qu'à se rappeler la situation de Tarascon dans l'antiquité, avec le voisinage de la mer, pour les lui attribuer.

Nous savons enfin qu'une dépendance

d'*Ugernum* (Beaucaire), son îlot d'*Ugernicum* correspond au faubourg moderne de Jarnègues, situé aux pieds du rocher de Tarascon, sous lequel le peuple a cru de tout temps à un repaire de la Tarasque. Tout cela confirme l'origine de la ville au lieu où elle est encore. Je ne puis pas admettre, avec M. Gilles, que tous les *habitats* des Celto-Lygiens fussent établis sur les hauteurs. Ces peuples recherchaient avant tout la proximité des fleuves. «*Fluminum petunt propinquitates,*» dit César*. Leur prédilection pour les endroits où se joignaient des cours d'eau s'applique justement à Beaucaire, dont un bras de mer battait encore l'*oppidum* au XIe siècle.

Sans doute, la Tarasque était une divinité celtique dont le culte, installé avec l'immigration indo-européenne, se répandit de Tarascon dans le pays voisin, et jusqu'en Espagne, sous l'occupation ibéro-ligure. M. Gilles mentionne la Tarasque trouvée à Noves, qui est au musée d'Avignon, et celle qu'il a découverte lui-même aux Baux. Il néglige d'invoquer les noms de Tarascon d'Ariège et de Tarragone d'Espagne, tout aussi importants.

Nous ignorons quelle forme revêtait à l'origine l'idole farouche. Le légendaire de la vallée

---

* *De Bello Gallico*, L. VI, ch. 30.

du Rhône, parmi ses monstres amphibies, mentionne souvent les *dracs**. Il est probable qu'il y a entre tarasque et drac (radical de *draco*, dragon : d'où Draguignan) le même rapport philologique qu'entre Tarascon et Tarragone. Dracs, dragons ou tarasques, nos premiers pères adoraient toutes ces bêtes monstrueuses. Leur culte s'est perpétué aux pays d'extrême Orient. La colonie exotique de l'Exposition nous en a fourni maints exemples.

Le roi René, qui venait volontiers en son château de Tarascon, ne se doutait pas, en établissant les jeux de la Tarasque (1469), pour le divertissement de sa cour française et la satisfaction de sa piété envers sainte Marthe et les apôtres de Provence, qu'il célébrait un des plus vieux fétichismes du monde...

Ces processions tarasconnaises ont été la joie du pays jusqu'à ces dernières années. Un important cérémonial y présidait**. Elles rivalisaient avec les Jeux de Fête-Dieu d'Aix, qui mêlaient comme elles, en bons contemporains de la Renaissance, la mythologie païenne au

---

* Les paysans du Lyonnais en ont gardé la terreur. Une petite rivière, le Garon, passait dernièrement pour hantée par un drac.

** Mistral l'a décrit dans toutes ses figures. *(Armana prouvençau* de 1862.)

christianisme. Les Provençaux devaient encore au roi René cette institution.

On comprend que la légende se soit attachée au nom d'un souverain qui, d'abord étranger à son peuple, sut comprendre et flatter ses goûts traditionnels en créant pour lui des divertissements qui devaient rester populaires cinq siècles.

Mais rien ne résiste à l'uniformité désolante. On ne s'arrête guère à Tarascon que pour s'informer du commandant Bravida ou de l'armurier Costecalde (sur qui les hôteliers malins commencent à greffer leurs légendes), ou aussi pour visiter le château.

C'est une admirable forteresse des xive et xve siècles. Il est aisé à concevoir qu'elle fut des plus fières de Provence. Encore est-ce à grand'peine que Tarascon ne l'a point perdue tout à fait. Richelieu, à qui nous devons tant de ruines, avait décidé la destruction de ce monument. Un marquis de Maillane, des Porcelets, en obtint l'adjudication, à charge de le raser dans les six mois. Le sort du château fut soumis au Parlement de Provence qui par ses atermoiements le sauva.

Sous le dernier Empire on détruisit une aile adjacente à la grosse tour, pour faire place à un abattoir. Aujourd'hui le château du Roi René sert de prison; on a fait du palais des

Papes une caserne, de la ville des Baux une carrière : quand donc laissera-t-on enfin libres et honorés dans leur vieillesse ces glorieux témoins de l'histoire!

Je suis descendu vers le Rhône, large et superbe aux pieds du château qui surplombe. Je songe à la traversée d'Annibal, attirante comme une énigme après vingt-deux siècles*; mais j'ai plus vive encore la hantise des dracs, les génies du fleuve. Le drac du Rhône intriguait fort le moyen-age**. Ce n'était pas la sirène mélodieuse, la perfide Loreley du Rhin. D'après Gervais de Tilbury, le drac avait figure humaine : « il attire les bateliers, les femmes, les enfants qui nagent, avec des simulacres d'anneaux d'or flottant sur les eaux. » Ces génies mâles avaient deux grottes sur le Rhône : l'une à Arles, sous le palais de Constantin, l'autre au rocher de Tarascon. On les

---

* M. Gilles a résolu, je crois, le problème. Il prouve, dans son *Passage du Rhône par Annibal* (1872), que le grand Carthaginois a traversé le fleuve à Tarascon parce que c'était le plus court chemin pour arriver d'Espagne, opinion qui explique seule le lieu du débarquement de Scipion (à Fos), et la distance qui le séparait de l'ennemi. — D'après lui, c'est à *Ernaginum* (Saint-Gabriel), sur les Alpilles, qu'a campé Marius, dans l'attente des hordes teutonnes, qu'il devait battre à Pourrières *(Campi putridi)*, près d'Aix. *(Campagne de Marius...*, 1870).

** Une ancienne famille d'Arles, aujourd'hui éteinte, les d'Arlatan, reçut sa noblesse et son nom pour avoir délivré la ville d'un monstre, d'un drac, qui la ravageait.

voyait dans les nuits claires sortir de ces
abîmes. Une fois, durant trois jours, on observa
comme une forme humaine errant sur la rive
du fleuve. Elle criait dans le silence : « L'heure
passe, et l'homme ne vient pas ! » Le troisième
jour, à la neuvième heure, un jeune homme
attardé qui hâtait le pas sur la berge, à cette
voix, se précipita dans les flots. La voix ne se fit
plus entendre.

Il est peu d'aspects plus pittoresques que celui
de la grande tour de Tarascon, droite au-dessus
du Rhône, et des ruines du château de Beaucaire,
qui vous surprennent sur l'autre rive. Ce château de Beaucaire, où le roman a placé les amours
poétiques d'Aucassin et de Nicolette, a vu le plus
séduisant épisode de la guerre albigeoise, étant
assiégé par les Provençaux, qui, commandés
par le jeune comte de Toulouse, fils de Raymond VI, alors dépossédé, en chassèrent après
un an le terrible Simon de Montfort. Le Poème de
la *Croisade,* qui chante la victoire des Méridionaux à Beaucaire, peut être considéré comme
un chef-d'œuvre de la littérature universelle.
D'aucuns le préfèrent à la *Chanson de Roland.*
Mais le jacobinisme, qui ne cessa jamais d'inspirer l'Université, lui interdit sans doute de le
proposer comme un modèle, car si l'auteur de
la première partie, Guilhem de Tudela, était
enrôlé sous la bannière politique des croisés du

Nord, l'auteur inconnu de la seconde était acquis à la bonne foi des Provençaux*. C'est dans leurs rangs qu'il composait la fin de l'épopée, sous les murs de Beaucaire, et qu'il décrivait ses merveilleuses chevauchées au soleil levant, ses chocs d'armes, ses assemblées chevaleresques dans les vergers des bords du Rhône, premiers exemples peut-être du sentiment de la nature dans les lettres modernes.

Il n'est pas inutile de dire ici, en peu de mots, ce que fut cette guerre qui a joué un si grand rôle dans les destinées du Midi.

Au commencement du XIIIe siècle, la Provence — telle que nous la considérons actuellement — appartenait d'une part aux princes de la maison de Barcelone et de l'autre à ceux de Toulouse. Les premiers, les Raymond-Bérenger, étaient comtes-suzerains de Provence, du Bas-Rhône à Nice et des Alpes à la mer, depuis un siècle (1112-1246). Leur dynastie

---

* *La Chanson de la Croisade contre les Albigeois* a été publiée par Fauriel, en 1837, d'après le manuscrit unique de la Bibliothèque (fonds La Vallière), avec un commentaire et la première histoire critique de ces événements. Il estimait que les deux parties du poème, quoique de sentiments contraires, étaient du même auteur. M. Paul Meyer a réédité la *Chanson*, suivie d'une traduction et de gloses définitives. (Société de l'Histoire de France, 1879.) Il a prouvé que cette œuvre, très importante par la vérité historique, appartenait à deux poètes dont la langue, le style et les idées différaient considérablement. Le récit commence en 1208 et se poursuit sans interruption jusqu'à 1219.

succédait, dans le gouvernement du pays, aux comtes de Provence de la famille des Boson (948-1112), comtes héréditaires, mais investis par les rois d'Arles et de Bourgogne *.

Le territoire bien autrement limité qui correspondait au Comtat-Venaissin et au confluent supérieur de la Durance et du Rhône, — entre la Durance, le Rhône et l'Isère, — formait le marquisat de Provence des comtes de Toulouse. Ils le possédaient, depuis l'an 1015, par suite du mariage d'une petite-fille de Boson II avec Guillaume Taillefer leur aïeul**.

A côté de ces États puissants, deux importantes seigneuries du Midi étaient la vicomté de Carcassonne et de Béziers, aux Raymond-Roger, de la famille des Trencavel, et le comté de Foix, alors gouverné par l'héroïque Roger-Bernard II. L'Aquitaine florissait

---

* Le royaume d'Arles, fondé en 876, démembrement de l'Empire Carlovingien, relevait nominalement de l'Empire Germanique. L'intervention de l'Empire sur la Provence cessa en 1246. Néanmoins le souvenir a persisté dans le peuple. J'ai pu entendre d'anciens bateliers désigner encore par les noms de *reiaume* la rive droite et *empèri* la rive gauche du Rhône jusqu'à Vienne. — Les Bérengers ne succédaient aux Bosons qu'en Basse-Provence : ils remplacèrent en Haute-Provence les comtes de Forcalquier.

** Le Comtat-Venaissin (avec le Languedoc) devait passer de Raymond VII de Toulouse à son gendre Alphonse de Poitiers, dont hérita le neveu Philippe-le-Hardi, roi de France. Celui-ci donna le Comtat au pape Grégoire X, en 1288.

sous la domination libérale des Plantagenet, alliés des comtes de Toulouse.

Ces princes présidaient à l'admirable civilisation romane qu'enviaient les Capétiens. Sous le nom de *Parage*, elle donnait une âme poétique à la chevalerie démocratisée, exprimant l'enthousiasme, la « joie » d'une race qui par ses franchises municipales, sa littérature, ses coutumes, réagissait contre toutes les oppressions que les Barbares avaient fait peser sur le monde, contre la dureté même des mœurs féodales du Nord.

Au xie siècle le latin n'était plus parlé dans le Midi de la France ; la langue romane allait éclore à la lumière. Le peuple des campagnes, — *pagani*, les païens attardés, — gardait le mystérieux dépôt de cette langue, éclose parallèlement à la langue de Rome, d'un commun ancêtre que nous ignorons, semence ligurienne sans doute, qui, mélangée de germes ibères, grecs, latins, goths et arabes, sortait en tige de poésie rustique et s'épanouissait en *sirventes*[*].

---

[*] « Sa racine agreste, c'est le sirvente, ou le chant des serfs. Le peuple chante longtemps avant les seigneurs. Il se vengeait de son servage par la licence... Ce chant de la haine servile touché d'un rayon d'amour, produisit la *chanson*, la poésie des châteaux en face de la poésie de la cabane rustique... » Napoléon Peyrat, *Histoire des Albigeois*, 1re partie, tome I. Nous revenons plus loin sur ce livre. L'auteur croit encore avec Fauriel que le provençal primitif était « le latin rustique. »

Alors Toulouse était une beaucoup plus importante cité que Paris, comme devaient être Avignon au siècle suivant, sous les Papes, et Lyon à la Renaissance.

La terre occitanienne fut alors la plus civilisée de l'Europe. La plupart des sujets modernes, comme la *Divine Comédie* et la légende de *Faust*, existaient déjà dans sa poésie universelle, initiatrice de l'esprit nouveau.

Toute la culture de l'Occident vient de ce Midi provençal où avait si bien fructifié, en terre aquitane et ligure, l'apport des civilisations antiques, sous l'influence chrétienne.

La littérature provençale s'étendait et se raffinait peu à peu ; les premiers troubadours inventaient la Rime et inauguraient le Sonnet.

Plusieurs écoles considérables groupaient ces poètes dans les châteaux de leurs seigneurs, princes humanistes qui se piquaient eux-mêmes de bien *trouver*, — vrais précurseurs des Malatesta, des Sforce, des Médicis. Ces parnasses, qu'on nommait des *puys* (sommets) en Aquitaine, rayonnaient sur la terre d'oc. Ils étaient : limousins avec Bertrand de Born, Bernard de Ventadour, le vicomte Ebles de Ventadour, Richard-Cœur-de-Lion ; auvergnats (à la cour du dauphin) avec le moine de Montandon, Pons de Capdueil, Pierre Cardinal ; périgourdins et gascons avec Arnaud de Marveil et Geoffroy

Rudel; toulousains (à la cour du grand Raymond V) avec Marcabrus, Pierre Vidal, Guillaume de Cabestanh, Raymond de Miraval; pyrénéens (à la cour du comte de Foix) avec le dernier de ces maîtres et le plus grand, le second chantre épique de la *Croisade*.

En Provence, des réunions de dames et de chanteurs, improprement appelées *Cours d'amour**, avaient lieu aux manoirs de Signes, de Pierrefeu, de Roquemartine, de Romanin, aux châteaux d'Orange et des Baux. Là brillaient Guillaume des Baux, prince trouvère et guerroyeur, Rambaud de Vaqueiras, son *joglar*, qui devait gagner l'amitié du marquis de Montferrat, avec l'amour de sa sœur Béatrix, et parti avec lui pour l'Orient, s'y conquérir une principauté.

Ces assemblées de *gai-savoir* honoraient encore la comtesse de Die et son ami Raimbaud d'Orange; Peyrol et Guy de Cavaillon — qui devait, au siège de Beaucaire, défendre Toulouse et Provence.

Certains auteurs ont prétendu que la littérature d'oc du xiii° siècle n'était que le dernier rayonnement du génie latin épuisé. Rien n'est plus contraire à l'histoire et à la raison. Cette poésie des troubadours, qui a la fraîcheur et le

---

* Nous dirons plus loin (4° partie) ce qu'il faut penser des *Cours d'amour*.

piquant de l'aubépine, était la floraison printanière des temps nouveaux.

Les bienfaits sociaux de la galanterie pénétraient avec les poètes dans ces villes d'Italie et d'Espagne à qui la Provence devait l'impulsion de son affranchissement des communes*, dans les cours de ces princes qui se glorifiaient de n'être que les protecteurs des cités.

A la fin du XIIe siècle, le provençal était la langue littéraire de toutes les petites cours d'Italie. Leurs premiers troubadours apparaissent auprès de Frédéric II en Sicile. L'empereur lui-même, si ouvert à toutes les jouissances, se délectait à rimer en langue d'oc : « Me plaisent, chantait-il, le cavalier français et la femme de Catalogne, la finesse des Génois, la cour Castellane, le chant des Provençaux *(lou cantar provenzales)* et la danse de Trévise, le corps des Aragonais, la main et le visage des Anglais**
et les filles de Toscane. » Richard Cœur-de-

---

* En même temps que les Républiques de Barcelone, de Milan, de Florence, après celles de Saragosse, de Gênes, de Venise, naissaient, vers 1120, nos villes libres de Narbonne, Toulouse, Marseille, Nimes, Montpellier, Avignon, Arles... La République d'Arles, gouvernée par des podestats, dura 171 ans. Généralement ces cités étaient régies par un *capitulum* municipal, sous la présidence fictive du Comte héréditaire, effective des consuls annuels.

** La belle carnation anglaise troubla toujours les humanistes. Le grave Érasme écrivait de Londres : « Il y a ici des nymphes au visage divin, préférables à nos Muses... »

Lion, prisonnier dans Greifenstein, exhalait en vers provençaux ses regrets d'espérer si longtemps sa rançon. Dante, un siècle plus tard, commençait *la Divine Comédie* dans la langue de ses maîtres, Bertrand de Born et Arnaud Daniel*. L'influence des troubadours n'était pas moins profonde loin des pays latins. Les *Minnesœngers* imitaient les troubadours : la poésie allemande naissait du génie provençal. Un siècle encore, et Geoffroy Chaucer, admirateur fervent des Provençaux, créait sur leurs modèles la langue de la poésie anglaise.

En ce temps-là, — nous remontons au commencement du xiiie siècle, l'hérésie des Albigeois, qui avait ses racines au plus haut moyen-âge, faisait de grands progrès en Aquitaine sous la tolérance de nos comtes de Toulouse et de Foix. Entre autres hétérodoxies elle attaquait les droits et l'existence du Saint-Siège. En politique menacé, le génial Innocent III fulmina contre la faiblesse de Raymond VI. Le meurtre inexpliqué de son légat, Pierre de Castelnau, à Saint-Gilles (1208), coïncidait avec ses récriminations.

La Croisade fut prêchée alors du Midi au Nord de la France. Il est cependant probable

---

* Par une inexplicable inconséquence, il devait placer Bertrand de Born en Enfer, alors qu'il ne cessait d'attaquer les Capétiens sanguinaires, au nom du principe gibelin qui blâmait la Croisade.

que c'est l'entourage pontifical, — plutôt que le pape lui-même, — qui prit la suprême décision. Dans le Nord, les esprits étaient tout préparés pour une telle aventure. Ces princes, chez qui sévissait l'hérésie, étaient de même race et leurs gouvernements libéraux fraternisaient. La monarchie française redoutait la naissance d'un grand État méridional qui pourrait nuire à ses ambitions*.

Cependant Philippe-Auguste refusa le commandement des Croisés. Il mit à leur tête le duc de Bourgogne, son parent, et un chevalier de sa cour, le comte Simon de Montfort, qui s'était distingué en Palestine. On sait ce qu'il advint; je ne veux que résumer cette triste et longue histoire. Béziers fut prise (1209) et ses habitants massacrés par Montfort, à qui la vicomté fut octroyée. L'armée s'avançait, toujours victorieuse, dans le Midi épouvanté. Tour à tour Carcassonne, Castres, Limoux sont réduites et saccagées. La conquête s'organise : Montfort est

---

* Cet État fut sur le point de naître, en 1245, après toutes les guerres de la Croisade qu'il eût ainsi rendues stériles. Jacques le Conquérant s'efforçait de faire accorder Béatrix, fille de Raymond Bérenger, héritière de la Provence, à Raymond VII de Toulouse. Mais il avait à lutter contre l'habile Roméo de Villeneuve qui soutenait la candidature du frère de saint Louis, Charles, plus tard duc d'Anjou et du Maine. Celui-ci l'emporta (ayant peut-être fait enlever Béatrix qu'il épousa à Lyon peu après) et fonda la 1re dynastie angevine de Provence.

investi par le pape, arbitre des deux partis, des comtés de Toulouse et de Foix et des domaines des Trencavel. Raymond de Toulouse est excommunié, Lavaur prise et ses Albigeois massacrés. Le roi d'Aragon Pierre II s'allie aux vaincus. A ce moment, Innocent III suspend la Croisade et, devant tant d'innocents égorgés, il écrit sévèrement à Montfort : « Qu'on ne dise pas que vous travaillez pour votre intérêt et non pour la foi... »

Le roi d'Aragon a défié Montfort; la guerre recommence. Il rejoint les princes à Toulouse et assiège Muret avec eux. La bataille est tragique (1213).

Montfort et ses Croisés, soudain, sortent comme des loups. On n'entend qu'un cri ! Soudain les lances s'entre-croisent; on n'entend qu'un cri !

Pierre a sa lance rompue ! Ce n'est rien ! Sa longue épée fauche d'un coup douze têtes à la file ! Non, ce n'est rien, car son épée fauche douze têtes !

Le sang lui jaillit au poing, cramoisi, et tache son cheval sarrasin...

> *Lou sang ié gisclo au poung, cremesin,*
> *E taco soun chivau sarrasin.*
>   *Cremesin*
> *Se mesclo emé l'escumo*
> *Dóu chivau sarrasin*!*

* Félix Gras, *La roumanso dóu rèi En Pèire* (Romancero prouvençau). — Dans le même recueil et dans sa geste provençale, *Toloza*, Félix Gras a mis en scène avec un grand talent plusieurs épisodes de la guerre albigeoise. Nous dirons (4ᵉ partie) le caractère de ce dernier poème.

Pierre d'Aragon est tué, l'allié fidèle, le suprême espoir. C'en est fait du *Parage* et de la patrie romane. Le Midi vaincu voit la dispersion de ses princes, le dépouillement des barons pyrénéens, enfin la chute de Toulouse où Montfort, aidé de l'Inquisition, fait supplicier dix mille hommes.

Le concile de Latran, convoqué par Innocent III, transporte à Rome tous les vaincus de l'épopée. Montfort est confirmé dans la possession de ses conquêtes.

La croisade albigeoise n'était que religieuse à son point de départ. A peine engagés en Languedoc, les Croisés paraissent batailler pour leur compte, oublieux du principe romain.

La guerre néanmoins garde ce pavillon jusqu'à la dépossession des princes. Alors Innocent III qui l'a prêchée s'en attriste et veut s'en désintéresser. On le voit au concile, luttant contre ses légats, ses évêques, contre Foulquet de Marseille surtout ; plein de remords pour tout le sang versé, plein de justice pour les vaincus et d'affection pour Raymond de Toulouse. L'historique *Chanson* le prouve*, ainsi que les traits rapportés par l'historien officiel des Croisés et

---

* Malgré qu'il combatte ardemment dans le camp méridional, le second auteur du Poème, le plus génial, le plus émouvant, montre l'impartiale justice du génie, celle de Shakespeare et de Balzac, devant l'héroïsme des Croisés.

en particulier de Montfort, Pierre de Vaulx-Cernay, lequel ne cesse d'accuser Innocent III d'une grande mollesse à l'égard de Raymond VI, disposition que ne laissaient pas soupçonner ses premières lettres pontificales.

Le vieux pape s'était rendu compte des excès de ses légats, de l'injustice qu'il y avait à dépouiller les princes du Midi, et s'il céda, — sous la pression, sous les menaces mêmes de son clergé, — ce ne fut qu'en donnant la Provence au jeune Raymond VII, qu'il n'aimait pas moins que son père.

Mais la guerre recommença et devint toute politique. Les Provençaux catholiques qui s'étaient tenus à l'écart, prirent spontanément parti pour le prince dépossédé qui voulait reconquérir Toulouse.

La *Chanson* nous a fait assister aux débats du concile. Elle suit *le jeune comte* dans ses nouveaux États. Le voici débarquant à Marseille, l'âme meurtrie, quoique réconforté par l'enthousiasme des cités provençales. Avignon, Salon, Orange, Montélimart, tout le pays du Rhône et des Alpes se préparent à défendre les comtes de Toulouse. La chevauchée matinale de Salon en Avignon, un délicieux épisode du poème, nous dira le bon droit de Raymond VII et la juste indignation des Provençaux. Enfin ils assiègent Beaucaire. Après plusieurs mois, la garnison des Croisés va se rendre, quand Montfort accourt à la hâte d'auprès du roi de Paris. Un double siège est engagé. Mais l'étoile de Montfort l'abandonne; il retourne vaincu vers Toulouse que le traître Foulquet lui livre sans combat.

L'échec de Beaucaire l'a ébranlé dans son orgueil. Il pourra, quelque temps encore, porter la guerre des Pyrénées aux bords du Rhône, pour assurer çà et là sa conquête. Dès que ses cavaliers ont tourné bride, le pays se fait libre de son usurpation. Montfort sent la revanche des Méridionaux imminente. Déjà *le jeune comte* est rentré à Toulouse, dans l'allégresse du peuple, et son père, le pauvre Raymond VI, l'a rejoint, suivi bientôt des comtes de Commenges et de Foix. Montfort marche sur l'Aquitaine avec ses fils, tous ses barons et le légat. Une lutte suprême s'engage. Après deux sièges de la capitale, le vainqueur de Muret est tué à Toulouse (1218).

Alors la déroute des Croisés commença. En moins de deux ans le Midi était délivré... Mais les bruits de guerre, mais l'horreur du sang et des armes avaient ébranlé la forêt enchantée; les divins rossignols s'en étaient enfuis pour toujours. Si le Midi fut perdu pour les Croisés, perdu comme fruit immédiat de la guerre, le Midi moral, le Parage, cette fleur de chevalerie et de civilisation, étaient bien perdus pour les Méridionaux*. On ne s'en aperçut pas, tout d'abord ; mais l'institution de l'Université de Toulouse (1223), mais l'anathème de l'Église qui, en condamnant les Albigeois, sans appel (au concile de Lyon, 1248), déclarait hérétique la langue d'oc jadis déclarée sainte (823) et livrait à l'Inquisition, avec les hérétiques, la littérature du Midi ; mais une dernière et cruelle persécution des Albigeois, quand l'Aquitaine fut française, et qui aboutit au honteux bûcher

---

* Après une seconde expédition commencée par Louis VIII et poursuivie par l'altière Blanche de Castille (1227-1229), croisade moins sanglante, mais plus traîtresse, qui réunit à la France le Languedoc et imposa l'Inquisition au toujours jeune et léger Raymond VII, le comté de Toulouse et la Provence ne tardèrent pas non plus à entrer dans la famille de saint Louis par le mariage de ses frères, Alphonse de Poitiers (avec Jeanne, fille de Raymond VII, qui n'eut pas d'enfants), et Charles d'Anjou (avec Béatrix, fille du grand Raymond-Bérenger IV, dont saint Louis avait lui-même épousé la fille aînée Marguerite).

Charles d'Anjou, comte du Maine, comte de Provence et de Forcalquier, roi de Naples, de Sicile et de Jérusalem, fut le chef de la troisième dynastie de Provence. Il eut pour successeurs Charles II le Boîteux, Robert-le-Sage et la Reine Jeanne. Une seconde famille angevine lui succéda, avec Louis de Valois. Elle aboutit au Roi René (1434-1480) et à son neveu Charles III (il régna dix-sept mois), morts sans héritiers mâles et qui, cédant à Louis XI appuyé par leur propre ministre Palamède de Forbin, laissèrent par testament la Provence « unie et non subalternée » à la couronne de France. — (Voir notre supplément chronologique.)

de Montségur, — achevèrent de ruiner l'originalité de la littérature et des mœurs du Midi*.

Cependant l'œuvre du *Parage* poursuivait son ascension par le monde. Ses premières expressions ne répondaient plus aux besoins

---

*Quoique indépendante de la civilisation romane, l'église albigeoise, — plus autoritaire que libérale, mais persuasive pas son austérité, — avait jeté de profondes racines dans le peuple aquitain. Mais comme l'aristocratie très démocratique du Midi y avait peu participé, le peuple s'en détacha lui-même. Plus tard, le protestantisme revendiqua l'hérédité des Albigeois. Leur historien passionné, Napoléon Peyrat, déclarait l'Église johannite d'Aquitaine sœur de l'Église réformée de France, sœur orientale issue de Pathmos et des Sept Églises d'Asie. Il tentait d'établir une chaîne de traditions cathares (nom des Albigeois : καθαρός, pur) qu'il faisait passer par François d'Assise, Dante, Boèce et l'auteur lui-même, des trois premiers livres de l'*Imitation* (qui, d'après lui, pourrait être Bertrand de Born!). Il y a plus d'éloquence que de vérité historique dans sa thèse. Les sectes du moyen-âge naissaient de l'éternel essor humain à la libre pensée ; il n'est pas possible de certifier entre elles de bien étroites connexités. Peut-on même affirmer que l'albigisme descende des premiers Vaudois, les *Pauvres de Lyon*?... La science porte de rudes coups à la poésie de l'histoire, sinon à sa philosophie.

Cependant les martyrs de la confession albigeoise n'ont pas hanté seulement les Réformés, depuis ces temps lointains. Nous voyons, au lendemain des guerres de Napoléon, le czar Alexandre, retournant en Russie, faire dresser un autel sur le Mont-Aimé, en Champagne, et assister avec toute son armée orthodoxe a une commémoration funèbre pour les cent quatre-vingts dernières victimes de l'Inquisition française sous le règne de saint Louis. Nous dirons plus loin comment un parti de notre Renaissance a relevé naguères le souvenir et la tradition des vaincus de la Croisade.

nouveaux : Arioste chantait la chevalerie pour la dernière fois, Cervantes la raillait avec mélancolie. Mais le génie méridional s'était transformé. Hors de ces temps du moyen-âge dont il avait jadis commencé d'éclairer la nuit, — nuit néfaste pour l'orgueil humain, mais pour l'espoir de l'âme, nuit lumineuse sous la constellation de la Croix, — il triomphait avec la Renaissance, il allait amener la Révolution.

Mais Beaucaire a rencontré, depuis ces temps lointains, une célébrité moins guerrière. Je parle de sa foire, qui, après avoir été pendant trois siècles la plus fameuse de l'Europe, a trouvé à son tour un tel discrédit, qu'elle est bien près de rentrer dans les mêmes ombres que sa gloire militaire.

De Bèucaire à Tarascon
l'a qu'un pont, mai es long,

dit un proverbe tarasconnais. Car si la patrie de Tartarin a conservé comme un reflet de la pieuse bonhomie du roi René qui mettait en elle ses complaisances, Beaucaire n'a gardé que la réputation de ses mœurs foraines et carnavalesques. Cette ville peut loger cinquante mille âmes, à en juger d'après ses grandes maisons vides qui affectent des formes d'hôtels nobles, de palais bourgeois. On se rend compte du mouvement cosmopolite et de l'importance du négoce qu'elle a longtemps su retenir. Aujourd'hui, ces habitations ne se louent plus qu'à des prix dérisoires. Les jeunes gens de Tarascon, même les plus mal logés, ont pignon sur rue à Beaucaire. Tous les soirs, ils passent le pont du Rhône, un pont plein de mistral et qui n'en finit plus, pour aller retrouver leurs amours beaucairoises.

> *De Beucaire à Tarascon*
> *l'a qu'un pont, mai es long...*

Sous les Romains, Beaucaire s'appelait *Ugernum;* les voiles latines ont remonté le fleuve pendant de longs siècles, jusqu'au pied de son rocher. Ugernum était un des vingt-quatre bourgs *(vici)* qui dépendaient de Nîmes, le débouché maritime de son commerce. Avec la prodigieuse fortune de ses foires, Beaucaire a retrouvé en quelque sorte son ancien rôle vis-à-vis de la cité d'Auguste. Le voisinage des bateleurs, des magiciens, des Levantins, des trafiquants et de toute la charlatanerie provençale entraîna l'antique et grave esprit de *Nemausa* dans une évolution nouvelle. Tout le rameau plébéien du vieil arbre littéraire nîmois porte la sensible influence de la séduction beaucairoise. Deux poètes provençaux, entre autres plus ou moins célèbres*, Bigot et Roumieux, en sont de frappants exemples.

Qui ne connaît en Provence les interprétations de La Fontaine, bouffonnes et profondes, du fabuliste patois de Nîmes? Car Bigot, qui est académicien dans sa ville natale, jugeant ses productions populaires indignes de ses rimes françaises, d'ailleurs parfaitement banales, dédaignant aussi nos réformes, s'est toujours déclaré *patois* avec acharnement... Quoi qu'il en soit, c'est un vrai poète languedocien, qu'une question d'orthographe éloigne seule du Félibrige. Il a trouvé un parfait interprète, inséparable désormais de sa joyeuse renommée. Je parle de Martin de Nîmes, un comique aristophanesque qui émerveillait Mounet-Sully, au Pont du Gard. Très Beaucairois aussi, ce Nîmois: je me souviens des francs éclats de rire qui saluèrent, sous sa mimique invraisemblable, *la Tortue et les deux Canards*. Bigot a fait de son interprétation tout un poème aux cent actes divers. On y passe, par exemple, d'un éblouissant ragot de commères à une prosopopée de Paris qui donne le frisson... La poésie est épicée, chargée d'ail et d'accent et de gestes: elle a trouvé son *joglar* naturel.

* Tel ce Jean Michel de Nîmes, qui nous a laissé le poème languedocien des *Embarras de la Foire de Beaucaire* (Amsterdam, 1730), un très curieux tableau.

Voulez-vous un portrait de ce Martin de Nîmes, qui exprime sa bonhomie narquoise? Il a été croqué par *Séverine,* aux dernières fêtes provençales de Paris. « Un long nez tombant tout droit, des yeux noirs, grands peut-être, mais percés en vrille, et pétillants de malice, les cheveux allongés jusqu'au col de l'habit, mais point secoués de mistral, ainsi que la crinière léonine de Clovis Hugues, aplatis au contraire, onctueusement plaqués contre la tête, comme ceux d'un vicaire campagnard... »

Un autre Beaucairois notable, c'est Louis Roumieux. Il est né au pied de la Tour-Magne comme Bigot, mais lui du moins a longtemps vécu à Beaucaire, et s'y est perfectionné.

Qui ne connaît Roumieux en Provence, sinon par ses vers, du moins par sa légende! *Mèste Roumiéu?* Il n'en est pas de plus populaire, de Tarascon à Nîmes. Si sa vie est digne de tenter un romancier, son œuvre, qui porte l'empreinte de tant d'avatars singuliers, fait nécessairement partie du renouveau méridional. Il a introduit la pantalonnade vénitienne, *beaucairoise,* dans la littérature des félibres. Laissant l'atticisme à Roumanille, son maître et son parrain dans le rire classique, il a comme affiné le gros sel provençal, — celui du journaliste tarasconnais Desanat, l'impresario de cet étonnant recueil *Lou Bouiabaisso,* où ont débuté la plupart de nos poètes rhodaniens, et du cafetier Bonnet de Beaucaire, ses deux prédécesseurs. Et, à travers cette gaîté, jamais retenue, toujours saine, il a su répandre une bonté d'âme qui est la chaleur même de son esprit.

Nul plus que lui n'a la sensibilité du soleil, que ce soit de mélancolie ou de joie. Mais la mélancolie est de courte durée, dans les fusées de jovialité franche que tire ce bon compagnon pour son agrément et le nôtre. Il passe de la *galejado* à la *cascareleto* avec la facilité de verve d'un improvisateur italien*. Et tout cela, c'est l'esprit provençal qui regarde de leur bon côté les choses de la vie, et sauve la santé morale du pessimisme impassible ou désespéré.

L'œuvre de Roumieux est considérable. Deux comédies en vers, plusieurs recueils de poésies, et des chansons comiques populaires. Celles-ci sont parfois des merveilles, et qui, répandues dans les cafés chantants de Provence et de Languedoc, aideraient mieux au Félibrige que tous les articles du monde, et serviraient plus intelligemment le peuple que toutes les

---

* La *galejado*, vieux mot provençal, est un trait, une facétie, un conte plaisant, guilleret. La *cascareleto*, expression qu'a popularisée l'*Armana prouvençau*, est une *galejado* du *Cascarelet*, pseudonyme dont Roumanille, et quelquefois Mistral, signent leurs anecdotes de joyeuse humeur.

chansons grivoises de Paris qu'on lui enseigne. Dans ce genre, où déjà plusieurs font mine de s'aventurer, Roumieux est un initiateur... Mais ces choses-là ne s'analysent guère, pas plus que ne s'analyse le Rire, cette joie de l'organisme, provoquée par une antithèse imprévue, un geste bizarre ou une souffrance passagère du prochain.

Le jour baisse, je rentre en Avignon.

A mi-chemin, contre la Montagnette, est la petite gare de Graveson qui dessert Maillane et Frigolet : Maillane à l'orient, dans sa belle plaine, parmi ses lignes de cyprès ; Frigolet, caché, à l'occident, dans un vallon de la petite chaîne sauvage.

Je veux conter ici quelle félibrée je fis, voilà trois ans, chez les bons moines de la Montagnette.

Vous tous, qui avez sur la tablette de vos livres d'élection les *Lettres de mon moulin,* ce bréviaire des flâneries et des tendresses provençales, rappelez-vous l'*Élixir du Père Gaucher.*

Cette historiette du curé de Graveson, « légèrement sceptique et irrévérencieuse à la façon d'un conte d'Érasme ou de d'Assoucy, » — mettons du *Petit Chose* tout simplement, —

s'agitait dans ce monastère des Pères Blancs de Frigolet, illustré par un siège fameux, et où je vais vous conduire. Voilà vingt ans que le conte d'Alphonse Daudet est célèbre ; mais croiriez-vous qu'on l'ignore autant, dans son paysage, qu'on sait par cœur, à Tarascon, *Tartarin?* Témoin ce curé de Graveson à qui l'excellent P. Hermann, le Père Gaucher d'aujourd'hui, l'apportait naguère comme une nouveauté, et qui, furieux, s'en allait conférer avec son archevêque, en Avignon, « pour attaquer !... »

Donc, j'étais invité par le Père abbé de Frigolet à déjeuner au monastère. Trois amis m'accompagnaient ; la bonne humeur provençale promettait d'être de la partie et, en effet, malgré l'état de mélancolique abandon du lieu, notre félibrée fut charmante.

C'est un très ancien couvent que celui des Prémontrés de Saint-Michel, perdu dans les roches embaumées de férigoule, sur la *Montagnette* de Tarascon*. Fondé au xe siècle par les Bénédictins de Montmajour, pour éloigner leurs moines malades de l'influence des lagunes qui couvraient la terre d'Arles, le monastère ne cessa jamais, à travers les phases de son histoire, d'attirer les pèlerins, par son oratoire

---

* Au sujet de la *Montagnette,* voir : *d'Avignon à Maillane,* p. 151.

très populaire de *Notre-Dame du Bon Remède*. Après la Révolution cependant, il devint le refuge de quelques vagues religieux, ermites attirés par l'odorante aridité de la solitude. Un pensionnat leur avait succédé (où Mistral passa plusieurs années d'école buissonnière), quand les Prémontrés l'acquirent pour le restaurer. Jusqu'à leur expulsion, les gens de Barbentane, de Maillane et de Graveson s'y rendaient, le dimanche, en bandes joyeuses. De 1860 date la fortification du monastère et aussi l'élévation de la grande chapelle, peinte et enluminée comme une église byzantine, comme la basilique multicolore d'Albi, aux tons criards. Avec ses bibliothèques, ses salles capitulaires, ses oratoires et ses ateliers, c'est ainsi tout un monde que le monastère de Frigolet, où l'on se sent si loin du monde. Et c'est précisément dans ce cadre bien fait pour la réflexion d'un poète, que s'est développée l'inspiration d'un jeune maître, le R. P. Rieux (dom Xavier de Fourvières), qui devait remporter la palme de notre félibrée.

A notre arrivée au couvent, le P. Xavier me montra, tout ému, dans sa pauvre petite cellule de moine, un très beau volume que sa mère lui envoyait, *Mireille* illustrée. Elle y a écrit sur la première page : *Fugues fièr, moun enfant, dóu parla de ta maire*. Et il en est fier, je vous assure, de sa langue maternelle : *linguam nostram, in qua nati sumus...*, dit saint Luc. Mais qu'on me permette de dire comment ce très franc poète s'était révélé à moi.

C'est à la Sainte-Estelle de Saint-Raphaël que j'avais vu le P. Xavier pour la première fois. Avec sa tête ardente aux cheveux d'ébène et au teint de cette blancheur mate qui couve les résolutions enflammées, il m'était apparu comme un apôtre. « Frère Savonarole ! » a dit de lui le docteur Charcot, le rencontrant dans un voyage au pays de *Mireille*. A son regard clair et profond comme celui de Verdaguer, — cet humble prêtre catalan qui est le plus grand poète d'Espagne, — j'avais reconnu un sincère et un inspiré.

Il avait pris spontanément la parole, au milieu du banquet, au nom de son œuvre d'amour, la prédication provençale. Ce n'était qu'un cri de patriotisme. Et tous, nous étions exaltés pour ce froc blanc soulevé d'enthousiasme par le verbe des troubadours.

J'avais trouvé bientôt dans ses poèmes mystiques l'esthétique légère, fluide, la liberté d'allure de ses grands aïeux, — le sens lyrique du moyen-âge. Il faut louer l'auteur de cette rare qualité, car je ne sais qu'un autre poète de langue d'oc, prêtre comme lui, l'abbé Roux, pour se pénétrer ainsi, mais dans l'ordre épique, de l'esprit médiéval*, — le *Romancero provençal* de Félix Gras relevant plutôt de la littérature populaire.

Peu après, le P. Xavier m'avait fait lire des lamentations sur l'expulsion des Prémontrés de Frigolet, et les premiers chants d'un nouveau poème : *Partènço de l'ourgueno de Ferigoulet* (le départ des orgues), interrompu par un long séjour du religieux loin de son bien aimé monastère. C'est jusqu'ici, selon moi, non seulement son œuvre maîtresse, mais l'une des plus inattendues, des plus originales productions de la Muse romane.

Donc, le jour de notre félibrée à Frigolet, après nous avoir lu le fragment final de son poème, dans l'hôtellerie du couvent, devant le Père abbé, Dom Paulin, et quelques moines, — belles âmes contemplatives, épanouies à la mysticité comme au soleil levant ! — le P. Xavier me prit le bras et me conduisit dans la Grande Chapelle. Le soleil de midi entrait par toutes les ouvertures et nous marchions dans une atmosphère de couleurs. Arrivés au milieu du chœur et me désignant une petite tribune, en face du trou béant de l'orgue disparu : « Elle communique, me dit-il, avec ma cellule ; et c'est ici que je viens, la nuit, pour rêver mon poème. »

---

* *La Chansou Lemouzina* (1888), une Légende des siècles limousins, en vingt-quatre petites chansons de geste.

Ce chœur est frappant de symbolisme byzantin. Entouré de séraphins ployant leurs ailes, il irradie des mille splendeurs qu'y fait converger la procession des vierges, des évêques et des saints, de tous les murs et de tous les vitraux. Mais je me représentais la grande nef obscure. Quel tableau, que ce moine blanc s'inspirant, la nuit, dans le sombre édifice et scandant, au rythme berceur des tierces-rimes de Dante, ses mystiques évocations !

Écoutez, le poète commence :

> *Davalère à la glèiso, e, l'amo en peno,*
> *Tout plen d'idèio e sentimen counfus,*
> *Me capitère en fàci de l'ourgueno...*

Je descendis à l'église, et, l'âme en peine, plein d'idées et de sentiments confus, je me trouvai en face des orgues.

Noble instrument, veuf de ses splendeurs, comme un ermite, il était là, solitaire, dans la grande église où l'on ne chante plus ;

Il était là, ce Roi du sanctuaire, abandonné comme un mort au tombeau, muet silencieux à faire peur...

Soudain, il entend un bruit de pas : deux hommes entrent et, s'étant concertés, démolissent l'orgue. L'orgue pousse un gémissement qui grandit et devient un chœur. — « *T'a-t-on jeté un sort ?* disais-je troublé. *Comme dans sa forêt Torquato Tasso, je vois... Oh ! devant moi que se passe-t-il donc ?* »

Tous les tuyaux, que remplit de son souffle le porte-vent de l'orgue, ont soudain changé d'aspect... Et interdit, silencieux, je voyais jeux de flûte et jeux d'anche se promener, comme si une fée les avait touchés de son souffle... Je voyais le portunal, la doublette et le jubal, le bourdon et la sourdine... Je voyais le cor de chamois qui a des sons si clairs, si doux, et la flûte divine; tout ensemble, viole et salicet, dolcan comme dulciane, flûte angélique et galoubet, je les voyais doucement, doucement revêtir la forme humaine. Et ce furent des êtres vivants : de grands vieillards aux traits pleins de fierté, des hommes dans la force de l'âge, et de nobles et beaux jeunes gens, et des femmes adorablement belles, et de jeunes vierges dolentes, et des enfants tout souriants.

Et vieillards, hommes, jeunes gens, femmes, enfants et jeunes filles, solennellement chantèrent devant moi, avec des rythmes divers et des voix différentes, l'hymne de l'éternel adieu.

Alors passent, l'un après l'autre, le chœur des vieillards avec leurs apostrophes et leurs malédictions, puis ceux des jeunes gens et des femmes. Nous sommes en plein rêve mystique : l'action poursuivra jusqu'au bout sa route idéale, comme dans cette épopée monastique des mers d'Irlande, l'*Ile délicieuse,* où les lampes du sanctuaire s'allument d'elles-mêmes pour l'office divin. La candeur des primitifs de la Renaissance tempérée par la plus sûre érudition, et la monotonie des tercets par des strophes lyriques, le poème se déroule harmonieusement dans une atmosphère neuve et rafraîchissante. Tout cela est d'un art à la fois naïf et subtil, — l'art des maîtres du Félibrige, — dominé par les grandes figures de l'ordre de Saint-Norbert et du martyrologe de la musique...

Et le poème finit sur une ronde mystique, *la Danse des Vierges,* qui, plus légère encore, plus harmonieuse que les chœurs précédents, ramène le souvenir à ces bas-reliefs de Florence où Luca della Robbia fait chanter la Jeunesse pour la gloire de Dieu.

XII

Carpentras, 2 mai.

Mistral est venu me rejoindre hier en Avignon, et nous voilà en route pour Carpentras. Pourquoi ce nom d'une ville historique évoque-t-il d'abord un pont-aux-ânes de plaisanteries ? On nous citait, hier, mille anecdotes, vieilles comme les rues, sur les Carpentrassiens. Avant la célébrité récente de Tarascon, ils partageaient avec les Martégaux l'empire de la naïveté facétieuse, de la gravité *gaiejarelle,* du ridicule provençal content de soi mais jamais dupe. C'est surtout aux plaisanteries de Taxile Delort, du *Charivari,* qu'ils le devaient. Mais il faut en chercher l'origine dans la rivalité des deux capitales du pays vauclusien : Carpentras et Avignon. Les moqueries de celle-ci qui commandait au comté d'Avignon, pour le chef-lieu du Comtat-Venaissin[*], triomphèrent avec la décroissance de sa rivale. Il paraît cependant

[*] De Vénasque, ancien évêché qui aurait été sa capitale primitive.

que l'ingénuité des Carpentrassiens n'est pas tout à fait fabuleuse.

Un Avignonais m'a cité ces inscriptions qu'il a recueillies : Banc pour s'asseoir. — Monsieur X, homme d'affaires, presque notaire. — Grand local à louer pour louer des voitures à louer, etc...

Quant à l'histoire de Carpentras, elle mérite qu'on la considère sous quatre aspects très personnels : la ville gallo-romaine, *Carpentoracte,* possédant des temples, des thermes, un aqueduc dont on voit les ruines, et un arc-de-triomphe qui a été sauvé ; la ville pontificale et humaniste où étudia Pétrarque, siège d'une école célèbre, d'un évêché, et chef-lieu d'un État ; la ville juive, très déchue, et enfin la ville restaurée par Mgr d'Inguimbert, son Mécène du xviiie siècle.

Celle-ci se présente à nous la première. La statue du prélat s'élève sur un cours planté d'arbres, devant l'Hôtel-Dieu qu'il a bâti. Dom Malachie d'Inguimbert était trappiste quand il fut fait évêque de Carpentras, en 1733. Durant plus de vingt années, il consacra une grande fortune à l'amélioration de sa ville natale. Sa statue, œuvre de Daumas, fut élevée vers 1840 par la reconnaissance des Carpentrassiens. On y lit ces deux vers :

> *Ses libérales mains ont laissé dans Vaucluse*
> *Le pauvre sans besoin, l'ignorant sans excuse.*

Ils sont célèbres, et fort admirés par les indigènes. Un trait singulier, un distique, fait souvent plus pour perpétuer la mémoire d'un homme que tout l'effort des historiens. Celui-là est bien d'un lettré du xviiie siècle. En 1827, Pigault-Lebrun le donnait encore, dans ses très fantaisistes promenades en Provence, renouvelées du voyage de Chapelle et Bachaumont, comme « une épitaphe composée par un homme d'esprit. » D'ailleurs, ce qui l'arrête le plus à Carpentras, c'est l'excellence des melons : « On nous sert, tous les jours, dit-il, des melons d'une espèce inconnue au cœur de la France ; la chair est d'un vert pâle : elle fond dans la bouche, elle est très rafraîchissante ; nous la recommandons au voyageur échauffé. Ce lénitif est beaucoup plus agréable à prendre que le dissolvant que vingt garçons apothicaires proposent à M. de Pourceaugnac. On rencontre ici peu de champs de blé, de seigle ou d'avoine ; on y trouve de la garance à chaque pas. C'est une plante dont la racine donne à la laine une couleur d'un rouge sale. Cette plante est indispensable dans tous les États dont les souverains veulent avoir des Suisses à leur service… »

Depuis le temps où écrivait Pigault-Lebrun, la garance a disparu du Comtat. Peut-être est-ce la raison pour laquelle Jean Althen, son introducteur en Provence, tourne le dos aux splendides panoramas qui s'ouvrent au pied de sa statue, sur la Roque de Dom.

L'Hôtel-Dieu de Carpentras est un bel édifice Louis XV, assez sévère, élevé de 1733 à 1750. La façade est d'un monument; j'admire sa riche sobriété, les fins ornements de ses hautes fenêtres. Dans l'intérieur, un escalier magnifique, à deux volées spacieuses, s'accorde avec la grandeur de l'édifice.

Nous entrons dans la pharmacie. Elle est paisible et toute bleue, sous son ancienne ordonnance de belles potiches et de panneaux peints. Un alexandrin d'humaniste trahit la ville de Sadolet :

Herbis non verbis fiunt medicamina vitæ.

Tout autour de la salle, des tiroirs sculptés pour les plantes médicinales, indiquées en fins caractères, et du même bleu ancien. Cette pharmacie semble une vieille faïence, un Moustier de bon style. La sœur apothicairesse, une femme intelligente, au parler doux, au regard clair, nous a fait les honneurs de son département. Voilà trente ans qu'elle l'occupe, suivant les visites des médecins et distribuant les remèdes. Elle nous montre ensuite la chapelle, un bijou du XVIIIe siècle, serti de marbres élégants, tourmentés, et de toiles dévotes, un peu fades, signées Parrocel et Mignard. C'est là qu'est enterré M?ʳ d'Inguimbert... En somme, cet hôpital est un magnifique modèle de bienfaisance. Le seul patriotisme peut commander à la vertu d'aussi parfaites bonnes œuvres. Quel est le représentant moderne de Carpentras qui a continué la tradition du grand évêque?...

Comme nous allons sortir, une inscription encore nous arrête à la porte de la pharmacie. Elle relate un trait de libéralité du prélat, transmis à la postérité. Il avait ordonné de gratifier d'une somme d'argent un pauvre : — « Mais c'est un juif, Monseigneur, lui dit-on. — Eh bien! doublez la somme, » répondit Malachie.

Carpentras fut, en effet, le premier boulevard des juifs provençaux. Les papes d'Avignon leur avaient accordé le droit de séjour dans leurs États, alors que les persécutions s'ouvraient pour eux dans toute l'Europe. D'ailleurs, les villes libres du Midi eurent toujours beaucoup de tolérance à leur égard. L'histoire du Languedoc nous les montre très florissants à Béziers, à Narbonne, à Nîmes, à Montpellier, durant le XIIᵉ siècle, et gouvernés par des dynasties de princes rabbins, sous la protection des Comtes, — qui prenaient fréquemment parmi eux leurs argentiers. L'illustre faculté de

Montpellier a son origine dans une chaire libre de médecine créée par les juifs, sous le comte Guillaume VIII. Sait-on que la plus ancienne académie d'Occident fut fondée à Lunel, par des Israélites, en 1100?... Tous ceux de Provence, jusqu'à Marseille, sortent de Carpentras. Leur *ghetto* était plus populeux que celui d'Avignon ; il renfermait encore deux mille âmes à la Révolution. La petite venelle étranglée que voici, dont les maisons à sept et huit étages s'attachent comme un haillon sordide sur le dos de la synagogue, contenait seule soixante-dix familles.

C'est le gardien du temple qui nous pilote dans la ruelle obscure. Il déplore avec mélancolie la décroissance du judaïsme à Carpentras. La synagogue, où nous entrons, est à peine indiquée au dehors ; on dirait d'une grange abandonnée. On accède par un couloir étroit à une salle vaste, claire, dans le style du xviie siècle, surplombée de tribunes luisantes, et qui scintille, autour du Saint des Saints, de chandeliers hébraïques à sept branches et de lustres de cuivre hollandais, comme celui qu'a mis Gérard Dow chez sa *Femme hydropique*.

Voilà dix siècles que des juifs se réunissent en ce lieu, humblement, pour prier. On se figure les yeux de Palestine, les profils sémitiques et les barbes pointues qui ont écouté ici la parole de Moïse. Mais la foi d'Israël diminue, si son empire menace d'envahir la terre.

Le rabbin d'Avignon ne visite plus que de temps en temps la juiverie de Carpentras. Néanmoins, les tribunes où se tiennent les femmes semblent évacuées d'une heure. Toute la synagogue reluit de propreté.

On nous montre ensuite un petit réservoir carré où se font les ablutions de l'épouse, dans les cérémonies du mariage; il est là pour la forme, et moderne, car l'usage tombe en désuétude. Telle ne pouvait être la piscine d'une synagogue de cette antiquité... Lazare, le gardien, nous a compris. Par de longs couloirs mystérieux, humides, que nous éclaire vaguement une chandelle, nous débouchons dans une salle haute, sonore, où bruit un murmure de source. Une eau claire comme l'argent, où nos pieds baignent presque, rêve dans son bassin profond; sur les quatre murs descend en spirale un escalier de fer qui atteint à dix mètres le sol. On aperçoit des bouillonnements dans le sable.
— « Cette fontaine est plus belle que Vaucluse! » nous dit Lazare. — Avant d'être livrée à l'époux, la jeune mariée était conduite par ses compagnes à la piscine, et elle devait s'y plonger, nue, tout entière. Le Provençal qui qualifiait de « plongeoir, » *cabussadou,* le lieu de la cérémonie juive, était troublé par son

mystère. Je songe aux beaux corps féminins qui s'épanouissaient dans cette eau, en pleins siècles du moyen-âge.

Nous parcourons le tour de ville, une jolie promenade ombragée, qu'on appelle les Remparts. On les voyait encore intacts, il y a quarante ans. Millin (1808) les dit semblables aux remparts d'Avignon. Aujourd'hui, rien n'en reste, que, sur la face du nord, un mur démantelé drapé de lierre, avec une vieille tour sombre de bel aspect extérieur, mais évidée au dedans comme un pain rongé par les rats. Je remarque des escaliers de Damoclès, encore suspendus dans cette énorme cage sombre...

Nous donnons un regard à la Fontaine de l'Ange, un ancien *Manneken-piss* accommodé au goût moderne; nous traversons le *Passage,* une allée vitrée « comme à Paris, » mais, orgueil de Carpentras! antérieure aux passages parisiens; puis nous entrons dans Saint-Siffren. C'est la cathédrale, du xvie siècle. Félix Gras m'a recommandé d'admirer la *gloire* de Saint-Siffren, qui est aussi celle de Bernus, un sculpteur du xviiie siècle, élève de Puget. Il était né à Mazan (Vaucluse), et bien qu'il n'eût guère rayonné hors du Comtat, où on le vante, il méritait peut-être meilleure fortune. Son histoire est celle de Chastel, d'Aix; il lui ressemble, sans avoir pourtant sa sobriété; il est italien, et plutôt que Puget, c'est Bernin qui enseigna Bernus. On lui doit encore à Avignon la Vierge de Saint-Pierre, les Anges de Saint-Agricol et quelques bons morceaux du Musée Calvet, enfin le maître-autel et la *Sainte Famille* de Mallemort, l'heureux village où Félix Gras a rêvé sa superbe épopée rustique du Ventoux, *li Carbounié*. Cette *Sainte Famille,* plus grande que nature, accompagnait sans doute la *gloire* de Saint-Siffren, qui éclaire le fond du chœur de sa dorure très fouillée, très tourmentée. Mais d'aucuns revendiquent une autre destination primitive à ces bois dorés. Nous n'augmenterons pas le nombre des commentateurs.

Rien de très saillant, dans l'église, qui cependant renferme encore deux célèbres tombeaux d'évêques, celui de Laurent Buti, et celui de Sadolet, bien plus simple. Celui-ci fut un humaniste du plus rare savoir, un latiniste cicéronien, entre tous ceux de la Renaissance. Il occupa trente ans l'évêché de Carpentras (1517-1547), partageant sa vie, très évangélique, entre ses devoirs pastoraux et le culte des Muses. Le commerce épistolaire qu'il eut avec Bembo, Érasme, Calvin, du Bellay, et les papes Léon X et Paul III, ses amis, est deux fois illustre dans l'histoire de la Renaissance et de la Réforme. Ses qualités politiques étaient de même ordre. François Ier tentait vainement de l'attirer à lui pour en faire son conseiller. Peu après, Sadolet le rencontrait avec Charles-Quint et Clément VII (entrevues de Nice et de Parme), et le pape faisait cardinal l'humble évêque, sans pouvoir non plus l'arracher à Carpentras, « son épouse spirituelle et sa patrie. » C'était le moment des répressions sanglantes contre les Vaudois de Provence. Ils avaient envoyé une députation de miséricorde et de repentir à Sadolet. Mais sa haute vertu s'efforça en vain à les faire épargner, après une première suspension d'armes. On sait les fatales exécutions de Cabrières et de Mérindol, et l'indifférence finale de François Ier pour ces massacres du Léberon. Il était las des réclamations provençales, depuis l'invasion de Charles-Quint.

Sur la porte du midi, est un singulier ornement de pierre qu'on appelle : la *boule aux rats*. Des rats entrent et sortent d'une sphère en haut relief, qui couronne le tympan de l'ogive fleurie. *Qu'es acò?* se demandent tous les passants, après les archéologues. C'est une de ces singularités qu'on dénomme *merveilles,* par tous pays. pour leur énigme insoluble. — De même qu'il y eut dans l'antiquité les sept merveilles du monde, de même chaque pays fier de son histoire cita plus tard de semblables curiosités. Le Dauphiné en avait sept, Toulouse quatre, le Languedoc autant, etc Voici, d'après l'*Al-*

manach provençal (auctore Guy de Montpavon, 1878), les grandes et petites merveilles de notre pays. Les compagnons du Tour de France se piquaient d'avoir visité : le Pont du Gard; les Arènes de Nîmes, la trompe de Montpellier, la vis de Saint-Gilles, le palais d'Avignon, l'église de Saint-Maximin et la Sainte-Baume ; il faut y ajouter Vaucluse, les deux dernières comptant pour une.

Les singularités de second ordre, les petites merveilles de Provence, étaient : à Marseille, le dauphin figuré sur la porte du fort Saint-Jean ; à Arles, la *Voûte* sculpturale de la Commune ; à Tarascon, JAN CUEISSO (le Sénéchal Jean de Cossa), un ministre du roi René, couché sur sa pierre tombale dans l'église de Sainte-Marthe ; à Aix, la *Font chaude* du Cours ; à Avignon, le *Jacquemart* de l'Hôtel de Ville ; à Pernes, le *Chat* du guidon de l'horloge ; à Carpentras enfin, la *boule aux rats*.

Cette boule des rats est encore une *galejade* carpentrassienne. Quelques philologues facétieux du xviiie siècle ont prétendu que la dernière syllabe de *Carpentras* pouvait donner l'étymologie de son nom... La hantise des rats est d'ailleurs persistante sur ses monuments, comme celle des sauriens à Nîmes. L'évêque d'Inguimbert avait légué à sa chère ville un petit musée et une bibliothèque, contigus à son palais. Sur la porte il fit graver un ingénieux rébus qui consistait en un roseau flanqué de deux rats. La clef de l'énigme était *Mus-Arundo-Mus* : la demeure des Muses *(Musarum domus)*... Les pays disputeurs, de juristes et de lettrés, s'amusaient à ces jeux innocents. Carpentras fut un centre d'études passionnées, durant deux siècles. Pétrarque étudiant y rêvait des lettres antiques, et pleurait de tendresse sur un Homère qu'il n'entendait pas. C'est dans cette ville romaine, relevée par la munificence des papes, et qui fut au xive siècle un des flambeaux de l'Europe, que le glorieux amant de Laure conçut les travaux où la Renaissance était en germe. Sadolet, dont voici l'épitaphe, dans la cour du Musée, perpétuait encore cette tradition au temps des Médicis et de Bembo. Et quelle bibliothèque ! Le vénérable M. Barrès, son savant et amoureux conservateur, nous montre ces reliques que devraient connaître et bénir tous ceux qui exaltent l'émancipation de l'esprit humain. Voilà les vrais témoins, les derniers, d'une culture illustre, celle des pionniers de la Renaissance. C'est un *canzoniere* de messer Francesco, en partie autographe. Son grand ami, le plus fidèle après cinq siècles, l'érudit Pierre de Nolhac, l'a-t-il comparé à ceux du Vatican et de l'Ambrosienne ? On ne vient plus à Carpentras, nous dit M. Barrès. Voici pourtant une salle à peine explorée où dorment, espérant toujours la lumière, des chansonniers in-folio des troubadours, des romans de chevalerie uniques, un *Pentateuque* hébreu sur parchemin, un *évangéliaire* grec du VIIIe siècle...

Cette bibliothèque enrichie des collections de Mgr d'Inguimbert et du docteur Barjavel* est précieuse pour l'histoire du pays vauclusien et des origines de la Renaissance. Elle a aussi la fortune de posséder la plus grande partie des manuscrits de Peyresc, et de sa correspondance avec tous les savants illustres de son temps, léguée par Thomassin de Mazaugues. « Cette correspondance a toujours été regardée comme un véritable trésor littéraire, » écrivait déjà Millin**, tout heureux d'avoir pu passer deux semaines de travail continu à en faire avec un ami le premier dépouillement. La publication de ces manuscrits du dernier des humanistes et du premier des curieux, si naturellement à leur place dans cette ville de Carpentras, a été entreprise par un des princes de la bibliographie, M. Tamizey de Laroque. C'est une encyclopédie des origines de l'Érudition.

Nous sortons éblouis pour avoir remué cette poussière lumineuse. Les toiles d'élite du

---

* Auteur d'un excellent *Dictionnaire historique de Vaucluse*.
** (1811) *Voyage dans les départements du Midi*, déjà cité.

Musée qui occupe l'autre aile du bâtiment, les portraits bien provençaux de Duplessis, et *l'abbé de Rancé* lui-même, peint par Rigaud, — un ascète en bure grise au fin profil de race*, — rien ici ne saurait m'enlever l'émotion dont frissonnaient mes doigts sur ces manuscrits vénérables.

Comment traduire les suggestions du passé et le mystère des ruines ! En rôdant parmi les débris antiques qui encombrent la cour du Musée, une simple inscription, toute brève en ses caractères augustaux, ébranle ma pensée qui rêve : Genio coloniæ...

C'est toute la civilisation romaine, ces deux mots d'un grand peuple.

Carpentoracte était la capitale des Méminiens, peuplade cavare, entre l'État des Cavares proprement dits que commandait Avignon, et celui des Voconces dont Vaison était le chef-lieu, et Die la station populeuse. César établit à Carpentras sa colonie julienne et Auguste y fit élever, par son lieutenant Claude-Tibère-Néron, un arc-de-triomphe qui a résisté aux hommes et au temps. On le chercherait vainement dans la

---

* Cet admirable portrait a été peint pour Saint-Simon. On ne peut s'en détacher : l'illustre fondateur de la Trappe est bien là tout entier. Son œil mortifié garde encore l'étincelle dernière de l'incendie qu'avait allumé en lui la duchesse de Montbazon, cette reine d'amour dont il cachait la tête morte dans sa cellule monastique.

ville ; il se cache, dans une cour, entre les hauts murs du palais de justice. M. Isidore Gilles, le savant archéologue d'Eyragues, dans son précis sur *les Monuments triomphaux de la Gaule,* — monuments qui sont tous en Provence, — a établi que les captifs de grandeur naturelle sculptés sur l'arc sont les images des montagnards vaincus par les lieutenants d'Auguste*. Ils appartenaient aux deux familles de cette région de la Gaule, la *Gallia braccata* et *comata* de César : les uns aux cheveux courts, aux casques ronds et velus, portant les braies et le long manteau frangé ; les autres aux cheveux longs et au casque à rebord, avec la crinière de cheval pendante, portant une dalmatique grossière, appelée *sagum* ou sayon**.

* Ceux de la plaine avaient été précédemment subjugués par Jules César.

** Ces *Monuments triomphaux* (1873), l'ouvrage le plus considérable de M. Gilles, ont été très discutés. Nous avons donné son interprétation des deux admirables monuments de Saint-Rémy. Il est intéressant de connaître son avis sur les autres. Il attribue à Fabius M. Allobrogicus *l'aiguille* de Vienne, et à C. Domitius OEnobarbus le trophée décapité de Cavaillon, en commémoration des premières victoires romaines dans les Gaules. Il fait de la Tour Magne de Nîmes, de la Tour de l'Horloge d'Aix, enfin des arcs d'Orange et de Carpentras, et de celui d'Arles (qui est détruit), des monuments triomphaux d'Auguste. Cette attribution de l'Arc d'Orange, le plus beau du monde, ne me paraît plus discutable. On ne peut en expliquer l'origine sans tenir compte du récit de Suétone d'après lequel Auguste donne ordre à tous les chefs de provinces et

Deux heures plus tard nous rentrions à Avignon, par un merveilleux coucher de soleil qui promenait sa lumière et ses ombres sur le Ventoux énorme et le rempart déchiqueté des « dentelles » de Gigondas. Avec eux commence au ras de la plaine, la région sévère, escarpée, de l'Alpe dauphinoise : c'est notre Thessalie.

de colonies d'élever des monuments dans leurs gouvernements respectifs. Quoi qu'en pensent les archéologues allemands, et outre ceux que nous avons cités, il est encore des traces de ces trophées à Narbonne, à Avignon, à Apt, à Vienne, **au Puy, à Aix-les-Bains et à Paris.**

XIII

Avignon, 3 mai.

Je passerai au musée Calvet cette dernière matinée. C'est un lieu de rêverie, poétique et silencieux. Stendhal l'a décrit en deux pages toutes vibrantes de son exaltation de curieux et de psychologue. Il s'est arrêté aux tableaux, aux médailles et à quelques objets romains. Le passage est remarquable pour sa date, 1837. Il respire un enthousiasme digne des humanistes de la Renaissance. Mais soit que le musée était bien différent alors de ce qu'il est aujourd'hui, soit qu'il voyait d'un œil encore classique, je n'y ai précisément observé aucun des objets signalés par Stendhal. Voici son début :

> Les tableaux sont placés d'une manière charmante, dans de grandes salles qui donnent sur un jardin solitaire, lequel a de grands arbres. Il règne en ce lieu une tranquillité profonde, qui m'a rappelé les belles églises d'Italie. L'âme, déjà à demi séparée des vains intérêts du monde, est disposée à sentir la beauté sublime. J'ai trouvé là beaucoup de tableaux de l'école italienne : un Caravage, un Dominiquin, un Salvator Rosa, etc.; mais le public français n'aime guère qu'on lui parle de ces choses-là, qu'il comprend peu. J'ai été fort séduit

par un portrait charmant de Mme de Grignan, au fond de la grande salle, à gauche. Quels yeux divins ! Ses lettres montrent une âme bien vulgaire pour ces yeux-là, une âme de duchesse. Peut-être ne disait-elle pas tout, dans ces lettres à une mère. Peut-être ce portrait-là est-il celui d'une jolie femme qui sut aimer, et ne s'appelait pas Grignan.

« J'ai passé deux heures délicieuses à rêver dans ce musée. Quelle différence avec celui de Lyon ! Avignon gagnerait sans doute à échanger ses tableaux avec ceux du palais Saint-Pierre, mais à Lyon, l'atmosphère *canut* dessèche le cœur*...

On trouve ce musée dans la rue Joseph Vernet, — une rue de cité papale, solennelle, large et déserte. Sa belle grille en fer ouvragé et doré fait face à une maison du xviie siècle, sculptée comme une panière arlésienne. Il est installé dans le somptueux hôtel du marquis de Villeneuve-Martignan. Mais les collections léguées en 1810 par le Dr Calvet y ayant été déposées, le musée garda le nom du médecin avignonais. Une cour le précède, dont l'herbe est jonchée de cippes funéraires et d'inscriptions.

Dès le vestibule du rez-de-chaussée, parmi les sculptures et les hermès, je retrouve une

---

* *Mémoires d'un touriste*, t. I, p. 206. Voilà un livre bien curieux sur l'esprit de la province il y a cinquante ans, sur l'humeur et l'*humour* voltairiens de Stendhal. Quelques lignes de M. Louis Teste, l'auteur de la *Préface au Conclave*, un Dauphinois passionné, me l'ont fait connaître : « C'est dans les *Mémoires d'un touriste*, peu lus, bien que plus originaux que *le Rouge et le Noir* ou la *Chartreuse de Parme*, qu'on peut le mieux étudier Stendhal, voir l'homme à travers l'écrivain, et expliquer celui-ci par celui-là. » *(Gaulois* du 11 mars 1889.)

vieille connaissance, le bas-relief de Vaison, où figure un char triomphal. Je lui dois mes premières illusions de chercheur, mes premières fièvres d'écrivain *. J'admire encore avec joie une série de beaux morceaux grecs, à peine connus cependant, des stèles funéraires de la bonne époque d'Athènes, léguées par quelque voyageur à sa ville natale. Puis je donne un salut au bas-relief populaire des *Trois Poètes* (Mistral, Roumanille, Aubanel). C'est le meilleur ouvrage du Tarasconnais Amy.

Les murs de l'escalier sont couverts de tableaux et de gravures. Voici un dessin qui m'attriste : les sept fondateurs du Félibrige dans le jardin de Fontségugne. On l'a placé ici évidemment pour honorer la Muse provençale. Mais ces figures d'ex-voto, ces inspirés en redingote, œuvre presque indigène, hélas ! ne défendent pas l'esprit provincial. C'est d'ailleurs un résultat inévitable des concours à programme. Pourquoi ce présent du Félibrige de Paris au musée d'Avignon ?... Je me repose avec un *Christ* au jardin des Oliviers, de

---

* Il y a quinze ans de cela. Je composai alors un traité des *Hipposandales* — encouragé chaleureusement par le regretté Quicherat — et pour lequel s'ajoutait victorieuse aux preuves de mes propres fouilles, la trace d'un fer à cheval sur le bas-relief de Vaison... Sait-on que les Celto-Ligures qui usaient de fers et d'hipposandales, en apprirent l'usage aux Gallo-Romains...

J.-P. Laurens (1867); sa manière était moins précise, mais moins archaïque, alors; elle admettait plus d'air et plus de rêve. Il est d'ailleurs mal exposé, tout en haut d'un grand mur du froid escalier.

Le musée est très riche. C'est aux frères Lenain qu'il faut demander ses chefs-d'œuvre. Leurs deux portraits, à mon sens, ont peu d'égaux dans la peinture française : *La Marquise de Forbin* (1644) aux tons de vieil ivoire, qu'on prendrait pour un Philippe de Champaigne janséniste, si ce n'était le modelé plus onctueux ; et le jeune homme pâle vêtu à la mode de Louis XIII, membre de la famille de *Peruzzis*.

Mais je veux ne m'arrêter qu'à la peinture provençale. Je passerai donc rapidement devant le grand *Paysage italien* plein d'enchantement, de Corot (1842), superbe de lumière et d'air, dans l'art pourtant ferme et concis de sa maturité ; devant cet autre, de Gibert (1855), *les Marais Pontins,* d'une belle franchise, où semble circuler la vigueur de ses buffles ; devant les curieuses pages de Mantegna, de Breughel de Velours, de Ph. de Champaigne, de Gérard, David (la mort du Provençal Bara), et plus loin, dans une salle retirée comme un sanctuaire, devant le célèbre *Christ* d'ivoire de Guillermin*.

* Voir p. 248.

L'École provençale figure abondamment au Musée Calvet. Un des plus anciens noms que l'on puisse citer est bien ce Simon de Châlons, artiste champenois qui travailla, de 1545 à 1585, à Avignon. On connaît de lui onze toiles religieuses dans le Comtat, dont deux ici. Il était de ces nombreux peintres du Nord qui, allant faire leur apprentissage en Italie, s'arrêtaient en Provence, et parfois s'y fixaient au retour. Ce fut le cas de Finsonius (1580-1632), un Flamand de Bruges, qui créa l'école aixoise et se naturalisa provençal. Ses tableaux d'Aix, de La Ciotat et d'Arles témoignent d'une réelle maîtrise. Son plus direct élève fut le sextien Laurent Fauchier. Jean Daret, de la même école (1613-1663), venait de Bruxelles; il ne le céda, en Provence, qu'à Barthélemy Parrocel, de Montbrison (1600-1660), qui s'établit à Brignoles, en revenant de Rome, et y fonda la célèbre dynastie de son nom.

Elle donna onze peintres ou graveurs aux deux derniers siècles, tous recommandés par quelque mérite. Les plus connus sont Louis Parrocel (1634-1703), peintre d'histoire, fils de Barthélemy, de qui date réellement l'école d'Avignon, et son frère Joseph, dit le *Parrocel des Batailles* (1640-1704). Après eux, les plus estimés de la famille ont été Charles, le peintre de Louis XV, dont les masses équestres sont renommées ; Étienne, dit *le Romain*, et Joseph-François, dont on admire huit fameux *Chocs de cavalerie,* au palais de Versailles. La plupart sont brillamment représentés au Musée Calvet*.

Avant de quitter le xviie siècle, donnons un regard aux toiles nombreuses de Nicolas Mignard *d'Avignon,* le frère aîné de Pierre, né à Troyes (1705-1668), et qui fit souche de peintres comtadins.

Les plus grands peintres provençaux sont du xviiie siècle : les Vanloo, les Vernet et Fragonard. Jean-Baptiste et Carle Vanloo, nés l'un à Aix (1684-1785), l'autre à Nice (1705-1765), étaient fils d'un peintre flamand. Les tableaux d'histoire et d'allégorie du premier, les portraits du second sont universellement célèbres. Ainsi des toiles voluptueuses où Fragonard, de Grasse, a exprimé la frivolité spirituelle et élégante de son temps. Nous ne nous arrêterons plus, — en saluant toutefois un autre artiste provençal de la même époque, Michel Serre, né à Tarragone, — qu'à la trinité des Vernet. Ceux-ci n'appartiennent qu'à Avi-

---

* Le dernier de la famille, M. Étienne Parrocel, s'est fait leur historien *(Annales de Peinture,* etc., 1862). Son château de Saint-Estève, près Cavaillon, qui réunit fréquemment de hauts lettrés comme MM. Daudet et de Goncourt, Mme Adam et Mme A. Daudet, est un musée de l'iconographie provençale.

gnon. Leur ancêtre, Antoine Vernet, était, au xviie siècle, un bon ornemaniste de la cité des papes. Son nom entra dans la gloire avec son fils Joseph, dont les marines poétiques, popularisées par la gravure, n'ont pas perdu leur charme de mélancolie après cent ans. Carle et Horace, ses descendants, reprirent la tradition provençale avec la peinture équestre et militaire *...

En sortant du Musée Calvet, je songe à l'infinie séduction provençale. Tous ces artistes qu'avaient retenus la beauté de la terre et la sympathie des habitants, leur nouvelle patrie les adoptait, dans sa proverbiale générosité. J'ai cité, au cours de mes impressions, plusieurs exemples de ces naturalisations d'étrangers. Le pays de l'hospitalité les considérait comme siens. Au xviie siècle, un certain Van Ems, ingénieur hollandais, s'installait à Arles pour travailler au desséchement des marais de la région. Il s'y mariait, y finissait ses jours et, comme jadis Gervais de Tilbury, devenait bientôt le plus populaire des Arlésiens. Les deux grands saints provençaux du moyen-âge, saint Trophime et

---

* La légende s'est emparée de Joseph Vernet pour un trait de sa vie que Mistral a fixé dans *Calendau* : « Ce peintre célèbre qui pour étudier la physionomie des flots en courroux, en temps d'orage, au mât d'une barque, intrépide, une fois s'enchaîna, Vernet, étoile avignonaise... »

saint Honorat, étaient du Nord. Les papes d'Avignon vivent encore dans leur bonhomie légendaire. Étrangers aussi les seuls princes de son histoire, dont la Provence ait gardé le souvenir, la reine Jeanne et le roi René...

Tout en acceptant la popularité de leur seconde patrie, ceux-ci ne se privèrent jamais de la juger selon leur propre nature. Je pourrais invoquer ici des édits d'évêques et de souverains, édits très singuliers sous ce rapport. Je préfère traduire une page de Gervais de Tilbury sur le caractère provençal qui porte la profonde empreinte de ses origines et de son esprit :

Sur les bords du Rhône, l'enflure est en honneur ; les hommes de ce pays naissent emphatiques, vains, inconstants, fertiles en promesses qu'ils ne tiennent guère. Car la matière impose ses lois à ce qui en est formé : telle nature d'air détermine une certaine conformation du corps humain... Le royaume d'Arles, ainsi qu'il résulte des plus anciens documents, est limité par les provinces de Besançon, de Tarentaise, et du Lyonnais ; par rapport à son ancienne capitale, il est entouré des provinces de Vienne, d'Arles, d'Aix, d'Embrun, et par sa situation centrale, il fait sentir sa puissance menaçante au royaume des Francs, qui est facilement abordable. Par mer et par une route de terre très aisée, il accède à l'Espagne et aux païens de l'Afrique ; par le passage commode et court des Alpes Cottiennes, il aborde la multitude des Lombards, les Génois, les Pisans, les Siciliens, et les autres sujets de l'Empire, et il peut leur apporter du secours, ou, au contraire, des châtiments. En effet, la nation que nous nommons provençale est perspicace dans ses réflexions ; elle agit avec succès quand elle veut ; elle est fallacieuse dans ses promesses, belliqueuse sans un grand attirail de guerre ; elle se plaît aux festins somptueux malgré sa pauvreté ; elle sait nuire d'une manière ingénieuse, et se taire sous les affronts ; quand l'endroit ou le moment le permettent, elle rappelle les torts qu'on lui a faits. Dans les combats sur mer elle est prudente et heureuse, supporte bien la chaleur et le froid, la disette et l'abondance ; c'est une race contente de peu, parce qu'elle se plaît ainsi, et qui sait se procurer l'abondance dans la paix, quand elle le veut aussi. Ayant un maître qui la gouvernerait sans interruption et se ferait craindre, elle se plierait au bien d'une manière incomparable, et nulle race n'est plus disposée au mal, parce qu'elle n'a personne qui la dirige. Le territoire est d'une grande fertilité ; on y trouve salines, poissons, bestiaux, gibier de toute sorte, carrières, étangs, lacs, monts, marais, sources, ruisseaux, fleuves, forêts, pâturages délicieux. Elle possède de tout en abondance, il lui manque seulement un bon prince pour la gouverner.

Cette page est curieuse, mais suspecte chez son auteur, malgré qu'il eût fixé sa vie en Provence, où, comme nous l'avons dit, il était le représentant perpétuel des prétentions de l'Empereur. Les *Otia* étaient destinés à distraire et à instruire Othon IV. Gervais savait trop bien sa méfiance à l'endroit de la docilité des Arlésiens*.

* Dans un récent *Rapport* à l'Académie des Sciences morales, *sur les populations agricoles de la Provence dans le passé*, M. Baudrillart, citant quelques lignes de cette même page, ne peut s'empêcher d'observer qu'un point « y semblerait être peu exact, le reproche de dissimulation, de duplicité, peu en rapport avec le caractère général de la race provençale... Ce reproche s'adressait sans doute plutôt à la politique de la nation prise dans son ensemble qu'aux individus. » A ce curieux document le savant membre de l'Institut en joint un autre qu'il n'apprécie pas moins impartialement. Il est d'un intendant de 1698, Le Bret, et, comme le précédent, il tient plus du rapport

Il en faudrait trop dire pour juger le multiple caractère provençal : autant vaudrait étudier toutes les races qui, superposées sur le vieux tuf ligure, ont apporté leur élément nouveau. C'est ce qui fait ce pays admirablement varié, pratique et ingénu, profond et inconséquent par accès, plus habile pour la finesse, que diplomate pour le succès, mais toujours fils de son soleil, c'est-à-dire généreux et souple, nerveux jusqu'à l'âme.

Stendhal, dans ses *Mémoires d'un touriste*, reconnaît le Midi au « naturel. » Il le retrouve partout, dans la bonhomie, dans l'oubli des convenances sociales, dans l'égoïsme méridionaux. Il n'est pas frappé du tempérament *tragé-*

d'un officier ministériel, porté à incriminer ceux qu'il inspecte, que du sincère jugement d'un libre observateur. J'y relève ces deux passages : « Ils haïssent la dépendance au point que les seigneurs des lieux et tous ceux qui ont droit de supériorité y sont sujets à des mortifications sensibles... Cette disposition les a fait regarder à la cour comme des sujets très disposés à la révolte, et c'est le principe sur lequel on a réduit les États aux simples assemblées des communautés pour prévenir les mouvements populaires où ils étaient en quelque sorte accoutumés, ainsi qu'il arriva en 1640 *(Le Semestre)*... Les Provençaux aiment fort les ajustements et les beaux habits, mais ce qu'il y a de singulier dans le pays est l'élégance naturelle et le bon sens ordinaire du paysan, qui paraît toujours si bien instruit des matières dont il s'agit, qu'on a peine à comprendre comment il a pu acquérir ces talents sans éducation. La religion catholique a toujours été la seule reçue dans la Provence ; toutes les fois que les hérétiques ont voulu s'y établir ils en ont toujours été repoussés... »

diante-comédiante, surtout indiqué (et chargé) par Daudet. — Voilà les surprises de la psychologie !... — C'est entre ces deux pôles qu'il faut chercher le Midi français, tempéré, entre la finesse italienne qui va jusqu'à l'astuce, et l'enthousiasme espagnol qui se perd dans la *hâblerie,* ce tartarinisme chevaleresque, entre Machiavel et Cervantès.

Désigner le Provençal par le « naturel, » ce n'est pas le caractériser. La *familiarité* est le trait distinctif de la race ; il éclate dans son histoire. Esprit d'aventure, goût d'indépendance, indéracinable amour de la liberté, ce peuple fut toujours rebelle aux aristocraties. Il détestait la féodalité du Nord ; l'égalité était sa loi. Sa Noblesse, très familière, ne se conforma à celle des autres États qu'après avoir passé à la France. C'est, néanmoins, le même esprit qui créera la liberté de discussion (Mirabeau, Sieyès, Barnave, Barbaroux) et osera prédire aux monarchies que « cette révolution fera le tour du monde*. »

La sociabilité du Provençal fera sa gaîté légendaire, son agilité de corps et d'esprit, son

---

* La franchise confessionnelle n'est pas moindre dans le Midi aquitain : Montaigne et *les Essais,* Fénelon et le *Télémaque* (où est en germe la théorie du socialisme d'État). — Sa familiarité démocratique se traduit par les deux rois populaires seuls créés par Napoléon, Bernadotte, de Pau, et Murat, le fils de l'aubergiste de Cahors.

très vif amour du plaisir et son goût pour toute vie extérieure. Sa frugalité naturelle concordera avec une prévoyance, un instinct d'économie qui lui vient du génie antique. L'analogue structure terrestre de la Provence et de la Grèce aura fait ces deux peuples de tempérament semblable parmi les hommes.

Depuis Stendhal, et grâce à Méry, Taxile Delort, Louis Jourdan et autres bons *galejaire* de l'école facétieuse de Marseille et du littoral, on nous a fait une Provence parleuse, exagérée plus qu'aucune autre terre de soleil, et en qui je ne retrouve pas plus la Provence de Mignet, de Gassendi, de Vauvenargues et de Portalis, que je ne puis voir le Midi à travers le deuil éternel des martyrs albigeois, dont quelques-uns des nôtres voudraient charger la race.

Daudet aime passionnément la Provence, mais en homme qui ne veut pas être dupe, c'est-à-dire en vrai Provençal. Je pourrais emprunter à l'histoire maintes preuves de ce dernier trait de nature. Les Arlésiens, par exemple, conservaient, de fondation lointaine, jusqu'en 89, certain *Sermon des Antiquités,* qui évoquait les fastes de leur ville et de ses hommes célèbres depuis les temps fabuleux. Ils s'y rendaient en grande pompe le 26 avril de chaque année. Ce n'était qu'un tissu de fables. Aussi le peuple l'avait-il qualifié de *Sermoun di messorgo* (le sermon des mensonges). Mais on n'eût pas supprimé, sans une émeute, cette institution vénérable.

Daudet a vu la psychologie du Midi en romancier de mœurs, encore plus qu'en analyste, notant surtout les gestes, les exubérances, la révélation extérieure, l'IMAGINATION, « la grande caractéristique de la race, » comme il l'a très bien dit. Pour être celle d'un observateur en action, d'un philosophe à haute voix, d'un égotiste bon enfant, comme son maître Montaigne, sa compréhension n'en est pas moins profonde. Aussi bien son humour lumineux semble-t-il prendre à tâche de faire excuser cette pénétration même, fille de son imagination.

Il a un don prodigieux : la prompte aperception du ridicule. Son ami Drumont l'a joliment défini : « Il est né avec l'irrespect dans le corps. » Il surprend dans sa vérité toute grimace humaine, qu'elle soit de douleur ou de joie, et nous la rend saisissante par delà même son dessin extérieur. Je vous dis qu'il eût été féroce pour un Tartarin du Nord, — s'il est vrai que « tous, en France, nous sommes plus ou moins de Tarascon. » En admettant ce don d'observateur impitoyable, on retrouve sous ses ironies un être de douceur féminine et de rare virilité cérébrale; sous sa délicatesse subtile, un être de tendresse et de cruauté. Henri Heine, son plus proche aïeul, avait répandu dans son œuvre cette liqueur amère et douce.

Mais je pense que Daudet s'est trompé en donnant son Numa Roumestan, menteur, bavard et cynique, pour un exemplaire complet et vivant de la race. C'est dommage, car le tribun, chez ce Gallo-Romain, est rendu en traits ineffaçables, car le livre fourmille de tableaux merveilleux et fidèles, ce premier chapitre entre tous, *la fête aux Arènes,* qui me paraît être une des pages géniales de l'auteur*.

Jamais Daudet n'eût fait un Provençal de son Paul Astier, « fort » jusqu'au crime. Car il l'estime filialement, ce Midi français qu'il a su exprimer « dans les frénésies, les ébullitions de son soleil, et cet ingénu besoin de mentir qui vient d'un excès d'imagination, d'un délire

---

* Daudet s'est exagéré les rancunes provençales. Nulle part plus que chez nous on n'a rendu justice à la beauté de ses descriptions. Néanmoins on a eu garde de ne pas signaler l'imparfaite mise au point de son livre, ses excès de généralisation. Un écrivain marseillais, M. Louis Brès, après avoir donné à Daudet sa haute place parmi les paysagistes provençaux, ajoutait finement, à ce sujet : « On n'est pas hâbleur, inconsistant, versatile comme ce grand homme, tout en dehors, tout en phrases, tout en promesses. J'ai peine à croire, d'ailleurs, que nous ayons le monopole de ces défauts-là. Il me semble que cette facilité à promettre, cet empressement à oublier sont quelque peu dans les habitudes parisiennes ; et je crois qu'il coule encore sur les boulevards un joli ruisseau de ce qu'on a appelé l'eau bénite de cour. » *(Discours à l'Académie de Marseille.)*

expansif, bavard et bienveillant, si peu semblable au froid mensonge, pervers et calculé, qu'on rencontre dans le Nord. »

Vous savez s'il est habile, le Midi qui a donné Thiers et Gambetta, et s'il peut être hautement pratique dans le sens romain, — tel ce Languedoc dont sortaient la dynastie des Séguier et Guizot, et ces ministres, les comtes Chaptal et Daru, que Stendhal égalait à Colbert. Qualités de comédiens supérieurs, d'une part, d'administrateurs profonds, de l'autre. Le Midi n'est guère analyste. La pénétration psychologique d'un Mistral vient d'un lointain atavisme allobroge*. Les parfaits diplomates n'apparaissent que plus au nord — ou plus au sud. Lyon, ville mystique et méridionale, — par ses tendances au symbole et ses enthousiasmes populaires, — connaît déjà la mélancolie ennuageuse de clarté.

Quant à cet « inguérissable mépris de la femme » dont parlent avec Daudet la plupart des Septentrionaux qui ont étudié le caractère provençal, je ne puis me résoudre à en convenir. Et d'abord le fameux proverbe : *Li femo non soun gens,* ne signifie rien de plus que leur incapacité de tester. Ainsi de l'expression populaire : *Ai uno chato e tres enfant* (j'ai une fille et trois enfants). — Ajoutons que l'ancien usage

* Le génie dauphinois joue serré : Mably, Condillac Barnave, Vaucanson, Stendhal, Berlioz

qui faisait servir à table le maître et ses fils par la mère de famille, était commun à toutes les traditions rurales de la France. Et puis d'où viendrait-il, ce fameux mépris de la femme? L'influence grecque a été faible au delà d'Arles; celle des Sarrasins encore plus; reste la colonisation romaine. Aurait-elle à ce point transformé le fond ibéro-ligure, qui, précisément, christianisé, engendra la chevalerie et le culte poétique de l'éternel féminin, — tempéraments de la vie féodale, fauteurs de la civilisation moderne ! Les seuls troubadours qui aient montré quelque pessimisme à l'endroit de l'amour et de la beauté étaient à demi septentrionaux, Pierre Cardinal, par exemple. Dans nos poètes je n'en vois pas plus de traces. Les prédécesseurs des félibres, aux trois derniers siècles, suivaient un peu la mode de Paris : les Philis et les Chloé avaient les mêmes soupirants en Languedoc et en Provence. Je reconnais pourtant que les *troubaïre* de Marseille, de Beaucaire, de Tarascon, étaient grossiers... Le discrédit de la langue les y poussait.

Quant à nos contemporains, les plus naturels et humains que je sache, ils ont tous traité la femme avec une délicatesse que le pessimisme et le réalisme moderne ne connaissent plus... C'est Mireille qui se déclare amoureuse à Vincent... Le *calignaire* de Zani a toutes les pudeurs, tous les ardents silences de la véritable tendresse.

Je ne puis me résoudre à voir autre chose qu'une inexacte légende, dans ce « mépris inguérissable. » Tous les proverbes méridionaux témoignent pour la femme d'une observation *galejarello*, jamais dédaigneuse. Rappelons-nous les plus connus de Provence : *Femo morto, — capèu nòu. Quau perd sa femo e quinge sòu, es grand doumàgi de l'argènt. Bello femo, — mirau de fòu. Après tres jour l'on s'ennueio — de femo, d'oste e de plueio**.

J'ai choisi à dessein les plus cruels...

Ce que Daudet a dégagé de plus juste et de plus général dans l'esprit de notre Midi, c'est ce don de la *galejade*. « Il y a, dit-il, dans la langue de Mistral, un mot qui résume et définit bien tout un instinct de la race : *galeja*, railler, plaisanter..., *galeja* revient à tout propos dans la conversation, sous forme de verbe, de substantif : *Veses pas ?... Es uno galejado !...* tu ne vois donc pas ? c'est une plaisanterie... *Taiso-te, galejaïre !...* Tais-toi, vilain moqueur ! Mais d'être *galejaïre*, ça n'exclut ni la bonté ni la tendresse. On s'amuse, *té !* on veut rire ; et là-

---

* Femme morte, — chapeau neuf. Qui perd sa femme et quinze sous, c'est grand dommage de l'argent. Belle femme, — miroir de fou. Après trois jours on s'ennuie — de femme, d'hôte et de pluie.

bas le rire va avec tous les sentiments les plus passionnés, les plus tendres*... » Et il confesse n'avoir lui-même rapporté d'Algérie qu'une *galejade*. — Galejade qu'on n'a pas assez comprise, car rien ne saurait aller plus avant qu'elle dans la tradition provençale.

Ce sourire dans l'ironie, cet atticisme dans la gauloiserie, triomphent chez Roumanille. Ses contes sont d'un gouailleur bonhomme et fin, d'un observateur populaire et indulgent. C'est un Rabelais de famille.

On l'a souvent comparé à La Fontaine et à Bridaine. Il y a en lui du prédicateur et du moraliste familier, moraliste foncièrement topique et de saine tradition comtadine.

Plus délié encore, moins évangélique et plus grec, est l'humour clair de Paul Arène. Celui-ci est, par excellence, l'héritier de l'hellénisme facétieux de Marseille. Il se croit Sarrasin : la figure creuse et ovale, la barbe maigre et brune prêtent chez lui à cette illusion. C'est un Phocéen colonisé gavot**. C'est d'un œil tout diffé-

---

* Histoire de *Tartarin (Trente ans de Paris)*. — Voir plus haut, p. 273.

** Le célèbre poète macaronique du xvie siècle Antoine Arène, son aïeul probable, était de Solliès-Pont, près d'Hyères. Sa devise : *Toujour Solliès*, témoigne de l'ancienneté de la famille dans la petite ville tour à tour grecque, sarrasine et provençale.

rent de celui d'Alphonse Daudet qu'il voit le Provençal, — non plus nîmois, ou beaucairois, gesticulant et plaisantant, menteur et généreux, en attitude de discours ou de parade, — mais bas-alpin et maritime, fin et rêveur, philosophe et ingénu.

Car le paysan de Provence, que ce soit le rusé montagnard, le finaud, le faraud de la plaine, ou l'aventurier du littoral, fut toujours d'essence subtile. On ne saurait le comparer au paysan du centre, au *peccatas* limousin de l'abbé Roux*, ou même au quercinois, rugueux chez Cladel, simple chez Pouvillon. J'ai établi jadis les différences. Le *pacan* méridional est spirituel, ingénieux, clair d'esprit : l'âme païenne *(pagano)* hante encore l'âme provençale. L'expression poétique est aussi fréquente chez lui que les sourires de son soleil. Qui le prendrait pour un rustre du nord ou du centre, le cantonnier cité par Daudet, qui, voyant passer une fillette portant son fardeau d'herbes et de fleurs des champs, s'écrie : « Elle est chargée comme une abeille**. » Et ce lutteur d'Avignon, le fameux Meissonnier, cité par Jean Brunet, qui, abattu en pleine vigueur par une

---

* Voir, dans ses *Pensées*, le profond chapitre *De la Campagne et des Campagnards*.

** Préface du *Pan dôu Pecat*, le drame d'Aubanel.

pleurésie, se dresse sur son lit et lève ses poings formidables pour crier à la mort : « *O mort, s'eres un ome !* » Oh ! mort, si tu étais un homme, comme je me vengerais...

Ces divers aspects de la race sont corrélatifs au tempérament de chacun de ces confesseurs de la Provence. On les retrouve tous, mais seulement indiqués dans l'œuvre de Mistral, qui est par excellence le miroir provençal, l'écho multiple de la nation, sa synthèse ethnique et historique, le témoignage de sa gloire.

Il suffit d'ailleurs d'avoir voyagé en Provence pour se convaincre de la sympathie suprême, de la noblesse de ce peuple. « Je suis ravi que ma fillette vous ait plu, écrivait Mistral à Gounod, lorsque celui-ci rêvait de *Mireille,* et encore vous ne l'avez vue que dans mes vers, mais venez à Arles, à Avignon, à Saint-Rémy, venez la voir le dimanche quand elle sort de vêpres, et devant cette beauté, cette lumière et cette grâce, vous comprendrez combien il est facile et charmant de cueillir par ici des pages poétiques. »

Ce n'est pas seulement un jour de course aux Arènes, c'est dans les simples fêtes de village au pays d'Arles, qu'il faut juger des Provençaux. Les jeux antiques, les luttes et les danses y déploient la souplesse élégante et hardie de la seule race humaine en qui se soient perpétuées les traditions de la palestre grecque*. Les femmes surtout ont gardé la stature majestueuse et fine des immortelles de l'art ancien. L'aristocratie native des gestes et de la démarche fait ressembler de simples artisanes à des reines de l'Odyssée. Le paysage et les vieux monuments des grandes civilisations passées encadrent à merveille ces vivantes statues. Admirable Provence dont la nature harmonieuse a persisté, sous les assauts de la barbarie et les dévastations du temps!

---

* Les usages provençaux des *sautaire* et des *luchaire* témoignent de la profonde empreinte des temps païens. Le saut sur l'outre enflée, des bucoliques siciliennes, existe encore dans nos villages. Le *luchaire amarinous* (lutteur souple comme un jonc) a gardé son prestige héroïque dans le peuple.

On distingue deux espèces de luttes : celles des hommes et des demi-hommes *(li miech ome*, les jeunes gens). Comme pour les taureaux, ces jeux sont sans danger : « Il y a loin de lutte à déchirure, » dit un proverbe. Quant aux danses, souvent allégoriques, comme les *olivettes* (où quelques auteurs voient un souvenir du siège de Marseille par César), la *moresque*, les *fiéloué*, elles sont toujours nobles, presque graves, même dans leurs entraînements. On connaît l'ivresse communicative de la farandole, aux premières mesures du tambourin.

QUATRIÈME PARTIE

DE L'INFLUENCE PROVENÇALE

Unité et solidarité de la race. — Les premiers félibres. — En Languedoc. — L'influence romane, scientifique, religieuse. — Les Catalans. — L'Idée latine. — Le régionalisme littéraire en France. — La *Cigale*. — Les sociétés provinciales de Paris. — Le Félibrige de Paris. — Les Celtisants. — Cérémonial félibréen. — La Sainte-Estelle. — La Coupe. — Histoire et restauration des Cours d'amour. — Souvenir d'Amphion. — Carmen Sylva et les félibres. — Organisation de la Cause. — Desiderata sociaux et courants divers du Félibrige. — L'influence rhodanienne. — Les provinces et la Révolution. — Décentralisation. — Résultats acquis et avenir possible. — Royaume idéal de Sainte-Estelle.

J'ai montré, au cours de ce livre, comment les Provençaux avaient reconquis leur nationalité littéraire, sans que cette petite patrie nuisît à la grande, la patrie du cœur à celle de la raison. J'ai fait entrevoir çà et là l'extension qu'avait prise leur Renaissance dans la Provence elle-même, puis en Languedoc et en Aquitaine, ainsi que ses relations fraternelles avec la Renaissance des Catalans. Je vais tenter, dans ce chapitre, de résumer, en quelques traits de nos jeunes annales, de démontrer l'influence félibréenne dans les provinces françaises et à l'étranger.

Ce que le Félibrige a prouvé de plus clair, selon moi, c'est l'existence d'une race méridionale, que la centralisation n'avait pas plus fait disparaître, qu'elle ne peut déplacer les fleuves et les montagnes. Le cœur de cette race, son âme vivante, a toujours battu quelque part, sur une des terres de sa domination. On les reconnaît à leur idiome, toujours persécuté, et jamais mort : la langue d'oc*. Tantôt ligurienne, contre les Phéniciens, les Grecs et les Romains; gallo-romaine, contre les barbares; catholique, contre les Wisigoths ariens; aquitane, contre les Francs; provençale, contre les Sarrasins; toulousaine, contre les légats du pape; française enfin, — quand elle voulut l'être, devant la condition nouvelle des États, — contre tous les ennemis de la France, les Impériaux du Connétable et de Philibert-Emmanuel, et enfin les Anglais, — cette race fut et voulut toujours être et rester provençale.

* On peut donner généralement pour antiques frontières septentrionales à la langue d'oc les départements de l'Isère, du Rhône, de la Loire, du Puy-de-Dôme, de la Creuse, de la Haute-Vienne, de la Charente, et le nord de la Gironde.

C'est à Mistral le premier qu'il appartient d'avoir mis en lumière ce sentiment de la Race, plus puissant que les frontières politiques, pour rapprocher ou éloigner les cœurs. Tout son œuvre en témoigne, depuis l'*Ode aux Catalans* (1859), le sirvente au *bronze de Jasmin* et le *Chant de la Coupe*. *Calendal* n'est qu'un hymne à la Race, et les derniers discours du *Capoulié* ne sont que de nouvelles revendications.

D'autres tendances sont venues se greffer sur les siennes. Les horizons se sont multipliés avec les hommes... Mais avant de les développer, j'insisterai sur ce sentiment primordial qui a fait de notre Félibrige autre chose qu'un passe-temps de lettrés ou même de chanteurs populaires. L'existence méridionale ou provençale, en tant que race, apparaît claire dans les alternatives historiques de ce grand pays d'oc. Que de fois n'a-t-il pas été visé par les envahisseurs, comme une entité aux parties solidaires! C'est avant tout l'honneur de la Race et sa perpétuation générique et géniale que le Félibrige a en vue. Comme tout le monde a le droit et le devoir de le faire, il soutient, au nom de ses provinces, la lutte pour la vie. Et qu'on ne voie pas là un mépris de la France, un attentat à sa glorieuse unité. Unité n'est pas uniformité.

Plût au ciel que toutes les provinces françaises suivissent l'exemple de cette Provence reconstituée. C'est d'un suprême patriotisme, que de songer à enrichir, à fortifier sa petite terre, pour faire plus riche et plus forte la grande terre, celle de tous. Et nous ne pouvons nous faire à cette idée qu'on nous élimine, un beau jour, sur je ne sais quelles raisons de politiques timorés, et nous ne voulons pas, en vertu du principe moderne de la sélection, abdiquer une hérédité de civilisation lumineuse et de fidélité féconde, pour faire place à je ne sais quelle multitude sans aïeux et sans traditions. Une émotion profonde et visible rapproche soudain, à chacune de nos *Sainte-Estelle,* des Méridionaux des Alpes et des Pyrénées, la veille inconnus l'un à l'autre. Ce spectacle m'a prouvé maintes fois que l'antique sentiment de la race résistait aux courants unitaires, que chez nous, du moins, il n'était pas près de mourir !

On accuse souvent d'artifice notre œuvre. On se refuse à croire à l'existence moderne et populaire de la langue d'oc. Comme si le verbe d'une terre de civilisation pouvait disparaître jamais ! Pour un peuple, changer de langue, c'est presque changer d'âme, a dit très justement M. Gaston Paris. Qu'on se résigne : longtemps encore le français ne sera enseigné dans les écoles primaires du Midi, qu'à l'aide du parler maternel de l'enfant, ce parler que le temps et la nature ont adapté aux exigences de la race.

Les premiers félibres n'étaient pas les premiers poètes provençaux, depuis les troubadours. Ils ne créèrent pas davantage un idiome littéraire. La langue d'oc n'avait jamais cessé d'avoir ses poètes et ses conteurs, si les genres plus sévères disparaissaient de son trésor d'éducation.

Mais clair-semés, souvent inconnus l'un à l'autre, ils se transmettaient le flambeau sans s'inquiéter d'où venait sa lumière. Les sept poètes évangéliques de Fontségugne avaient formé le projet d'épurer la langue et de la relever. Ils avaient débuté par un recueil, *Li Prouvençalo*, où battant le rappel de la tradition, ils avaient groupé sous l'oriflamme de Roumanille tous les poètes du Midi. Saint-René Taillandier, encore peu connu, avait servi de parrain aux débutants, devant l'opinion. Mais moins qu'à rallier à eux tous leurs frères, ce premier essai avait servi à leur fournir les éléments d'une restauration linguistique et orthographique. Les premiers félibres ne chantèrent que la seule Provence, catholique et grecque et deux fois romaine, des papes d'Avignon et de la Vénus d'Arles, de Marius vainqueur des Teutons et des saintes Maries-de-la-mer. Puis *Mi-*

reille parut, suivie des premiers vers d'Aubanel et des contes de Roumanille.

Le Félibrige passa le Rhône. Il eut des affiliés jusqu'en Aquitaine et en Gascogne. La jeune littérature, qui depuis *Mireille* avait la sanction de tous les amis du beau, provoqua la création à Montpellier d'une *Société des langues romanes* qui la justifia scientifiquement. Son premier fauteur, le baron de Tourtoulon comme historien de *Jacques le Conquérant,* M. Paul Meyer (fondateur, avec M. Gaston Paris, de la *Romania),* et M. Chabaneau (principal rédacteur de la *Revue des langues romanes),* comme éditeurs savants et glossateurs des anciens poètes, MM. Boucherie, Castets, Roque-Ferrier, G. Azaïs, par leurs travaux d'érudition philologique (dans la même revue), Mistral lui-même par son *Trésor du Félibrige,* rattachèrent la littérature nouvelle à la tradition romane. Quand les félibres d'outre-Rhône se furent groupés autour de ce premier noyau, en Maintenance du Languedoc, quelques-uns d'entre eux s'y distinguèrent par un accent inattendu. Inspirée par un écrivain protestant, un maître, l'éloquent Napoléon Peyrat, la petite secte se réclamait des libertés de la pensée romane, comme de la langue des troubadours. Un poète, Auguste Fourès, et un théoricien, Louis-Xavier de Ricard, furent les porte-paroles du cénacle nouveau, très éloigné déjà de l'école catholique d'Avignon. Sans continuer les traditions joyeuses et populaires du Félibrige, — maintenues en Languedoc par de vrais poètes comme Arnavielle, Langlade et Roumieux, — ceux-là entonnèrent des sirventes de deuil et de sang !

En voulez-vous savoir la cause? écoutez Napoléon Peyrat : « Maître, m'ont dit quelques félibres septimaniens, découvrez-nous nos origines? quels sont nos aïeux? — Vos aïeux, ce sont les héroïques troubadours des XIIe et XIIIe siècles. Toute renaissance suppose une mort, un martyr qui se réveille dans son tombeau. Or, cette grande et sainte martyre, c'est l'Aquitaine. Comme l'Ers pyrénéen descend des trois gouffres du Thabor, notre poésie descend des guerres de la Patrie, des orages du Paraclet. Les Provençaux s'arrêtent au roi René, les Catalans au roi don Jaime. Ils puisent l'onde au marais, au lieu de la recueillir à la cascade, dans la nuée. Derrière est un monde d'héroïsme et de douleur. Il en sort des tempêtes. Mais ces nuages voilent la source sainte. C'est notre Siloé... » Et sur ce ton biblique, renouvelé d'Edgard Quinet, le grand patriote occitanien, l'historien vengeur de nos martyrs albigeois et protestants, comme l'appelle M. de Ricard, enseignait à ses disciples leurs devoirs de poètes et de patriotes languedociens.

Cette exagération même avait sa grandeur. Après la magistrale épopée en prose de Peyrat, cette longue et filiale *Histoire Albigeoise,* qu'on ne peut lire sans un frémissement, malgré les erreurs flagrantes et le parti-pris de l'auteur, l'idéal nouveau devait susciter des œuvres vaillantes comme les *Grilhs* (les grillons) de Fourès et *Toloza,* la geste provençale de Félix Gras. Mais nos jeunes Languedociens ne bornaient pas à cet archaïsme leurs innovations. Ils se disaient républicains-fédéralistes. L'un d'eux même réclamait hardiment l'autonomie politique des provinces. Ils rassemblèrent tous les adeptes provençaux et catalans de ces idées dans un almanach littéraire et radical, *La Lauseto,* l'alouette (1877-1879), et aussi dans une revue, l'*Alliance latine,* qui ne dura pas plus longtemps.

Mais avec eux des sentiments nouveaux, tant religieux que politiques, étaient entrés dans le domaine félibréen.

Nous passerons sur les premiers. Il n'y a rien à ajouter non plus à ce que nous avons dit de ces vagues intentions fédéralistes. Quant à l'*Idée latine,* elle mérite de nous arrêter un instant, car s'il en a été maintes fois question en France, depuis quelques années, c'est aux Méridionaux qu'il appartient de l'avoir mise en avant. Elle est née pour les Provençaux de leurs relations avec les Catalans.

Personne n'ignore que les Lettres catalanes avaient retrouvé leur ancienne splendeur en même temps que la renaissance provençale produisait ses premiers chefs-d'œuvre. Vers la fin de 1860, un poète de Figuéras, Don Damaso Calvet, venait raconter aux félibres les fêtes solennelles récemment célébrées par Barcelone pour la restauration de ses Jeux floraux. L'année suivante, Mistral, dans sa chronique de l'*Armana,* exposait en peu de mots l'histoire de ces fêtes, et, insistant sur le côté mystérieux de ce réveil du provençal dans ses diverses branches : « Belle Provence, disait-il, pour que la Providence gonfle ta voile d'un tel souffle, que veut-elle donc de toi? Serais-tu destinée, comme trait d'union naturel, à relier en une même gerbe les trois brillants faisceaux de la race latine : la France, l'Italie et l'Espagne? L'avenir parlera. Mais croyez bien ceci, que rien ne se fait en ce monde sans la permission de Dieu. »

Cette proclamation ne devait point passer inaperçue, car elle était suivie d'une ode magnifique :

> *Fraire de Catalougno! escoutas : nous an di*
> *Que fasias peralin reviéure e resplendi*
>   *Un di rampau de nosto lengo :*
> *Fraire, que lou bèu tèms escampe si blasin*
>   *Sus lis óulivo e li rasin*
>   *De vòsti champ, colo e valengo!*

Frères de Catalogne, écoutez! On nous a dit que vous

faisiez revivre et resplendir un des rameaux de notre langue : frères, que le beau temps épanche ses ondées sur les olives et les raisins de vos champs, collines et vallées.

. . . .

« Cent ans les Catalans, cent ans les Provençaux se partagèrent l'eau, et le pain et le sel, et (que Paris ne s'en offusque point !) jamais la Catalogne ne monta plus haut en gloire, et toi, Provence, plus jamais tu n'as eu siècle aussi illustre.

. . . .

« Maintenant pourtant, il est clair, maintenant pourtant, nous savons que dans l'ordre divin tout se fait pour un grand bien : les Provençaux, flamme unanime, nous sommes de la grande France, franchement et loyalement ; les Catalans, bien volontiers, vous êtes de la magnanime Espagne. »

En strophes vraiment géniales, Mistral esquissait largement les rapports des deux peuples dans l'histoire du Midi, leur similitude de langage et leur fraternité de race... Le mouvement romaniste scientifique de Montpellier ne tardait pas à naître. Peu après, en 1867, un proscrit espagnol, — depuis ministre, — le grand poète catalan don Victor Balaguer, passait les Pyrénées et datait de Narbonne un appel poétique où il demandait l'amitié des Provençaux pour la jeune Catalogne.

On le reçut en triomphe. Le souvenir des trois jours de fêtes données à Fontségugne par Bonaparte-Wyse demeure pour l'attester. Plusieurs écrivains catalans vinrent de Barcelone. L'année suivante, les Provençaux faisaient en Catalogne un voyage triomphal à la suite duquel s'opéra la définitive alliance. *Le Chant de la Coupe* devint la *Marseillaise* de la Race et le Félibrige compta comme siens ces frères après cinq cents ans retrouvés.

Du jour où Catalans et Provençaux eurent ainsi fraternisé, l'Idée latine était apparue aux félibres. Elle allait être proclamée solennellement.

Le poète de l'*Ode aux Catalans*, l'historien du roi *don Jacme* et la *Société romane* avaient justifié les rapprochements d'Avignon et de Barcelone. La renaissance provençale y avait gagné la considération universelle. Elle allait s'affirmer mieux encore, dans une vraie manifestation internationale. Un lettré de premier ordre, grand apôtre de la décentralisation. M. de Berluc-Pérussis, avait fait naître, d'une réunion familière de son *Académie du Sonnet*, le centenaire de Pétrarque à Avignon. Il eut l'heureux talent d'y provoquer l'Idée latine. Aidé de MM. H. Guillibert, d'Aix, et Doncieux, préfet de Vaucluse, il donna à cette fête une extension inattendue. A côté du français, de l'italien, du catalan représentés par MM. Alfred Mézières, des Quarante, le comte Nigra, le commandeur Conti, de *la Crusca*, et don Albert de Quintana, de l'Académie catalane, le provençal affirma pour la première fois sa dignité d'idiome vivant. Le poète Félix Gras comme rapporteur en langue d'oc du concours littéraire international, et Mistral comme chef acclamé des félibres, prirent tour à tour la parole. L'union fraternelle des nations latines figurait dans les conclusions de leurs représentants. Les quatre langues qu'avait également connues le divin Pétrarque, se donnaient la main à ce nouveau triomphe du père de la Renaissance. Notre mouvement était devenu latin.

Cependant les discours d'Avignon portaient leurs fruits. L'année suivante (1875) la Société Romane ouvrait à Montpellier un premier grand concours philologique et littéraire. Ses fêtes furent présidées par Mistral et Egger, assistés du philologue espagnol Milà y Fontanals, et de MM. Gaston Paris et Bréal qui prirent tour à tour la parole. L'adhésion plénière de l'Institut de France était donnée au Félibrige; le caractère latin de ses manifestations s'accentuait aussi*.

Des poèmes, des brindes en vers et en prose

---

* Toutes les langues néo-latines avaient été admises au concours et c'était un illustre philologue italien, M. Ascoli, de Milan, qui remportait le premier prix. Cette assemblée solennelle donna lieu à des paroles plus significatives encore que celles d'Avignon, selon le courant nouveau. M. Gaston Paris, frappé de l'interprétation sociale qu'on lui prêtait à l'étranger, écrivit dans le *Journal des Débats*: « Des politiques à courtes vues peuvent seuls négliger de pareils symptômes. Il y a dans l'histoire bien des événements considérables, qui ont eu une origine analogue. »

en l'honneur de la Race élue, surgissaient de toutes les écoles félibréennes, conscientes de leur dignité littéraire et nationale. Cette évolution de la renaissance provençale lui gagnait plusieurs des indifférents de la veille. Les hostiles ne voyaient plus qu'une utopie, dans ce mouvement qu'ils combattaient naguère au nom de l'unité française. L'heure approchait où les deux courants, scientifique et roman issu de Montpellier, catalan et latin venu de Barcelone, allaient se rencontrer dans une manifestation internationale qui devait faire rayonner la gloire du Félibrige à tous les points de l'horizon. Sa portée sociale existait désormais pour tous*.

On n'a pas oublié les magnifiques journées de Montpellier, en mai 1878, ces *Fêtes latines* qui furent un suprême couronnement de la cité natale du roi don Jacme. L'inspirateur en était Albert de Quintana, l'orateur triomphant du centenaire de Pétrarque; l'organisateur, le baron de Tourtoulon, et le président, Mistral. La Coupe d'Or promise au meilleur *Chant* du *Latin* fut décernée au grand poète et patriote roumain.

---

* Deux études, de M. Roque-Ferrier, *l'Évolution latine et les Fêtes de Montpellier* (préliminaires historiques seuls parus, 1879), et de l'auteur de ces lignes, *l'Idée Latine : le baron Ch. de Tourtoulon*, ne tardaient pas à mettre en lumière le caractère nouveau de la renaissance provençale.

Vasile Alecsandri, aujourd'hui l'ambassadeur de son pays en France. Quintana, Mistral, Léon de Berluc-Pérussis, Aubanel, Henri de Bornier, chantèrent tour à tour, avec le vainqueur, la Race, « qui à la tête des autres peuples fièrement chemine en faisant trace de clarté*. »

Après cette éclatante solennité, comme on avait pu croire quelque temps l'idée fraternelle abandonnée par les félibres, le baron de Tourtoulon fondait (en 1883) la *Revue du Monde latin* à Paris. Les rapports de Catalans à Provençaux s'affirmaient de nouveau dans les hommages rendus à Paris et à Montpellier (1885 et 1886) à don Victor Balaguer, alors ministre des colonies espagnoles, et à l'abbé Jacinto Verdaguer, les deux plus hauts représentants de leur petite patrie catalane régénérée. Une députation de Languedociens prenait part en 1887 aux Jeux floraux de Barcelone présidés par la Reine régente, et au pèlerinage littéraire des Baléares. Enfin le Félibrige de Paris continuait la tradition, en faisant présider tour à tour, depuis 1883, chacune de ses grandes assises par les plus célèbres partisans de l'idéale fédération latine : Aubanel, Mistral,

---

* Un *Album Macédo-roman* fut publié à Bucharest en 1878, où les écrivains provençaux et roumains affirmaient leur fraternité ethnique et littéraire. Je reviendrai, plus loin, sur les rapports de la Provence et de la Roumanie.

Balaguer. Castelar, Alecsandri, Ruys Zorilla et Jules Simon.

Le mouvement provençal qui s'épanouissait ainsi dans le Midi de la France et hors des frontières, n'était pas sans influencer les lettrés français eux-mêmes. Quelques critiques, Sainte-Beuve et Nodier, jadis, avaient, en exaltant Jasmin, favorisé comme une décentralisation de la poésie. *Napol-le-Pyrénéen* (Peyrat) chantait *les Pyrénées* en un triple romancero plein d'amour et de pensées, mais à qui sa langue natale eût seule pu donner la palpitation lyrique qui fait vivre la poésie. A cette même date (1835), Fauriel découvrait l'Aquitaine de la Croisade, comme Raynouard avait fait la lumière sur la Provence des troubadours. Peyrat reconnut sa vraie vocation dans l'histoire de sa race ; il exhuma l'Inquisition romane et se fit l'annaliste vengeur du martyrologe cathare.

Peu après Jasmin, s'était révélé Brizeux qui, également poète en français et en breton, avait groupé dans son pays des fidèles de tout ce qu'il aimait. Alors aussi, précurseur des félibres, Adolphe Dumas chantait *La Provence,* en des vers trop oubliés qui ne furent pas sans initier à la poésie natale le fils du jardinier de Saint-Rémy, notre Malherbe, Roumanille

Mais si ce grand sentiment du passé des provinces, provoqué par le Romantisme, fructifiait lentement çà et là, il fallait le renouveau provençal, il fallait surtout *Mireille* pour élargir cette conquête, pour vulgariser ces sentiments de dignité native et de personalisme. Tandis que les félibres s'organisaient, on pouvait remarquer que le nombre des poètes français « de terroir » allait croissant. Quelques-uns même de ceux qui chantaient la Provence en français, comme Castil-Blaze et Adolphe Dumas, se faisaient poètes bilingues [*].

On pourrait composer une géographie littéraire de la France, avec les noms de tous les écrivains qui ont célébré le paysage, les vertus et les mœurs de leurs provinces natales. La Bretagne, depuis Brizeux, a toute une floraison

---

[*] Mistral et Roumanille ont réuni leurs œuvres de langue d'oc, en 1868, dans un très précieux recueil, *Un Liame de Rasin*. On y trouve encore les vers provençaux de Reboul, du Dr Poussel et de Paul Giéra. Certaines strophes d'Adolphe Dumas sont d'une réelle beauté populaire. Quant à Castil-Blaze, un ami fidèle, « un grand ancêtre, » a pu dire Mistral, il a écrit avec un juste orgueil : « Né soldat du pape, à Cavaillon, dans le Comtat-Venaissin, je suis zélé conservateur de la langue mélodieusement poétique et musicale des troubadours; je ne parle, ne rime, ne chante, n'écris le français, que dans le cas d'absolue nécessité. Je n'attache de prix qu'à mes œuvres provençales : c'est le seul bagage poétique et musical que je laisse à la postérité. Léger, mais ficelé par une main de maître, ce colis arrivera plus facilement à son adresse... »

de chanteurs, si riche qu'on a pu éditer un volumineux *Parnasse breton* où se comptent bien dix poètes de réel talent. Mais peu d'entre eux savent le breton, et, la plupart vivant loin du pays, leur terroir apparaît sans sève, sans source leur inspiration. Il convient cependant de lire les touchants poèmes de Charles Le Goffic, d'Eugène le Mouël, de Louis Tiercelin, tout pénétrés de la douce mélancolie de la race.

Elle a aussi de vrais poètes, la Normandie de la mer et des champs, qu'André Lemoyne a célébrée en maître, la Normandie du cidre et des auberges d'où Charles Frémine, Paul Harel et Gustave Levavasseur ont rapporté d'odorants bouquets. La Franche-Comté de Charles Grandmougin, l'Auvergne de Gabriel Marc, l'Artois, surtout, de Jules Breton, le grand peintre, prouvent d'habiles paysagistes. Mais les *Émaux bressans* de Gabriel Vicaire, joyaux de forme subtile et de sentiment ingénu, surpassent, à mon humble avis, toutes ces tentatives provinciales. L'âme indolente et les riches couleurs de sa terre ont leur reflet impérissable dans les rimes de ce nouveau Villon.

Le Quercy a produit deux prosateurs très personnels, Léon Cladel, le fruste romancier; le svelte et pénétrant paysagiste, Émile Pouvillon. Je goûte moins le chanteur du Rouergue,

François Fabié, pour des raisons que j'ai données plus haut : s'il est vraiment poète populaire de souche paysanne, comme il s'en dit fier à bon droit, pourquoi n'exprime-t-il pas sa réelle inspiration dans l'idiome naturel de sa jeunesse, dans sa langue spontanée de poète! Quelque talent que je lui sache, je regrette, dans ses vers français, le grand poète rouergat, frère de Goudouli et de Jasmin, dont je sens palpiter parfois l'âme emprisonnée.

Grâce au nombre de ces écrivains de terroir, vivant à Paris pour la plupart, et la célébrité de quelques-uns d'entre eux, il se forma dans la capitale, sous l'impulsion secrète des idées félibréennes, quelques groupes provinciaux qui protestaient à leur manière contre les progrès de l'uniformité.

Le premier fut, naturellement, une société de littérateurs et d'artistes méridionaux. Elle s'intitulait *La Cigale :*

> *C'est pour ne pas perdre l'accent*
> *Que nous fondâmes la Cigale...*

a dit Paul Arène, l'auteur très attique et très provençal de *Jean des Figues* et de la *Chèvre d'or*. Mais, en réalité, ce qui en a inspiré la fondation, c'est l'amour du Midi de la France, dont le souvenir est d'autant plus présent que les brumes de la Seine font plus vivement regretter le soleil natal*. On eut bientôt une fédération de sociétés provinciales bravant la centralisation en plein Paris. Le Midi se subdivisa pour se retrouver plus souvent : les Vauclusiens s'érigèrent en *Sartanié (sartan,* poêle à frire); les Montpellierains en *Pic-poulié;* les Toulousains fondèrent la *Luscrambo,* les Dauphinois *le Gratin,* les Bordelais *la Garbure.* Puis les Normands s'établirent à l'enseigne de *la Pomme;* les Francs-Comtois formèrent *la Société de l'Est;* les Auvergnats eurent leurs bals nationaux de la *Musette* et leurs réunions de la *Soupe aux choux ;* les Bretons enfin se réunirent en *Société Celtique* avec Ernest Renan pour président. Mais *la Cigale* demeurait à la tête du régionalisme français de la capitale —jusqu'au jour où naquit de son sein la *Société des félibres de Paris.* M. Maurice Faure en est le véritable fondateur.

C'était en 1879. La *Cigale* avait préparé une fête aux félibres à l'Hôtel Continental. Aubanel était le principal délégué de la Provence; un ministre, M. Bardoux, assistait au banquet; toute la presse parisienne avait été conviée. Maurice Faure, le secrétaire de la *Cigale* et le

---

* Ses créateurs sont MM. Maurice Faure, Xavier de Ricard et le peintre Eugène Baudouin. Son premier président a été M. Henri de Bornier; le second, M. Henry Fouquier, l'est encore.

plus ardent de tous les amis parisiens du Félibrige, avait proposé de grouper cette *extrême-gauche* de la société. C'est dans ce but que peu après, il réunit à Sceaux, sous l'invocation de Florian, les félibres délégués et les cigaliers les plus franchement provençaux*.

A quelques semaines de là se fondait solennellement le Félibrige de Paris. M. de Tourtoulon a été son premier président ; MM. Jasmin fils, Paul Arène et Sextius Michel lui ont succédé. Jusqu'ici il a tenu son assemblée annuelle à Sceaux, avec tout l'éclat de poésie et de patriotisme qu'on pouvait souhaiter en pays *franchimand,* pour les progrès de la Cause. En dépit des hostiles, le concours du gouvernement lui est acquis : deux prix du ministre de l'Instruction publique et du ministre des Beaux-Arts sont décernés dans ses Jeux floraux, provençaux et français. Enfin un *concours classique,* qui comporte des traductions et des compositions en langue d'oc, est destiné aux élèves des classes supérieures des collèges du Midi. Le Félibrige de Paris compte aujourd'hui deux cents membres.

---

* Laissons-le parler lui-même : « Florian, dont la douce figure se rattachait à mes souvenirs gardoniens d'enfance, Florian, qui n'avait pas craint d'écrire dans *Estelle* une romance languedocienne, devint à mes yeux le poétique symbole du Cigalier fidèle au doux parler du pays natal. »

Voilà de notables preuves de l'influence provençale. Parmi les groupes régionaux de Paris il en est un, la *Société Celtique,* qui l'a subie plus que tout autre. Il mérite de nous arrêter.

Les Bretons viennent tard aux nouveautés, mais ils s'y mettent de tout le dévouement de leur race. Nous verrons comment, à la suite des Félibres, ils ont essayé d'appliquer à leur petite patrie l'initiative provinciale qui est entrée dans les mœurs des Méridionaux.

Et d'abord l'origine de leur Dîner celtique du quartier Montparnasse — à deux pas des félibres de Paris — suit de près la fondation de la *Cigale.* Ernest Renan, leur président à vie, manque bien rarement le dîner du deuxième samedi du mois. Si quelques-uns y parlent le bas-breton de Tréguier ou de Vannes, s'ils tiennent avec orgueil chacun pour son dialecte, tout cela est encore innocent, puisque aucun de ces parlers n'a sa littérature classique ; et ils chantent au dessert *Les sabots de la reine Anne,* comme nous chantons *Magali.*

En 1884, pour la première fois, les Celtisants sortirent de Paris. On se rendit à Tréguier pour honorer le *capoulié* Renan. M. Quellien, leur secrétaire, prépara une fête dont on parla longtemps, et Renan y prononça un fin discours mi-Montaigne, mi-Lucien, qui chatouilla doucement le vieil orgueil breton.

Pour préparer la fête de Quimper, M. Quellien s'était donné autant de peine que notre Jean Monné pour nos fêtes de Sainte-Estelle. Ils ont été également récompensés. Comme chez nous, le préfet et le maire se sont montrés au banquet et le discours du président, également attendu, a été l'attraction de la fête.

Un vrai patriote breton, un poète, M. Luzel, — le Roumanille de cette renaissance timide, — a dit à Renan, entre autres jolies choses : « Quand tu viens en Cornouailles, ton compatriote de Tréguier, — dans la langue de nos pères, te souhaite la bienvenue. — Nous sommes Français aujourd'hui et nous aimons ardemment la France... — Mais la Bretagne est notre grand'mère et nous sommes toujours Bretons ! »

Renan dit bien qu'il ne l'est qu'une fois par an, pour ne pas donner trop d'enthousiasme aux buveurs de cidre qui l'écoutent. Mais si nous ne nous en rapportons qu'à nous-mêmes, à entendre ce charmeur, nous saurons qu'il est bien resté un peu sorcier, comme ses ancêtres, plutôt que « taupier, » plutôt que « torpilleur, » comme il s'en donne les grands airs...

Sa conclusion, toute poétique et félibréenne, est encore plus vraie. Écoutez-le :

Je ne suis pas un homme de lettres, je suis un homme du peuple ; je suis l'aboutissant de longues files obscures de paysans et de marins. Je jouis de leurs économies de pensée ; je suis reconnaissant à ces pauvres gens qui m'ont procuré, par leur sobriété intellectuelle, de si vives jouissances...

Là est le secret de notre jeunesse.

Nous sommes prêts à vivre quand tout le monde ne parle plus que de mourir. Le groupe humain auquel nous ressemblons le plus, et qui nous comprend le mieux, ce sont les Slaves ; car ils sont dans une position analogue à la nôtre, neufs dans la vie et antiques à la fois.

C'est ce que je me disais ces jours-ci à Perros, en retrouvant toutes sortes de vieilles petites connaissances, des oiseaux, des fleurs dont j'avais oublié le nom. On ne comprend rien à l'humanité, si l'on s'en tient aux vues d'un individualisme étroit. J'ai demandé à un de nos confrères du Muséum la vérité sur ce rocher du groupe des sept îles qui est, au printemps, rempli d'innombrables oiseaux ! Ce sont les oiseaux des îles Shetland, qui viennent déposer leurs œufs en terre tiède ; là ils éclosent ; puis les oisillons tout d'une volée regagnent leurs rochers des mers du Nord. Ah ! voyez, je vous prie, comme ces petits êtres sortent de l'œuf maternel avec une profonde sagesse ! Ainsi ce qu'il y a de meilleur en nous vient d'avant nous...

Ce n'a pas été, d'ailleurs, la seule fois que M. Renan a exprimé des vérités félibréennes. Dans un discours à l'*Association pour la propagation de la langue française à l'étranger*, — société que jamais les félibres ne dédaigneront, l'exercice de la langue d'oc étant le meilleur, que je sache, pour bien écrire le français, en pays d'oc, — M. Renan s'exprimait ainsi (2 février 1888) :

C'est une des gloires de la France qu'elle n'a jamais violenté la conscience linguistique de personne. Jamais elle n'a pris de mesure coërcitive en fait de langues... *La langue est une reli-*

gion à sa manière. Persécuter quelqu'un pour sa langue est aussi mal que de le persécuter pour sa religion. Un vent si peu libéral a soufflé sur le monde, qu'on a presque fait un argument contre nous de ce qu'on aurait dû louer. On a pris avec moins de scrupule un pays « que, disait-on, nous n'avions pas su assimiler. » Que voulez-vous ? Le monde aime les forts...

Enfin au dernier grand banquet celtique (juin 1889), auquel j'assistais, il qualifiait les Celtisants de *Félibres de l'Ouest*. Pour élargir la ressemblance — car l'ironie chez lui ne perd pas ses droits : l'atavisme gascon qui remonte, la *galejado* peureuse d'être dupe, du pays d'Henri IV, — il ajoutait avec un sourire : « Donc nous autres, félibres de l'Ouest, en politique comme en religion, nous faisons comme si c'était vrai, nous croyons que c'est arrivé... » Mais pour sauver l'idéal, il terminait : « Nous irons tous revoir la Bretagne, ou plutôt notre Bretagne, car nous avons chacun une Bretagne spéciale... » — Ce mot résume tous leurs efforts.

D'ordinaire, à nos banquets de Sainte-Estelle viennent des tambourinaires de la montagne, de nos Alpes, et ils jouent leurs aubades, après les discours du Capoulié, pendant les brindes.

« Après un intermède occupé par les *bombardes* et les *binious* cachés au fond de la salle, les toasts ont recommencé ; ensuite, les poésies et les chansons. » — Et voici qui ne nous manque jamais non plus : « Entre autres poètes et bardes, le rédacteur du journal *le Finistère* a exprimé dans une synthèse harmonieuse quelques idées chères aux Bretons qui relient le moyen-âge aux temps modernes... » *(Temps du 19 août 1885.)*

Voilà donc le Félibrige breton qui exhume aussi ses troubadours.

Il lui manque un équivalent de notre cérémonie de la Coupe pour donner un peu de religion à sa fête. Il lui manque surtout de se rappeler plus souvent le parler de Tréguier ou de Vannes.

Mais vous avez déjà bien mérité de votre gloire antique, et vous avez raison de nous imiter, Bretons ! Et puisque c'est dans le passé qu'on apprend à aimer la Patrie,

A la gloire de l'ancien monde
Tous, les Grecs de Provence et les Celtes d'Armor,
Pour nous souvenir, élevons encor
La Coupe de la Table Ronde!

J'ai dit comment le Félibrige inauguré dans le sens d'une restauration de la langue des troubadours s'était peu à peu réclamé, au cours de sa croissance, de leur civilisation autonome. Avec leurs pensées romanes, il reprit leurs usages déchus. Les poètes de Fontségugne et leurs premiers adeptes sortaient de familles rurales, pour la plupart; leur condition était aussi éloignée que possible de la vie des chanteurs errants, encore plus de celle des poètes de cour. Cependant l'apostolat provençal les obligeait à des réunions fort semblables aux anciens concours de trouvères, à des fêtes assez conformes à l'idée qu'on a généralement des *Cours d'amour*. Un cérémonial y présida bientôt, favorisé par le sens olympien d'un Mistral, par la brillante imagination cosmopolite d'un Bonaparte-Wyse, par l'érudition de quelques-uns de nos *majoraux*. A ce moment-là fut introduite dans nos assemblées la Cérémonie de la Coupe. Elle se rapprochait de l'intervention traditionnelle de la *Loving-Cup* (Coupe d'amour), aux banquets des Lords-Maires. Mais une similitude plus haute et plus mystique allait surgir avec l'institution de nos fêtes de Sainte-Estelle*.

Tous les ans, un dimanche de mai, les quatre Maintenances du Félibrige sont conviées à des assises solennelles en un lieu différent de la terre romane. A la fin du banquet qui suit les jeux floraux et après les paroles du Capoulié,

---

* Patronne symbolique des félibres, empruntée au martyrologe chrétien du 1ᵉʳ siècle et représentée par l'*Étoile aux sept rayons*. Elle rappelait aussi la bonne étoile des Mages, — celle-ci avait seize rayons, — qui constituait le blason des princes des Baux, descendants du roi Balthazar, — d'où leur vieille devise : *A l'azard, Bautezard!*

celui-ci lève le Graal de nos mystères poétiques et scande le *Chant de la Coupe*.

L'hymne de la conscience et des revendications de la Race est repris gravement, au refrain, par tous les assistants. Puis la coupe circule, fraternelle, et chaque initié, avant d'y tremper ses lèvres, tour à tour paie son tribut de fidélité.

Le *convito* de Sainte-Estelle est suivi d'une réunion du consistoire, qui élit les nouveaux dignitaires*. Tous les sept ans ont lieu de grands jeux floraux, où sont décernés trois grands prix (poésie, prose, apostolat félibréen), où est choisie la Reine du Félibrige. Elle préside ces assises suprêmes de la Cause. La première fut Mme Mistral (Montpellier, 1878), la toute jeune épouse du premier Capoulié. La seconde est encore Mlle Thérèse Roumanille (Hyères, 1885). Un

---

* Le consistoire est composé du *capoulié*, du *chancelier*, et des cinquante *majoraux* pris parmi les *mainteneurs*. Chaque maintenance (Provence, Languedoc, Aquitaine, — et une maintenance alliée, la Catalogne) est présidée par un *syndic*. Elle nomme aussi un *assesseur* au Capoulié. Le Félibrige a aujourd'hui près de deux mille mainteneurs en France, sans compter les *ajudaire* (associés) et les *sòci* (associés étrangers). Le mouvement catalan, s'il est assez indépendant de la constitution félibréenne, se parallélise volontiers avec le mouvement provençal. Leurs rapports fraternels — quoi qu'on en ait pu dire — sont constants et croissants. J'en prends à témoin d'illustres catalanistes comme Rubio y Ors, le père de leur renaissance, MM. Aguilo y Fuster, Almirall, Bartrina, Calvet, Llorente, Mestres, Collell, Matheu et en particulier les deux princes de leur poésie, Balaguer et Verdaguer.

cortège de félibresses fait escorte à ces poétiques majestés*.

C'est ainsi que la renaissance provençale a pu se réclamer des traditions du *Parage*, de la civilisation romane. Aix et Montpellier voyant leurs sociétés mondaines et lettrées adhérer aux restaurations des félibres, ont rétabli l'usage des Cours d'amour. Voilà plusieurs années que nos fêtes maintenanciales sont suivies de réunions poétiques présidées par sept dames et sept poètes, dans quelque parc hospitalier. Le faux esprit académique de province peu à peu fait place au patriotisme sincère, selon l'idéal historique des félibres. Le culte de l'éternel féminin propagé par les troubadours avait civilisé l'Europe au moyen-âge...

On pouvait croire que rien n'avait existé, qui ressemblât de près ou de loin aux Cours d'amour, — à entendre les philologues les plus récents. Un parti-pris de fouler aux pieds la tradition nous est venu des documentateurs

---

* La renaissance provençale a compté dès la première heure des trouveresses de réel talent : Mme D'Arbaud *(la felibresso dóu Cauloun)* avec ses *Amouro de ribas* (1863); Mme R. A. Roumanille (couronnée aux jeux floraux d'Apt, 1863); Mlle Rivière *(Antounieto de Bèucaire)* chantée par tous nos maîtres, pour ses *Belugo* posthumes (1868); Mme Lazarine Daniel *(la felibresso de la Crau)*; Mme Léontine Goirand *(la felibresso d'Areno)*; Mme Gautier-Brémond *(Bremoundo de Tarascoun)* avec ses *Velo blanco* (1887), etc...

allemands, qui peu à peu refusera d'admettre toute l'histoire dont il n'est pas de preuves suffisantes, tout ce trésor d'exemples antiques à qui nous devons des siècles de grandes âmes et de grands écrivains. Or, les Cours d'amour ont existé, sinon dans le sens judiciaire qu'on leur a prêté depuis Jean de Nostre-Dame, et sous le nom même que nous leur avons gardé, du moins dans la forme que le Félibrige a fait revivre[*].

[*] Raynouard, en 1817, publiant l'ouvrage d'André le Chapelain, *De arte honeste amandi,* reprit la tradition en atténuant les assertions excessives de Nostre-Dame. C'était encore exagérer la gravité de ces réunions galantes. Aux yeux de Dietz, le grand maître de la philologie romane, de Vallet de Viriville, de Louis Passy et de Gaston Paris, les fameux « jugements d'amour » du Chapelain ne furent plus que des amusements de société analogues aux décisions que prenaient les arbitres dans les *tensons* et *jeux-partis*. Il est heureux pour l'esprit de nos ancêtres et la bonne renommée du Gai-Savoir, que la pédanterie judiciaire dont les avait affublés le zèle de Nostre-Dame soit reléguée au rang des fables. On ne doit pas cependant faire abstraction du goût précieux de la chevalerie provençale dont allait hériter la Renaissance italienne. Or, tandis que la plupart des romanistes élargissaient démesurément les dénégations de Dietz, un mouvement d'opinion contraire se produisait. Il s'est formulé tout récemment dans le magistral ouvrage d'un Danois, M. E. Trojel *(Middelalderens Elskovshoffer,* Copenhague, 1888), qui essaie de revenir discrètement à l'opinion de Raynouard. Si aucun texte historique précis de troubadour, de moraliste ou de prédicateur ne mentionne ces tribunaux d'amour, M. T. a tiré du moins de toutes les indications existantes, des conclusions favorables à la tradition. Voir la sympathique et savante analyse de M. Gaston Paris, dans le *Journal des savants,* octobre et novembre 1888.

M. Gaston Paris, résumant les dernières discussions, estime qu'il a bien existé au XIIIe siècle des « jugements d'amour » rendus en prose par des dames, soit seules, soit en nombre, comme il y a eu des tensons, jeux-partis et autres débats dans le goût de l'époque, mais non pas dans un sens plus strict (comme l'entendait Raynouard, ou même comme l'entend M. Trojel). Quant aux réunions mondaines dites Cours d'amour, il estime « qu'elles étaient fortuites et n'avaient pas été provoquées dans cette vue... »

Sans toutefois bien comprendre cette dernière raison de M. Gaston Paris, je conclus que voilà beaucoup de polémiques pour nous apprendre, en somme, ce dont nous n'avons jamais douté : que les réunions fameuses de nos châteaux de Romanin, de Pierrefeu, de Roquemartine et de Signes avaient été (qu'elles méritent ou non leur titre de Cours d'amour) de belles et poétiques réalités, des assemblées de dames et de troubadours, devisant de galanteries : — dans quelle forme plus ou moins raffinée, les témoins seuls pourraient le dire. Mais, bien évidemment, les arrêts mondains qu'on y rendait étaient judicieux et théoriques plutôt que judiciaires et pratiques. Si l'on a pu croire le contraire, c'est pour ne pas s'être donné la peine de songer au naturel provençal, et surtout à la condition des amants, que de telles règles eussent faite plus soumise que l'état de mariage. D'autre part, a-t-on bien réfléchi à la nature de l'amour chevaleresque?... Le platonisme de Pétrarque est sa plus parfaite expression*. Les maîtres du Gai-Savoir avaient fait deux parts de l'amour : la meilleure restait à la dame élue, très fidèle, tandis que l'autre courait tous les hasards...

Ces délicatesses sont mortes avec le temps qui les autorisait. Vont-elles ressusciter sous l'influence de nos Cours d'amour restaurées?... Aix et les anciens castels des Alpes, Montpellier et les vieilles cités endormies du littoral narbonnais, ont reconnu la voix éteinte de la Muse chevaleresque**. Nos Cours d'amour de Fontfroide, de La Lauze, de Clapiers, de Méric, de Saint-Maime, de Ganagobie, etc., où furent exaltées, là les grandes traditions languedociennes du Parage, ici le souvenir des quatre Reines, filles de Raymond-Bérenger, chantées par Dante, — achevèrent de conquérir à la renaissance félibréenne les groupes académiques et la société de nos provinces. A ces fêtes main-

---

* Chateaubriand en a renouvelé l'exemple entre Mme Récamier et *la Contemporaine*.

** L'initiative en est due surtout à MM. Guillibert, d'une part, et Roque-Ferrier de l'autre.

tenanciales s'ajoutaient peu à peu d'autres assemblées plus intimes, mais non moins dignes de mémoire par les noms illustres qu'elles rapprochaient, que par leurs résultats littéraires*. Comme elles dérivent également de l'influence provençale dont nous disons les manifestations, qu'on nous permette d'en détacher un exemple de nos chroniques félibréennes.

C'était pendant l'été de 1885; je voyageais en Suisse avec Mistral. Un beau matin nous nous trouvâmes transportés en pleine Cour d'amour.

Nous séjournions chez un ami, à Évian, quand une grande dame artiste nous convia, de son chalet d'Amphion, tout voisin.

Aussitôt une réunion s'improvisa qui ne le cédait en rien aux décamérons tant vantés des princesses d'Este et de Ferrare. Car sommes-nous plus instruits de la prodigalité des Mécènes de la Renaissance, que de la nature même des Cours d'amour? C'est le temps qui

---

* C'est dans une de ces réunions (1886) au château de Pradines, à Grambois (Vaucluse), que Mistral lut pour la première fois son drame lyrique, *la Reine Jeanne*, une suite de fresques lumineuses de l'histoire provençale au xive siècle. Cet ouvrage va paraître incessamment, en attendant sa représentation au théâtre antique d'Orange.

donne leur poésie aux choses mortes, de même qu'il fait souvent les ruines plus belles que ne l'étaient les monuments dans leur plus fraîche nouveauté.

Mais je cède la parole à un des témoins de la fête, M. Albert Delpit, le célèbre romancier, qui lui a consacré une de ses plus vivantes chroniques.

Je n'avais jamais vu Mistral et ne connaissais que par ses œuvres le poète de *Mireille*. De vrai, je me méfiais un peu. Depuis l'insupportable Jasmin, qui mettait de la pommade aussi dans ses vers, on nous a fatigués, nous autres, poètes parisiens, avec les *Trouvères* du Midi, qu'ils soient d'Agen ou de Tarascon. — « Ah ! si vous connaissiez Mistral !... » m'avait-on dit souvent. Je ne pouvais pas le connaître, puisqu'il habite toujours le gros bourg de Maillane, à une heure d'Avignon, ce paysan robuste en qui revit l'allure chevaleresque du moyen-âge...

J'avais l'honneur de déjeuner l'autre jour, à Amphion, chez Mme de Brancovan, que, par malheur, la vie a faite princesse. Si elle était née pauvre, avec un nom très modeste, elle eût été une grande artiste pour tout le monde, au lieu d'être seulement une grande artiste pour quelques-uns.

— Vous allez avoir un ami nouveau, me dit-elle.

Et je vis entrer un homme d'une cinquantaine d'années, de haute taille, ayant l'allure d'un Artagnan pensif, aux cheveux grisonnants, rejetés en arrière, et découvrant un front large : le front puissant des poètes et des philosophes. Les yeux gris et pointillés d'or brillaient comme des diamants. C'était Mistral. Nous sommes allés l'un à l'autre, sans hésiter : un regard franchement échangé, une main franchement tendue, et nous étions amis...

En dehors du poète que tout le monde admire, il y a l'homme, que bien peu de gens connaissent. J'affirme qu'il n'en est pas beaucoup comme celui-là. C'est un gentilhomme que ce grand paysan; c'est un patriote que ce Provençal. Il s'est taillé un royaume en pleins champs, entre les collines violettes de son Midi... Et on a pu l'accuser d'être un séparatiste! Pourquoi? Parce qu'il a fécondé de son génie un coin du Rhône; parce qu'il a créé une langue, des mœurs, un peuple; parce qu'il a mérité que Lamartine le comparât à Homère, libre et génial comme lui; parce qu'il est toujours des jaloux... Eh bien! moi, je n'ai jamais vu tant de charme uni à une pareille bonhomie, et une si calme hauteur jointe à une si fière simplicité!

Il n'y a rien de plus difficile à rendre qu'une exquise sensation d'art. Ceux qui lisent ne sont jamais dans le même état d'âme que celui qui écrit. J'étais sur les bords du lac de Genève, le plus beau lac du monde : la princesse de Brancovan faisait chanter le piano, qu'elle change en orchestre... Le jeu n'est pas très classique et son ardent romantique doit surprendre les amateurs de la vieille école, mais le don est incomparable et l'inspiration géniale. J'avoue que j'étais en méfiance pour Mme de Brancovan tout comme pour Mistral. Or, ils m'ont donné ce jour-là une des plus puissantes émotions d'artiste que j'aie jamais ressenties. Quelle action ils auraient sur la foule! Si jamais une grande infortune a besoin d'être soulagée, qu'on s'adresse à leur charité. Il suffira d'ouvrir un théâtre ; la salle sera comble, le public enthousiasmé, et consolés ceux qui pleurent.

On acclamait encore la princesse de Brancovan, quand Mistral se leva. Il a chanté, comme chante Gounod, la Magali provençale de *Mireille* et une poésie, *le Bâtiment*, et puis quoi encore? Je ne sais plus... C'était exquis; et il y a des émotions intraduisibles tant elles sont profondes[*]... »

. . . .

Mistral, poursuivait une spirituelle chronique du *Gaulois*, Mistral était tombé à Amphion au milieu d'une colonie d'écri-

---

[*] A. Delpit, « L'Empire du Soleil, » *Figaro* du 24 août 1885.

vains et de lettrés, d'artistes ou d'amateurs de haute marque : MM. Caro, Albert Delpit et le vicomte Eugène Melchior de Vogüé; un éminent musicien, le marquis d'Ivry, l'auteur des *Amants de Vérone;* le général Menabrea, le comte de Cossé-Brissac, etc., et la fine fleur des patriciennes de Paris : c'était à qui le fêterait et se réchaufferait à son soleil.

On demandait à Mistral ce que signifie au juste ce nom de félibres que portent lui et ses amis, les poètes de la pléiade provençale : Roumanille, Aubanel, Félix Gras, Anselme Mathieu et quelques autres moins connus en dehors de leurs frontières. Que voulez-vous? a répondu Mistral, avec sa bonne et belle figure de mousquetaire blanchi sous le harnais, il nous fallait un nom; troubadour était bien pendule; trouvère était bien opéra. Un jour, j'entendis une vieille femme qui chantait une vieille romance provençale, dans laquelle le mot *félibre* revenait comme un refrain. Félibre, traduisez : apôtres, docteurs, lettrés; toujours est-il que félibres nous sommes*...

Le fait est que, quand on entend Mistral dire ses vers merveilleux, on ressent l'impression d'un don divin, d'une communion de la créature inspirée avec le créateur. Il y a bien de l'au-delà dans ce mortel possédé par la muse du Midi.

Empereur de l'empire du Soleil! oui! il l'est de pied en cap...

Vous verrez qu'un beau jour il sera de l'Académie française, ce roi des félibres, cet Empereur du Soleil, qui n'écrit pas en français. Il a déjà un fort parti parmi les Immortels. D'autres, il est vrai, prétendent à regret que, n'écrivant pas

---

* L'étymologie du mot *félibre* a été souvent discutée. Mistral l'a tiré d'un cantique sur les Sept Douleurs de la Vierge : Elle trouve Jésus disputant dans le temple avec « *li sèt felibre de la lèi,* » les sept docteurs de la loi. On a fait venir ce mot du bas-latin *fellibris (alumnus,* disciple, nourrisson); du grec φιλαβρος, ami du beau; de φιλεβραιος, hébraïsant (en 1854 on disait aussi *filibre*). M. Podhorsky me signale, d'après le dictionnaire irlandais d'O'Reilly, le mot composé *feliber : feli,* chantre, et *par* (identique à *ber,*) roi.

en français, il ne saurait s'asseoir sur les bancs de l'illustre compagnie. — Bast! disent les railleurs, s'il fallait écrire en français pour être de l'Académie, je connais plus d'un Immortel qui serait resté à la porte...

— Pour moi, me disait M. Caro, Mistral est le tempérament le plus poétique de ce temps-ci. Dans sa *Mireille,* il a versé la liqueur de Virgile. Je ne suis pas seul à demander sa candidature : il a une place indiquée à l'Académie ; mais tout le monde n'est pas de mon avis...

Cependant, les oppositions formelles auxquelles faisait allusion le philosophe sont peu nombreuses et on peut espérer que bientôt le parti *mistralien* l'emportera, si le poète consent à se présenter. Tout le monde a lu *Mireille, Calendal* et *Nerto*. Où a-t-on appris à les connaître, si ce n'est dans la traduction de l'auteur? Le grand poète provençal est un grand écrivain français. Si l'Académie française appartient à toute la France, ne serait-ce pas faire abstraction de plusieurs grandes provinces que d'en exclure leur chef littéraire?...

Mais la vraie fête, la journée historique, a été le 15 août, tout ayant été préparé pour le triomphe du décaméron.

Le matin, les membres de... l'académie d'Amphion s'étaient réunis, comme de coutume, à la table hospitalière. On y admit ce jour-là les usages félibréens. Mistral, ayant brindé « à la Reine radieuse du Léman, qui nous révéla le charme de la beauté grecque, » on lui apporta le hanap d'argent ciselé, offert à Évian par la Société nautique de Genève. Il entonna la *Cansoun de la Coupo*, l'hymne consacré des félibres.

Ame d'initiée, notre hôtesse, pour son *brinde*, salua ses voisins, le poète et le philosophe, puis chacun parla ou chanta en élevant la coupe.

Sur le lac, une heure plus tard, à bord de la *Romania*, nouvelle féerie. Le léger yacht, avec ses princesses et ses poètes, cinglait vers Prégny, où était préparée une réception royale aux hôtes d'Amphion. On vit alors ce spectacle unique, dans un décor incomparable : Mistral appuyé au bastingage, chantant pour cette nouvelle cour d'amour sa lumineuse barcarolle, *Lou Bastimen,* légende harmonieuse du cabotage des mers latines. Dans le silence, on écoutait la voix du poète, rythmée au clapotis léger des houles bleues. C'était une heure élyséenne.

Tout à coup, en vue de Prégny, le canon du yacht annonce notre arrivée. A droite, au pied du château, le chalet de Bellevue est en fête. En face, sur la rive française, le Mont Blanc éclate au soleil, éblouissant... Nous voici dans le petit port. Sur un kiosque baigné par le lac, un orchestre de Tziganes joue ses airs nostalgiques. Et l'éblouissement se poursuit dans la grand'salle Renaissance du chalet, devant la flottille pavoisée, d'où me vient comme l'illusion d'une fête du Tiepolo. — J'ai vu la reine Cornaro débarquer avec sa cour chez la dogaresse de Venise...

Toutes ces fêtes, intimes ou populaires, félibréennes ou latines, répandirent au loin la renommée de notre Renaissance, et sans parler de la Catalogne, nous faisions bientôt des adeptes en Espagne, en Italie, en Roumanie, tandis que les savants anglais et allemands faisaient place à l'enseignement du provençal ancien et moderne dans leurs Universités... Mais la plus fidèle peut-être de nos amitiés latines nous vient de la Roumanie. Je veux conter en quelques lignes la genèse de cette union.

Au plus loin de mes souvenirs félibréens, — je parle de dix ans déjà, — la Roumanie m'apparaît comme une sorte de royaume féerique et très jeune, où deux êtres privilégiés font la loi, une Reine idéale et un grand poète. Je me retrouve, lisant avec admiration un élégant volume à couverture bleue, où s'alignaient de poétiques fragments de philosophie, et précédé d'un portrait de femme au profil doucement attristé, aux longs cheveux flottants ceints d'un bandeau d'étoiles. C'était *Les Pensées d'une*

Reine, pensées françaises d'une princesse allemande, reine d'Orient, et l'eau-forte du livre — exquise, il m'en souvient, car il a été réimprimé sans elle — le portrait de la Reine Élisabeth de Roumanie.

Peu à peu, quand j'eus pris rang parmi les Félibres, j'appris comment à des fêtes de la poésie, célébrées à Montpellier (1878), le grand poète roumain, Vasile Alecsandri, remportant le prix d'un *Chant du Latin,* disputé par des Espagnols, des Italiens, des Provençaux, avait revendiqué pour son pays les droits de la fraternité, au banquet de la Race. Je vis enfin cette Reine donner la main à des chanteurs, leur répondre dans leur langage, annoncer même sa venue parmi eux*.

Mais les Reines ne sont pas maîtresses de leur destinée. Carmen Sylva — ainsi se nomme en poésie cette Majesté d'un autre âge — quittait les jardins embaumés de Spinola, sur la *Rivière* de Gênes, pour retourner dans ses États. Aux regards des Félibres, fils des troubadours, cette fée du pays des Doïnas, était de leur famille. Tout nous vient d'Orient, fables et dogmes. Cette âme douce de souveraine, qui unit la tendre mélancolie germanique à la lumi-

---

* Trois exquises odelettes en vers français du xvie siècle furent adressées par la Reine aux félibres.

neuse nostalgie des pays du soleil, était sœur de ces âmes d'insouciants poètes de la Chevalerie, qui tempéraient la suavité chrétienne par une fantaisie triste et brillante que les Maures d'Espagne avaient laissée en souvenir de leurs invasions. Et pour un peu, les Provençaux eussent proclamé Carmen Sylva impératrice d'Arles...

A ce songe irréalisé, j'ai dû, néanmoins, d'apprécier le poète, le conseiller, l'ami de cette Reine, celui à qui la Roumanie doit peut-être de parler encore sa langue, et qui, nouveau Dante, a traduit en vers immortels les souvenirs et les aspirations de son peuple.

Si Carmen Sylva n'a nulle part plus de fidèles qu'en Provence, si la Roumanie est considérée par des Français comme une nation alliée par le sang, c'est à Vasile Alecsandri qu'elles le doivent. Aucune de nos fêtes d'où quelque brinde ne s'envole, par delà les Allemagnes, vers la sœur latine d'Orient !

Paris lui-même s'est laissé gagner à cet enthousiasme. Dernièrement, l'Académie décernait un de ses prix à l'auteur des *Pensées d'une Reine*, et, très française, le convertissait en une médaille d'or « A Carmen Sylva. » C'était deux fois justice, car dans sa tendre admiration pour notre génie et nos idiomes, la Reine passe bien des heures, depuis plusieurs années, à mouler, dans le souple vêtement de son parler natal, les formes harmonieuses de nos grands écrivains. Beaucoup ignorent cette secrète passion de la Reine Élisabeth. Une version allemande du *Pêcheur d'Islande* de Pierre Loti, prince des nostalgies et suprême poète de la Mer dans les lettres françaises, une anthologie de nos maîtres du Rythme, où Baudelaire, Leconte de Lisle, Mistral, Sully Prudhomme et d'autres sont fidèlement traduits en vers harmonieux, vont enfin la leur découvrir, avec quelle magnificence ! — Précieux hommage à ce pays qui doute parfois de son étoile...

C'est dans ce sentiment que j'ai groupé un jour, dans la *Revue Félibréenne,* les hommages reconnaissants de quelques poètes amis, à la Roumanie et à sa Souveraine.

Carmen Sylva a daigné répondre à ces poètes en un langage qui confirmera l'opinion que je viens d'émettre sur l'empire de Gai-Savoir ressuscité par les félibres :

Bucarest, ce 30 mars 1889.

C'est avec une vive émotion que j'ai lu les pages qui me sont dédiées dans votre Revue ! Elles n'ont fait que renouveler mes regrets de n'avoir pu prendre des ailes, pour me trouver au milieu de tous ces poètes si sympathiques et si pleins de chaleur ! Nous aurions fait revivre le moyen-âge sans difficulté, puisque le temps n'existe pas. C'est une invention par nous autres éphémères forgée, qui passons sur l'eau, croyant que le rivage passe ! Du point de vue d'Archimède, il n'y a ni temps, ni espace, et il ne s'agit que d'une certaine dose d'imaginations, pour avoir été partout. J'ai été parmi vous de toute mon âme. Seulement, ceux qui ont inventé les pauvres reines, ne connaissaient pas Archimède ! Ils ont pris des morceaux de crayon rouge, et ont gâté le globe par toute espèce de lignes qu'ils ont appelées frontières, limites, bornes, remparts, convenances, tous ces mots fantaisistes qui n'existent pas pour le poète ! — Mais pour les reines ! voilà pourquoi je ne voudrais être reine que d'une République !

En attendant cet heureux jour, je vous réitère tous mes remerciments, en vous priant de sentir l'émotion de ma voix à travers ces lignes froides et insuffisantes !

ÉLISABETH.

Ainsi l'Idée félibréenne a toutes les consécrations : la popularité dans son premier berceau, comme dans tout le territoire d'oc, la sympathie des nations latines, enfin une influence incontestable sur le mouvement provincial français. Il nous reste à examiner les divers groupes littéraires — opposés en apparence — qui se partagent les champions de la Cause, leurs desiderata sociaux, les résultats latents de leurs efforts sur les institutions administratives du pays, et l'avènement possible d'un État selon leur idéal.

Le premier mérite de l'œuvre est de rassembler, dans une large sympathie de patriotisme et d'art, des hommes désunis d'ordinaire par les affaires religieuses ou politiques. Souvent l'évêque et le préfet se sont rencontrés dans leur ville aux assises félibréennes... De même, en regard du clan albigeois dont nous avons parlé, s'est organisé un parti catholique provençal, qui, plus que tous, a ses apôtres, ses publications populaires*.

* L'Église est bien revenue de ses préventions contre la langue provençale. La plupart des meilleurs poètes d'oc, précurseurs des félibres, Saboly, d'Astros, Peyrot, Favre, étaient prêtres. Le clergé n'a pas peu contribué, par la prédication populaire, à en maintenir l'usage. Nos rénovateurs ont dû leur succès moins à leur épuration linguistique et littéraire, qu'à l'atmosphère chrétienne de leurs inspirations. L'*Armana prouvençau* est la bible familiale de la catholique Provence, en même temps qu'une merveilleuse encyclopédie nationale. Avec de profondes racines, il a donné la santé morale à l'œuvre des félibres. Voilà trente-six ans qu'il témoigne pour eux, avec un succès toujours plus populaire.

Sur son modèle — sinon dans son esprit — *Lou Franc Prouvençau*, à Draguignan, organe de l'école du Var, *lou Cacho-fió*, à Carpentras, dirigé par des ecclésiastiques du Comtat, l'*Ióu de Pascas* de la Maintenance du Languedoc, l'*Armagna dauphinen*, l'*Armanha Lemouzis*, enfin l'*Armana Marsihés*, — publications littéraires et de vulgarisation considérable, font pénétrer la bonne nouvelle aux confins de la terre d'oc.

Toutes maintiennent très purement le dialecte de leur région, et l'*Armana prouvençau*, qui les inspire, donne, grâce au concours constant de Roumanille et de Mistral, l'exemple du provençal classique tel qu'il a été fixé par eux voilà trente-six ans. Ajoutons, pour ceux qui disent artificiel le dialecte de nos maîtres, que cet idiome, qui absorbera peu à peu les dialectes voisins, n'est pas notablement différent de la langue du xvie siècle, du poète Belaud de la Belaudière, par exemple, un Marot provençal qui chantait cinquante ans après l'édit de Villers-Cotterets lequel interdisait l'usage officiel de la langue d'oc.

En s'organisant, la Renaissance méridionale a provoqué la création de périodiques savants ou littéraires. Ceux-ci, pour

Si Mistral, dans sa conception d'une idéale confédération du Midi littéraire, a les vues les plus larges, les plus olympiennes, conscient qu'il est de l'unité, de la solidarité de la Race, il n'en est pas ainsi de tous nos porte-paroles. Napoléon Peyrat faisait consister le patriotisme méridional, « aquitain » selon lui, dans la tradition philosophique, dans la libre-pensée issue de la confession albigeoise. Ce principe trop exclusif n'a qu'un groupe restreint de partisans. La bataille de Muret, il faut en convenir, ne peut intéresser la majorité des félibres que retro-

---

la plupart mensuels, sont : à Paris, *La Revue Félibréenne,* franco-provençale (6ᵉ année) ; à Marseille, *Lou Felibrige,* de M. Jean Monné, bulletin de la Maintenance de Provence ; à Montpellier, *L'Occitania,* de M. Roque-Ferrier, organe des Languedociens ; à Lavaur, *Lou Ramelet,* fondé par le regretté comte de Toulouse-Lautrec, notre premier syndic d'Aquitaine.

Les revues philologiques ou historiques sont très nombreuses, chaque ville en possédant plusieurs. Aux recueils généraux cités dans le cours de ce livre, nous devons ajouter les récentes *Annales du Midi* (Toulouse et Paris, 2ᵉ année) dirigées par M. Antoine Thomas, le savant romaniste, où l'on trouve, pour la première fois, mention et résumé succinct de *toutes* les publications françaises et étrangères concernant l'histoire littéraire et politique du Midi.

Quant aux *journaux* en langue provençale, la liste en est trop longue pour figurer ici. Bornons-nous a citer, depuis l'origine du Félibrige : *Lou Gay-Saber* de M. Gaut, *Lou Prouvençau* du marquis de Villeneuve-Esclapon, *La Cigalo d'or* de M. Roumieux et de M. Alcide Blavet (2ᵉ série), *Lou Brusc* de M. Guitton-Talamel, le *Tron de l'èr* de M. Antide Boyer, le *Zóu!* de M. Astruc, etc…

spectivement, et comme le plus grand événement militaire français du moyen-âge. Les Provençaux proprement dits, fidèles par tempérament aux symboles ou aux dogmes établis, furent peu enclins aux hérésies. Leurs quelques vallées protestantes ou vaudoises étaient suspectes, l'histoire en témoigne. Roumanille, qui est demeuré plus que tous dans la simple tradition lettrée et catholique de son pays, s'il n'évangélise pas, moralise avant tout, assez peu soucieux d'un plus vaste patriotisme méridional*. Mistral, les yeux fixés sur l'étendue de la Race, le fait consister dans le maintien de la langue. C'est un patriotisme d'olympien, c'est-à-dire de Provençal imperturbable et indépendant, à l'encontre de tout ce qui touche à l'indépendance de sa race, dans toutes les époques de l'histoire, envers et contre tous. Mais la plupart sont plus exclusifs dans l'expression de leur méridionalisme, car si nous voyons Roumanille hautement catholique, Fourès et X. de Ricard albigeois, Paul Arène païen et grec, le P. Xavier mystique comme un troubadour, Aubanel sensuel et croyant comme un Sarrasin, — sans cesser d'être chacun avant tout Proven-

* Un illustre ami des félibres, un critique éminemment sagace, M. de Pontmartin, dans ses *Samedis*, a porté sur l'œuvre et l'action populaires de Roumanille des jugements d'une compétence parfaite, auxquels on ne saurait rien ajouter.

çal, — c'est que leur tempérament ou leur ambiance les ont prédisposés à ces genres d'idées. La diversité de ces courants ne nuit en rien, quoi qu'on en ait dit, à l'unité du mouvement. La direction, l'enseignement et l'apostolat se traduisent chez nous de bien des manières, toujours *ad majorem Causæ gloriam*. A côté de l'ardente évangélisation du P. Xavier par la prédication provençale, le Frère Savinien, d'Arles, non moins fidèlement suivi, prêche l'enseignement primaire du français à l'aide du provençal, usage respectueux des deux langues et incomparable pour l'éducation de l'enfant en pays d'oc*. Et s'il est permis d'invoquer ses propres efforts, je crois, pour être surtout *rhodanien*, travailler efficacement à la vulgarisation et à la durée de l'œuvre que je sers. Sans abdiquer ma naissance lugdunienne et conscient d'un lointain atavisme provençal, je pense ainsi coopérer à l'idéal de décentralisation qui gagne peu à peu les bons esprits de toutes les provinces, à l'exemple des Provençaux. Je m'obstine donc à réclamer, à côté du français mieux compris par le libre exercice d'un *bilinguisme* qui fut toujours la loi de ce pays, l'unification des dialectes provençaux pour toute la vallée du

---

* J'ai expliqué la méthode dans mes brochures : *les Flamands* (1883) et le *Félibrige devant la Patrie et l'École*, réponse au journal *le Temps* (1886).

Rhône, de Valence à la mer et le littoral phocéen, de Nice à Montpellier. « On ne confie rien d'immortel à des langues toujours changeantes, » a dit Bossuet. Jusqu'à ce jour, en dehors des productions provençales, et dans les pays mêmes où la langue des villes est moins alliacée qu'en celles de Provence, le Félibrige n'a pas provoqué d'œuvres assez géniales pour susciter de grands mouvements locaux qui, entraînant un groupe sérieux d'adhérents, leur eût permis de fixer leur dialecte, à l'exemple des initiateurs de Fontségugne. Les meilleurs ouvrages poétiques d'outre-Rhône, tels que les *Grilhs,* de Fourès, l'*Épopée limousine,* de l'abbé Roux, les symphonies rustiques de Langlade, les *Debis gascous,* d'Isidore Salles, n'y ont pas réussi.

Comme l'ancienne langue grecque, la langue d'oc a plusieurs dialectes. Il est facile de les ramener à quatre grandes formes : provençale, languedocienne, gasconne et limousine, d'ailleurs parfaitement intelligibles de l'une à l'autre. J'ai pu moi-même provençaliser des poètes du Languedoc oriental[*]. Car tant que les félibres

[*] Je considère comme absolument rhodaniens les écrivains nimois. Il est aisé de réduire au parler classique d'Arles et d'Avignon le dialecte de Montpellier. A côté du gascon et du languedocien, le provençal serait bien représenté par une maintenance qui embrasserait les départements de la Drôme, de Vaucluse, du Gard, de l'Hérault, des Bouches-du-Rhône, du Var, des Hautes et Basses-Alpes et des Alpes-Maritimes.

languedociens et gascons ne se seront pas affirmés par l'unification des dialectes et le patriotisme des œuvres, c'est aux seuls auteurs rhodaniens célèbres que le public lettré demandera l'expression de la nouvelle littérature du Midi.

Deux courants opposés se partagent l'opinion du siècle, quant au sentiment de la patrie. L'un tend au cosmopolitisme, l'autre au resserrement des nationalités, dans l'accord de la race et de l'histoire. Pour quiconque a librement pratiqué le voyage moderne, la vie cosmopolite a des charmes nouveaux de dilettantisme, des suggestions indéniables. Elle me paraît même plus compatible qu'on ne pense avec le sentiment ethnique et traditionnel qui a provoqué le réveil politique des Flamands et des Tchèques, les tendances autonomistes des Catalans et la renaissance littéraire des Provençaux.

Je n'ai pas à étudier ici les différences fondamentales qui séparent ces divers mouvements. Toutefois on a cru voir, dans les paroles de quelques-uns des nôtres, des rêves de séparatisme qui n'étaient que des souvenirs d'un âge d'indépendance qui a fait son temps. Je crois m'être assez amplement expliqué sur ces méprises fâcheuses pour n'avoir pas à y revenir[*].

---

[*] Préfaces aux *Poètes* et aux *Conteurs provençaux* de la *Nouvelle Bibliothèque populaire* (n°s 97 et 150).

L'*Ode aux Catalans* de Mistral, citée plus haut, est encore la plus simple réponse, au dire de M. Paul Meyer. Mais n'est-il pas permis de regretter les illogismes révolutionnaires de notre organisation nationale, au souvenir de la Provence d'avant 89, état fédéré sans doute, mais si français pourtant qu'il formula les sentiments de la France par la voix de son Mirabeau. Qui se serait avisé de le déclarer séparatiste, même alors qu'il osait prononcer l'éloge de la « nation provençale ! » La Révolution est sortie, pour sa plus grande part, des sourdes revendications communales et provinciales du Tiers, contre les empiétements du pouvoir royal par la noblesse et le clergé. Si la nuit du 4 août a vu disparaître, avec les privilèges personnels, ceux des villes et des provinces, on sait que plusieurs des fauteurs eux-mêmes de cette décision d'enthousiasme se reprochèrent, peu après, de l'avoir trop étendue...

Ne pouvons-nous pas, entre deux Provençaux, préférer à Sieyès collaborant par servilité à une division départementale qui voulait briser les provinces, Pascalis mourant pour la constitution de sa petite patrie, « citoyen provençal, bon et fidèle sujet du comte de Provence, roi de France?... »

Il y aurait eu moyen, avec moins de zèle, de

concilier ces deux états d'esprit. Mais on s'en avisa trop tard. Le jacobinisme devait pousser à l'excès les rigueurs unitaires de la monarchie absolue. L'Empire continua son œuvre. Après un siècle de silence, serait-il enfin permis de regretter la vie provinciale détruite par la Révolution ?...

Un courant de l'opinion se fait chaque jour plus sensible qui tend à remplacer l'œuvre hâtive et sans racines de la Constituante par une organisation du territoire, selon la tradition.

De toutes les réformes préconisées depuis vingt-cinq ans, c'est la première en date, la proposition de Le Play, que j'adopterais le plus volontiers[*]. Il offrait une division de la France en treize circonscriptions que voici : Paris, Rouen, Bourges, Lille, Rennes, Limoges, Tours, Strasbourg, Dijon, Lyon, Toulouse, Bordeaux, Marseille. Quatre de ces capitales : *Marseille, Toulouse, Bordeaux* et *Limoges* représentent les grandes régions ethniques et linguistiques du Midi. Cette division concorde même plus parfaitement que nos maintenances, avec les quatre grandes formes dialectales de la langue d'oc, entre lesquelles j'estime que devront se répartir tous les écri-

---

[*] *Réforme sociale*, 1864. — Voir aussi le beau livre de M. le duc de Broglie : *Vues sur le gouvernement de la France*, 1861.

vains méridionaux*. On pourrait même adjoindre, littérairement, à cette confédération du Midi, terre d'un nouveau *Parage,* la circonscription de *Lyon,* en tant que région « franco-provençale, » suivant les romanistes, par le Lyonnais, le Forez et la Savoie, en tant que pays d'oc par le Velay et le Dauphiné.

Ces idées de régionalisme, considérées naguères comme dangereuses pour la sécurité de l'Etat, se sont peu à peu propagées. Les mœurs politiques en ont fait leur profit. Je pourrais invoquer telles paroles de M. Jules Ferry et du général Boulanger, et telles propositions du congrès des jurisconsultes royalistes, assez conformes sur les desiderata d'émancipation des provinces. Quelques réformes seraient partout bien accueillies, comme une demi-décentralisation budgétaire, ou comme cette observance de la plus simple psychologie qui ferait choisir dans leurs régions natales les autorités judiciaires et ecclésiastiques. L'esprit jacobin devra s'habituer à ce qu'il a redouté comme des utopies girondines. Ne voyons-nous pas se réveiller les universités d'autrefois et l'Université de Lyon se réclamer la première de franchises toutes neuves ? N'avons-nous pas entendu, ces

---

* Le Play donnait à *Marseille,* la Provence, le Languedoc oriental, le Comtat, le Vivarais et la Corse ; à *Toulouse,* le Languedoc occidental et le Roussillon.

trois dernières années, discuter dans nos Chambres et appuyer par des membres du gouvernement, des projets comme la diminution du nombre des conseils de préfecture, *le recrutement régional* et jusqu'à *des syndicats de départements*?...

Ce grand mouvement de décentralisation doit son impulsion réelle à la ténacité provençale. Que d'adhérents, insoucieux même de son intérêt linguistique et littéraire, ne gagnons-nous pas à notre œuvre, pour le seul intérêt social qui en est le fondement. On croit à un rajeunissement national par la libre circulation des vieilles sèves endormies... C'était un microcosme que la patrie romane. Perfide est la démarcation vulgaire qui donne au Nord toute la pensée, tout le rêve. Les grandes régions de la terre gauloise furent autant de nations accueillies à l'heure nécessaire dans le sein de la France éternelle. Le foyer conjugal doit-il faire oublier le foyer du berceau? Que ceux qui le négligent nous laissent notre façon d'aimer la France : France veut dire liberté !

Et qui sait l'avenir? Il me plaît de rêver, dans un temps voisin de nous, triomphante de toutes ses libres forces provinciales, une France fédérative dans une Europe de nations amies.

Ce jour-là, on rendrait gloire à la Provence et entière justice à l'œuvre des félibres.

Mais je ne parle encore que d'un rêve et l'heure est trop peu pacifique pour se réjouir dans sa maison, quand au dehors veille l'inquiétude.

Cependant nous avons l'espoir. Et quand même tous ces gages de dernier succès se détourneraient de nous, et s'il était dit que le flot de l'unitarisme dût recouvrir tout ce qui a été l'orgueil de la France historique, l'originalité des provinces, nous serions fiers d'avoir tenté une œuvre saine et salutaire, en réveillant la première et la plus jeune encore des littératures modernes, en faisant mieux aimer la petite patrie dans la grande et l'idéal dans la tradition.

FIN

TABLE

DES NOMS DE LIEUX ET DE PERSONNES

A

Abdérame, 355.
Abril (Ant.), 212.
Achaie (prince d'), 252.
Achard (Am.), 269.
Accursiat (d'), 253.
Adam (Mme Edm.), 293, 473.
Agamemnon, 231.
Agay, 344.
Agde, 214, 339.
Agen, 521.
Agoult (d'), 252, 253.
Agricola, 348.
Agrippa, 178.
Aguilò y Fuster, 515.
Aicard (Jean), 276, 370.
Aigues-Mortes, 187, 199.
Aix, 92, 149, 202, 203, 236-266, 345, 349, 350, 360, 365, 368, 370, 386, 397-399, 414, 421, 423, 462, 466, 472, 516, 519.
Aix-les-Bains, 467.
Albaron, 228.
Albe (duc d'), 411.
Albert de Monaco (prince), 311.
Albert de Montdragon (Louise d'), 65.
Albi, 364, 446.
Albion, 316, 339, 402, 419.
Albret, 231.
Alcantara (Don Pedro d'), 55, 172.
Alcibiade, 120.
Alecsandri (Vasile), 502, 503, 527, 528.
Alexandre 1er, 438.
Almirall (V.), 515.
Alphonse de Poitiers, 426, 437.
Alphonse de Toulouse, 363.

Althen, 454.
Altovitis (Marseille d'), 386.
Amalfi, 313.
Amouretti (Fred.), 291.
Amphion, 520-522, 524.
Amy (J.-B.), 117, 156.
André (Marius), 291.
André-le-Chapelain, 517.
Andriano (Dono) (Mme Adrien Dumas), 185, 198, 216.
Anne de Bretagne, 509.
Annibal, 337, 423.
Anthoine (baron d'), 389.
Antibes, 296-300, 339, 358, 365, 366, 379.
Antoine, 346.
Antonin, 332, 348.
Apollodore, 384.
Apollon, 85, 241, 274, 383.
Apt, 26, 467.
Aragon (D'), 252.
Arbaud (Paul). 253.
Arbaud (Mme d'), 516.
Arbois de Jubinville (d'), 332.
Archimède, 530.
Arène (Antoine), 485.
Arène (Paul), 13, 14, 75, 78, 97, 98, 121, 134, 170, 320-324, 352, 360, 362, 485, 506, 508, 533.
Arioste, 185, 325, 439.
Arlatan (D'), 208, 423.
Arles, 18-26, 29, 50, 130, 131, 132, 133-146, 163, 203, 210, 218, 224, 233-236, 299, 306, 316, 334, 345, 347, 349, 350, 354, 357-361, 370, 378, 381, 385, 388, 403-418, 423, 426, 430, 462, 466, 472, 479, 487, 493, 528, 534, 535.
Arnavielle (Albert), 97, 352, 495.

Arnulphy, 258.
Ascoli, 500.
Assas (d'), 178.
Assise (saint François d'), 438.
Astarté, 317.
Astros (D'), 531.
Astruc (Louis), 271, 359, 394, 532.
Athénée, 383.
Athènes, 72, 85, 120, 169, 274, 385, 408.
Aubanel (Théodore), 9, 10-15, 19, 121, 123, 134, 222, 321, 351, 470, 483, 486, 494, 502, 507, 523, 533.
Aude (Édouard), 399.
Auguste, 118, 135, 178, 331, 332, 339, 345, 348, 370, 441, 466.
Augustin (Saint-), 108.
Auraison (D'), 253.
Autran (J.), 268, 281, 391.
Auvergne (dauphins d'), 428.
Avienus (F.), 22.
Avignon, 2-17, 70, 81, 88-102, 103-106, 114, 131, 160, 161, 225, 236, 239, 354, 355, 370, 399, 419, 428, 430, 435, 452, 455, 456, 458-460, 462, 465, 467-472, 493, 499, 500, 521, 535.
Avignon-en-Camargue (château d'), 223.
Azaïs (Gabriel), 494.

B

Bachaumont, 232, 388, 454.
Bacchus, 85.
Balaguer (don Victor), 161, 498, 502, 503, 515.
Balbi, 327.
Baléchou, 405.
Balthazar, 33, 514.
Balze, 403.
Bandol, 46, 47.
Bara, 178, 471.
Barbaroux, 478.
Barbentane, 3, 150, 161, 181, 446.
Barbier (Aug.), 95.
Barcelone, 265, 410, 411, 430, 498, 502.
Bardoux (A.), 501.
Barjavel (Dr), 464.
Barnave, 478, 482.
Baroncelli (Folco de), 157, 225.
Baroncelli-Javons (Marquis de), 92.
Barracand (Léon), 77.
Barral des Baux, 388.
Barras (De), 253, 502.

Barrès, 463.
Barthelasse, (La) 228.
Barthélemy (l'Abbé), 35, 43, 349.
Barthélemy, 268, 269.
Bartrina (J.), 515.
Barye, 272.
Baudelaire, 121, 529.
Baudouin (Eug.), 501.
Baudrillart, 178, 476.
Baume (la Sainte-), 61, 123, 354.
Baux (Les), 20, 33, 128, 131-133, 330, 429.
Baux (Des) 252, 253, 429, 514.
Bayonne, 326.
Bazaine, 49.
Beatrix de Provence, 432, 437.
Beaucaire, 203, 266, 419, 424, 425, 429, 435, 436, 439-443, 483.
Beaufort (De), 253.
Beauharnais (Joséphine de), 68.
Beaulieu, 313.
Beaumarchais, 43, 44.
Beaussy, 291.
Bec, 390.
Beethoven, 376.
Belgiojoso (princesse de), 377.
Bellaud de la Bellaudière, 114, 386, 531.
Bellay (J. du), 460.
Bellot (P.) 270.
Belzunce, 387.
Bembo, 460, 463.
Bénédit, 270, 391.
Benoit XII, 5, 6, 8.
Benoit XIII, 5, 6, 11.
Bérenger, 386.
Bergion, 316, 339, 402, 419.
Berlioz, 482.
Berluc-Pérussis (L. de), 236, 239, 245, 411, 499, 502.
Bernadotte, 366, 390, 478.
Bernard (Valère), 271.
Bernus, 459, 460.
Berre, 25, 125, 399.
Bertaut, 390.
Bertin (Horace), 269, 393.
Bertrand Boisset, 29.
Bertrand de Marseille, 142.
Besse (Gaspard de), 46.
Béziers, 426, 432, 456.
Bigot, 441, 442.
Bishop, 157.
Blacas (De), 253.
Blache (Noël), 371.
Bladé, 332.
Blanche d'Anjou, 240.
Blavet (Alcide), 532.
Boccanegra (Simon), 190.

DES NOMS DE LIEUX ET DE PERSONNES 545

Boèce, 438.
Boileau, 388.
Boisserin (de), 114.
Boissière (Jules), 291.
Bologne, 413.
Bon (Louis) 406.
Bonaparte (Elisa), 365.
Bonaparte (Joseph), 365, 366, 389.
Bonaparte (Julie), 390.
Bonaparte (Mme Lœtitia), 250.
Bonaparte (Lucien), 248-250, 365.
Bonaparte-Wyse, 22, 72, 91, 306, 498, 514.
Boniface (De), 253.
Bonnaffé (Louis), 256.
Bonnecorse-Lubières (Charles de), 399.
Bonnet (Jules), 115.
Bonnet de Beaucaire, 443.
Bordeaux, 210, 507, 538.
Bordighera, 313, 329, 330.
Borgia (César), 63.
Born (Bertrand de), 428, 431, 438.
Bornier (Henri de), 82, 502, 507.
Borrilly, 255-257.
Boson (les), 410, 411, 426.
Bossuet, 535.
Botticelli, 308.
Bouc, 44.
Boucherie (Anat.), 494.
Boucicaut (Maréchal), 6.
Bouillé (De), 253.
Boulanger (Le G^al), 539.
Bourbon (Charles de), 386, **387**.
Bourgogne (duc de) 432.
Boyer (Antide), 532.
Brancas (Nicolas de), 208.
Brancovan (Princesse de), 521, 522, 525.
Bréal (Michel), 500.
Brémond, 44, 45.
Bremondo (Dono) (Mme J. Gautier), 23, 24, 516.
Brès (Louis), 269, 481.
Bresc (de), 245, 246.
Breton (Jules), 505.
Breughel, 471.
Breuil (Du), 253.
Bridaine, 485.
Brignole (Em.), 276.
Brignoles, 343.
Brisson (Adolphe), 99.
Brizeux, 90, 503.
Brosses (le président de), 131, 149, 305.
Brou, 67.
Brougham (Lord), 287, 300.
Brueys, 238, 369.

Brunet (Jean), 486.
Brunetière (Ferd.), 350.
Brutus, 45.
Bucarest, 502, 527.
Burgues, 77.
Burn Jones, 308.
Burnand, 221.
Bussi (Luigi), 324.
Buti (Laurent), 460.
Byron (lord), 403.
Byzance, 135.

C

Cabanes (J. de), 238, 369.
Cabassole (Philippe de), 109, 112, 253.
Cabestanh (Guil. de), 429.
Cabrières, 461.
Cahors, 478.
Cain (Auguste), 404.
Caligula, 348.
Calvet, 95.
Calvet (Don D.), 497, 515.
Calvin, 460.
Calvinus (S.), 339, 345.
Candolle (De), 253.
Cannat (Saint-), 364.
Cannes, 48-57, 285-301, 303, 341, 342, 343, 366, 368, 396, 405.
Canonge (J), 177.
Capdueil (Pons de), 428.
Carcassonne, 426, 432.
Cardinal (Pierre), 428, 483.
Cardona (H.), 324.
Carissimi, 248.
Carle, 373.
Carlone, 393.
Caro (E.) 523, 524.
Carpaccio, 241.
Carpentras, 4, 26, 149, 408, 452-466, 531.
Carthage, 274, 384.
Carvin, 369.
Casale, 49, 319.
Casaulx, 393.
Cassis, 32-47, 342.
Castelar (Emilio), 21, 503.
Castellane (De), 251, 253, 430.
Castelnau (P. de), 431.
Castets, 494.
Castil-Blaze, 176, 504.
Castillon (De), 253.
Castres, 432.
Catelan, 165.
Catherine de Médicis, 30, 31, 93.
Catulus (Lucius), 127.

Cavaillon, 26, 109, 466, 473, 504.
Cavaillon (Gui de), 429.
Cavour, 326, 327.
Cellini (Benvenuto), 248.
Cervantès, 173, 439, 478.
Césaire (S^t), 50, 207.
César, 61, 63, 127, 135, 345, 348, 382, 388, 420, 465, 466, 488.
Ceyreste, 41.
Chabaneau, 254, 494.
Chailan (Fortuné), 270.
Chalandon (Mgr), 244.
Challamel (Ernest), 79.
Champaigne (Ph. de), 471.
Championnet, 62.
Champsaur (Félicien), 76, **97**.
Chapelle, 232, 388, 454.
Chaptal (Cte), 482.
Charcot (D^r), 447.
Charlemagne, 201, 357.
Charles Martel, 355.
Charles II de Provence, 437.
Charles III de Provence, 437.
Charles III de Monaco, 311, 318.
Charles IX, 30, 31.
Charles d'Anjou, 193, 411, 432, 437.
Charles-Quint, 193, 203, 361, 411, 461.
Charmes (Gabriel), 318.
Chastel, 240, 257, 262, 459.
Châteaubriand, 146, 176, 188, 193, 519.
Château-Renard, 3, 104, 181, 227, 255.
Chaucer (Geoffroy), 431.
Chenavard, 280, 337, 373-377.
Chevalier (Adrien), 72.
Chevandier, 79.
Christine d'Espagne, 502.
Cicéron, 274, 348, 378, 383.
Ciotat (La), 32, 41, 46, 472.
Cladel (Léon), 486, 505.
Clary, 366, 389, 390.
Clary (Désirée), 366.
Clary (Julie), 366.
Claude, 348.
Claude-Tib. Néron, 465.
Claudien, 337.
Clémence Isaure, 8, 69, 165.
Clément (Félix), 156, 279.
Clément V, 8.
Clément VI, 8.
Clément VII, 461.
Clérissy, 390.
Clot-bey, 379.
Coffinières (Paul), 46.
Collell (Don J.), 515.
Colbert, 7, 277, 364, 482.

Colomb (Christophe), 336.
Colombier (Mlle du), 68.
Colombus (S^t), 356.
Colonna (Victoria), 387.
Commenges (Cte de), 436.
Comte (Adhémar de), 208.
Condamine (La), 307.
Condillac, 482.
Conrad-le-Pacifique, 360.
Constance de Toulouse, 192.
Constantin, 132, 135, 144, 409, 410, 423.
Constantin II, 135, 385.
Constantinople, 110.
Contemporaine (La), 519.
Conti, 499.
Corfou, 314.
Cornaro (La reine), 526.
Corneillan, 202.
Cornillon, 406.
Corot, 471.
Cossé-Brissac (Cte P. de), 523.
Coste (J.-L.), 254.
Cousin (Victor), 376, 377.
Couve (Ernest), 303.
Craponne (Adam de), 27.
Crest, 70.
Crillon, 92, 337.
Cros (Pascal), 271.
Crousillat, 27, 28.
Crussol, 67.
Cujas, 62.
Curban (La dame de), 51.
Cybèle, 63.
Cydon, 218.
Cyr (Saint-), 42.

D

Damiens (Robert), 208.
Dandré-Bardon, 240.
Daniel (Arnaud), 431.
Daniel (Mme Lazarine), 516.
Dante, 24, 132, 144, 376, 416, 428, 430, 438, 449, 519, 528.
Darboussilles, 23.
Daret, 240, 472.
Daru, 482.
Daudet (Alphonse), 5, 24, 30, 75, 130, 134, 135, 157, 170, 173, 185, 417, 444, 445, 473, 478, 480-486.
Daumas, 453.
Daumier, 273, 280.
Dauphin (Armand), 406.
David (Louis), 247, 471.
Decrès (Amiral), 389.
Delille (Fr.), 46

Delort (Taxile), 269, 368, 452, 479.
Delphes, 383.
Delpit (Albert), 521, 523.
Deluns-Montaud, 70, 87.
Denys d'Halicarnasse, 402.
Désanat, 442.
Diane, 119, 184, 274, 384.
Diane de Poitiers, 63, 74.
Diderot, 325.
Die, 69-79, 465.
Die (La comtesse de), 69, 70, 78, 79, 429.
Dietz, 327, 517.
Dieulafoy, 384.
Digne, 55.
Dijon, 92.
Diodore de Sicile, 337.
Dionysos, 116.
Diouloufet, 238.
Doncieux (Sc.), 499.
Draguignan, 368, 421, 531.
Drumont (Ed.), 480.
Ducros (Alexandre), 115.
Dumas (Alexandre), 44, 99.
Dumas (Adolphe), 154, 503, 504.
Duplessis, 465.
Dupré-Latour, 66.
Duquesne, 364.
Durand de Nimes, 175.
Durer (Albert), 239.

E

Egine, 329.
Egger (E.), 500.
Eichthal (G. d'), 324.
Eleuthère (St), 356.
Élisabeth de Roumanie (La reine), 526-530.
Embiez (Les), 42.
Embrun, 244, 359.
Empurias, 339.
Ems (Van), 474.
Encourdoules (Les), 295.
Entrecasteaux (Bruny d'), 364.
Entressen, 402.
Erasme, 107, 430.
Eschenauer, 76.
Eschyle, 25, 113, 316, 401.
Espérandieu, 271, 388.
Escombard, 211, 212.
Este, 520.
Eucher (St), 50, 385.
Eudes (duc d'Aquitaine), 354.
Eusebie (Ste), 359.
Euthymènes, 384.
Euxène, 380.

Evian, 520.
Eyguières (J. d'), 413.
Eyragues, 227.
Eyssette, 406.
Eza, 313.

F

Fabié (Fr.), 506.
Fabius Maximus (Q.), 345, 466.
Faillon (l'abbé), 209-211.
Fassin (E.), 362, 405, 411, 412.
Fauchier (Laurent), 472.
Faucon (Maurice), 6.
Fauriel, 376, 425, 427, 503.
Faure (Maurice), 71, 76, 79, 99, 122, 507, 508.
Fausta, 135.
Favre (l'abbé), 369, 531.
Feau, 369.
Fénelon, 478.
Féraud (Raymond), 51.
Ferrare, 520.
Ferry (Jules), 539.
Figuieras, 497.
Filon (Aug.), 341.
Finsonius, 472.
Fitch, 391.
Flandrin (Hip.), 374.
Fléchier, 349.
Floquet (Charles), 83.
Florence, 430.
Florian, 508.
Foix (Ctes de), 426, 429, 436.
Foix (Pierre de), 7, 209.
Folquet, 386, 434.
Fontfroide, 519.
Fontgalland (Vte de), 73.
Fontségugne, 3, 16, 134, 470, 498, 513.
Fontvieille, 22, 24.
Forbin (De), 253, 364.
Forbin (Claude de), 336.
Forbin (Mise de), 471.
Forbin (Palamède de), 437.
Forcade, 390.
Forcade (Mgr), 213, 244.
Forcalquier (de), 253.
Fos, 203, 423.
Fouquet, 276.
Fouquier (Henri), 75, 76, 78, 80, 81, 83, 97, 98, 100, 116, 121, 392, 507.
Fourès (Auguste), 494, 496, 533, 535.
Fourès (Élie), 76.
Fragonard, 343, 473.
Francia, 391.
François Ier, 93, 94, 193, 460, 461.
François II, 30.

François de Paule (Saint), 92.
Frédéric II Barberousse, 306, 439.
Fréjus, 341, 344-349, 351, 358, 363, 366, 379, 406.
Frémine (Ch.), 505.
Fréret, 332.
Frigolet, 152, 444-452.
Frissant (Adrien), 406.
Froissart, 5.
Frugère (l'abbé), 210.
Funel (Louis), 291.
Fuzet (Mgr), 184.

G

Gabrié (Alfred), 371.
Gabriel (St-), 423.
Gaillard, 77, 82.
Gaillard (Jules), 77, 82.
Galaup de Chasteuil, 238.
Galéan (Jean), 336.
Gallus (C.), 348.
Gambetta, 482.
Ganagobie, 519.
Gardanne, 364.
Garde Frainet (la), 358, 361.
Garibaldi (G.) 336, 340.
Garnier (Ch.), 306, 328, 329.
Garnier (dom J.-B.), 260.
Gassendi, 349, 479.
Gaut (J.-B.), 238, 532.
Gautier (Joseph), 24.
Gautier (Théophile), 151.
Gelu, 270.
Gémenos, 1, 123.
Gênes, 276, 430.
Génésareth, 218.
Genève, 303.
Geoffroy (Dr Aug.), 291, 303.
Geoffroy (Lucien), 320.
Gerard, 471.
Géricault, 247.
Gerion, 401.
Germain, 270.
Gibert (Adolphe), 471.
Gibraltar, 353.
Giéra (Paul), 15, 16, 504.
Gigondas, 467.
Gilles (St-), 431, 462.
Gilles (Isidore), 127, 379-381, 418, 420, 423, 466.
Gimond (L.), 29.
Gineste (Raoul), 371.
Girard (Marius), 96, 125.
Girardon, 137, 277.
Giraud (Henri), 56, 291.
Glandevès, 359.

Glandevès (De), 253.
Gœthe, 15, 169, 376, 428.
Goirand (Mme L.), 516.
Goncourt (Edmond de), 130, 473.
Goudouli, 506.
Gounod, 155, 487, 522.
Gouthe-Soulard (Mgr), 243.
Gozlan (Léon), 269.
Grambois, 520.
Grandmougin (Ch.) 505.
Grandville, 283.
Gras (Félix), 9, 11, 14, 96, 225, 228, 292, 321, 351, 433, 448, 459, 460, 496, 499, 523.
Grasse, 341, 342, 343, 367.
Grasse (de), 253.
Graveson, 18, 19, 21, 151, 153.
Grégoire XI, 8, 35.
Grégoire X, 426.
Grenoble, 366.
Greuze, 391, 394.
Grignan (Mme de), 469.
Grimaldi (de), 253.
Grimm, 325.
Gros (Baron), 247.
Gros (Toussaint), 270.
Gueydan (de), 257.
Guillaume Ier, 361.
Guillaume VIII de Montpellier, 457.
Guillaume Taillefer, 426.
Guillermin, 248, 471.
Guillibert, (Hippolyte), 246, 264, 499, 519.
Guinot (Eug.), 269.
Guitton-Talamel, 532.
Guizot (Fr.), 185, 482.
Guizot (Guill.), 97, 98.
Gutemberg, 10.
Gyptis, 381.

H

Harel (Paul), 505.
Hébert, 156.
Hécatée de Milet, 379.
Heine (Henri), 112, 294, 377, 480.
Hémon (Félix), 201.
Henri II, 93.
Henri IV, 30, 31, 92, 512.
Héraclée, 316.
Héraclide, 384.
Hercule, 25, 307, 314-317, 338, 384, 401, 419.
Hérédia (J.-M. de), 151.
Hermann (R. P.), 445.
Hermengarde, 417.
Hésiode, 66, 113.

Hespérides (Les), 308, 317.
Hilaire (S^t), 349.
Hildebrand, 355.
Hippocrate, 66.
Homère, 66, 154, 373, 522.
Honorat (S^t), 49, 50, 344, 349, 475.
Honorius, 410.
Hôpital (chancelier de l'), 346.
Horace, 153.
Hugo, 113, 294.
Hugues de Vienne. 360.
Hugues (Clovis), 76, 78, 79, 98, 442.
Hugues (Mme Clovis), 70.
Humboldt (G. de), 332.
Hyères, 169, 350, 368, 515.

I

Ille (Ch. d'), 248, 261.
Inguimbert (Mgr d'), 453, 456, 462, 464.
Innocent III, 431-435.
Innocent VI, 8.
Isabelle de Lorraine, 209.
Isle-sur-Sorgues (L'), 106.
Istres, 360.
Izoard-Vauvenargues (Mis de), 247-251.

J

Jasmin, 167, 491, 503, 506, 521.
Jasmin fils (Ed.), 508.
Jacques-le-Conquérant, 432, 494, 495.
Jarente (De), 253.
Jean XXII, 5, 8.
Jean de Nevers, 194.
Jeancard, 291.
Jeanne de Naples, 39, 65, 92, 109, 163, 437, 475, 520.
Jeanne de Toulouse, 431.
Joanne, 69.
Joinville (de), 316.
Jourdan (Louis), 479.
Jouve (Nicolas), 406.
Juan (Golfe), 48, 292.
Juan-les-Pins, 295.
Jules II, 92.
Julii (Les), 127.

K

Karr (Alphonse), 289.
Kelsall (Ch.), 95.
Kemp (Robert), 76, 117.

L

Labbé (Louise), 93.
Lagoy (Mis de), 252.
La Fontaine, 441, 485.
Lakanal, 374, 375.
La Lauze, 519.
Lanfranc Cigala, 325.
Langlade, 119, 495, 535.
Lamartine, 8, 154, 155, 176, 522.
Lamennais, 50, 112.
Laprade, 90, 374.
Largillière, 258.
Latour, 258.
Laurens (Bonaventure), 215.
Laurens (J.-P.), 145, 471
La Valette, 365.
Lavaur, 433, 532.
Lazare, 61, 206, 210, 3
Leblant, 210.
Le Bret, 476.
Lebrun, 277.
Leconte de Lisle, 29, 529
Le Goffic (Ch.), 505.
Leibnitz, 412.
Le Mouël (Eug.), 505.
Lemoyne (André), 505.
Lenain, 471.
Lenostre, 278.
Lenthéric (Ch.), 44, 186, 34
Léon X, 460.
Le Play, 90. 398, 538, 539.
Lèques (Les), 41.
Lérins, 49-53, 338, 344, 355-357
Lero, 338.
Leroux (Mlle), 110.
Leroux (Pierre), 289.
L'Estang-Parade (Mis de)
Levavasseur (G.), 505.
Levieux, 240.
Libertat, 393.
Licer (Maria), 324.
Liégeard (Stéphen), 300.
Limoges, 538.
Limoux, 432.
Livron, 69, 79.
L'Hopital (Chevalier de), 62.
Llorente (T.), 515.
Lombardon Montézan (de), 303, 395.
Longus, 154.
Lorraine (Frédéric de), 209
Loti (Pierre), 529.
Louis VIII, 437.
Louis IX, 189, 196, 202, 437, 438.
Louis XI, 62, 66, 46 437.
Louis XIII, 255
Louis XIV, 49, 2-8, 360.
Louis XV, 325.

Louis XVI, 375.
Loup (Saint), 50.
Lubières (De), 253.
Luca della Robbia, 388, 451.
Lucain, 45.
Luchaire, 332.
Lucien, 509-
Lucullus, 63.
Luigini (A.), 87.
Luna (Pierre de), 91.
Lunel, 457.
Luzel, 510.
Lyon, 60, 61, 141, 210, 235, 279, 345, 348, 374, 380, 385, 432, 437, 438, 469, 482, 538, 539.

M

Mably, 482.
Machiavel, 478.
Madrague (La), 42.
Magallon (X. de), 399.
Maguelone, 202, 214.
Mahomet, 353.
Mahomet II, 363.
Maiano (Dante de), 19.
Maillane, 18-20, 21, 28, 84, 96, 127, 128, 148-171, 235, 422, 444, 446, 521.
Malaspina (Mis), 325.
Malherbe, 8, 112.
Mallemort, 351, 460.
Mallius, 19.
Malte, 417.
Mandrin, 63, 64.
Manosque, 359.
Mansourah, 194, 257,
Mantoue (Duc de), 49.
Manuel, 349.
Marcabrus, 429.
Marc (Gabriel), 505.
Marc-Aurèle, 82.
Marcellus, 56.
Marchais, 311.
Marchangy, 5.
Marguerite (Ile *Sainte*-), 49, 50, 293, 362.
Marguerite de Provence, 193, 437.
Marie-Antoinette, 43.
Marie Jacobé, 61, 206-216.
Marie Magdeleine, 61, 206.
Marie Salomé, 61, 206-216, 493.
Marignane (De), 264.
Marin (Aug.), 271.
Marin (L'intendant), 43, 44, 45.
Maritan (F.), 406.
Marius, 82, 127, 229, 382, 423, 493.

Marot, 94, 531.
Marseille, 32, 34, 52, 61, 93, 117, 127, 141, 210, 236, 265-284, 313, 333, 334, 340, 345, 346, 349, 350, 354, 355, 359, 364, 366, 370-395, 390, 430, 457, 462, 483, 488, 531, 532, 538, 539.
Marsilho-Veire, 380.
Marthe (Sainte), 206, 418.
Martial, 45.
Martial (Saint), 206.
Martigues, 360, 452.
Martin V, 7.
Martin-de-Crau (S^{t}-), 402.
Martin de Nîmes, 441.
Marveil (Arnaud de), 429.
Mascaron, 386.
Maspero, 378.
Masque de fer, 49, 246.
Masséna, 337, 340.
Massillon, 349.
Matheu, 515.
Mathieu (Anselme), 9, 17, 134, 222, 320, 523.
Matilda, 416.
Matthioli (Hercule), 49.
Maupassant (Guy de), 287, 288.
Mauronte, 355.
Maurras (Ch.), 76.
Maury, 349.
Maximin (Saint), 206.
Maximin, (S^{t}), 462.
Mayeul (S^{t}), 361.
Mazargues, 390.
Médicis (Cardinal de), 93.
Mégare, 42.
Méjanes (Mis de), 405.
Méléagre, 384.
Melkarth, 315, 339.
Membrée, 85.
Menabrea (G^{al}), 523.
Menton, 305, 341.
Méric, 519.
Meriggi (D^{r}), 322.
Mérimée (P.), 88, 268, 289.
Mérindol, 461.
Méry, 44, 126, 268-270, 387, 391, 392, 479.
Mestres (Apelles), 515.
Metsys (Quentin), 242, 243.
Meyer (Paul), 72, 73, 97, 425, 494, 537.
Meyran (De), 253.
Mézières (Alf.), 499.
Michel (Sextius), 98, 508.
Michel de Nîmes (Jean), 441.
Michelet, 289.
Michelet, 410.

Mignard, (les) 92, 237, 239, 456, 473.
Mignet, 238, 479.
Mignet (F.), 374-377.
Milà y Fontanals, 500.
Milan, 19, 66, 430.
Mille (L'abbé), 259.
Millin (L. A.), 235, 459, 464.
Milon, 378.
Mirabeau, 255, 264, 268, 349, 478, 537.
Mirabeau (Mis de), 368.
Miraval (R. de), 429.
Mistral (Frédéric), 5, 8, 9, 10, 14, 19-23, 25, 27, 28, 35, 42, 53, 56, 65, 72, 84, 86, 91, 96-101, 104, 114, 116, 119, 126, 130, 134, 138, 139, 143, 153-176, 198, 200, 216, 222, 231, 254, 279, 291, 300, 321, 328, 342-344, 347, 358, 362, 364, 395, 417, 421, 443, 446, 452, 462, 470, 474, 482-484, 487, 491, 494, 497-504, 514, 520-525, 529, 531-533, 537.
Mistral de Dons (François), 65.
— (Jean), 65.
— (Mme Marie-Frédéric), 157, 515.
— de Montdragon, 65, 66.
— (Nicolas), 65.
— (Théophile), 157, 158.
Mitre (Saint), 241.
Molière, 279, 376.
Molinier (Ant.), 213.
Monaco, 63, 305-331, 339.
Monaco (Prince de), 367.
Monge des Iles d'or (le), 340.
Monné (Jean), 96, 394, 510, 532.
Monselet, 116.
Montaigne, 268, 376, 478, 480, 509.
Mont-Aimé (le), 438.
Montauban (fort), 340.
Montandon (le moine de), 428.
Monte-Carlo, 306, 309.
Montégut, 115.
Montélimart, 435.
Montesquieu, 268.
Montferrat (de), 429.
Montfort (Simon de), 424, 432-436.
Montmajour, 22, 23, 201, 445.
Montmorency, 188, 193.
Montpellier, 164, 386, 430, 456, 457, 462, 494, 500, 502, 507, 515, 516, 519, 527, 532, 535.
Montredon, 342, 366, 372, 378, 390.
Montricher (de), 399.
Montségur, 438.
Mortreuil, 390.
Mounet (Paul), 97, 103, 104, 117.

Mounet-Sully, 87, 97, 111, 113, 120, 126, 133, 441.
Mounet-Sully (Mme), 110, 123.
Mouton (Fr.), 54.
Moustiers, 165, 343, 455.
Muñoz (Gil), 7.
Müntz (E.), 6.
Murat, 478.
Muret, 433, 434, 532.

N

Nan, 315.
Naples, 62, 343, 378, 392.
Napoléon, 44, 67, 68, 249, 336, 364-367, 376, 389, 438, 478.
Napoléon III, 67, 294.
Napoule (La), 46, 342.
Narbonne, 334, 345, 354, 355, 456, 467, 498.
Nazaire-du-Var (Saint), 46, 47.
New-York, 157.
Nice, 295, 297, 299, 303-305, 326, 336, 339, 340, 343, 357, 358, 368, 409, 425, 535.
Nice-de-Montferrat, 327.
Nicolas V, 209.
Nigra (Cte), 499.
Nîmes, 116-120, 174-186, 236, 334, 345, 350, 370, 406-408, 430, 441-443, 456, 462, 466, 535.
Nodier (Ch.), 270, 503.
Nolhac (P. de), 463.
Normand (Jacques), 391.
Nostradamus, 29, 30, 188.
Nostre-Dame (Jehan de), 51, 517.
Noureddin, 363.
Noves (Laure de), 93-96, 149.

O

Œnobarbus (D.), 339, 466.
Olbia, 339, 343, 359.
Olery, 390.
Ollioules, 46.
Ollivier (Emile), 349.
Orange, 80-88, 435, 466, 407, 408, 429, 466, 520.
Orange (Raimbaud d'), 69, 429.
Ornezan (d'), 188.
Orphée, 119.
O'Reilly, 523.
Ortolan, 349.
Othon IV, 412, 476.
Ottenfels (Baronne d'), 293.
Ozanam, 374.

P

Pages (Baronne de), 110.
Pailleron (Ed.), 288.
Palmi, 258.
Pamiers, 418.
Paniscola, 6.
Panouze (la), 372.
Paoli, 365.
Paraclet (le), 495.
Paradou (le), 25.
Paris, 18, 139, 141, 270, 278, 285-287, 289, 392, 444, 467, 502, 506-508, 532.
Paris (Gaston), 492, 494, 500, 517, 518.
Paris (Paulin), 210.
Parrocel (les), 92, 343, 391, 456, 472, 473.
Pascal (Lucien), 115, 178.
Pascalis, 398, 537.
Passy (Louis), 517.
Pastré (Mme), 390.
Patrick (Saint), 50.
Pau, 478.
Paul III, 460.
Paul (le chevalier), 364.
Paul (Pierre), 386.
Paule (La Belle), 386.
Paulin (dom), 448.
Paulino (Dono), 185.
Peisse, 374, 376.
Pélabon, 368.
Pernes, 462.
Perros, 511.
Pérugin, 279, 308.
Péruzzis (De), 471.
Pescaire (Mis de), 386, 387.
Petit (Ed.), 377.
Petit-Radel, 412.
Pétrarque, 6, 28, 91, 93-96, 106-112, 149, 154, 453, 463, 499, 500, 519.
Pétrone, 385.
Peyrat (Napoléon), 427, 438, 494-496, 503.
Peyresc, 238, 242, 246, 349, 464.
Peyrol, 429.
Peyrot (Cl.), 531.
Philippe-Auguste, 432.
Philippe III, 190, 194, 195, 426.
Philippe de Champagne, 258.
Philippe-le-Bel, 3.
Pichot (Amédée), 403.
Pickering (Miss Evelyn), 308.
Pie VI, 65.
Pie VII, 248.
Pierre d'Alençon, 194.

Pierre de Nantes, 207.
Pierre II, d'Aragon, 433, 434.
Pierrefeu, 429, 518.
Pigault-Lebrun, 454.
Pignatelli (Jean), 413.
Pin (Trésorier), 25.
Pindare, 315.
Plancus (M.), 345.
Plantagenet (Les), 427.
Plantier, 77.
Platon, 110, 335, 385.
Pline le Jeune, 49, 345.
Plutarque, 337.
Podhorsky (Louis), 75, 332, 333, 381, 523.
Poitiers, 355.
Pompée, 45, 382.
Pompeï, 24.
Pomponiana, 44, 343.
Pomponius Mela, 402.
Ponce Pilate, 61.
Poncy (Ch.), 370.
Pont du Gard, 120-124, 408, 462.
Pontevès (De), 253.
Pontevès-Sabran (Cte J. de), 396.
Pont-Flavien, 408.
Pontmartin (Cte A. de), 90, 533.
Popoli (Duc de), 253.
Porcaire (S^t), 356.
Porcellets (Des), 19, 20, 141, 142, 253, 422.
Portalis, 238, 349, 479.
Pourrières, 423.
Poussel (D^r), 504.
Poussin, 391.
Pouvillon (Emile), 486, 505.
Pradier, 115, 174, 189.
Pradines, 520.
Prégny, 525.
Prodicus, 384.
Psalmodi, 190, 199-203.
Ptolémée, 316.
Puech, 238.
Puget, 244, 258, 272, 275-279, 280. 377, 459.
Puvis de Chavannes, 273.
Puy (le), 467.
Puy-Ricard, 360.
Pythéas, 384.

Q

Quellien (N.), 509, 510.
Quicherat, 470.
Quintana (A. de), 499, 501, 502.

R

Raban Maur, 209.
Rabelais, 62, 90, 376, 485.
Raibaud, 390.
Raimbault (Maurice), 291.
Ramollino (Lœtitia), 365, 366.
Rancé (abbé de), 465.
Rancher, 368.
Raphaël (S^t), 342, 347, 368, 447.
Raphaël, 247.
Raphèle, 402.
Rattazzi (Mlle Isabelle) 110.
Raymond-Bérenger, 239, 333, 425, 426, 432, 437, 519.
Raymond V (de Toulouse), 429.
Raymond VI (de Toulouse), 424, 431-436.
Raymond VII (de Toulouse), 426, 432, 435-437.
Raymond-Roger (de Béziers), 426.
Raynouard, 503, 517, 518.
Réal (Antony), 86.
Réattu, 234, 417.
Reboul, 119, 175-177, 185, 504.
Récamier (Mme), 337, 519.
Reims, 413.
Reinard, 352.
Remacle (Cte), 411.
Rembrandt, 376.
Remoulins, 121, 123.
Rémusat, 374.
Rémy (A), 256.
Rémy (Saint-), 20, 65, 104, 125-131, 151, 181, 330, 334, 408, 503.
Renan (E.), 75, 507, 509-512.
Renaud (Armand), 97.
René d'Anjou, 19, 208, 209, 240, 242, 368, 421, 422, 437, 439, 475.
Revoil (Henri), 86, 338.
Rey (G. de), 355, 392.
Reybaud (L.), 269.
Reyer, 87, 372.
Rhodes, 190.
Ribbe (Ch. de), 398.
Ricard (Gustave), 280.
Ricard (L. Xavier de), 289, 391, 494, 495, 507, 533.
Richard-Cœur-de-Lion, 429, 430.
Richelieu, 49, 422.
Rieu (Ch.), 25, 98, 406.
Rigaud, 237, 258, 465.
Rivière (Mlle Ant), 516.
Robert d'Artois, 193.
Robert-le-Sage, 437.
Robespierre-le-Jeune, 366.
Roger-Bernard II (de Foix), 426.
Rognac, 399.
Rognes, 360.
Rognonas, 18, 151.
Roland, 145, 234.
Romanin, 51, 162, 429, 518.
Rome, 5, 63, 274, 348, 407.
Rondel (Aug.), 372.
Ronsard, 30, 112.
Roquebrune, 305.
Roque-Ferrier (Alph.), 494, 501, 519, 532.
Roquefavour, 399.
Roquemartine, 429, 518.
Rosa (Salvator), 92.
Roscius, 348.
Rossini, 376.
Rostand (Eug.), 269.
Rostang, 386.
Roumanille (Joseph), 2, 8, 9, 10, 14, 15, 17, 55, 60, 90, 91, 96, 97, 110, 134, 157, 291, 292, 321, 442, 443, 470, 485, 493, 494, 504, 523, 531, 533.
Roumanille (Mme R.-A.), 2, 516.
Roumieux, 72, 96, 97, 370, 442-444, 495, 532.
Roure (Du), 92, 405.
Roussel, 414.
Roux (L'abbé), 268, 447, 448, 486, 535.
Roux (Jules), 280, 391.
Roux de Corse (Georges), 336, 389.
Rovere (Alberto), 319-324, 327.
Rubens, 246, 376.
Rubio y Ors, 515.
Rudel (Geoffroy), 428.
Rute (Mme de), 110.
Rutland, 358.
Ruysdaël, 391.

S

Saboly, 531.
Sabran (De), 253.
Sade (De), 14, 91, 253.
Sadolet, 455, 460, 461, 463.
Saint-Simon, 465.
Sainte-Beuve, 503.
Saint-Maime, 519.
Sainte-Palaye, 149.
Saintes-Maries (Les), 205-222.
Salamine, 42.
Salles (Isidore), 535.
Sambuc (Le), 225.
Salon, 22, 25, 26-31, 435.
Sand (Georges), 370.
Saporta (Mis de), 398.

Sara (Sainte), 208.
Saragosse, 430.
Sarcey (Fr.), 97, 98, 103, 104.
Sardou (A.-L.), 368.
Saturnin (Saint), 206.
Saùli (Les), 276.
Savinien (Le Frère), 23, 534.
Savonarole (Jérôme), 447.
Scaliger, 62.
Sceaux, 76, 508.
Scève (Maurice), 93.
Schleyer (Martin), 322.
Scipion, 423.
Scudéri, 388.
Sec (Joseph), 262-264.
Seguin, 369.
Sémiramis, 84.
Septentrion, 300.
Serre (Michel), 473.
Séverine, 442.
Sévigné, 399.
Shakspeare, 376.
Sicard (Marius), 303.
Sidoine Apollinaire, 136.
Sieyès, 478, 537.
Signes, 429, 518.
Silvaréal, 203.
Siméon, 238, 349.
Simiane (Blanche de), 351.
Simiane (De), 253.
Simon (Jules), 320, 377, 503.
Simon de Châlons, 472.
Sinso (la), 370.
Sisteron, 51, 75, 359.
Six-Fours, 371.
Sixte IV, 92.
Skymnos de Chio, 379.
Soleillet, 117.
Solliès-Pont, 485.
Somerset (Lord Henri), 307, 328.
Sophocle, 72, 87.
Sordello, 325.
Soulary (Joséphin), 111, 121, 373.
Spinola, 527.
Spinoza, 376.
Stecchi (Fabio), 306, 312.
Stendhal, 393, 468, 469, 477, 479, 482.
Sterne, 4.
Stoullig (Edm.), 99.
Strabon, 337, 340, 401, 419.
Suchet (Mal), 389.
Suffren, 336, 363.
Sully Prudhomme, 529.
Sunium, 66.
Surian de Paul (Mme de), 391.

T

Tacite, 348, 383.
Tadema (Alma), 151.
Taillandier (Saint-René), 493.
Taillar, 210.
Talleyrand, 193.
Tamizey de Laroque, 464.
Taras, 419.
Tarascon, 22, 34, 61, 230, 334, 417-424, 440, 441, 445, 452, 462, 480, 483, 521.
Tarascon d'Ariège, 418, 420.
Tarek, 353.
Tarragone, 420, 421.
Tauriskos, 419.
Tauroentum, 42-46, 339, 343, 359, 379.
Téniers, 247, 391.
Tenque (Gérard), 336.
Tereso (Dono) (Mlle Roumanille), 2, 110, 515.
Teste (Louis), 469.
Théocrite, 284.
Théodemir, 201.
Théodoric, 136.
Théodoros, 384.
Théoule, 343.
Thierry (Am.), 335.
Thiers (Ad.), 269, 374, 376, 377, 482.
Thomas (Ant.), 532.
Thomassin de Mazaugues, 464.
Thomé (Fr.), 99.
Thou (De), 62.
Thumin (Fr.), 394.
Tiepolo, 526.
Tiercelin (L.), 505.
Tilbury (Gervais de), 144, 207, 412-415, 423, 474-476.
Tolommei (Pia dei), 416.
Toulon, 51, 346, 350, 358, 363-365, 370.
Toulouse, 7, 165, 345, 424-438, 461, 507, 532, 538, 539.
Toulouse-Lautrec (Cte R. de), 532.
Tournier (Albert), 76, 418.
Tourtoulon (Baron Ch. de), 494, 499, 501, 502, 508.
Trafalgar, 368.
Tréguier, 509, 510.
Trencavel (les), 426.
Trets, 414.
Trinquetaille, 133, 134, 233.
Troie, 191.
Trojel (E.) 517, 518.
Tronc de Codolet, 369.
Tropez (St.), 350, 358, 364.

Trophime (Saint), 143, 206, 474.
Truchet, 369.
Tudela (Guilhem de), 424.
Tunis, 195.
Turbie (La), 313, 331, 332.
Turenne, 364.

U

Ugernum, 441.
Ulmet, 202.
Urbain V, 8.
Uzès (Jacques d'), 67.
Uzès (Jules), 77.

V

Vaccarés (Le), 225.
Vaison, 408, 465, 470.
Valence, 61-68, 350, 365, 535.
Valence (Espagne), 65, 89, 325.
Valescure, 347.
Vallauris, 295.
Vallet de Viriville, 517.
Van Dyck, 246.
Van Eyck, 247.
Vanloo (les), 238, 240, 247, 258, 343, 473.
Vaqueiras (Rambaud de), 429.
Vaucanson, 482.
Vaucluse, 103, 108-112, 123, 125, 458.
Vaudoyer (L.), 388.
Vauvenargues, 238, 479.
Vauvert, 187.
Velaux, 379.
Vénasque, 452.
Vence, 341, 358.
Venette (Jean de), 207.
Venise, 430, 526.
Ventadour (Bernard de), 428.
Ventadour (le Vte Ebles de), 428.
Verdaguer (J.), 333, 447, 502, 515.
Verlaine (P.), 410.

Vernet (Carle), 473, 474.
Vernet (Joseph), 473, 474,
Vernet (Horace), 247, 474.
Vérone, 407.
Wertheimber (Mlle), 86.
Veuillot 90.
Viala, 178.
Viali, 288.
Vich, 214.
Vicaire (Gabriel), 505.
Vidal (François), 302.
Vidal (Pierre), 429.
Vien, 240.
Vienne, 61, 74, 466, 467.
Villefranche, 313, 316, 340.
Villeneuve (De), 253.
Villeneuve-Esclapon (Mis de), 532.
Villeneuve-Martignan (Mis de), 469.
Villeneuve-les-Avignon, 3.
Villers-Cotterets, 531.
Villon, 505.
Vingtrinier (Aimé), 254.
Vintimille, 326, 327.
Virgile, 126, 337, 348, 524.
Vogüé, 409.
Vogüé (Vte E.-M. de), 409, 523.
Voltaire, 107, 232.

X

Xavier de Fourvières (Dom), 97, 260, 446-452, 533, 534.
Xénophon, 324,
Xucar, 334.

Z

Zerbin, 238, 369.
Zizim, 246.
Zola (E.), 350.
Zorrilla (Ruys), 503.
Zuccaro (L.), 324.

TABLE ANALYTIQUE

PREMIÈRE PARTIE

I. Avignon. — Matinée en Avignon. — Chez Roumanille. — La Roque de Dom. — Le panorama du Comtat. — Notre-Dame de Dom. — Le palais des Papes. — Avignon sous les Papes. — Le nombre *sept*. — Roumanille et la Renaissance provençale. — Le symbolisme félibréen. — Mistral. — Visite au tombeau d'Aubanel. — L'œuvre d'Aubanel. — Dans les rues d'Avignon. — Félix Gras. — A la Barthelasse. — Coucher de soleil aux bords du Rhône. . . . . Page 2

II. D'Avignon à Maillane. — Une rencontre à Graveson. — Histoire de Maillane. — La devise des Porcellets. — De Tarascon en Arles. — Tartarin. — Le Pays d'Arles. — Montmajour. — La félibresse Brémonde. — Les Baux. — Le moulin de Daudet. — Fontvieille. — Couchant sur la Crau. — Arrivée à Salon. . . . . Page 18

III. Salon. —. Les Fontaines. — L'Hôtel de Ville. — Un poète solitaire : Crousillat. — Un original. — Le caractère salonais. — Nostradamus. — Entrée de Charles IX. — Catherine de Médicis, Henri IV et Nostradamus. . . . . . Page 26

IV. Cassis. — Une ville de pêcheurs. — Les deux littoraux de Cassis. — Portmiou. — L'abbé Barthélemy. — Histoire de Cassis. — Lecture de *Calendau* aux pêcheurs. — Une épopée symbolique. — Le Garlaban. — L'incendie du Gibal. — La Ciotat. — Le golfe des Lèques. — Saint-Cyr. — Tauroentum. — Une ville grecque sous les eaux. — L'intendant Marin et Méry. — Les Félibres de Saint-Nazaire. — La baie de Bandol . . . . Page 32

V. Cannes. — Sensations de printemps. — Les îles de Lérins. — Les prisonniers de Sainte-Marguerite. — Les moines de Saint-Honorat. — Raimond Féraud. — La légende de saint Honorat. — La Sainte-Estelle de Cannes. — Félibrée intime à Lérins. — La poésie populaire. . . . . Page 48

DEUXIÈME PARTIE

I. En Dauphiné provençal. — Lyon et Vienne. — Valence la nuit. — Promenade matinale. — Le Cagnard. — La cathédrale. — Le Pendentif et les Mistral. — Histoire de Valence. — Mandrin. — Les ruines de Crussol. — Napoléon à Valence . . . . Page 60

II. De Livron à Die. — La comtesse de Die. — Rumeurs de petite ville. — La capitale des Voconces. — La campagne de Die. — Arrivée des Cigaliers. — Fête Félibréenne. — Discours : Clovis Hugues et Maurice Faure. . . Page 69

III. Arrivée à Orange. — Le Théâtre, la nuit. — L'Arc de Triomphe romain. — Les étrangers. — Diner à la Baronnette. — Orgue de Barbarie. — *Œdipe Roi* au Théâtre Romain. Page 80

IV. En Avignon. — L'Avignon de Mérimée. — La maison de Roumanille. — Les vieux hôtels. — Pétrarque en Avignon. — Le tombeau de Laure. — François Ier et Marot. — La Sainte-Estelle en Avignon. — Discours de Mistral. — La Cérémonie de la Coupe. — Fête de nuit. . . . . Page 88

V. D'Avignon a Vaucluse. — *Nerto*. — L'Isle-sur-Sorgue. — Le rôle et la vie de Pétrarque. — Le Ventoux. — Pétrarque et le sentiment de la nature. — Vaucluse. — Félibrée sur la Sorgue. — La solitude de Pétrarque. — Le Paysage. — Mounet-Sully et son Art. — Coucher de soleil sur Avignon. . . . . Page 103

VI. Entrée nocturne à Nîmes. — Les Cigaliers au balcon. — Soleillet. — La Maison Carrée. — Décentralisation. — Le Nymphée au Jardin de Diane. — Les Arènes. — Félibrée au Pont du Gard. — Le Gardon. — Remoulins. — Débandade des Cigaliers. — Cour d'amour sous l'Aqueduc . . . . . Page 115

VII. La Provence grecque. — Déjeuner à Saint-Rémy.
— Les Antiques. — L'Asile des fous. — Bal d'Arlésiennes. — Le
costume d'Arles. — Les Alpilles. — Descente à la ville des
Baux. — Coucher de soleil sur les ruines. — Maussane. —
Soirée en Arles. — Trinquetaille. — La tour de Constantin. —
Les Arènes. — Le théâtre antique. — La Vénus d'Arles. —
Saint-Trophime. — Les Aliscamps. — Les Porcelets. — Légendes
chrétiennes d'Arles. — L'église de Saint-Honorat. . Page 125

TROISIÈME PARTIE

I. La route d'Avignon à Maillane. — Passage de la Durance.
— Le président de Brosses. — Les cyprès. — La Montagnette de
Tarascon. — La maison de Mistral. — Lamartine et *Mireille*.
— Les meubles provençaux. — Un provençalisant d'Amérique.
— Le *Mas du Juge*. — L'éducation d'un poète. — Les *Iles d'Or*.
— Le rôle de Mistral. . . . . Page 148

II. Tartarinade ou galejade. — Le type de Tartarin. — Nimes. —
L'Esplanade. — Le café de Reboul. — Destinée manquée du
poète. — Reboul et les félibres. — Les crocodiles de Nimes. —
Le caractère nimois. — Le *Bachelier de Nimes*. — L'auberge du
Petit Saint-Jean. — Au jardin de Diane. — La société de
Nimes. — Nimois célèbres.. . . . . Page 172

III. De Nimes à Aigues-Mortes. — La cité du moyen-âge.
— Les *bastides*. — Autour des remparts. — Les vieillards de
Troie. — La végétation du désert. — Saint Louis à Aigues-
Mortes. — L'embarquement des Croisés. — Dernière croisade et
mort de saint Louis. — Couchant sous les remparts. — Les
ruines. — Matinée à Aigues-Mortes. — La tour Carbonnière.
— Les étangs. — Psalmodi. — Histoire d'une abbaye. Page 187

IV. La Camargue. — Sylvaréal. — Les Saintes-Maries. —
La légende des deux Maries. — L'histoire du culte et la critique.
— Le curé des Saintes. — L'église. — Les trois chapelles. — Les
chásses. — La terrasse de Mireille. — Pêche galiléenne. — La
côte déserte. — Une manade. — Les Rameaux. — La procession.
— Les Saintines. — *Mioun*. — Le premier pèlerinage de Mistral.

— En CAMARGUE. — Le château d'Avignon. — Singulière rencontre. — ARLES. — Chapelle et Bachaumont. — La promenade des Lices. — Le costume ancien d'Arles . . Page 198

V. AIX. — Caractère d'Aix et des Aixois. — Le Parlement. — Les lettrés. — Les églises. — Les archevêques. — L'archevêché. — La noblesse. — Les collections. — Napoléon au séminaire. — Les bibliothèques. — Le Musée. — Vendredi saint à Aix. — La prédication provençale. — Les Pénitents. — Joseph Sec et son monument. — Mirabeau à Aix. . . . . Page 236

VI. MARSEILLE. — Cosmopolitisme. — La littérature à Marseille. — Poètes français rares en Provence. — Les prosateurs marseillais. — Les félibres de la Mer. — Au Musée de Longchamps. — Marseille antique et Marseille moderne. — Pierre Puget. — Daumier et Ricard. — Le jardin zoologique. . . Page 265

VII. — La province et les Parisiens. — CANNES. — Les hôtes du Littoral. — Coucher de soleil. — Le fédéralisme. — Le golfe Juan. — A Juan-les-Pins. — Pêche provençale. — Le promontoire de la Garoupe. — Le golfe d'Antibes. — La joie de la lumière. — L'avenir du provençalisme. — Antibes. — La littérature à Cannes. — Napoléon au retour de l'île d'Elbe. Page 285

VIII. Les tambourins. — Sensations de NICE. — Un tremblement de terre. — Arrivée à MONACO. — Féerie de Monte-Carlo. — La villa *Fleur de Lys* : l'esthétisme. — La maison des jeux. — Autour du Rocher. — Sensations d'Afrique. — Hercule en Provence. — Le jardin des Hespérides. — Une ville italo-provençale. — Le gouvernement de Monaco. — Le provençal langue universelle. — Les Jeux. — Raisonnements monégasques. . Page 302

IX. LA CORNICHE : HISTOIRE DU LITTORAL. — Les ruines de La Turbie et les LIGURES. — Le génie ligurien. — Les influences de l'Orient. — Invasions romaines. — La terre des parfums. — FRÉJUS, arsenal maritime. — L'influence romaine en Provence. — La chaîne des Maures. — LES SARRASINS. — Histoire de leur occupation. — Le martyre de saint Porcaire; les *Desnarrado*. — Influence des Sarrasins. — Les deux sièges de TOULON. — Napoléon en Provence. — Provençalisme du littoral. — La scène provençale. — Le théâtre maritime. — Les écrivains provençaux de Toulon. — Sensations marseillaises. — Le théâtre. . . . . Page 331

X. Provençaux et Marseillais. — Souvenirs de M. Chenavard. — Au château Borelly. — Le Musée. — Origines de MARSEILLE. — Étymologies. — Alliance romaine. — Siège de Marseille. —

Grandeur et décadence de la civilisation marseillaise. — L'influence grecque. — Renaissance de Marseille. — Le siège du connétable. — La peste et Belzunce. — Les collections. — La société. — — Marseille moderne. — L'esprit marseillais. — Trois intérieurs. . . . . Page 373

XI. Sensations aixoises. — Banquet félibréen. — Roquefavour, Rognac. — LA CRAU. — Les pierres de La Crau. — Les troupeaux transhumants. — ARLES. — Le monument d'Amédée Pichot. — Le Félibrige à Arles. — Les Arènes. — Restes antiques de Provence. — Arles au moyen-âge. — La république d'Arles. — Le maréchal Gervais de Tilbury. — Les *Otia Imperialia*. — Le cloître de Saint-Trophime. — Les Alyscamps. — Une Arlésienne. — TARASCON. — Théorie de la Tarasque. — Les processions et le roi René. — Le château. — Les Dracs. — Les ruines de BEAUCAIRE. — Le poème de la CROISADE. — Le Midi français au XIII° siècle. — La civilisation provençale, le Parage. — Les troubadours. — Histoire de la guerre albigeoise. — Confédération du Midi. — Innocent III, Raymond VI et Montfort. — Le Concile. — Raymond VII et les Provençaux. — Le Midi épuisé est délivré. — Conséquences de la Croisade. — Les comtes de Provence. — L'Église albigeoise. — Transformation du génie méridional. — Psychologie beaucairoise. — La foire. — Les poètes Bigot et Roumieux. — FRIGOLET. — Félibrée monastique. — Un troubadour, le P. Xavier de Fourvières. — Les orgues de Frigolet . . . . Page 397

XII. CARPENTRAS et sa légende. — Monseigneur d'Inguimbert. — Pigault-Lebrun à Carpentras. — L'Hôtel-Dieu. — Une pharmacie d'hôpital. — Les remparts. — La Juiverie. — Les Juifs de Provence. — La Synagogue et le Cabussadou. — Saint-Siffren. — La Boule-aux-Rats. — Les grandes et petites *merveilles* de Provence. — L'humanisme à Carpentras. — Sadolet. — La bibliothèque. — Manuscrits de Pétrarque et de Peiresc. — La colonie romaine. — L'arc-de-triomphe . . . . Page 452

XIII. AVIGNON. — Au Musée Calvet. — Impressions de Stendhal. — Le bas-relief de Vaison. — La sculpture. — Les tableaux. — Les peintres provençaux. — Les Vanloo, les Parrocel et les Vernet. — Adoptions d'étrangers en Provence. — Le caractère provençal. — Imagination, sociabilité, sentiment de la femme. — La *galejade* et la gaîté provençale. — L'œuvre d'Alphonse Daudet. — Les Provençaux de Paul Arène et de Roumanille. — L'éducation naturelle et le cadre classique . . . . . . Page 468

QUATRIÈME PARTIE

DE L'INFLUENCE PROVENÇALE

Unité et solidarité de la race. — Les premiers félibres. — En Languedoc. — L'influence romane : scientifique, mystique. — Les Catalans. — L'Idée latine. — Le régionalisme littéraire en France. — La *Cigale*. — Les sociétés provinciales de Paris. — Le Félibrige de Paris. — Les Celtisans. — Cérémonial félibréen. — La Sainte-Estelle. — La Coupe. — Histoire et restauration des Cours d'amour. — Souvenir d'Amphion. — Carmen Sylva et les félibres. — Organisation de la Cause. — Desiderata sociaux et courants divers du Félibrige. — Le rôle du clergé. — L'influence rhodanienne. — Les provinces et la Révolution. — Périodiques félibréens. — Décentralisation. — Résultats acquis et avenir possible. — Royaume idéal de Sainte-Estelle. Page 489

NOTES ET CORRECTIONS*

Avant-propos, page 1. — Nous avons adopté l'orthographe provençale et rationnelle pour la plupart des noms géographiques défigurés par l'usage français : *Le Rocher de Dom, le Lébéron, les Alpilles, le Vaccarès,* etc... Un jour on écrira aussi : *Alès, le Ventour* (Mons Venturus), *la Durence, le Pas de l'ancié* (le passage de l'angoisse), etc...

Avant-propos, p. III. — Dans de savantes études sur *l'origine du français,* M. l'abbé Espagnolle a essayé de prouver que l'éolien pélasgique et le dorien marseillais formaient la couche profonde de notre langue.

Page 3, ligne 10. Lisez : de l'Avignon *celto-ligure..*

Page 9, ligne 1. Lisez : *Li Margarideto (les pâquerettes).* — La publication de ce livre (1847) est en réalité la première date du Félibrige, quoique Roumanille eût déjà collaboré au journal de Bellot et Louis Méry, *Le Tambourinaire et le Ménestrel* (1840), et au *Bouillabaisso* de Désanat où débutèrent Crousillat et J.-B. Gaut, et Mistral lui-même, alors au collège (1847).

— En 1852, eut lieu le premier *Congrès des Poètes provençaux,* à Arles. A la fin de la même année, parurent à Avignon *Li Prouvençalo* (avec préface de Saint-René Taillandier), où Roumanille groupait quarante poètes d'oc.

— 1853, *Roumavàgi deis troubaires,* à Aix, présidé par le

---

* L'emploi de l'italique, dans les *errata,* désigne les mots modifiés ou ajoutés.

Dʳ d'Astros. Soixante-cinq rimeurs prirent part à cette assemblée. J.-B. Gaut publia leurs poésies peu après.

— 21 mai 1854, fondation du Félibrige à Fontségugne (Vaucluse) par sept poètes provençaux : Théodore Aubanel, Jean Brunet, Paul Giéra, Anselme Mathieu, Frédéric Mistral, Joseph Roumanille et Alphonse Tavan. — Publication de l'*Armana prouvençau pèr lou bel an de Diéu 1855*.

— 1859, *Mirèio*.

— 1876, assemblée générale et constitution du Félibrige, à Avignon.

Page 50, ligne 2. Lisez : quand, au vᵉ siècle, le monastère...

— — 11. Lisez : qui *devait* arrêter la marche...

Page 82, ligne 17. Lisez : de bastion *aux princes* d'Orange...
— C'est Raymond des Baux qui en fit le premier un château-fort. On l'appela le *Château de l'Arc*. Il fut restauré avec le Théâtre par Caristie, en 1856. Les Cigaliers ont élevé un buste à cet architecte éminent, le 12 août 1888, à l'hôtel de ville d'Orange.

Page 90, ligne 25. Lisez : les premiers *dialogues du poète*...

Page 123, ligne 24. Lisez : la *Luno pleno* d'Aubanel...

Page 127, ligne

Page 138, ligne 25. Lisez : *notre* magnifique renouveau.

Page 201, ligne 20. Lisez : en *732 environ*,...

Page 211. Voir à l'appui de la thèse traditionaliste l'œuvre savante de M. l'abbé Paul Terris sur *sainte Anne d'Apt* (Avignon, 1876).

Page 213, ligne 12. Lisez : *Un* administrateur...

Page 232, 3ᵉ vers cité. Lisez : *pesco en aquéu trésor*...

Page 235, ligne 19. Lisez : *pendante* comme le manteau...

Pages 238-258. Lisez : *Peiresc, d'Isoard, Capé, Borilli, Gueidan*.

Page 240, ligne 21. Lisez : sans enfants *mâles*...

Page 246. — La plus longue détention de Djem fut à Exiles-en-Briançonnais. Il est vraisemblable qu'il mourut à Naples, empoisonné, dit-on, par ordre d'Alexandre VI, à l'aide d'un rasoir préparé.

Page 249, ligne 18. Lisez : arrivé *à Aix*...

Page 268. — A ces grands écrivains d'origine méridionale qui connurent la langue d'oc ajoutons : Massillon, Fléchier, Mascaron, et en ce siècle : Balzac, fils d'un procureur gascon ; Mérimée, fils d'un peintre de Montpellier, et Théophile Gautier, né à Tarbes, de parents avignonais.

Page 338, ligne 8. Lisez : qui *produira* la chevalerie...

Page 361, ligne 15. Lisez : Le partage *des lieux reconquis*...

Page 366, ligne 1. Lisez : *Robespierre-le-jeune*, représentant...

Page 366, lignes 5 et 6. Lisez : il *put* bientôt, général *novice et encore* suspect, préparer...

Page 366, ligne 25. Lisez : reine de Suède ; *pourtant* l'Empereur...

Page 378, ligne 19. Lisez : une *lande* sombre...

Page 387. Cette étymologie de Pecaire ! est une plaisanterie de Méry. « Pescaire, » forme francisée du Mis de Peschiera. *Pecaire* (= pécheur) est très ancien.

Page 400. L'*anouge* est l'agneau adulte, et non l'agnelet.

Page 410, ligne 16. Lisez : *leur* succéderont...

Page 416, ligne 16. Lisez : en chantant » , la pauvre Pia...

Page 426, ligne 18. Lisez : l'Aquitaine, *ce pendant,* florissait...

Page 430, lignes 17 et 19. Lisez plutôt : *la cour castillane.* « La cour des Castellane, » n'eut sans doute pas ce renom. Au lieu de « la chair des Anglais, » lire *le visage,* (*cara*, du grec καρα). La note corrigeait l'erreur.

Page 437, fin de la note. Le roi René avait laissé une fille légitime, Isabelle de Lorraine, qui, après la mort du comte Charles III, revendiqua ouvertement la souveraineté de Provence. La Haute-Provence embrassa cette cause avec ardeur, contre les rois de France Louis XI et Charles VIII. M. de Berluc-Pérussis estime *(Histoire de Forcalquier)* que nos deux derniers comtes avaient penché secrètement, dans les pourparlers de la succession, pour le parti lorrain, contre la France. Toujours est-il que l'ancien comté de Forcalquérois refusa longtemps de suivre la Basse-Provence dans son adhésion aux Capétiens. Le même sentiment lui avait fait différer, jadis, sa reconnaissance de la dynastie angevine, jusqu'en 1256. Forcalquier n'homologua qu'en 1487 les lettres d'union à la la France.

Page 440, ligne 21. Lisez : la cité *natale* d'Antonin...

Page 446, ligne 10. Lisez : 1860.

Page 452, note : Mistral estime avec Jules Courtet, l'archéologue vauclusien, que le Comtat-Venaissin ne tire pas son nom de Vénasque, mais bien d'Avignon *(Comitatus Avenicinus)*.

Page 484, ligne 11. Lisez : après tres jour *l'on* s'enucio...

Page 485, note : *Toujour Solliés* est un jeu de mots, signifiant aussi : « *Toujours tu fais soleil.* »

Page 500, ligne 1. C'est Aubanel qui présida et qui prononça le discours provençal d'ouverture aux fêtes d'Avignon (1874).

Page 502. — En 1882, d'autres « fêtes latines » eurent lieu à Forcalquier, présidées par Vasile Alecsandri et Bonaparte-Wyse, avec un grand concours de félibres des quatre maintenances. Un magnifique recueil publié par MM. Plauchud, l'éminent poète bas-alpin, Guillibert et Ch. d'Ille en garde le souvenir.

ÉMILE COLIN — IMPRIMERIE DE LAGNY

BIBLIOTHÈQUE CONTEMPORAINE

VOLUMES IN-18 JÉSUS, IMPRIMÉS SUR PAPIER VÉLIN
Chaque volume : 3 fr. 50

DERNIÈRES PUBLICATIONS

PAUL ARÈNE	*La Chèvre d'or*	1 vol.
BARBEY D'AUREVILLY	*Littérature épistolaire*	1 vol.
LÉON BARRACAND	*La belle Madame Lenain*	1 vol.
PAUL BONNETAIN	*Passagère*	1 vol.
PAUL BOURGET	*Cosmopolis*	1 vol.
JULES BRETON	*La Vie d'un Artiste*	1 vol.
PHILIPPE CHAPERON	*Une Rédemption*	1 vol.
ARMAND CHARPENTIER	*Un Amour idyllique*	1 vol.
ADOLPHE CHENEVIÈRE	*Honneur de Femme*	1 vol.
FRANCIS CHEVASSU	*Les Parisiens*	1 vol.
VALBERT CHEVILLARD	*Paysages canadiens*	1 vol.
LE P. LUIS COLOMA	*Bagatelles* (trad. C. Vergniol)	1 vol.
LÉON CLÉRY	*De Paris à Lahore*	1 vol.
FRANÇOIS COPPÉE	*Mon Franc parler*	1 vol.
FERDINAND FABRE	*Ma Vocation*	1 vol.
PAUL FLAT	*Deux Ames souffrantes*	1 vol.
ED. & J. DE GONCOURT	*Sœur Philomène.* (Éd. Guillaume)	1 vol.
ÉDOUARD GRENIER	*Souvenirs littéraires*	1 vol.
PAUL HERVIEU	*Peints par eux-mêmes*	1 vol.
MICHEL JACQUEMIN	*Le gros Chat gris*	1 vol.
JANINE	*La Chambre nuptiale*	1 vol.
A. DE LAMARTINE	*Philosophie et Littérature*	1 vol.
BERNARD LAZARE	*Le Miroir des Légendes*	1 vol.
DANIEL LESUEUR	*Justice de Femme*	1 vol.
LORD LYTTON	*L'Anneau d'Amasis*	1 vol.
FRANÇOIS DE MAHY	*L'Ile Bourbon et Madagascar*	1 vol.
ANDRÉ MELLERIO	*La Vie stérile*	1 vol.
Mme STANISLAS MEUNIER	*M. de Prévannes*	1 vol.
PIERRE DE NOLHAC	*La Reine Marie-Antoinette*	1 vol.
OSSIT	*A quoi bon ?*	1 vol.
FRANCIS POICTEVIN	*Tout bas*	1 vol.
POUVILLON	*Petites Ames*	1 vol.
MARCEL PRÉVOST	*L'Automne d'une Femme*	1 vol.
J.-H. ROSNY	*Daniel Valgraive*	1 vol.
RÉMY St-MAURICE	*L'Inutile Péché*	1 vol.
CARMEN SYLVA	*La Servitude de Pelesch*	1 vol.
ANDRÉ THEURIET	*Mademoiselle Roche*	1 vol.
EUGÈNE VERMERSCH	*L'Infamie humaine*	1 vol.
VIGNÉ D'OCTON	*Les Amours de Nine*	1 vol.

www.ingramcontent.com/pod-product-compliance
Lightning Source LLC
Chambersburg PA
CBHW060506230426
43665CB00013B/1416